READING

영어사전 없이
영어 해석하기

여인천 著

법문 북스

READING

영어사전 없이
영어 해석하기

여인천 著

법문 북스

영어사전 없이

영어 해석하기

여인천 著

책머리에

영어문법(English Grammar)을 배우기는 했지만 솔직히 자신은 없고, 영어독해를 시작하자니 자신감은 없고, 그럴지라도 영어독해연습을 시도해보고 싶은 학습자들을 위한 책이다.

1. **영어독해 초보자(beginner)들에게 알려주고자 한 것으로서**

첫째로 초보자들이 영어독해연습 하다가 어렵게 생각할 수 있는 특정 구문들이 있는 지문(passage)들을 중심으로 편집된 책이다.

둘째로 초보자들이 영어독해연습 하다가 어려워하는 것으로서 문장 안에 사용된 단어들의 품사(parts of speech)를 정확하게 밝히는 문제이며, 또한 품사를 밝혔을 지라도 많은 의미(meaning)들 중에서 가장 적절한 의미를 선택하는 문제이다.

2. **영어지문이 두개 제공된다.**

첫 번째 지문은 학습자들이 먼저 아무런 도움 없이 전체를 읽어본다. 전체 글을 읽은 후에, 어느 특정 문장이나 어구가 이해하기 까다롭다고 생각되는 부분이 있을 것이다. 두 번째 지문에서 까다로운 특정 구문에 대해 문법적으로 자세하게 설명하였고, 또한 어구들에 각주번호(footnote number)를 붙여서 사전적이 정보를 제공하여 학습자들이 일일이 사전을 찾아 볼 필요가 없다.

3. **본서를 마친 후에 학습자들이 공감했으면 하는 것으로서**

첫째로 영어독해가 단순히 영어단어의 의미만 알아서는 불가능하다는 것이다. 만약 그것이 가능하다면 옆에 영어사전(English Dictionary)이 있는데도 독해가 안되는 이유는 무엇일까?

영어단어들은 저마다 능력에 따라 여러 개의 품사들로 동시에 사용이 가능하다. 또한 품사가 다름에 따라서 의미가 달라지기도 하며, 문맥에 따라서도 의미가 다를 수 있다 만약에 학습자가 글을 읽다가 모르는 어구에 대해 사전을 참고하고자 할 때, 어구의 정확한 품사를 못 밝힌 상태에서 사전을 펴면 여러 개의 품사들로 나뉘어져 있고 품사에 따라서 많은 의미들이 제공되어 있을 텐데, 그것들 중에서 어느 것을 선택할 것인가?

그러므로 학습자가 읽고 있는 글 속에서 특정 문장이 이해가 안 된다면 그 속에 사용된 각각의 어구들의 위치를 문법적으로 분석해서 품사를 반드시 밝혀내야만 사전에서 정확한 품사 정보를 이용할 수 있는 것이다.

결과적으로 읽다가 모르는 단어의 품사를 알고자 한다면, 그 문장을 문법적으로 분석하여 문장유형(sentence patterns : 5형식, 7형식, 25형식, 80형식)을 알아야 위치에 따른 품사를 알 수 있는 것이다. 또한 문장구조(sentence structures : 단문, 중문, 복문, 혼합문)에 대해서 알고 있으면 영어독해연습 하는데 많은 도움이 될 것이다.

둘째로 영어 단어의 의미(meaning)는 절대로 일대일(1:1) 대응관계가 아니라는 것이다. 그래서 지문 속에 사용된 단어가 해석될 수 있는 여러 가지의 의미들을 일부러 많이 제공하였다. 다양한 의미들을 확인하면서 지문 속의 단어가 어떤 의미로 해석하면 가장 적절한지 생각해보기 바란다.

또한 각 품사의 의미로 제공된 많은 의미들 중에서 문맥(context)에 따라서 가장 적절한 의미를 선택할 수 있어야하기 때문에, 학습자가 읽고 있는 글을 대충이라도 이해를 못한 상황에서 단어의 의미를 정확하게 선택하기란 불가능하기에 독서법(Reading Skills: skipping, skimming, scanning, key words, topic sentence, literal or paraphrasing translation, linking markers)을 알면 도움이 된다.

4. 각 지문의 우리말 해석은 뒤에 제공하고 있다. 본인이 해석한 것과 어떤 차이점이 있는지 비교하면서 참고하기 바란다.

연구실에서 저자 여 인 천

2018. 11. 15

목 차

1. 문장의 80가지 유형 (Sentence Pattern)

본서에서는 영국의 언어학자이자 사전편찬자인 혼비(Albert S. Hornby, 1898-1978)가 소개하고 있는 문장의 80유형을 소개하고자 한다.[1] 그는『영어문장유형과 사용법』(*Guide to Patterns and Usage in English*)에서 동사(Verb Phrase)를 중심으로 문장의 유형을 큰 틀로는 25가지 형태(25 verb patterns)[2]로 나누지만, 보다 세부적으로 분류할 때는 80가지 형태(80 verb patterns)라고 말하고 있다. 소개되고 있는 것들에서 1(VP1)번에서 부터 36(VP5)번까지는 자동사(Vi, intransitive verb)이고 37(VP6)번에서부터 80(VP25)번까지는 타동사(Vt, transitive verb)이다. 그는 문장의 유형(patterns) 안에 수식어구들을 집어넣어서 다양하게 활용되고 있음을 말하고 있다. 예를 들면, 보어로 '명사와 형용사'가 뒤따를 수 있다고 설명하지 않고 '명사상당어구와 형용사상당어구'들로 아주 구체적으로 세분화시켜서 설명을 하고 있는데, 형용사상당어구들은 '일반형용사(kind, bad, good, beautiful, delicious), to부정사(to sleep, to study), of+추상명사, (of importance), 분사(현재분사sleeping, 과거분사surprised)'로 그리고 명사상다어구들은 '일반명사(school, they), 대명사(he, they), 동명사(sleeping), to부정사(to sleep), 명사절(that, whether, who, when, whoever)'등이다. 또한 주어와 목적어로 사용되는 명사도 '일반명사, 대명사, 명사절, 동명사, to부정사, 가주어, 가목적어'등으로 세분화시켰다.

혼비가 주장한 문장의 유형들과 언어학자인 어니언스(C. T. Onions, 1873-1965)가『고급영어구문론』(*An Advanced English Syntax: Based on the Principles and Requirements on the Grammatical Society*)에서 주장한 [3]5형식 문형들과 비교를 해보면, 혼비가 주장한 문장의 80유형들은

---

1) 여인천,『문법은 문장이다 Grammar is a Sentence』(서울: 법문북스, 2018), 51-54. 이 후로 각주에 소개되는 영어 단어들의 자료는 "한컴사전(HANCOM DICTIONARY)"을 참고하였음을 밝힌다.

2) A. S. Hornby, *Guide to Patterns and Usage in English*, 2nd. Ed. (Great Britain: The English Language Book Society and Oxford University Press, 1975), pp. 12-3. "The 25 verb patterns set out in the first edition (1954) have been revised and renumbered. The renumbered patterns of this second edition are identical with those used in the third edition of the *Oxford Advanced Learner's Dictionary of Current English* (Oxford University Press, 1974)."

3) 1형식문형 : S+Vi / (M)
2형식문형 : S+Vi+C(adjective, noun) / (M)

어니언스가 주장한 문장의 5유형들 안에서 정리할 수 있다. 결론적으로 동일한 내용을 달리 설명했을 뿐이다. 두 학자 간에 차이점이 있다면 동사(verb)에 뒤따르는 요소들을 간결하게 5유형으로 정리했느냐, 아니면 아주 구체적으로 세분화시켜서 80유형으로 정리했느냐이다. 장단점으로서, 어니언스의 문장의 5유형은 논리적으로 간결하게 이해하는데 좋으나 바로 실용적으로 연결시키기가 어렵고, 혼비의 문장의 80유형은 너무 세부적으로 방대하게 정리하고 있어서 이해하기에는 어렵지만 바로 실용적으로 사용할 수 있다는 것이다.

학습자들에게 있어서 가장 바람직한 방법은 혼비의 80가지 유형들의 공통점을 통해서 간결하게 어니언스의 5가지 유형으로 이해하여 정리하는 것이다. (아래에서 타동사로 이루어진 능동태문장의 유형들이 수동태문장으로 전환될 경우들까지 포함된다면 전체 문장의 유형들의 수는 80가지 아니라 그 이상의 유형들로 더욱 늘어난다.)

1 [VP] S+ be+ complement/adjunct

①S+ BE+ noun/pronoun

②S+ BE+ preposition group

③S+ BE+ adverbial adjunct

④There+ BE+ subject

⑤There+ BE+ subject+ adverbial adjunct

⑥It+ BE+ adjective/noun+ to-infinitive(phrase)

⑦How/What+ adjective/noun+ (it+ BE)+ to-infinitive(phrase)

⑧It+ BE+ adjective/noun+ gerund(phrase)

⑨S+ BE+ clause

⑪It+ BE+ noun/adjective+ clause

⑪S+ BE+ to-infinitive(phrase)

⑫It+ BE+ adjective/noun+ for+ noun/pronoun+ to-infinitive(phrase)

2 [VP-A] S+ vi

①There+ vi+ subject

②It+ vi+ subject(clause/to-infinitive phrase)

③It+ vi+ subject(that-clause)

3형식문형 : S+ Vt+ O(noun) / (M)
4형식문형 : S+ Vt+ IO(noun, pronoun)+ DO(noun, noun phrase, noun clause) / (M)
5형식문형 : S+ Vt+ O(noun, pronoun)+ OC(adjective, adjective phrase, noun, noun phrase, noun clause) / (M)

[VP-B] S+ vi+ (for)+ adverbial adjunct
[VP-C] S+ vi+ adverbial adjunct
[VP-D] S+ vi+ adjective/noun/pronoun
①S+ vi+ adjective (complement of result)
②S+ vi+ adjective (common adjective)
③S+ vi+ adjective (past participle)
④S+ vi+ noun/reflexive pronoun
[VP-E] S+ vi+ present participle(phrase)
3 [VP-A] ①S+ vi+ preposition+ noun/pronoun/gerund
②S+ vi+ preposition+ noun/pronoun+ to-infinitive(phrase)
[VP-B] S+ vi+ (preposition+ it)+ clause
4 [VP-A] S+ vi+ to-infinitive(phrase) (ad. = one of purpose, result)
[VP-B] S+ vi+ to-infinitive(phrase) (ad. = and) (result)
[VP-C] S+ vi+ to-infinitive(phrase) (vi to do) (verbal phrases)
[VP-D] S+ seem/appear, etc+ (to be)+ adjective/noun
[VP-D*] S+ seem/appear+ adjective/noun+ to-infinitive(phrase)/gerund(phrase)/clause
[VP-E] S+ seem/appear/happen/chance+ to-infinitive(phrase)
[VP-F] S+ be+ to-infinitive(phrase)
5 [VP] S+ anomalous finite[4]+ infinitive(phrase)
6 [VP-A] S+ vt+ noun/pronoun
[VP-B] S+ vt+ noun/pronoun (cognate object)
[VP-C] S+ vt[5]+ gerund(phrase)
[VP-D] S+ vt[6]+ gerund(phrase) (to-infinitive)

---

4) 동사의 형태에 있어서 정형동사(finite verb)와 비정형동사(non-finite verb)가 있다. 특히 비정형동사들로는 "to부정사, 현재분사, 과거분사, 동명사"가 있다. 변칙정형동사(anomalous finite verb)란 현재형으로는 "am, are, is, have, has, do, does, shall, will, can, may, ought, need, dare"가 있고, 과거형으로는 "was, were, had, did, should, would, could, might, used"가 있다. 이들의 기능은 부정부사 not와 함께 부정문을 만들고 축약형으로 사용할 수 있으며, 의문문 및 부가의문문을 만들 때 사용하고, 구절의 반복을 피하고 문장을 짧게 하여 대답할 때 사용하고, 긍정을 강조할 때도 사용되고, 법조동사로서 사용되기도 한다. 단, 조동사(auxiliary verb)는 변칙정형동사에 포함되지만 변칙정형동사가 어제나 조동사의 역할을 하는 것은 아니다.

5) admit, advise, advocate, avoid, begin, begrudge, consider, contemplate, continue, defend, defer, deny, describe, discontinue, dislike, enjoy, entail, excuse, face, fancy, finish, forbid, forget, grudge, hate, (can't)help, imagine, intend, involve, justify, like, love, mean, mind, miss, necessitate, postpone, prefer, prevent, propose, recall, recollect, recommend, regret, remember, report, resist, start, suggest, try, understand,

6) (can't) bear, commence, continue, dread, endure, hate, intend, like, love, prefer, regret, start

[VP-E] S+ need/want, etc+ gerund(phrase) (passive meaning)

7 [VP-A] S+ vt[7]+ (not)+ to-infinitive(phrase)

[VP-B] S+ have/ought, etc+ (not)+ to-infinitive(phrase)

8 [VP] S+ vt[8]+ interrogative pronoun/adverb+ to-infinitive(phrase)

9 [VP] S+ vt[9]+ that-clause

10 [VP] S+ vt[10]+ dependent clause(relatives)/question

11 [VP] S+ vt+ noun/pronoun+ that-clause

12 [VP-A] ①S+ vt+ noun/pronoun(IO)+ noun/pronoun(phrase)(DO)
②=S+ vt+ noun/pronoun(phrase)(DO)+ to+ noun/pronoun(IO)

[VP-B] ①S+ vt+ noun/pronoun(IO)+ noun/pronoun(phrase)(DO)
②=S+ vt+ noun/pronoun(phrase)(DO)+ for+ noun/pronoun(IO)

[VP-C] ①S+ vt+ noun/pronoun+ noun/pronoun(phrase)
≠S+ vt+ noun/pronoun(phrase+ to or for+ noun/pronoun

13 [VP-A] S+ vt[11]+ noun/pronoun(DO)+ to+ noun/pronoun(phrase)

[VP-B] S+ vt[12]+ noun/pronoun(DO)+ for+ noun/pronoun(phrase)

---

7) ache(=long), afford, arrange, attempt, (can/could) bear, begin, bother, cease, choose, claim, continue, contrive, dare, decide, decline, deserve, determine, dread, endeavor, expect, fail, forbear, forget, hate, help, hesitate, hope, intend, learn, like, long, love, manage, mean(=intend), need, omit, plan, prefer, presume(=venture), pretend, profess, promise, propose, purport, reckon, refuse, resolve, seek, start, swear(=promise), threaten, trouble, undertake, want, wish

8) ask, consider, debate, decide, discover, explain, forget, guess, inquire, know, learn, observe, perceive, remember, see, settle, tee(=ascertain, decide about), think(=form an opinion about), understand, wonder, find out

9) acknowledge, add, admit, allege, allow(=concede), argue, believe, command, confess, decide, declare, demand, demonstrate, deny, desire, doubt, expect, explain, fancy(=think), fear, feel, hear, hope, imagine, intend, know, mean, mind,(=take care), move(=propose as a resolution), notice, object, perceive, prefer, promise, propose, prove, realize, recommend, regret, require, report, resolve, say, see(=perceive, understand), show, specify, state, suggest, suppose, think, understand; (vi+ prep.) insist upon, agree to, complain of/about, boast of/about

10) ask, debate, decide, deliberate, determine, discover, discuss, doubt, imagine, know, reveal, say, show, suggest, tell(=ascertain), understand, wonder

11) allot, allow, award, bring, cause(=eg. pain to one's friends), deal(eg. playing cards), deny, do(=as in do good to somebody), fetch, gave, grant, hand, lend, offer, owe, pass, proffer, promise, read, recommend, refuse, render, restore, sell, send, show, teach, tell, throw, write

12) boil, bring, build, buy, call, cash, choose, cook, do, fetch, gather, get, grow, leave, make, order(=place an order for), paint, play, prepare, reach, save,

14 [VP] ①S+ vt+ noun/pronoun(DO)+ preposition+ noun/pronoun(phrase)

②S+ vt+ preposition+ noun/pronoun+ noun phrase/clause(DO)

③S+ vt+ it+ preposition+ noun/pronoun+ to-infinitive(phrase)/ that-clause/etc

15 [VP-A] S+ vt+ noun/pronoun(DO)+ adverb(phrase)

[VP-B] ①S+ vt+ noun/pronoun(DO)+ adverbial particle

②S+ vt+ adverbial particle+ noun/pronoun(DO)

③S+ vt+ adverbial particle+ noun phrase(DO)

16 [VP-A] S+ vt+ noun/pronoun(DO)+ to-infinitive(phrase)

[VP-B] S+ vt+ noun/pronoun(DO)+ as[13]/like/for+ noun(phrase)/clause

17 [VP-A] S+ vt[14]+ noun/pronoun+ (not)+ to-infinitive(phrase) (passive conversions possible)

[VP-B] S+ vt[15]+ noun/pronoun+ (not)+ to-infinitive(phrase) (no passive conversion)

18 [VP-A] S+ vt[16]+ noun/pronoun+ (bare) infinitive(phrase) (verbs of perception)

[VP-B] S+ vt[17]+ noun/pronoun+ (bare) infinitive(phrase) (causative verbs)

[VP-C] S+ HAVE+ noun/pronoun+ (bare) infinitive(phrase)

19 [VP-A] S+ vt+ noun/pronoun+ present participle(phrase) (verbs of perception)

[VP-B] ①S+ vt[18]+ noun/pronoun+ present participle(phrase) (not verbs of perception)

② S+ HAVE+ noun/pronoun+ present participle(phrase)

[VP-C] S+ vt+ noun/pronoun/possessive+ one('s)~ing form of the verb

---

spare, write

13) accept, acknowledge, class, characterize, consider, describe, know, recognize, regard, take(=accept), treat, use,

14) warn, urge, allow, ask, dare, challenge, advise, mean, intend, order, enable, persuade, know, lead, give, beg, cause, command, compel, direct, empower, encourage, entice, entitle, entreat, invite, expect, forbid, force, impel, implore, incite, induce, instruct, oblige, permit, predispose, press, request, require, teach, tell, tempt

15) want, like, wish, prefer, bear, help

16) feel, hear, notice, observe, see, watch, glimpse, perceive, smell, taste, listen to, look at, have known(=see, experience)

17) 완전사역동사들로 "make, have, let, bid(=order, command, tell)"이 있고, 준 사역동사들로 "help, get"가 있고, 사역의 의미를 갖고 있는 동사들로 "compel, force, persuade, urge, cause, enable, encourage, allow, permit, forbid, advise, want" 등이 있다.

18) bring, catch, depict, discover, draw, find, get, imagine, keep, leave, paint, save, send, set, show, start, take, see, smell, feel, notice, watch, glimpse, observe, perceive, listen to, look at, have

20 [VP] S+ vt+ noun/pronoun+ interrogative+ to-infinitive(phrase)
21 [VP] S+ vt+ noun/pronoun+ dependent clause/question
22 [VP] S+ vt[19]+ noun/pronoun/gerund(DO)+ adjective(object complement)
23 [VP-A] S+ vt+ noun/pronoun(DO)+ noun(phrase) (object complement)
[VP-B] ①S+ vt+ noun/pronoun(DO)+ noun(phrase) (subject complement)
② =S+ vt+ noun(phrase)(subject complement)+ for+ noun/pronoun(DO)
24 [VP-A] S+ vt[20]+ noun/pronoun(DO)+ past participle(phrase)
[VP-B] S+ have+ noun/pronoun(DO)+ past participle(phrase) (have)
[VP-C] S+ have/get+ noun/pronoun(DO)+ past participle(phrase)
25 [VP] ①S+ vt[21]+ noun/pronoun(DO)+ (to be)+ adjective/noun[22]
②S+ vt+ it+ adjective/noun+ clause/phrase/etc

VP (verb pattern동사유형), S (subject 주어), Vi (intransitive verb 자동사), Vt (transitive verb 타동사), DO (direct object 직접목적어), IO (indirect object 간접목적어) / participle 분사, infinitive 부정사, gerund 동명사, adjunct 수식어구

(예문1) ①Work offers social satisfaction, comradeship and contacts with clients, customers or pupils. ②It makes us feel needed and recognized and ③may give a man status of which ④he is proud.

① Work offers social satisfaction, comradeship and contacts with clients, customers or pupils.
일은 사회적 만족감과 교유관계를 제공하며, 또한 소송의뢰인, 고객이나 학생들과도 교제를 할 수 있게 한다.

→ 17 [VP6A] S+ vt+ noun/pronoun

---

19) bake(eg. bake it hard), beat, burn(eg. burn it black), colour(eg. colour it red), cut, drive(eg. drive someone mad), dye, eat(eg. eat oneself sick), fill, find, get, hammer, hold(=consider), keep, lay(eg. lay the country waste), leave, lick, like, make, paint, render, see, set, sleep, turn, wash, wish, shout, strike, bore, sing, hold, let

20) hear, see, make, find, want, have, get, feel, prefer, wish, like

21) consider, think, believe, report, guess, declare, suppose, know, find, presume, acknowledge, count, deny, esteem, imagine, judge, prove, suspect, take, fee(=think), understand

22) S+ vt+ it+ adjective/noun+ clause/phrase/etc (think, conceive, consider, make, find, take, guess, believe, deem, count, know, hold)

완전타동사 “offer”는 뒤에 직접목적어로 단어형태인 명사(satisfaction, comradeship, and contacts)를 등위접속사 “and”로 묶어서 명사구형태로 취하고 있다. 특히 목적어들 중의 하나인 명사 “contacts”는 관련된 전치사 “with”와 함께 다른 명사(clients, customers, and pupils)를 등위접속사 “and”로 묶어서 형용사구를 만들어 앞의 명사 “contacts”를 수식해주고 있다.

② Work makes us feel needed and recognized
일은 우리에게 자신이 필요하며 인정받는 사람으로 느끼게 한다.

→ 51 [VP24A] S+ vt+ noun/pronoun(DO)+ past participle(phrase)

불완전타동사이면서 사역동사인 “make”는 뒤에 목적어로 대명사 “us”를 취하고 있고, 목적격보어로 원형부정사 “feel”을 취하고 있다. 특히 목적격보어인 원형부정사는 준동사로서 자체속의 불완전자동사 “feel”의 주격보어로 뒤에 형용사성질인 과거분사 “needed and recognized”를 등위접속사 “and”로 묶어서 형용사구형태로 취하고 있다.

③ Work may give a man status.
= Work may give status for a man.
일은 인간에게 사회적인 지위를 제공한다.

→ 28 [VP12A] S+ vt+ noun/pronoun(IO)+ noun/pronoun(phrase)(DO)

완전타동사이면서 수여동사인 “give”는 뒤에 간접목적어로 명사 “a man”을 취하고 그리고 직접목적어로 명사 “status”를 취하고 있다. 특히 수여동사인 “give”는 직접목적어인 “a man”을 전치사 “to”뒤에 놓고 문장 끝으로 보내서 3형식문장으로 전환이 가능하다.

④ He is proud (of status).
그는 사회적인 지위를 자랑스럽게 여긴다.

→ 1 [VP1] S+ be+ complement/adjunct)

불완전자동사인 "be"동사 주격보어로 형용사인 "proud"를 취하고 있다. 특히 형용사인 "proud"는 뒤에 목적어를 취하기 위해서 특정의 전치사 "of"를 사용하고 있는데, "be proud of ~"는 일종의 숙어(idiom)처럼 다루어진다.

결과적으로 위의 예문1은 혼비의 80가지 문장의 유형(patterns)들 중에서 4개의 유형들을 등위접속사 "and"와 종속접속사 "which"를 통해 연결하여 만들어진 것이라 볼 수 있다. 단, 마지막 두 문장은 목적격관계사에 의해서 연결되었는데 형용사절 속의 전치사 "of"를 목적격관계사 앞으로 도치시켰다.

S+ vt+ noun (prep.+ noun). S+ vt+ pronoun(DO)+ past participle **and** S+ vt+ noun(IO)+ noun(DO) **which** S+ be+ complement (prep.).

Work offers social satisfaction, comradeship and contacts with clients, customers or pupils. It makes us feel needed and recognized **and** may give a man status of **which** he is proud.

(예문2) ①You young people often complain that ②we are too old fashioned. But ③we don't want you to repeat the same mistakes that ④we made when ⑤we were young. ⑥We want you to do what ⑦we think best from our own long experience.

① You young people often complain (of) that we are too old fashioned.
젊은 당신들은 우리가 너무 진부하다고 종종 불평을 한다.
→ 7 [VP3A] S+ vi+ preposition+ noun/pronoun/gerund

불완전자동사인 "complain"은 전치사 "of"와 함께 타동사구 "complain of"를 만들어서 뒤에 목적어로 명사절 "that we are too old fashioned"를 취하고 있다. 특히 타동사구인 "complain of"가 목적어로 명사절을 취한 후에 전치사 "of"가 문법에 따라서 생략되었다.

② we are too old fashioned.

우리는 너무 진부하다.
→ 1 〔VP1〕 S+ be+ complement/adjunct

불완전자동사인 "be"동사 주격보어로 형용사인 "old fashioned"를 취하고 있다.

③ we don't want you to repeat the same mistakes.
우리는 너희들이 똑같은 실수들을 되풀이 하는 것을 원하지 않는다.
→ 36 〔VP16A〕 S+ vt+ noun/pronoun(DO)+ to-infinitive(phrase)

불완전타동사인 "want"는 뒤에 목적어로 대명사 "you"를 취하고 있고, 목적격보어로 to원형부정사 "to repeat"을 취하고 있다. 특히 목적격보어인 to원형부정사는 준동사로서 자체속의 완전타동사 "repeat"의 목적어로 뒤에 명사인 " the same mistakes"를 취하고 있다.

④ we made mistakes.
우리는 실수를 저지른다.
→ 17 〔VP6A〕 S+ vt+ noun/pronoun

완전타동사 "make"는 뒤에 직접목적어로 단어형태인 명사(mistakes)를 취하고 있다.

⑤ we were young.
우리는 젊었다.
→ 1 〔VP1〕 S+ be+ complement/adjunct

불완전자동사인 "be"동사 주격보어로 형용사인 "young"를 취하고 있다.

⑥ We want you to do what we think best from our own long experience.
우리는 우리들의 긴 경험으로 볼 때 가장 좋다고 생각하는 것을 당신들이 해주기를 원한다.
→ 36 〔VP16A〕 S+ vt+ noun/pronoun(DO)+ to-infinitive(phrase)

불완전타동사인 "want"는 뒤에 목적어로 대명사 "you"를 취하고 있고, 목적격보어로 to원형부정사 "to do"을 취하고 있다. 특히 목적격보어인 to원형부정사는 준동사로서 자체속의 완전타동사 "do"의 목적어로 뒤에 명사절인 "what we think best from our own long experience"를 취하고 있다.

⑦ we think best the thing from our own long experience.
우리는 우리들의 긴 경험으로 볼 때 그것을 가장 좋다고 생각한다.
→ 17 〔VP6A〕 S+ vt+ noun/pronoun

완전타동사 "think"는 뒤에 직접목적어로 단어형태인 명사(the thing)를 취하고 있다. 특히 목적어 뒤에 부가(adjunct)적인 것으로 부사구(전치사+명사) "from our own long experience"에 의해서 앞의 동사를 수식해주고 있다.

결과적으로 위의 예문2는 혼비의 80가지 문장의 유형(patterns)들 중에서 7개의 유형들을 종속접속사 "that, when, what"와 연결부사인 "but"를 통해 연결하여 만들어진 것이라 볼 수 있다.

S+ vi+ (preposition)+ **that**+ S+ be+ complement. But+ S+ vt+ pronoun(DO)+ to-infinitive(vt)+ S+ vt+ noun+ **that**+ S+ vt~**when**+ S+ be+ complement. S+ vt+ pronoun(DO)+ to-infinitive(vt)+ **what**+ S+ vt+ (adjunct).

You young people often complain **that** we are too old fashioned. But we don't want you to repeat the same mistakes **that** we made **when** we were young. We want you to do **what** we think best from our own long experience.

2. 문장의 확장(expanding)

(1) 위에서 제시된 문장의 80가지 유형들이 단문(simple sentence)인데(문장 속에 명사절(noun clause)을 제외하고), 여기에 글을 쓰는 사람들에 따라서 내용을 추가적으로 넣어서 확장하고자 할 때, 넣고 싶은 것이 명사라면 "전치사(preposition)"를 이용하고, 넣고 싶은 것이 동사라면 "준동사(verbals)"를 이용하고, 넣고 싶은 것이 "문장"이라면 "접속사

(conjunction)"를 이용한다. 이것을 역(逆)으로 진행하면 복잡하고 길어진 문장을 뼈대만 있는 간결한 문장으로 가지치기(cutting off, pruning)하고자 할 때는 추가적으로(확장하려고) 들어간 것들을 제거하면 된다.

① 주어 + 동사 + 보어(목적어) + 전치사 + (동)명사
He went to work in spite of feeling sick.
그는 몸이 아픔에도 불구하고 일하러 갔다.

② 주어 + 동사 + 보어(목적어) + 동사ing (현재분사)
Do you know the man standing at the gate?
너는 문 앞에 서있는 저 남자를 아느냐?

③ 주어 + 동사 + 보어(목적어) + 동사ed (과거분사)
I have a watch made in Korea.
나는 한국산 시계를 가지고 있다.

④ 주어 + 동사 + 보어(목적어) + to 동사 (부정사)
I studied very hard to succeed in life.
나는 인생에서 성공하기 위해서 열심히 공부했다.

⑤ 주어 + 동사 + 보어(목적어) + 접속사 + 문장 (주어+ 동사+ 보어, 목적어)
Most people never drive a car when it snows heavily.
폭설이 내릴 때 대부분의 사람들은 절대로 운전하지 않겠다.

특히 추가적으로 들어가는 부분들이 문장 안에서 도와주고 싶은 대상이 주어이면 그것 뒤로 갈 수도 있다.

① 주어 + 전치사 + (동)명사 + 동사 + 보어(목적어)

A man of learning isn't always a man of wisdom.
학식이 있는 사람이 항상 현명한 사람인 것은 아니다.

The purpose of the study of economics exists in the proper use of the wealth of nations.

경제학의 연구 목적은 국가의 부를 적절히 운용하는데 있다.

The girl in the picture on the next page looks like a doll.
다음 페이지 그림 속에 있는 소녀는 인형처럼 보인다.

② 주어 + 동사ing (현재분사) + 동사 + 보어(목적어)

The boys reading in the room are my friends.
방에서 책을 읽고 있는 저 소년들은 나의 친구들이다.

The mistakes of ignorant people trying to talk or write above their understanding have been games for the satirist all through literature.
자신이 알지도 못하는 일까지 지껄이고 쓰려고 애쓰는 무지한 사람들이 저지르는 잘못은 모든 문학을 통해서 풍자가에게 놀림거리가 되어왔다.

③ 주어 + 동사ed (과거분사) + 동사 + 보어(목적어)

The book written in simple English is suitable for beginners.
쉬운 영어로 쓰여 진 그 책은 초보자에게 알맞다.

Any pain suffered by the patient is also suffered by the devils.
환자에 의해서 느껴지는 괴로움 또한 마귀에 의해서도 느껴진다.

④ 주어 + to 동사 (부정사) + 동사 + 보어(목적어)

Another attempt to climb Mount Everest was made in 2017.
에베레스트 등반에 대한 또 한 번의 시도가 2017년에 있었다.

The right to think, to speak our minds, and to publish our thoughts, implies that we possess a certain amount of knowledge.
생각하고 우리의 마음을 말하고 우리의 사상을 발표할 수 있는 권리는 우리가 어느 정도의 지식을 소유하고 있다는 것을 의미하다.

⑤ 주어 + 접속사+ 문장 (주어+ 동사+ 보어, 목적어) + 동사 + 보어(목적어)

Most people, when it snows heavily, never drive a car.
폭설이 내릴 때 대부분의 사람들은 절대로 운전하지 않는다.

The things which stick in your mind and really interest you give you some idea about where your talent can best express itself.
너의 마음속에 생생하게 남아있어서 너에게 정말로 흥미를 불러일으키는 것들이 당신의 재능이 어디에 있느냐에 대한 아이디어를 제공한다.

특히 추가적으로 들어가는 부분들을 강조하고자 할 경우에는 문장의 맨 앞으로 나갈 수도 있다.

① **전치사 +(동)명사**, 주어 + 동사 + 보어(목적어)

At present, in the most civilized countries, freedom of speech is taken as a matter of course and seems a perfectly simple thing.
현재 문명이 가장 발달된 나라들에서 언론의 자유는 당연한 일로 생각되어, 아주 단순한 일처럼 보인다.

② **동사ing (현재분사)**, 주어 + 동사 + 보어(목적어)

[23]Sitting here in my room, I glance[24] over my right shoulder[25] at the little row[26] of books, red and green and blue.
(= As I am sitting here, I glance over my shoulder at the ~.)
나는 방에 앉아서, 조촐하게 줄지어 서있는 빨강색, 초록색, 파랑색의 책들을 오른쪽 어깨 너머로 흘긋 바라본다.

Not knowing the art of writing, the Indians are also ignorant of

---

23) (능동태분사구문) sitting here in my room = (as I am) sitting here in my room

24) **glance** [glæns, glɑːns] vi. 흘긋(언뜻) 보다, 일별하다(at; over); 대강 훑어보다(over; down; through)

25) **row** [rou] n. 열, 줄, 횡렬; (극장 따위의) 좌석의 줄; 늘어선 집의 줄; (양쪽에 집이 늘어선) 거리; 시가; 가로수, 늘어선 나무의 줄

26) **shoulder** [ʃóuldər] n. 어깨; 어깨 관절; (pl.) 어깨 부분; (책임을 짊어지는) 어깨

their origin.
쓰는 기술이 없었기 때문에, 인디언은 자기들의 기원을 모른다.

③ <u>동사ed (과거분사)</u>, 주어 + 동사 + 보어(목적어)

[27]Written in easy English, the book is helpful for beginners.
(= Because it is written in easy English, the book is helpful ~.)
쉬운 영어로 쓰여 졌기 때문에, 그 책은 초보자들에게 도움이 된다.

Raised in Canada, he speaks English fluently.
(= As he was raised in Canada, he speaks English fluently.)
그는 캐나다에서 자라서 영어를 유창하게 한다.

④ <u>To 동사 (부정사)</u>, 주어 + 동사 + 보어(목적어)

[28]<u>To return some books</u>, I went with friends to the library.
(= In order to return some books)
책을 빌리기 위해서 나는 친구들과 함께 도서관에 갔다.

<u>Not to disappoint his mother</u>, he worked hard.
엄마를 실망시키지 않으려고, 그는 열심히 공부했다.

⑤ <u>접속사 + 문장 (주어+ 동사+ 보어, 목적어)</u> + 주어 + 동사 + 보어(목적어)

<u>When it snows heavily</u>, most people never drive a car
폭설이 내릴 때 대부분의 사람들은 절대로 운전하지 않겠다.

(2) 문법적인 설명을 한다면 다음과 같다.

① 「**전치사+(동)명사**」는 형용사구(제한적용법)로서, 도와주고 싶은 대상인 명사가 위치한 곳이면 어디든 간에 그 뒤에서 수식할 수 있다.

---

27) (수동태분사구문) Written in easy English = (Because it is) written in easy English, the book is helpful ~)

28) (부정사의 부사적용법) 목적의미 "~하기 위해서, ~할 목적으로"

② 「**전치사+(동)명사**」는 부사구로서, 문장 안에 있는 동사를 도와주기 위해서 문장 앞에서 또는 문장의 끝에서 도와 줄 수 있다.

③ 「**동사ing(현재분사)와 동사ed(과거분사)**」는 형용사구(제한적용법)로서, 도와주고 싶은 대상인 명사가 위치한 곳이면 어디든 간에 그 앞에서 또는 뒤에서 수식할 수 있다.

④ 「**동사ing(현재분사)와 동사ed(과거분사)**」는 부사구(분사구문)로서, 문장 안에 있는 동사를 도와주기 위해서 문장 앞에서 또는 문장의 중간에서 또는 문장의 끝에서 도와 줄 수 있다.

⑤ 「**to 동사(부정사)**」는 명사구로서, 문장 안에서 명사가 사용될 수 있는 곳인 "주어, 보어, 목적어"자리에 놓을 수 있다. 부사구로서, 문장 안에 있는 동사를 도와주기 위해서 문장 앞에서 또는 문장의 끝에서 도와 줄 수 있다. 형용사구(제한적용법)로서, 도와주고 싶은 대상인 명사가 위치한 곳이면 어디든 간에 그 뒤에서 수식할 수 있다. 형용사구(서술적용법)로서, "be"동사 뒤에 주격보어로 사용되어서 "be to 용법"을 이루어 "예정, 운명, 가능, 조건, 의무"로 해석한다.

⑥ 「**접속사+문장**」은 "절(clause)"의 형태로서 접속사가 무엇이냐에 따라서 역할이 다르다. 즉, "명사절"을 이끄는 접속사이면 문장 안에서 명사의 위치에, "부사절"을 이끄는 접속사이면 동사를 수식해주는 위치에, "형용사절(관계형용사절)"을 이끄는 접속사이면 명사를 뒤에서만 수식할 수 있다.

3. 문장의 가지치기(cutting off)

2장 "문장의 확장"에서 문장 외에 확장하기 위해서 추가적으로 삽입되는 것들(전치사+명사, 현재분사, 과거분사, to부정사, 접속사+주어+동사)이 서로 이중 삼중으로 중복되어 사용된다면 더욱 복잡한 문장을 형성할 수 있다. 그러나 그것들을 역(逆)으로 문장에서 가지치기(cutting off)를 할 수 있다면 문장에서 핵심적인 뼈대(sentence pattern)만 남게 된다.

아래의 지문에서 각 문장들에서 확장시키기 위해서 추가적으로 들어갔던 수식어들을 가지치기(cutting off)한다면, 진한 글씨체(boldface style)가 수식어구들을 가지치고 남은 문장의 핵심부분들이다.

(예문1) When I come to judge others it is **not by ourselves** as we really are that **we judge them, but by an image** that **we have formed of ourselves from which we have left out everything** that **offends our vanity or would discredit us** in the eyes of the world. To take a trivial instance, how scornful we are when we catch someone out telling a lie; but who can say that he has never told not one, but a hundred?

we judge them 우리는 타인들을 비판하는데 ~ **not by ourselves** 자기 자신이 아니라 ~ **but by an image** 어떤 모습(형상)으로 한다 (~ **we have formed** 그 모습은 우리가 스스로 만든 것이고 ~ **from which we have left out everything** 그 모습에서 어떤 것들을 제외시켰는데 ~ **offends our vanity or would discredit us** 자신의 자만심을 해치거나 또는 자신의 신용을 떨어뜨릴 수 있는 것들이다)

(예문2) **I have** always **wondered at the passion** that many people have **to meet the celebrated. The prestige** that **you acquire** by being able to tell your friends that you know famous men **proves** only that **you are** yourself **of small account. The celebrated develop a technique to deal with the persons** whom they come across. **They show the world a mask**, often an impressive one, but **take care to conceal their real selves. They play the part** that is expected from them, and with practice **learn to play it** very well, but **you are stupid** if you think that **this public performance of theirs corresponds with the man within.**

I have wondered at the passion 나는 그런 열정에 놀랐다 ~ **to meet the celebrated** 유명 인사들을 만나려는 ~ **The prestige** 그 특권 ~ **you acquire** 네가 획득한 것으로 ~ **proves** 증명 한다 ~ **of small account** 하찮다는 ~ **The celebrated develop a technique to deal with the persons** 유명 인사들은 사람을 다루는 기술을 가지고 있다 ~ **They show the world a mask** 그들은 세상에 가면을 보여 준다 ~ **take care to conceal their real selves** 자신들의 진짜 자아를 숨기려고 주의 한다 ~ **They play the part** 그들은 역할을 한다 (~ **learn to play it** 그 역할을 잘 할 줄 안다) ~ **you are stupid** 너는 바보다 ~ **this public**

performance of theirs corresponds with the man within 이 같은 공공연한 연기가 그 본인의 인격과 일치한다고 생각한다면

4. 단어 묶어 읽기 (Clustering, Grouping words)

방대한 영어자료(또는 지문)를 빠르게 읽기 위해서는 속독(fast reading)이 필수적이다. 그러기 위해서 문장 속에 있는 많은 단어들을 한 단어씩 한 단어씩 읽어내려 가는 것보다 의미(meaning)적으로 또는 문법(grammar)적으로 밀접한 관계를 가지고 있는 것들을 하나로 묶어서(clustering) 읽어야 한다.

① 단어들을 묶는 방법은 "전치사와 접속사"를 이용해서 구와 절(phrase and clause)을 이해한 후에서야 동시에 "끊어 읽기의 방법"[29]이 가능해질 수 있다. 단어들을 전치사가 연결시켜서 "구(phrase)"를 만들고, 단어와 구를 가지고 만들어진 문장을 접속사가 연결시켜서 "절(clause)"을 만들기 때문이다. 그러므로 문장 속에서 큰 덩어리를 형성한 "구와 절"이 있으면 하나로 묶어서 끊어 읽기를 하면 된다.

구(phrase, 句) = 전치사+명사, 전치사+명사구, 전치사+명사절
절(clause, 節) = 종속접속사+문장

(예문) **When I come to judge others** it is not by ourselves as we really are **that we judge them**, but by an image **that we have formed of ourselves from which we have left out everything that offends our vanity or would discredit us in the eyes of the world.** To take a trivial instance, **how scornful we are when we catch someone out telling a lie**; but who can say **that he has never told not one, but a hundred?**

When I come to judge others 부사절
as we really are 부사절
that we judge them 강조구문 that절
that we have formed of ourselves 형용사절

29) 끊어 일기 : 주어나 보어나 목적어가 길면 하나로 묶어서, 접속사가 긴 절을 이끌 때도 묶어서, 수식어구(형용사구, 부사구)가 길 때도 묶어서 읽는다.

from which we have left out everything 형용사절
that offends our vanity or would discredit us in the eyes of the world 형용사절
how scornful we are 부사절
when we catch someone out telling a lie 부사절
that he has never told not one, but a hundred 명사절

by ourselves 부사구
by an image 부사구
of ourselves 형용사구
in the eyes of the world 부사구

② 준동사(verbals)인 "부정사, 분사"가 구(phrase)를 형성해서 형용사의 제한적인 용법으로서 "수식어구(phrasal modifiers)"로 사용될 때 하나의 큰 덩어리를 형성하기 때문에 묶어서 끊어 읽기를 해야 한다. 단, 부정사는 형용사로서 명사를 수식할 경우에는 자체가 구 형태이기 때문에 무조건 명사 뒤에 놓지만, 분사는 형용사로서 명사를 단독 수식할 경우에는 명사 앞에 놓지만 분사가 뒤에 다른 어구를 동반할 경우에는 명사 뒤에 놓는다.

구(phrase, 句) = 명사+ to+ 동사원형 ~
구(phrase, 句) = 명사+ 동사원형ing ~, 명사+ 동사원형ed(en) ~

(예문1) One of the most important steps ever **taken by primitive man in his unconscious efforts to escape from barbarism** was the discovery of the wheel. It took man a long time **to discover that rolling produced less friction than sliding**, and even then he had no idea of the mechanical principle involved. Nor was the discoverer urged on by visions of luxury and ease.

taken by primitive man in his unconscious efforts 형용사구(과거분사)
to escape from barbarism 형용사구(부정사)
to discover that rolling produced less friction than sliding 형용사구(부정사)

(예문2) The characteristics of an organism are determined by its DNA which is the information **containing component of the body**. DNA provides the genetic code which determines how the individual cells will be constructed. Thus, this study is **to reveal the secret of life in the near future** if well done.

containing component of the body 형용사구(현재분사)
to reveal the secret of life in the near future 명사구(부정사)

③ 등위접속사인 "and, but, or"들도 앞뒤로 단어와 구를 "대등(모양, 품사)하게 묶어서 보다 큰 구(phrase)를 만든다.

구(phrase, 句) = 단어+ and(or, but)+ 단어
구(phrase, 句) = 구+ and(or, but)+ 구

(예문1) Work **offers social satisfaction, comradeship and contacts with clients, customers or pupils.** It makes us feel **needed and recognized** and may give a man status of which he is proud.

→ social satisfaction, comradeship and contacts with clients, customers or pupils (단어, 단어 and 단어, 단어 or 단어)
→ needed and recognized (단어 and 단어)

(예문2) Life, to be **deep and strong**, must be **touched and tempered** by sadness, as sunlight is sweetest when softened by shadows; as music, to be melodious, must have a minor chord in it.

→ deep and strong (단어 and 단어)
→ touched and tempered (단어 and 단어)

(예문3) The world is filled with two sorts of people: **those who do things and those who are quick to offer excuses** for why they didn't get anything done.

→ those who do things and those who are quick to offer excuses
(명사구 and 명사구)

(예문4) The best advice that one person can give another about reading is **to take no advice from anyone, to follow your own instincts and read the books** that interest you.

→ to take no advice from anyone, to follow your own instincts and read the books (명사구 and 명사구)

(예문5) I invited only those students **whom I know very well or who are studying English in the same class.**

→ whom I know very well <u>or</u> who are studying English in the same class (형용사절 or 형용사절)

(예문6) She let it be known that there was one way in which the nation could show its gratitude, **by founding a new hospital, and by providing a fund** for carrying on her work.

→ by founding a new hospital, <u>and</u> by providing a fun (부사구 and 부사구)

(예문7) The artist must find the common denominator, that which is similar among all of us, and draw upon that to produce a work which **not only unites us but also separates us.**

→ not only unites us <u>but</u> also separates us (동사 but 동사)

(예문8) Language have **changed and disappeared** throughout the history.

→ changed and disappeared (동사 and 동사)

5. 독서법 (Reading Skills)

(1) 주어진 자료(scanning)를 읽을 때, 전체 자료를 읽어 나가다가 모르는 어구(words or phrases)들이 있으면 멈추지 않고 일단 [30]건너뛰기(skipping)를 하여서 끝까지 전체적으로 훑어 읽어야(skimming) 한다.

(2) 이해가 안 되는(모르는) 어구들을 일단 건너뛰기를 하여도 뒤에서 보다 쉽게 여러 가지 방법으로 반복하여 설명하기 때문이다. 즉, 이해가

---

30) 건너뛰기(skipping)이란, 모르는 어구들이 있으면 건너뛰면서 멈추지 않고 계속해서 읽어 나가는 기술(skill)이기도 하지만, 달리 생각해보면 "글 속에서 중요한 어구(key words)들만을 선택해서 계속 읽어나가는 기술이기도 하다.

안 되는(모르는) 어구들을 잊어버리라는 것이 아니라 머릿속에는 계속해서 그것에 대한 힌트(hint)가 되는 부분을 찾으려고 노력한다하면 저자(writer)는 일반적으로 어떤 방법으로든 그것이 중요한 어구들이라면 반복해서 설명하기 때문이다.

(3) 주어진 자료를 끝까지 빠르게 훑어 본 후에는 반드시 글의 전체적인 주제(general idea)가 무엇인지를 생각하면서 읽어야 한다. 만약에 한번 읽어서 전체적인 주제가 무엇인지 느낌이 없으면 한 번 더 빠르게 훑어 보면서 대충이라도 무엇에 관한 글인지를 밝혀내야 한다.

(4) 글의 전체적인 주제를 밝히는데 있어서 먼저 각 단락(paragraph)들을 이해해야 하는데, 각 단락에는 주제(main idea)[31]가 들어있는 문장이 바로 "Topic Sentence"[32]라고 부른다. 일반적으로 Topic Sentence는 단락의 서두에(대개 첫 번째 문장이던지, 첫 번째 문장과 두 번째 문장) 있다.

(5) 일반적으로 하나의 단락에서 첫 번째 문장은 주제를 드러내고 그 뒤에서는 세부적인 설명(supporting specifics)을 위해서 "예시(examples)들 들거나, 이유(cause)를 말하거나, 구체화(concretize)시키거나" 하는 방식을 취한다.

(6) 또한, 글을 쓰는 사람들은 글의 논리적인 구조를 나타내는 [33]신호어

---

31) Lida R. Baker and Others, *Interactions 2 : Integrated Skills* (New York: McGraw-Hill Contemporary, 2003), p. 11. "A reading passage may include many ideas, but there is one main idea. It includes all of the more specific ideas. This main idea is usually stated in the introduction. Often, it is repeated in the conclusion."

32) Lida R. Baker and Others, p. 13. "The topic sentence usually comes at the beginning of a paragraph. It tell reader the main idea of the paragraph. A good topic sentence is neither too specific nor too general."

33) 여인천, 『문법은 문장이다 Grammar is a Sentence』 (서울: 법문북스, 2018), 220.

※ 링킹마커(linking markers 연결표지, 연결어구): 글을 쓰는 사람들이 글 속에서 무엇을 말하려고 하는지, 글의 흐름이 어디로 갈 건지에 대한 단서를 잡을 수 있다.
■ 동일한 내용 전개: also 또한 , further 더 나아가, moreover 더욱더, and 그리고, furthermore 더욱이, too 역시, besides 한편, in addition 이외에도
■ 앞선 내용과 동일언급: as well as 물론, equally important 마찬가지로 중요한,

(연결어 signal words or linking words)들을 이용하여 글을 전개시키기 때문에 가능한 많이 알고 있으면 글을 이해하는데 도움이 된다.

(7) 영어를 우리말로 옮길 때는 가능한 직역(literal translation) 보다는 의역(paraphrasing translation)하는 게 좋다. 직역이란 말하고자 하는 의미를 이해하기보다는 원문의 문장유형을 문법적인 분석을 통하여 사전적인 의미로 대입시키는 방식이라면, 의역은 원문의 단어나 구절에 지나치게 얽매이지 않고 전체의 의미를 살리는데 중점을 둔 번역이다. 다시 말해서, 직역은 문장 속에 있는 단어들 중에 어느 하나를 더하거나 빼지 못하고 사용된 단어들을 문법분석에 따라서 사전적인 의미로 번역하는 것이고, 의역은 문장 속에 있는 단어들 중에 전체적인 의미에 방해가 된다면 빼기도 하고 또는 전체적인 의미에 도움이 된다면 사용되지 않은 단어들도 추가해서라도 번역하는 것을 말한다.

---

similarly 유사하게, at the same time 동시에, likewise 이와 마찬가지로

■ 공감을 위한 구체적인 예시제공: as ~와 같이, in fact 사실상, such as ~와 같은, for example 예를 들면, like 마찬가지로, that is 즉, for instance 예를 들면, specifically 특히, to illustrate 예로

■ 선택의 여지부여: either 둘 중 하나, or 혹은, other than 이외에, otherwise 그렇지 않으면, neither nor 이도 저도 아닌

■ 반복어: again 다시, in other words 다시 말하면, that is 즉, to repeat 반복하면

■ 대조어: but 그러나, instead of 대신에, regardless 관계없이, conversely 반대로, on the contrary 대조적으로, still 여전히, despite 불구하고, on the other hand 다른 한편으로, though 비록~일지라도, even though 비록~일지라도, nevertheless 그럼에도 불구하고, whereas 반면에, however 그렇지만, yet 아직은, notwithstanding ~에도 불구하고, rather than 오히려

■ 인과관계: accordingly 따라서, for this reason 이러한 이유로, then 다음에, as a result 그 결과, hence 그러므로, therefore 그러므로, because 왜냐하면, since 왜냐하면, consequently 결과적으로, so 그래서

■ 조건상황: although비록~이지만, providing ~경우에, whenever 언제~이라도, if 만약에, unless ~ 하지 않는다면

■ 동의상황: accepting the data 그 자료대로라면, granted that ~을 고려하면, of course 물론, even though 그렇다고 해도

■ 강조상황: above all 무엇보다도, indeed 정말로, more important 보다 중요하게

■ 순서어: first 첫째, second 둘째, next 다음은, finally 마지막으로, last 마지막으로, then 이어서

■ 시간어: afterwards 그 후로, meanwhile 한편, subsequently 이어서, while ~하는 동안에, at the same time 동시에, next 다음에, before 이전에, now 현재, ultimately 궁극적으로, formerly 전에는, presently 현재는, until ~할 때까지

■ 요약어: briefly 간단히 말해서, in brief 요약하면, to summarize 요약하면, for these reasons 이러한 이유로, in conclusion 결론적으로, to sum up 요약하면

(8) 단점으로서, 직역 위주로 각각의 어구들을 문법적으로 충실하게 번역하다보면 글의 전체적인 의미가 무엇인지에 대한 이해를 놓칠 수가 있고, 의역을 지나치게 이끌다보면 특정구문을 잘못 이해해서 추상적이 결론을 내릴 수 있음을 주의해야 한다.

6. 영어사전(Dictionary) 사용법

(1) 영어사전이란 영어권 국가(English speaking countries)에서 사용되는 모든 단어(word)들의 "철자(spelling), 발음(pronunciation), 품사(parts of speech), 의미(meaning), 동의어(synonym), 반의어(antonym), 관용적인 표현(idiomatic usage), 예문(sample sentence)"들을 알파벳순서(alphabetical order)로 배열(arrangement)해놓은 것이다.

(2) 이러한 자료들 중에서 "철자, 발음, 동의어, 반의어, 관용적인 표현, 예문"등은 단순히 확인하는 정도로 사용이 가능하다. 그러나 "품사와 의미"에 있어서는 단순하지 않다. 왜냐하면 단어의 "품사와 의미"에 관련하여 제공되어 있는 자료들이 많이 있기 때문에, 이용자는 그 많은 자료(data)들 중에서 자신에게 필요한 단 하나의 정보(one information)만을 선택할 수 있어야 한다. 만약에 이용자가 영어 해석할 때 "품사와 의미"를 잘못 선택했을 시에는 오역(mistranslation)을 피할 수 없을 것이다.

① 대부분의 단어들은 1개(be)의 품사를 가지고 있는 것들보다 적게는 2개부터 많게는 6개(like)까지 품사를 가지고 있는 단어들이 많다. 또한 대부분의 단어들은 적게는 2~3개(be)의 의미부터 많게는 41개(take)의 의미까지 가지고 있기도 하다. 이렇게 품사와 의미를 여러 가지로 나누어 놓았다는 것은 분명히 어떤 차이점(difference)이 있기 때문일 것이다. 그러므로 이용자가 어떤 품사와 의미를 선택하느냐에 따라서 차이점이 발생할 수 있기 때문에 이용자의 정확한 선택은 대단히 중요한 문제가 된다.

② 이용자가 단어의 여러 품사들 중에서 정확한 품사를 선택하기 위해서는 먼저 문법적인 지식이 있어야 가능하며, 그리고 단어의 여러 의미들 중에서 정확한 의미를 선택하기 위해서는 글(reading)의 문맥

(context)을 파악해야 가능하다.

③ 다시 말해서, 이용자가 영어로 된 글을 읽다가 모르는 단어(word)가 나타났을 때 가장 먼저 해야 할 일은 해당 단어의 문장(sentence) 안에서의 위치(position)를 통해서 정확한 품사(parts of speech)를 밝히는 것이다. 그런 다음에 선택된 품사 뒤에 제공되어있는 많은 의미들 중에서 이용자가 파악한 문맥에 따라서 가장 적절한 의미(meaning)를 선택해야 한다.

④ 사전에는 각각의 단어들이 특정상황에서 번역되는 특정한 의미를 괄호를 이용한 지문(地文)[34]을 통해서 알려주고 있다.

(3) 그밖에 영어사전을 이용할 때 주의해야할 사항들이다.

① 동사(動詞, Verb)는 성질에 있어서 자동사(自動詞, Vi, intransitive verb)로만 사용되는 것인지 타동사(他動詞, Vt, transitive verb)로만 사용되는 것인지 아니면 두 성질 모두로 사용되는 것인지 확인할 필요가 있다. 타동사는 목적어를 바로 뒤에 취할 수 있지만 자동사가 목적어를 취하려면 반드시 특정의 전치사를 끌어들여 동사구(phrasal verb, idiom)를 만들어야하기 때문에 주의해야 한다. 그리고 자주 사용되는 동사들이라면 그것들이 만들 수 있는 문장유형(sentence pattern)을 확인하여 암기하는 것이 좋다.

② 명사(名詞, noun)는 가산명사(C, countable noun)인지 불가산명사(U, uncountable noun)인지 확인해야 한다. 가산명사이면 관사(a, an, the) 또는 복수형(plural form, -s, -es)으로 만들 수 있다는 것이고 불가산명사이며 특정경우를 제외하곤 관사와 복수형태가 안 된다는 것이다. 특히 가산명사와 불가산명사가 서로 전환될 경우에는 의미의 변화도 뒤따르기 때문에 확인해야 한다.

mother [mʌ́ðər] n. (C) 어머니; 친어머니; 의붓어머니, 시어머니, 장모, 양모, 계모, 서모; (구어) (남편이 아내를 가리켜) 애엄마; 어머니 같은 사람; 아주머니(Mrs.에 해당); (미

---

34) 지문(地文) : [문학] 희곡에서, 해설과 대사 이외의 부분으로 등장인물의 동작이나 표정, 심리, 말투 등을 서술한 글을 말한다. 사전에서 단어의 지문은 "괄호"를 이용해서 알려준다.

국속어) (포주 따위와 같은 어떤 집단의) 엄마격인 존재; 돌봐 기르는 여자; 대모(代母), 수녀원장(~ superior); (the ~) 모성(애); (비유적) 출처(origin), 근원, 원천(source), 생산자

glass [glæs, glɑ : s] n. (U) 유리; 유리 모양의 물건; 판(板)유리; (C) 렌즈; (pl.) 안경(spectacles), 쌍안경(binoculars); 망원경(telescope), 현미경(microscope); 돋보기

③ 형용사(形容詞, adjective)는 서술적인(predicate) 용법으로만 사용되는 것인지 한정적인(limited) 용법으로 사용되는 것인지 아니면 두 용법 모두로 사용되는 것인지 확인할 필요가 있다. 두 용법에 따라서 의미가 다를 수도 있기 때문이다.

good [gud] a. 좋은, 우량한; 훌륭한; 질이 좋은, 고급의; (도덕적으로) 선량한(virtuous), 착한, 성실한(dutiful), 품행이 좋은, 방정(方正)한(well-behaved); 공정한; 친절한, 인정 있는(benevolent); 너그러운; 현명한, (어린애가) 얌전한; 머리 좋은, 이해가 빠른; 유능한; 익숙한, 잘하는, 재간 있는; 효과적인, 유효한; 자격 있는(qualified); (약 따위가) 효험이 있는; (표 따위가) 통용되는; 사용 가능한, 쓸모 있는; 견딜 수 있는, 오래가는; 건전한, 튼튼한(strong, healthy); (운 따위가) 좋은, 계제(가) 좋은; 안성맞춤의, 바람직한, 호적(好適)의; (책 따위가) 좋은, 유익한; 이익이 되는; 훌륭한, 완전한, 가짜가 아닌, 진짜의; (상업적으로) 신용할 수 있는, 확실한; 아름다운; (날씨가) 활짝 갠; (음식이) 맛있는; 먹을(마실) 수 있는, 썩(상하)지 않은; 즐거운; 행복한; 유쾌한(happy, agreeable, enjoyable); 사이가 좋은, 친한, 친밀한

present [préznt] a. (서술적) 있는, 출석하고 있는; (한정적)지금의, 오늘날의, 현재의, 현(現) ~; (문법) 현재(시제)의; 당면한, 문제의, 여기 있는, 이

④ 대부분의 단어들은 품사의 전환(conversion)이 된다는 사실이다. 즉, 전치사이면서 접속사로, 동사이면서 명사로, 형용사이면서 부사로, 등으로 다양하게 전환된다는 것이다. 그러므로 이용자는 문장 안에서 모르는 단어의 위치를 통해서 품사를 밝혀야하기 때문에 문법적인 분석력이 있어야 한다.

play = vi, vt, n / **like** = vi, vt, a, ad, n, conj, prep / **school** = vi, vt, n, a / **pretty** = vt, a, ad, n / **beautiful** = a, n, int / **that** = a, ad, conj, rel. pron / **kind** = a, n / **watch** = vi, vt, n / **class** = vi, vt, n / **go** = vi, vt, a, n / **rain** = vi, vt, n / **progress** = vi, vt, n / **have** = vi, vt / **become** = vi, vt / **consist** = vi, n / **arrive** = vi, n / **complete** = vt, a / **address** = vt, n / **mention** = vt, n / **discuss** = vt / **appear** = vi / **seem** = vi / **exist** = vi / **belong** = vi / **emerge** = vi / **happen** = vi / **occur** = vi / **be** = vi, aux. v / **good** = a, ad, n, int / **church** = vt, n / **contend** = vi, vt / **good** = a, n, ad, int / **think** = vi, vt, n, a / **believe** = vi, vt / **snow** = vi, vt, n / **develop** = vi, vt / **love** = vi, vt, n (**only vt** = bring, use, depress, invent, ensure, endanger, prefer, earn, experience, entrust **only vi** = arise, rely, result, contact, experiment, remain, err, conflict, correspond)[35]

7. 본서(本書) 이용법

(1) 첫 번째 지문은 아무런 도움 없이 학습자가 전체적으로 읽어보면서 어느 부분에서 막히는지를 테스트(test)하는 용도이다. (전체적으로 한번 훑어보면서 어려운 문장유형이나 또는 특정 어구들을 표시를 해놓고 본서에서 제공하는 문법적인 설명을 참조하기 바란다.)

(2) 두 번째 지문에서 진한 글씨체(boldface)로 된 부분들은 학습자들이 해석하기에 어려워할 것으로 생각되는 구문들을 문법적인 설명과 더불어 해석을 제공하고 있는 것들이다.

(3) 두 번째 지문에서 중요한 각 어구(words or phrases)들에 일련번호들은 붙여놓았는데 각 페이지 아래 부분에 있는 "각주(footnote)[36]"에서 "품사와 발음과 의미"를 소개한다. (대개 각주에서는 지문 속에 사용된 중요한 어구들의 품사와 의미를 소개하고 있지만, 또한 숙어인 경우에는 반드시 소개하고 있으니 참고하기 바란다.)

(4) 두 번째 지문에서 밑줄(underline) 친 부분들은 "숙어(idiom)"들이거나 "상관어구(correlative phrases)"들이다.

Medical evidence indicates that women on the average, though (*they are*) **not so** strong **as** men (*are strong*) in muscular development, <u>are **less** prone to</u> disease (*than men are prone to disease*), and though they may <u>complain</u> **more** frequently <u>of</u> minor ailments (*than men may complain*), they live **longer** (*than men live*).

(5) 두 번째 지문에서 괄호안의 이탤릭체(italic style) 부분은 문장 안에서 생략된 것들을 알려주고자 한 것이다.

Medical evidence indicates that women on the average, though (*they are*) **not so** strong **as** men (*are strong*) in muscular development,

35) 여인천, 『문법은 문장이다 Grammar is a Sentence』, 235.

36) 각주(footnote)란 본문 아래쪽에 따로 단 풀이를 말한다.

are less prone to disease (*than men are prone to disease*), and though they may complain **more** frequently of minor ailments (*than men may complain*), they live **longer** (*than men live*).

(6) 각주(footnote)에서 단어 뒤의 정보들은 다음과 같다. (*앞서 설명된 "사전사용법"에서와 중복된 부분들이 있기는 하지만 정말로 중요한 내용이기 때문에 반복을 그대로 한다.)

① 단어의 발음(pronunciation)이다. (각각의 단어들의 정확한 발음표기를 참고하여 정확한 발음을 할 수 있도록 참고하기 바란다.)

interest [íntərist] n. 관심, 흥미(in); 감흥, 재미, 흥취(to; for); ** **interest** [íntərèst] vt. ~에 흥미를 일으키게 하다, ~의 관심을 끌다

ability [əbíləti] n. 능력, 할 수 있는 힘, 솜씨(in; for; to do)

② 위의 지문 속에서 사용된 각 단어의 문법적인 위치(position)에 따른 정확한 품사(parts of speech)이다.

③ 단어들은 각각의 능력에 따라서 적게는 1개(am, are, is) 품사에서 많게는 6개(like) 품사까지 가지고 있으며, 각 품사에 따라서 의미가 유사하기는 하지만 전혀 다를 수도 있기 때문에[37], 지문 속에 사용된 단어의 정확한 품사를 밝히는 것은 정확한 해석을 위해서 대단히 중요하다.

be vi. (+보/+부/+ -ing/+ to do/+전+명/+ that[절]/+ wh.[절]/+ wh. to do) ~이다; (~/+전+명/+부) (장소·때를 나타내는 부사(구)와 결합하여) (~에) 있다; (~에) 가(와) 있다, (~에) 나타나다; 돌아오다, 끝나다; (언제·어느 날)이다; (존재를 나타내어) ((사람·물건·일이) 있다(exist); (~이) 일어나다(take place); (there be의 형태로) 있다, 존재하다

like prep. ~와 같이(처럼), ~와 마찬가지로, ~답게; 이를테면 ~같은(such as); vt. 좋아하다, 마음에 들다(be fond of); vi. 마음에 들다(맞다), 마음이 내키다(be pleased); noun (보통 pl.) 취미, 기호; (the, one's ~)(보통 의문·부정문에서) 비슷한 사람(것); 같은 사람(것); 같은 종류(of); adj. (~와) 닮은(resembling), ~와 같은; adv. (구어) 대략, 거의, 얼추; (~ enough 꼴로)(구어) 아마, 필시; (어구의 끝에 붙여)(비표준) 마치(as it were), 어쩐지(somehow); conj. (구어) ~하(는) 듯이(as); (미국) 마치 ~처럼(as if)

37) 단어의 사전적인 의미에서, 일반적으로 첫 번째 의미는 그 단어의 보편적인(general) 의미이고, 그 뒤에서부터 일정 번호까지는 전문적인(technical) 의미이고, 나머지들은 속어(idiom) 또는 은어(slang)이다.

④ 단어의 품사표시 바로 뒤에 소개된 단어의 여러 가지 의미들을 중에서 가장 앞에 있는 의미가 저자가 생각하기에 가장 적절한 의미라고 생각한 것이다. 그러나 해석에 있어서 각자의 차이가 있을 수 있기 때문에 모두 읽어보기 바란다.

simple [símpəl] a. 단순한, 간단한; 쉬운, 수월한; 단일의, 분해할 수 없는; 간소한, 검소한, 꾸밈없는(unadorned), 수수한(plain); (식사 등이) 담백한; 성실하고 정직한(sincere), 순박(소박)한; 죄 없는, 순진한, 티 없는(innocent); 천진난만한; 사람 좋은, 어리석은; 무지한, 경험(지식)이 부족한; 하찮은, 대단치 않은; (문어) 천한; 평민(출신)의(humble)

⑤ 지문에 사용된 단어에 대한 품사 뒤에 추가적으로 제공된 것들은 학습자들이 알아두면 도움이 될 것들이다. 예를 들면, 동일 단어의 주의해야할 다른 품사이거나, 동일 단어가 들어가 있는 숙어(phrasal verb)이거나, 동일 단어의 동의어(synonym)이거나, 동일 단어의 반의어(antonym)이거나이다.

would [wud, 약 wəd, əd] aux. v. (과거의 불규칙적인 습관) "~하곤 했다"; ** **used** [ju:zd] vi. (+to do) ~하는 것이 예사였다, 늘 ~했다, ~하는 버릇(습관)이 있었다; 원래는 (이전에는, 옛날에는) ~했었다

since [sins] **conj.** (종위접속사) (주절에 완료형을 수반하여) ~한 이래, ~한 후(지금까지) (since절속의 동사는 보통 과거형이나, 현재도 계속되는 일의 시발점을 나타낼 때에는 완료형을 씀); **ad.** (완료형동사와 함께) 그 후 (지금까지), 그 이래 (지금(그때)까지); (종종 ever since의 형태로) (그때) 이래 (죽), 그 후 내내, 그 이후(죽 지금까지); **prep.** ((현재) 완료시제로) (흔히 ever since로 계속·경험의 완료동사와 더불어) ~이래(이후), ~부터 (지금(그때)에 이르기까지), 그 후

misery [mízəri] n. (pl.) 불행; (정신적·육체적) 고통; 고뇌; 비참한 신세, 빈곤; 비참함 sufferings (종종 pl.) 피해, 재해; 수난; 손해; (참고) **suffering** 괴로움을 겪어 시달리며 지그시 참는 수동적 자세에 역점이 있음. **distress** 비참한 환경이 주는 심신의 고통. (공공의) 원조를 필요로 할 때가 많음: relieve distress among the people 빈민의 곤궁을 구제하다. **misery** 비참하고 가엾은 처지. 장기적인 것이 많음. **hardship** 굳센 의지와 버티는 정신력을 필요로 하는 따위의 쓰라린 환경. distress나 misery에 비해 극복될 가능성이 시사됨.

⑥특히 동사(verb)에 대한 정보를 이용하는 방법은 중요하다. 예를 들어, 자동사 및 타동사 뒤에 있는 의미 뒤 괄호 안에 소개된 정보는 대개 동사구(idiom)인 경우이고, 동사의 성질 뒤에 괄호는 동사가 만들 수 있는 문장의 유형(sentence patterns)을 가리킨다.

depend [dipénd] vi. (~+전+명) ~나름이다, (~에) 달려 있다, 좌우되다(**on, upon**); (~에) 의지하다, 의존하다 (**on, upon**)
→ ** **depend on (vi.+prep.+명) ~을 의지하다**

It is on your thinking and your actions that the future of humanity depends.
인류의 장래는 바로 당신의 생각과 행동에 달려있다.

proud [praud] a. 자랑으로 여기는(**of**), 영광으로 여기는; (좋은 의미로) 의기양양한
→ proud라는 형용사는 뒤에 목적어를 취할 경우에 반드시 "전치사 of"를 취해서 받을 수 있다는 것이다. ** **be proud of ~을 자랑스럽게 여기다**

The Koreans were not only proud of their sports potential; they took pride in having hosted the Olympics safely and successfully. (77번)
한국인이 단지 그들의 스포츠 잠재력에만 자부심을 느낀 것은 아니었다. 그들은 올림픽을 안전하고 성공적으로 치렀던 것을 자랑으로 여겼다.

rob [rab/rɔb] vt. (~+목+전+명) ~빼앗다; ~에서 훔치다, ~에게서 강탈(약탈)하다 (**of**); (권리 등을) 잃게 하다 (**of**)
→ ** **rob~of (~+목+prep.+명) ~에게서 -을 빼앗다**

Let your words be few, especially when your superiors are present, lest you rob yourselves of the opportunity that you might otherwise have had to gain knowledge, wisdom, and experience, by hearing those whom you silence by your impertinent talking.
말수는 적게 하시오. 윗사람이 있을 때는 특히 그렇게 하시오. 버릇없이 애기를 함으로써 당신의 입을 열지 못하게 한 그 사람들의 애기를 들어서 지식, 지혜, 경험을 그렇게 하지 않았더라면 얻을 수 있는 기회를 스스로 잃어버리는 일이 없도록 하시오.

look [luk] vi. (~+전+명) 보다, 바라보다, 주시하다, 눈을 돌리다(to, at); 생각해 보다, 검토하다, 조사하다; 조심(주의)하다(at, to)
→ ** (idiom) **look to** ~에게 의지하다, 기대다 (**for**)
→ ** **look to (vi.+prep.+목+for+명) ~에게 - 를 기대하다**

The children will be pleased when their parents come, and sorry when they go, unless they are absorbed in some agreeable pursuit; they will look to their parents for help in any trouble, physical or mental, that may arise; they will dare to be adventurous, because they rely upon their parents' protection in the background.
어린이들은 어떤 즐거운 일에 열중하고 있지 않는 한, 부모가 오면 기뻐하고, 떠

나면 섭섭해 한다. 어린이들은 육체적으로나 정신적으로나 어떤 문제가 발생했을 때 부모의 도움을 기대한다. 어린이들은 그들의 배후에 있는 부모의 보호에 의지하고 있기 때문에 감히 모험적이 되는 것이다.

oblige [əbláidʒ] vt. (~+목+to do/+목+전+명)(종종 수동태) ~을 별(어쩔)수 없이 ~하게 하다(to do); ~에게 ~하도록 강요하다(to); ~에게 의무를 지우다
→ ** **be obliged to do ~ 어쩔 수 없이(부득이) -하게 되다**

The best test of the quality of a civilization is the quality of its leisure. Not what the citizens of a commonwealth do when they are obliged to do something by necessity, but what they do when they can do anything by choice, is the criterion of a people's life.
문명의 질을 알아내는 가장 좋은 방법은 그 여가를 살피는 것이다. 어떤 나라의 국민이 필요에 의해서 부득이 어떤 것을 해야만 하는 경우에 행하는 일이 아니고, 무엇이든지 하고 싶은 것을 선택해서 할 수 있을 경우에 행하는 일이 그 국민생활의 기준이다.

want [wɔ(:)nt, wɑnt] vt. (~+to do/~+목+to do/+목+done/+목+-ing/+목+보/+that[절]) ~하고 싶다; (아무가) ~해 줄 것을 바라다, ~해 주었으면 하다
→ want라는 불완전타동사는 뒤에 "목적어+to부정사"를 취할 수 있다는 것이다. 또한 와전타동사로 뒤에 to부정사"를 목적어로 취할 수도 있다는 것이다. ** **I want you to study hard. 나는 당신이 열심히 공부하기를 원한다**.

You young people often complain that we are too old fashioned. But we don't want you to repeat the same mistakes that we made when we were young.
젊은 당신들은 우리가 너무 진부하다고 종종 불평을 한다. 그러나 우리가 젊었을 때 저지른 똑같은 실수들을 여러분이 되풀이 하는 것을 우리는 원하지 않는다. 우리는 우리들의 긴 경험으로 볼 때, 가장 좋다고 생각하는 것을 당신들이 해주기를 원한다.

liable [láiəbəl] ɑ. 자칫하면 ~하는, (까딱하면) ~하기 쉬운 (to do); 책임을 져야 할, 지변(지급)할 책임이 있는; 부과되어야 할, (~할 것을) 면할 수 없는(to; to do)
→ ** **be liable to do ~ 자칫하면(까딱하면) -하기 쉽다**

We are liable to say something rather amusing but perhaps rather unkind and our words may leave a sting.
우리들은 비교적 재미는 있으나 자칫하면 약간의 냉담한 말을 하기 쉬우며, 그렇게 되면 말한 것을 후회하게 된다.

dependent [dipéndənt] ɑ. 의지하고 있는, 의존하는; 도움을 받고(신세를 지고) 있는(on,

upon); 종속관계의, 예속적인
→ ** .be dependent upon ~ 에 의존하다

We are indirectly dependent upon the labour of others for all the necessities and comforts of our lives.
우리는 생활에 필요한 것들과 생활을 쾌적하게 하는 것들을 모두 사람의 노동에 간접적으로 의존하고 있다.

8. 실전 영어해석하기

1. A sharp, clever criticism on any individual is often the cause of later repentance. We are liable to say something rather amusing but perhaps rather unkind and our words may leave a sting. The words may hardly have left our lips before we secretly wish we had not spoken in that way.

A sharp[38], clever[39] criticism[40] on any individual[41] is often the cause of later repentance[42]. We are liable[43] to say something rather[44] amusing[45] but perhaps rather unkind[46] and our words may leave a sting[47]. The words may **hardly** have left our lips **before we secretly[48] wish we had not spoken in that way[49].**

---

38) **sharp** [ʃɑ：rp] a. 날카로운, 모난, 뾰족한(pointed); (날이) 잘 드는, 예리한(keen)

39) **clever** [klévər] a. (말·생각·행위 등을) 잘하는, 솜씨 있는; 재치 있는

40) **criticism** [krítisìzəm] n. 비평, 비판(문); 평론; 비판 능력; 흠잡기, 비난

41) **individual** [ìndəvídʒuəl] n. 개인; 개체, 단일체, (물건의) 한 단 위; (구어) 사람; a.개개의, 각개(各個)의

42) **repentance** [ripéntəns] n. 후회; 회한, 회개

43) **liable** [láiəbəl] a. 자칫하면 ~하는, (까딱하면) ~하기 쉬운 (to do); 책임을 져야 할, 지변(지급)할 책임이 있는; 부과되어야 할, (~할 것을) 면할 수 없는(to; to do); ~할 의무가(책임이) 있는; ** be liable to do ~ 자칫하면 -하기 쉽다

44) **rather** [rǽðər, rɑ́：ð-] ad. 오히려; 어느 정도, 다소, 조금; 상당히, 꽤

45) **amusing** [əmjú：ziŋ] a. 즐거운, 재미있는; 기분풀이가 되는, 유쾌한

46) **unkind** [ʌnkáind] a. 냉담한; 불친절한, 몰인정한, 동정심이 없는, 매정한, 고약한

47) **sting** [stiŋ] n. 후회; (정신적인) 괴로움, 고통; 자극; 신랄함, 비꼼, 빈정댐

48) **secretly** [sí：kritli] ad. 남몰래; 비밀로, 몰래; ** in that way 그렇게 하여; ** in this way 이렇게 하여; ** way n. 특정한) 방식; 수단, 방법; 행동

49) **way** [wei] n. (특정한) 방식; 수단, 방법; 행동; 방침; ** in that way 그렇게, in this way 이렇게 하여

① **상관접속사** : had hardly (scarcely) p.p~ before (when) s + 과거동사 - = had no sooner + p.p~ than+ s + 과거동사 - "~하자마자 -하다"

The assistant had no sooner called than I went out.
= No sooner had the assistant called my name than I went out.
= Scarcely had the assistant called my name when I went out.
= As soon as the assistant called my name, I went out.
보조자가 부르자마자 나는 밖으로 나갔다.

The words may <u>hardly</u> have left our lips <u>before we secretly wish we had not spoken in that way</u>.
= As soon as the words left out our lips, we are sorry that we spoke in that way.
그 말이 입에서 튀어나오자마자 우리는 그렇게 말한 것을 남몰래 후회했다.

② **가정법의 변형** : I wish that 주어+ 과거동사~(가정법 과거, 현재사실의 반대)

I wish that 주어 + had+ pp. ~ (가정법 과거동사, 현재사실의 반대)
= It is a pity (that)+ 주어+ not 현재동사+ ~
= I am sorry+ (that)+ 주어+ not 현재동사+ ~)
= I regret (that)+ 주어+ not 현재동사+ ~

<u>We secretly wish we had not spoken in that way</u>. (가정법 과거완료)
= It is a pity that we spoke in that way.
= We are sorry that we spoke in that way.
우리는 그렇게 말한 것을 남몰래 후회했다.

I wish that I were not Superman. (가정법 과거)
내가 슈퍼맨이라면 좋을 텐데.
= I am sorry that I am not Superman.
내가 슈퍼맨이 아닌 것이 유감스럽다.

2. Work offers social satisfaction, comradeship and contacts with clients, customers or pupils. It makes us feel needed and recognized and may give a man status of which he is proud.

Work[50] offers social satisfaction[51] (with clients, customers or pupils), (*and work offers*) comradeship[52] and contacts[53] with clients[54], customers[55] or pupils[56]. It[57] makes us feel[58] needed[59] and recognized[60] and may give a man status[61] of which he is proud[62].

---

50) **work** [wə：rk] n. 일, 작업, 노동; 공부, 연구; 노력; (해야 하는) 일, 업무, 과업; (참고) **work** 가장 일반적인 말이며, 다음의 어떤 말보다도 넓은 뜻을 가짐. 특히 작업·노동을 수반하는 일을 나타내는 경우가 많음. **occupation** 사람이 시간·관심·정력을 바쳐서 하는 뜻으로서의 일: **employment** 고용주와 피고용자와의 고용 관계·계약·임금 등을 중심으로 해서 본 일: **vocation** (신학)신의 부르심, 신명(神命)(에 의한 종교적 생활), 천직, 사명감 ; **job** 직업(employment), 일자리, 지위(post)

51) **satisfaction** [sæ̀tisfǽkʃən] n. 만족(감)(at; with)

52) **comradeship** n. 동지로서의 교제, 동료 관계, 우애, 우정; ** **comrade** [kámræd, -rid/kɔ́m-] n. 동료, 동지, 친구, 벗, 전우

53) **contact** [kántækt/kɔ́n-] vi. 접촉하다, 연락하다; 교제하다; (통신)교신하다(with); vt. 접촉시키다; 교제시키다; (통신)교신하다; ~와 접촉하다, ~와 연락하다; ~에 다리를 놓다, ~와 아는 사이가 되다

54) **client** [kláiənt] n. 소송〔변호〕의뢰인; 고객, 단골손님; 사회복지혜택을 받는 사람(a welfare ~); 예속자; 피보호자

55) **customer** [kʌ́stəmər] n. (가게의) 손님, 고객; 단골, 거래처; visitor

56) **pupil** [pjúːpəl] n. 학생(흔히 초등학생·중학생; 선생의 개인적인 감독 및 지도가 강조되는 학생); 제자; (법률학)미성년자, 피보호자(남자 14세, 여자 12세 미만); ** **student n.** 고등학생 (영국)대학생

57) **it** = **work**

58) **feel** [fiːl] vi. (+보/+전+명) (아무가) ~한 생각이 들다, ~하게 생각하다(느끼다); ~한 의견을 갖다

59) **need** [niːd] vt. ~을 필요로 하다, ~이 필요하다(want, require)

60) **recognize** [rékəgnàiz] vt. (공로 따위를)인정하다, 감사하다, 표창하다; 알아보다, 보고 곧 알다, 알아(생각해)내다; 인지하다

61) **status** [stéitəs, stǽtəs] n. (사회적) 지위; 자격; (법률학)신분; 상태, 사정, 정세

62) **proud** [praud] a. 자랑으로 여기는(of), 영광으로 여기는; (좋은 의미로) 의기양양한

① **사역(지각)동사+목적어+**(to)**불완전vi+목적격보어(p.p)** : 5형식문장으로서 불완전타동사로 사역동사가 쓰였고 목적보어로 원형부정사를 받은 경우이다.

It(work) makes us feel needed and recognized.
일은 우리가 (세상에서) 필요로 하고 인정받고 있음을 느끼게 만든다.

It(work) makes us feel ~.
일은우리가 ~을 느끼게 만든다.

We feel needed and recognized.
우리는 (세상에서) 필요로 하고 인정받고 있음을 느끼다.

② **관계대명사(전치사의 목적격)** : 관계대명사 목적격과 전치사 관계에서, 전치사는 관계사 뒤에 그대로 놓고 그 관계사를 생략하던지 또는 관계사 바로 앞으로 옮기고 관계사를 생략하던지 한다.

It(work) may give a man status of which he is proud
= It(work) may give a man status (*which*) he is proud of
일은 사람에게 그가 자랑스러워할 사회적인 지위를 제공할 수도 있다.

3. Misery does not necessarily bring about discontent, nor is the degree of discontent in exact proportion to that of misery. We are likely to be least content when conditions have so improved that an ideal state seems almost within reach.

Misery[63] does not necessarily[64] bring about[65] discontent[66],

63) **misery** [mízəri] n. (pl.) 불행; (정신적·육체적) 고통; 고뇌; 비참한 신세, 빈곤; 비참함 sufferings (종종 pl.) 피해, 재해; 수난; 손해; (참고) **suffering** 괴로움을 겪어 시달리며 지그시 참는 수동적 자세에 역점이 있음. **distress** 비참한 환경이 주는 심신의 고통. (공공의) 원조를 필요로 할 때가 많음: relieve distress among the people 빈민의 곤궁을 구제하다. **misery** 비참하고 가엾은 처지. 장기적인 것이 많음. **hardship** 굳센 의지와 버티는 정신력을 필요로 하는 따위의 쓰라린 환경. distress나 misery에 비해 극복될 가능성이 시사됨.

nor is the degree of discontent in exact proportion to[67] that(=*degree*) of misery. We are likely to[68] be least[69] content[70] when conditions[71] have **so** improved[72] **that** an ideal[73] state seems almost within reach[74].

① **Nor 용법** : conj. (앞의 부정문을 받아서 다시 부정이 계속됨)~도 ~하지 않다; (neither 또는 not과 상관적으로) ~도 또한 ~않다.

Misery does not necessarily bring about discontent, nor is the degree of discontent in exact proportion to tha t(= degree) of misery.
(= the degree of discontent is not in exact proportion to that (= degree) of misery, either.)
빈곤이 반드시 불만을 야기 시키는 것은 아니며, 불만의 정도도 또한

---

64) **necessarily** [nèsəsérəli, nésisərili] ad. (not과 함께 부분 부정으로서) 반드시 (~은 아니다); 필연적으로, 필연적 결과로서, 반드시; 부득이

65) **bring** [briŋ] only vt. (물건을) 가져 오다, (사람을) 데려오다; ** **bring about** ~을 야기 시키다, ~을 일으키다, 가져오다

66) **discontent** [dìskəntént] n. (욕구) 불만(의 근원), 불평; (법률학) 불복(不服); 불복인 사람, 불평분자; a. 불만(불평)인(with); vt. 불만(불평)을 품게 하다

67) **in (exact) proportion to(as]** ~에 (정)비례하여; ** **proportion** [prəpɔ́ : rʃən] n. 비(比), 비율; 조화, 균형; (일정 비율의) 부분; 몫, 할당; ** **exact** a. 정확한, 적확한 (accurate); 정밀한, 엄밀한(precise); 꼼꼼한(strict); 엄격한

68) **likely** [láikli] a. ~할 것 같은(to do); He is likely to come. 그는 아마 올 것입니다. It is likely to rain. 비가 올 것 같다.

69) **least** [li : st] ad. 가장 적게(작게); a. 〔little의 최상급〕가장 작은; 가장 적은

70) **content** [kəntént] a. (서술적) (~에) 만족하는, 감수하는(with); (~함에) 불평 없는, 기꺼이 ~하는(to do)

71) **condition** [kəndíʃən] n. (종종 pl.) 주위의 상황, 형세, 사정

72) **improve** [imprú : v] vt. (부족한 점을 고쳐) 개량(선)하다; ~oneself)향상되다(in; at)

73) **ideal** [aidí : əl] a. 이상의, 이상적인, 더할 나위 없는(perfect)(for); 이상주의의; 관념적인, 상상의, 가공의; n. 이상, 극치; 전형, 규범, 관념; 숭고한 목적, 이념

74) **within reach** ~ 손이 닿는 거리에(within reach (of the hand) 손닿는 곳에); ** **reach** n. 손발을 뻗칠 수 있는(손발이 닿는) 범위(한도); (쉽게) 갈 수 있는 거리; (a reach) (뻗친) 팔의 길이, 리치; ** **within** prep. (기간·거리가) ~이내에; ~의 범위 안에, ~을 할 수 있는 곳에(서)

빈곤의 정도에 정비례하는 것도 아니다.

② **결과부사절** : so ~ that - "너무나 ~해서 그 결과 -하다"

Conditions have so improved that an ideal state seems almost within reach.
환경이 상당히 개선되어 그 결과 이상적인 상태가 거의 손에 닿을 듯 가까워 졌다.

4. It is indeed fortunate that we can forget; it is as necessary to forget as it is to remember. I am not speaking now of forgetting unhappy memories, but rather of forgetting what is unrelated to the purpose of the moment.

It is indeed[75] fortunate[76] that we can forget[77]; it is [78]**as** necessary[79] to forget **as** it is (*necessary*) to remember[80]. I am **not** speaking[81] now of forgetting unhappy[82] memories[83], **but** rather[84] of forgetting what is unrelated[85] to the

---

75) **indeed** [indíːd] ad. (강조) 실로, 참으로

76) **fortunate** [fɔ́ːrtʃənit] a. 운이 좋은, 행운의; 복 받은 happy, lucky; 상서로운, 재수가 좋은; (the ~) (명사적) 행운의 사람들

77) **forget** [fərgét] vi. (~/+전+명) 잊다; vt. (+목/+wh. to do/+that[절]/+wh.[절]) 잊다, 망각하다, 생각이 안 나다; (+to do/+-ing) (~하는 것을) 잊다, 깜박 잊다

78) **as** ad. (보통 as ~ as - 의 형태) (~와) 같은 정도로, 마찬가지로

79) **necessary** [nésəsèri, -sisəri] a. 필요한, 없어서는 안 될(for; to)

80) **remember** [rimémbər] vi. 기억하고 있다; 회고하다, 생각나다 / vt. (~+목/+that[절]/+wh.[절]/+wh. to do) 생각해 내다, 상기하다; (~+목/+to do/+-ing/+that[절]/+목+-ing/+wh.[절]/+wh. to do/+목+as보/+목+전+명) 기억하고 있다

81) **speak** [spiːk] vi. 이야기를 하다; ~에 관하여 이야기를(평을) 하다(about; on; of); 이야기를 걸다(to)

82) **unhappy** [ʌnhǽpi] a. 불행한, 불운한; 비참한; 슬픈, 우울한, 불만인

83) **memory** [méməri] n. 기억, 기억력; (개인이 가지는) 기억력; 추억, 회상, 기억 내용

84) **rather** [rǽðər, ráːð-] ad. 오히려, 어느 쪽인가 하면; 그보다는 ~한 쪽이 낫다

purpose[86] of the moment[87].

① **비교구문** : as ~ as - "- 와 같이(같은 정도로, 마찬가지로) ~ 한"

It is as necessary to forget as it is (*necessary*) to remember.
기억하는 것이 필요한 만큼 잊어버리는 것도 필요한 것이다.

② **상관접속사** : not ~ but - "~ 가 아니라 - 이다"

I am not speaking now of forgetting ~, but rather of forgetting ~.
지금 나는 ~을 잊어버리는 것에 대해서 말하려는 것이 아니라 오히려 ~을 잊어버리는 것에 대해서 말하고 있는 것이다.

5. The best test of the quality of a civilization is the quality of its leisure. Not what the citizens of a commonwealth do when they are obliged to do something by necessity, but what they do when they can do anything by choice, is the criterion of a people's life. One can tell much about a man by noting the objects and pastimes to which he spontaneously turns for joy. The same may be said of a nation.

The best test[88] of the quality[89] of a civilization[90] is the quality of its[91] leisure[92]. Not what the citizens[93] of a

---

85) **unrelated** [ənriléitid] a. 친족(혈연)이 아닌; 관계없는; 말할 수 없는; ** **relate** [riléit] vt. 관계시키다, 관련시키다, 관련시켜서 설명하다(to; with)

86) **purpose** [pə́ : rpəs] n. 목적(aim), 의도; 용도; 요점, 문제점, 논점; 취지, 의미

87) **moment** [móumənt] n. (보통 the ~)현재, 지금; 중요성; 순간, 찰나, 단시간; 잠깐(사이); (어느 특정한) 때, 기회; (pl.) 시기; 경우

88) **test** [test] n. (판단·평가의) 기준; 시험결과, 평가; 시험, 검사, 실험

89) **quality** [kwɑ́ləti/kwɔ́l-] n. 질, 품질; 성질, 특성, 속성(attribute), 자질(of; for)

90) **civilization** [sivəlizéiʃən] n. 문명(文明), 문화; 문명화, 교화, 개화

91) **its** = the civilization's

commonwealth[94] do when they are obliged[95] to do something by necessity[96], **but** what they do when they can do anything by choice[97], is the criterion[98] of a people's[99] life. One can tell much about a man by noting[100] the objects[101] and pastime s[102] **to which he spontaneously[103] turns[104] for joy.** The sam e[105] may be said of a nation.

① **상관접속사** : not ~, but – "~ 가 아니라, – 이다"; not A but B+동사(B와 수일치) ~

---

92) **leisure** [líːʒər, léʒ-/léʒ-] n. 틈, 여가, 유유자적, 무위, 안일; 한가한 시간, 자유(로운) 시간, 형편이 좋은 때

93) **citizen** [sítəzən] n. (fem. ~·ess [-is]) (한 나라의) 공민, 국민; (도시의) 시민(townsman); 주민(resident)(of); (널리) 구성원, 멤버; (미국)일반인, 민간인(civilian)(군인·경찰 따위와 구별하여)

94) **commonwealth** [kámənwèlθ/kɔ́m-] n. 국가(body politic), 국민 (전체); 민주국, 공화국(republic); 연방(聯邦)

95) **oblige** [əbláidʒ] vt. (+목+to do/+목+전+명)(종종 수동태) ~을 별(어쩔)수 없이 ~하게 하다(to do); ~에게 ~하도록 강요하다(to); ~에게 의무를 지우다; ** **be obliged to do** ~ 어쩔 수 없이(부득이) -하게 되다

96) **necessity** [nisésəti] n. 필요, 필요성

97) **choice** [tʃɔis] n. 선택(하기), 선정; 선택권, 선택의 자유(여지); ** **by choice** 좋아서, 스스로 택하여

98) **criterion** [kraitíəriən] n. (비판·판단의) 표준, 기준(of); 척도 standard; 특징

99) **people** [píːpl] n. (a ~, pl. ~s) 국민, 민족; (복수취급)(일반적) 사람들

100) **note** [nout] vt. ~에 주목하다, ~에 주의하다, ~을 알아차리다

101) **object** [ábdʒikt/ɔ́b-] n. (동작·감정 등의) 대상; 목적, 목표(goal); 동기; 물건, 사물

102) **pastime** [pǽstàim, páːs-] n. 기분 전환(풀이), 오락, 유희, 소일거리

103) **spontaneously** [spantéiniəsli] ad. 자발적으로, 자진해서; 무의식적으로; 자동적으로; ** **spontaneous** [spantéiniəs/spɔn-] a. 자발적인, 자진해서 하는, 임의의(voluntary); 자연히 일어나는 [생기는], 무의식적인; (현상 따위가) 자동적인

104) **turn** vi. 관심(생각)을 향하게 하다(to; towards); (마음·문제 따위가) 향하다, 향해 가다(move on); 주의를(생각·관심 등을) 다른 데로 돌리다, 옮기다(away; from); (가는) 방향을 바꾸다(to), (배가) 진로를 바꾸다; (모퉁이를) 돌다, 구부러지다

105) **same** pron. (the ~) 동일한(같은) 것(일)

Not what the citizens of a commonwealth do ~, but what they do ~, is the criterion of a people's life.
어떤 나라의 국민이 ~ 경우에 행해야 하는 것이 아니라 그들이 ~ 경우에 행하는 일이 그 국민생활의 기준이다.

② **관계사와 전치사의 관계** : ~ 선행사+목적격관계사+주어+자동사+전치사 = ~ 선행사+전치사+(목적격관계사)+주어+자동사

One can tell much about a man by noting the objects and pastimes to which he spontaneously turns for joy.
= ~ the objects and pastimes which he spontaneously turns to for joy.

~ the man whom we take care of 우리가 돌봐야 할 사람
= ~ the man of whom we take care.

~ the house which we live in 우리가 거주할 집
= ~ the house in which we live.

~ the dog which I walk with 내가 함께 산책하고 있는 개
= ~ th dog with which I walk

6. Medical evidence indicates that women on the average, though not so strong as men in muscular development, are less prone to disease, and though they may complain more frequently of minor ailments, they live longer.

Medical[106] evidence[107] indicates[108] that women on the averag e[109], though[110] (*they are*) not so strong as men (*are*

---

106) **medical** [médikəl] a. 의학의, 의술〔의료〕의; 의약의; ** **medicine** [médəsən] n. 약, 약물, (특히) 내복약(for) drug; 의학, 의술; 내과(치료)

107) **evidence** [évidəns] n. 증거(of; for); 형적, 흔적(sign); (법률학)증거물; 증인

108) **indicate** [índikèit] vt. (~+목/+wh.[절]) 가리키다, 지적하다, 보이다; (~+목/+that[절]/+wh.[절]) 표시하다, 나타내다; ~의 징후이다

strong) in muscular[111] development[112], <u>are **less** prone[113] to</u> disease[114] (*than men are prone to disease*), and though they may <u>complain</u>[115] **more** frequently[116] <u>of</u> minor[117] ailments[118] (*than men may complain*), they live **longer** (*than men live*).

① **생략** ellipsis : 부사절 속의 "주어+be" 동시 생략가능하다. 부사절 속의 주어가 주절 속의 주어와 일치하고, 그 뒤에 be 동사가 올 때 "주어+be" 동시 생략 가능하다.

Women on the average, <u>though (they are) not so strong as men in muscular development</u>, are less prone to disease than men are prone to disease.
= though not so strong as men in muscular development
근육의 발달에 있어서 여성들은 남성들이 강한 것만큼 강하지 못하다.

When (she was) a girl, she lost her parents.
어렸을 때 부모님께서 돌아가셨다.

---

109) **average** [ǽvəridʒ] n. 평균, 평균치; (일반적인) 수준, 표준, 보통

110) **though** [ðou] conj. (종종 even though) ~이긴 하지만, ~이지만, ~이나; 하긴 ~(이기는) 하지만

111) **muscular** [mʌ́skjələr] a. 근육의; 근육이 늠름한; 억센; 활력 있는, 힘 있는

112) **development** [divéləpmənt] n. 발달, 발전; 발육, 성장(growth); (자원·기술 따위의) 개발; (재능 따위의) 계발

113) **prone** [proun] a. ~하기 쉬운, ~의 경향이 있는; ~에 걸리기 쉬운(to); 수그린, 납작 엎드린; 납작해진; ** **be prone to** ~ 에 걸리기 쉽다

114) **disease** [dizíːz] n. 병, 질병; (정신·도덕 따위의) 불건전, 퇴폐; 악폐

115) **complain** [kəmpléin] vi. (~/+전+명) 불평하다, 우는소리하다, 한탄하다(of; about)

116) **frequently** [fríːkwəntli] ad.종종, 때때로, 빈번히 often

117) **minor** [máinər] a. (비교적) 중요치 않은, 보다 중요하지 않은; 2류의; 심각하지 않은; 보다 작은, 작은 쪽의; 보다 적은 쪽의(smaller, lesser)

118) **ailment** [éilmənt] n. (특히 만성적인) 병(주로 slight, little, trifling 등을 수반하여 '가벼운 병'의 뜻); 불쾌, 우환; (정치·정세 따위의) 불안정 〈cf.〉 disease; ** <u>**a minor[a slight] ailment** 경증</u>

The paste is formed into blocks when (it is) hard.
반죽은 단단해질 때 벽돌이 된다.

While (she was) on a visit to New York, she met many interesting people.
뉴욕을 방문했을 때 그녀는 많은 재미있는 사람들을 만났다.

Though (she was) a little tired, she seemed happy.
약간 피곤했지만 그녀는 행복해 보였다.

② **비교구문** : not as ~ as - "- 만큼(같은 정도로, 마찬가지로) ~하지 않다"

Women are <u>not so</u> strong <u>as</u> men (*are strong*) in muscular development.
근육의 발달에 있어서 여성들은 남성들이 강한 것만큼 강하지 못하다.

③ **생략 ellipsis** : 비교구문(부사절)에서 "than, as"뒤에 내용이 주절에 있는 것을 반복하는 경우에는 생략할 수 있다.

Women on the average, though they are <u>not so</u> strong <u>as</u> men in muscular development, are <u>less</u> prone to disease, and though they may complain <u>more</u> frequently of minor ailments, they live.

= Women on the average, though they are <u>not so</u> strong <u>as</u> men (*are strong*) in muscular development, are <u>less</u> prone to disease (*than men are prone to disease*), and though they may complain <u>more</u> frequently of minor ailments (*than men may complain*), they live longer (*than men live*).

An elephant is much bigger than an ant (is big).
코끼리가 개미보다 훨씬 크다.

Tom is not as old as Jack (is old).
톰은 잭만큼 나이 들어 보이지 않는다.

7. Our pleasure in tragedy is in part the pleasure of sympathy at its deepest. In ordinary life we are not conscious of the pleasure of sympathy when we are witnesses of a tragedy, because we are acutely conscious of the suffering of a fellow-creature.

Our pleasure119) **in tragedy**120) is <u>in part</u>121) the pleasure **of sympathy**122) at its deepest123) (*pleasure*). In ordinary124) life we <u>are not conscious125) of</u> the pleasure **of sympathy** when we are witnesses126) **of a tragedy**, because we <u>are acutely127) conscious of</u> the suffering128) **of a fellow-creature**129).

① **전치사 용법** : 기본적으로 전치사는 뒤에 명사상당어구를 취한다. 문

---

119) **pleasure** [pléʒər] n. 기쁨, 즐거움(enjoyment); 쾌감, 만족(satisfaction); 즐거운 일, 유쾌한 일; 오락, 위안, 즐거움; (관능적) 쾌락, 방종

120) **tragedy** [trǽdʒədi] n. 비극(적인 사건); 비극적인 이야기; (opp. comedy 희극)

121) **part** [pɑ：rt] n. (전체 속의) 일부, 부분; (전체에서 분리된) 조각, 단편; ** **in part** 부분적으로, 일부분, 얼마간(partly)

122) **sympathy** [símpəθi] n. 동정, 헤아림; 조위(弔慰), 문상, 위문; (종종 pl.) 호의, 찬성, 동감; (심리학) 공감

123) **at one's 형용사의 최상급** : 극한(극점)을 나타냄 " ** **at its deepest** "가장 밑바닥에" The storm was <u>at its worst</u>. 폭풍우는 최악의 상태에 있었다.

124) **ordinary** [ɔ́：rdənèri/ɔ́：dənri] ɑ. 보통의, 통상의, 정규의; 범상한, 평범한(commonplace); 좀 못해 보이는

125) **be conscious of** ~을 의식하다, ~을 느끼다; ** **conscious** [kɑ́nʃəs/kɔ́n-] ɑ. 의식(자각)하고 있는, 알고 있는(of; thɑt)

126) **witness** [wítnɪs] n. 목격자; 증인, 참고인

127) **actually** [ǽktʃuəli] ɑd. (강조 또는 놀람을 나타내어) 정말로(really); 실제(로)는, 사실은; 지금 현재로는

128) **suffering** [sʌ́fəriŋ] n. 괴로움, 고통; 고생; (종종 pl.) 피해, 재해; 수난; 손해

129) **fellow-creature** n. 같은 인간, 동포; 동류(同類) (의 동물); ** **fellow** n. 동무, 친구; ** **creature** [krí：tʃər] n. (신의) 창조물, 피조물

장 안에 동사 또는 형용사와 관계하여 동사구를 만들거나, 명사를 수식하는 형용사구를 만들거나, 동사를 꾸며주는 부사구를 만든다.

Our pleasure in tragedy (형용사구) 비극에 대해 느끼는 즐거움
the pleasure of sympathy (형용사구) 동정의 기쁨
witnesses of a tragedy (형용사구) 비극의 목격자
the suffering of a fellow-creature (형용사구) 동료의 고통

We are not conscious of the pleasure of sympathy. (동사구)
우리는 동정의 기쁨을 느끼지 못한다.

Our pleasure in tragedy is in part the pleasure of sympathy at its deepest. (부사구) (in part 부분적으로, 일부분, 얼마간) (=partly)
우리가 비극에 대해 느끼는 기쁨은 어느 정도는 그 밑바닥에 깔린 동정의 기쁨이다.

▷명사+ 전치사+ 명사상당어구 (형용사구)
pleasure in tragedy, the pleasure of sympathy

** depend vi. ~나름이다, (~에) 달려 있다, 좌우되다(on, upon)
His success here depends upon effort and ability.
그가 여기에서 성공하느냐 못 하느냐는 노력과 능력 여하에 달려 있다.

** dependence n. 의지함, 의존(종속) (관계·상태); 신뢰; 믿음
the dependence of children on their parents
부모의 신세를 지고 사는 자식

▷주어+ 동사+ 전치사+ 명사상당어구 (동사구, idiom)
Children rely upon their parents.

▷주어+ be 동사+ 형용사+ 전치사+ 명사상당어구 (동사구, idiom)
are conscious of, are conscious of

▷주어+ 동사 ~+ 전치사+ 명사상당어구

We met him in the park. (부사구)

8. The children will be pleased when their parents come, and sorry when they go, unless they are absorbed in some agreeable pursuit; they will look to their parents for help in any trouble, physical or mental, that may arise; they will dare to be adventurous, because they rely upon their parents' protection in the background.

The children will be pleased[130] when their parents come, and (*will be*) sorry[131] when they go, unless they are absorbed[132] in some agreeable[133] pursuit[134]; they will **look[135] to** their parents for help[136] in any **trouble**[137], **physical**[138] or **mental**[139],

130) **pleased** [pli : zd] a. 기뻐하는, 만족한, 마음에 든; ** **please** [pli : z] vt. 기쁘게 하다, 만족시키다(satisfy), ~의 마음에 들다; 기꺼이 ~하다 , 마음에 들어 ~하다(at; by; with; about; in); ** **be pleased in** ~ 을 좋아하다.

131) **sorry** [sári, sɔ́ : ri] a. 슬픈, 유감스러운, 가엾은, 딱한(about; for; to do; that)

132) **absorbed** a. 마음을 빼앗긴, 열중한, 여념 없는(in); 흡수(병합)된; ** **be absorbed in** ~ 에 열중하다, 몰입하다

133) **agreeable** [əgrí : əbəl/əgríə-] a. 기분 좋은, 유쾌한(pleasing); 마음에 드는

134) **pursuit** [pərsú : t/-sjú : t] n. 일, 직업, 연구; 추적; 추격; 추구; 속행, 수행, 종사

135) **look** [luk] vi. 보다, 바라보다, 주시하다, 눈을 돌리다(to, at); 생각해 보다, 검토하다, 조사하다; 조심(주의)하다(at, to); vt. (감정·의지 따위를) 눈으로 나타내다(알리다); 응시하다, 주시하다; 살피다, 관찰하다, 조사하다; 응시(주시)함으로써(쏘아봄으로써) ~하게 하다(into; out of; to); ~에 어울리게 보이다; (+to do)기대하다; 기도하다, 꾀하다; ** **look to** ~에게 의지하다, 기대다(for); (~해 주기를) 바라다(to do); ~에(을) 조심(주의)하다; ~을 지켜보다; (~ to it that으로) (~하도록) 주의하다; ** **look to ~ for -** : ~에게 -를 기대하다

136) **help** [help] n. 도움, 원조, 구조; 조력, 거듦

137) **trouble** [trʌ́bəl] n. 사소한 문제; 고생, 근심, 걱정, 고민; 두통(고생)거리, 성가신 놈; 수고, 노고, 폐; 시끄러운 일, 불화, 사건, 트러블; 분쟁, 동란; 고장; 병(disease)

138) **physical** [fízikəl] a. 육체의, 신체의; 물질의, 물질적인

139) **physical** [fízikəl] a. 육체의, 신체의; 물질의, 물질적인 (opp. spiritual, mental, moral); ** **mental** a. 마음의, 정신의, 심적인, 내적인; (opp. bodily, physical); 이지의, 이지적인, 지능의

that may arise[140]; they will dare[141] to be adventurous[142], because they rely[143] upon their parents' protection[144] in the background[145].

① **타동사구** : 타동사를 형성하는 경우는 두 가지가 있다. 첫째는 "자동사+전치사"이고 두 번째는 "타동사+부사"이다. 또한 이러한 타동사구들이 뒤에 또 다른 목적어를 취하기 위해서 "타동사구+목적어+전치사+목적어"를 형성하는 경우도 많이 있다.

look to (vi+prep.) ~ for - "~ 가 - 해주기를 바라다(기대하다)"
look to (vi+prep.) ~을 기다리다, ~에 기대를 걸다, ~을 기대하다
rely on (vi+prep.) ~을 의지하다(신뢰하다)

Children look to their parents for help in any trouble.
아이들은 어떤 문제가 발생했을 때 부모의 도움을 기대한다.

I look to the day when I can drive.
운전할 수 있는 날을 기다리고 있다.

They rely upon their parents' protection in the background.
그들은 배후에서 있는 부모의 보호에 의지하게 된다.

② They will look to their parents for help in any trouble, physical or

---

140) **arise** [əráiz] only vi. (문제·사건·곤란·기회 등이) 일어나다, 나타나다; 발생하다, 생기다(from; out of)

141) **dare** [dɛər] aux. v. (+to do) 감히 ~하다, 대담하게(뻔뻔스럽게도) ~하다, ~할 수 있다; (+목+to do/+목+전+명) ~에 도전하다; ** **dare to do** vt. 감히 ~하다

142) **adventurous** [ædvéntʃərəs, əd-] a. 모험적인; 모험을 즐기는; 대담한; 위험한

143) **rely** [rilái] only vi. 의지하다, 신뢰하다(on, upon)

144) **protection** [prətékʃən] n. 보호, 보안(from; against); 후원, 두둔; 여권, 통행권; (미국) 국적 증명서; (경제) 보호 무역(제도); (opp. free trade 자유무역(제도))

145) **background** [bǽkgràund] n. 배경(배후); (연극) 무대의 배경. (연극·영화·방송 따위의) 배경(背景) 음악, 음악 효과(~ music); 눈에 띄지 않는 곳, 이면(裏面); (아무의) 경력, 경험, 전력(前歷)

mental, that may arise.

"physical or mental"은 두 가지로 해석이 가능하다. 명사 뒤에서 "주격관계사+be"가 생략된 형용사구가 명사를 후치 수식하는 것으로 또는 양보구문(→ 93번 참조)으로 볼 수 있다.

They will look to their parents for help in any trouble, (*that is*) physical or mental, that may arise.
어린이들은 육체적인 또는 정신적인 어떤 문제가 발생했을 때 부모의 도움을 기대한다.

They will look to their parents for help in any trouble, (*be it*) physical or mental, that may arise. (= though it may be physical or mental)
어린이들은 육체적으로든 정신적으로든 간에 어떤 문제가 발생했을 때 부모의 도움을 기대한다.

③ **주격관계대명사** : 관계대명사의 선행사가 반드시 바로 앞에 있는 것이 아니다. 선행사를 꾸며주는 수식어구가 뒤따르는 경우에 관계대명사는 그 수식어구 뒤로 밀려날 수도 있다. → ~ 선행사+,(삽입어구),주격관계대명사+동사 -

They will look to their parents for help in any trouble, physical or mental, that may arise. (= any trouble that may arise)
육체적으로나 정신적으로나 일어날 수 있는 문제

9. Man is a rational animal — so at least I have been told. Throughout a long life, I have looked diligently for evidence in favour of this statement, but so far I have not had the good fortune to come across it, though I have searched in many countries spread over three continents. On the contrary, I have seen the world plunging continually further into madness.

Man is a rational[146] animal — so at least[147] I have been told.

Throughout[148] a long life, I have looked diligently[149] for evidence[150] in favour of[151] this statement[152], but so far[153] I have not had the good fortune to[154] come across[155] it, though I have searched[156] in many countries **spread over three continents**[157]. On the contrary[158], I have seen the world **plunging**[159] **continually**[160] **further**[161] **into madness**[162].

---

146) **rational** [rǽʃənl] a. 이성이 있는, 이성적인; 합리적인; 사리(도리)에 맞는, 온당한; 순이론적인

147) **at (the) least** (= at the (very) least) (보통 수사 앞에 쓰이어) 적어도, 하다못해, 그런대로; 어쨌든, 어떻든, 좌우간; ** **least** [liːst] a. (little의 최상급) 가장 작은; 가장 적은; ad. 가장 적게(작게); n. 최소, 최소량(액)

148) **throughout** [θruːáut] prep. (시간) ~을 통하여, ~동안 죽; (장소) ~의 전체에 걸쳐서, ~의 도처에, ~에 널리; ad. 처음부터 끝까지, 줄곧, 내내, 시종, 최후까지, 철두철미; 도처에, 어디든지, 전체 He remained loyal throughout. The laboratory is painted white throughout.

149) **diligently** ad. ad. 부지런히, 열심히; ** **diligent** [dílədʒənt] a. 근면한, 부지런한, 공부하는(in); 애쓴, 공들인

150) **evidence** [évidəns] n. 증거(of; for); (법률학)증언; 형적, 흔적(sign)(of; for)

151) **in favour of** ~에 찬성(지지)하여, ~에 편을 들어(opp. against); ** **favour** [féivər] n. 조력, 지지(support); 찬성, 허가(leave); 호의, 친절(good will)

152) **statement** [stéitmənt] n. (아무의) 말, 설, 말한 것; 진술(that)

153) **so far** 지금까지(로)는; 이(그) 점까지는; '이만큼 해둡시다'(이야기를 중단할 때의)

154) **have the 추상명사 to do ~** "~(추상명사)하게도 -하다" : have the (good) fortune to do ~ 다행히도 ~하다; **(참고)** He has the wisdom to save money. (= He wisely saves the money. He is so wise that he saves money. He is so wise as to save money. He has the wisdom saving money.)

155) **come across (vi.+[전])** (사람·물건을) 뜻밖에 만나다, 우연히 발견하다; (생각 따위가) ~에 떠오르다; ~을 건너오다; come across **(vi.+[부])** (말·소리가) 전해지다, 이해되다; (~라는) 인상을 주다(as); (속어) 약속을 이루다; 기대한 바대로 하다, (요구하는 것을)주다; (빚을)갚다(with); (미국속어)매수하다; 실토(자백)하다; (구어) 효험이 있다

156) **search** [səːrtʃ] vt. (장소를) 찾다, 뒤지다, 탐색하다; vi. ([전]+[명]) 찾다(for; after)

157) **continent** [kántənənt/kɔ́n-] n. 대륙, 육지: (the C-)(영국) 유럽 대륙(영국 제도(諸島)와 구별하여); (the C-)(미국) 북아메리카 대륙; 본토

158) **on the contrary** ~ 이에 반하여, 도리어, ~은커녕; ** **contrary** [kántreri] n. (the) (정)반대, 모순; (종종 pl.) 반대(상반되는) 것(일)

159) **plunge** [plʌndʒ] vi. 뛰어들다, 잠수하다, 돌입하다(into; up; down); 돌진하다, 맹진

① **분사의 형용사용법(제한적인 용법)** : 준동사의 일종으로서 분사는 현재분사와 과거분사 두 종류가 있다. 품사는 형용사로서 문장 안에서 제한적인 용법과 서술적인 용으로 사용된다. 제한적인 용법인 경우는 명사를 꾸며주는 역할을 한다. 그 위치는 대부분 명사 뒤에서 수식하지만, 단독으로 명사를 꾸며주는 경우에는 명사 앞에 위치하는 경우도 있다. 특히 분사가 명사를 후치 수식하는 경우에는 "~ 명사+(주격관계대명사+be)+분사 -"에서 '주격관계대명사+be'가 생략된 형태이다.

I have searched in many countries spread over three continents.
= I have searched in many countries (*which were*) spread over three continents.
3대륙에 걸쳐 있는 많은 나라들에서 (그것을) 찾아 다녔다.

a girl who is playing the piano
= a girl playing the piano
피아노를 연주하고 있는 소녀

the car which was made in Korea
= the car made in Korea
한국에서 만들어진 자동차

② **분사의 형용사용법(서술적인 용법)** : 목적보어로 '현재분사와 과거분사'를 형용사로서 받은 경우인데, 특정의 불완전타동사들만이 가능하다. 즉, 준동사인 현재분사를 받게 되는 경우에는 현재분사 속의 동사성질(vt, vi)에 따라 그것 뒤에 또 다른 능동태 문장(1형식~5형식)이 뒤따르게 됨을 주의하여야 한다. 그리고 과거분사를 받게 되는 경우에는 과거분사 속의 동사성질(vt)에 따라 그것 뒤에 수동태 문장(3형식동사→1형

하다vt. 던져 넣다, 던지다, 찌르다; (어떤 상태·행동에) 빠지게 하다, 몰이넣다

160) **continually** [kəntínjuəli] ad. 계속적으로, 잇따라, 끊임없이; 빈번히

161) **further** [fə́ : rðər] ad. (far의 비교급) 그 위에, 게다가, 더욱이, 더 나아가서; 더욱 멀리(앞으로); ** **farther** [fá : rðər] ad. (far의 비교급) 더(욱) 멀리, 더 앞에, 더욱 앞으로; (보통 further) 다시 더, 더욱이, 또 게다가, 그 위에 (더)

162) **madness** [mǽdnis] n. 광기(狂氣), 정신착란; 열광; 격노; 미친 짓, 바보 짓; 광견병

식으로, 4형식동사→1·3형식으로, 5형식동사→2형식으로)이 형성된다. 목적보어로 현재분사를 취하는 동사로는 'see, hear, smell, feel, notice, watch, glimpse, observe, perceive, listen to, look at, have, catch, find, get, imagine, keep, leave, set, start, ~'가 있고, 과거분사를 취하는 동사로는 'hear, see, make, find, want, have, get, feel, prefer, wish, like,~'가 있다.

I have seen the world plunging continually further into madness.
= I have seen[163] that the world has been plunging continually further into madness.
나는 이 세계가 끊임없이 광란 속에 빠져들어 가는 것을 보아 왔다.

We felt the house trembling.
우리는 집이 흔들리고 있음을 느꼈다.

I could smell something burning.
나는 무언가 타고 있는 냄새를 맡을 수 있었다.

10. At first sight it is curious that our own offences should seem to us so much less heinous than the offences of others. I suppose the reason is that we know all the circumstances that have occasioned them and so manage to excuse in ourselves what we cannot excuse in others.

At first sight[164] it is curious[165] that our own offences[166] should seem to us so much less heinous[167] than the offences[168]

---

163) see vt. (+wh.[절]/+that[절]/+목+to do/+wh. to do) 깨닫다, 이해하다, 알다; ~을 알아채다

164) at first time 처음으로

165) curious [kjúəriəs] a. 진기한; 호기심을 끄는; 기묘한; 별난 호기심 있는, 사물을 알고 싶어 하는; (나쁜 뜻으로) 꼬치꼬치 캐기 좋아하는

166) offence [əféns] n. (규칙·법령 따위의) 위반, 반칙; 불법; 범죄, 죄(against); (풍습·예의범절 따위에) 어긋남; 위법 (행위); 화냄(resentment), 기분 상함; 기분을 상하게 하는 것, 불쾌한 것; 화가 나는 원인; 모욕

of others (*seem to us heinous*). I suppose[169] the reason[170] is that we know all the circumstances[171] that have occasioned[172] them and so manage[173] to excuse[174] in ourselves what we cannot excuse in others.

① It+ be+ "이성 및 감정적 판단의 형용사"+ that+ 주어+ (should)+ 동사 원형~ "~하다니" : 형용사들로는 "crucial, desirable, essential, imperative, important, necessary, vital, natural, urgent, good, well, right, wrong, curious, surprising, amazing, wonderful, doubtful, pitiful, fit, proper 등이 있다.

<u>It is curious that</u> our own offences <u>should</u> seem to us so much less heinous than the offences of others.
우리들 자신의 죄가 다른 사람의 죄보다 훨씬 가벼워 보이는 것은 얼핏 보기에 기묘한 일이다.

It is necessary that he (should) get a new job.
그는 새 일자리를 구할 필요가 있다.
It is natural that you (should) meet the meeting.
네가 그 만남에 응해야하는 것은 당연하다.

---

167) **heinous** [héinəs] a. 가증스런(hateful), 악질의, 극악(흉악)한;

168) **offence** [əféns] n. (규칙·법령 따위의) 위반, 반칙; 불법; 범죄, 죄(against); (풍습·예의범절 따위에) 어긋남; 위법 (행위)

169) **suppose** [səpóuz] vt. (+(that)[절]) 가정하다(assume), 상상하다; (+[목]+ to do/+[목]+ (to be)[보]/+ (that)[절]) 추측하다(guess), 헤아리다, 생각하다

170) **reason** [ríːzən] n. 이유(cause), 까닭, 변명, 동기; 이성, 지성; 추리력; 판단력

171) **circumstance** [sə́ːrkəmstæ̀ns/-stəns] n. (보통 pl.) 상황, 환경; 주위의 사정; (pl.) (경제적인) 처지, 생활 형편; 사건(incident), 사실(fact); 부대 상황

172) **occasion** [əkéiʒən] n. (특정한) 경우, 때(on), 시(時); 일; (~할) 기회, 호기(好機)(for; to do), 알맞은 때

173) **manage** [mǽnidʒ] vt. (~+[목]/+ to do) ~을 그럭저럭 해내다, 곧잘 ~하다; ** **manage to do** ~ 그럭저럭 ~하다

174) **excuse** [ikskjúːz] vt. 변명하다, 구실을 대다; 용서하다(forgive), 너그러이 봐주다; n. 변명, 해명; 사과; (과실 등의) 이유; 구실, 핑계, 발뺌

② less ~ than - : "-보다 덜 ~하다"

Our own offences should seem to us so much less[175] heinous than the offences of others (*seem to us heinous*).
우리들 자신의 죄가 다른 사람의 죄보다 훨씬 가벼워 보이는 것처럼 보인다.

11. The commonest form of forgetfulness, I suppose, occurs in the matter of posting letters. So common is it that I am always reluctant to trust a departing visitor to post an important letter. So little do I rely on his memory that I put him on his oath before handing the letter to him.

The commonest[176] form of forgetfulness[177], **I suppose**[178], occurs[179] in the matter[180] of posting[181] letters. **So common is it that** I am always reluctant[182] to trust[183] a departing[184] visitor to post an important letter. **So little**

175) **less** [les] (little의 비교급) ad. (형용사·명사·부사를 수식) 보다(더) 적게, ~만 못하여; (동사를 수식) (보다) 적게

176) **common** [kámən/kɔ́m-] a. 보통의, 일반적인, 평범한, 흔히 있는, 자주 일어나는

177) **forgetfulness** [fərgétfəlnis] n. 건망증; 부주의, 태만

178) **suppose** [səpóuz] vt. (+(that)[절]) 가정하다(assume), 상상하다; (+목+to do/+목+(to be)보/+(that)[절]) 추측하다(guess), 헤아리다, 생각하다

179) **occur** [əkə́ : r] vi. (-rr-) (사건 따위가) 일어나다, 생기다

180) **matter** [mǽtər] n. (관심·고찰의) 문제(subject), 일; vi. (보통 부정·의문) 중요하다, 문제가 되다, 중대한 관계가 있다

181) **post** [poust] vt. (영국)우송하다; (미국, mail); n. (영국)우편 (미국, the mail)

182) **reluctant** [rilʌ́ktənt] a. 마음 내키지 않는(unwilling), 꺼리는, 마지못해서 하는(to do) ; (고어) 다루기 어려운, 저항 [반항] 하는

183) **trust** [trʌst] vt. (+목+to do/+목+전+명) 안심하고 ~시켜 두다; 능히 ~하리라 생각하다; 신뢰하다, 신용 [신임] 하다; (+to do/+(that)[절]) 기대하다, 희망하다, (~이라면 좋겠다고) 생각하다

184) **departing** [dipá : rtiŋ] a. 떠나는; ** **depart** [dipá : rt] vi. (열차 따위가) 출발하다(start), 떠나다(from; for); (습관·원칙 등에서) 벗어나다, 이탈하다, 빗나가다(from)

do I rely on his memory that I put him on his oath[185] before handing[186] the letter to him.

① **삽입 insertion** : 문장 속에 단어, 구, 절 등을 독립적으로 삽입하여 앞 또는 뒤의 어구를 설명하거나 의견 및 감상 등을 나타내는 경우이다. (구 삽입 after all, in fact, in a word, in general, for example, in contrast; 절 삽입 as it were, what is called, I think, I suppose)

(참고) 문장 안에 삽입하는 대상들로서 "동격의 명사, 동격 that절, 동격 어구(of+명사), 관계사절, 분사, 형용사구(전치사+명사, 형용사+다른 어구), if any 또는 if ever, 주절삽입"등이 있는데, 문장의 부호(콤마, 대시, 괄호)들을 통해서 삽입한다.

The commonest form of forgetfulness, I suppose, occurs in the matter of posting letters. (주절 삽입)
= I suppose that the commonest form of forgetfulness occurs in the matter of posting letters.
내가 생각하기에 가장 흔한 종류의 건망증은 편지를 부치는 일에서 생긴다.

② **도치 conversion** : so ~ that 결과 부사절의 구문에서 "so 형용사"를 강조하기 위해서 앞으로 도치가 되었고, 그리고 뒤따르는 주어와 동사의 어순이 바뀌었다.

So common is it that I am always reluctant to trust a departing visitor to post an important letter.
= It is so common that I am always reluctant to trust a departing visitor to post an important letter.
그것은 너무나 흔한 일이어서 그 결과로 나는 집을 떠나는 방문객에게도 안심하고 중요한 편지를 우송해달라고 시킬 마음이 내키지 않는다.

; n. (고어) 출발, 죽음

185) **put a person under(on)** ~ 아무에게 맹세시키다; ** **oath** [ouθ] n. 맹세, 서약(to do; that); (법률학)(법정의) 선서, 선서를 한 증언(진술)

186) **hand** [hænd] vt. 건네(넘겨)주다, 수교하다, 주다(to); (편지 따위로) 보내다; 손을 잡고 인도하다, 손으로 돕다(to; into; out of; across; over); (음식 담은 접시 따위를) 집어주다

So little do I rely on his memory that I put him on his oath before handing the letter to him.
= I rely on his memory so little that I put him on his oath before handing the letter to him.
나는 그의 기억력을 거의 믿을 수 없어서 그 결과로 나는 그 사람에게 편지를 건네기 전에 (잊지 않고 넣는다는) 맹세를 하게 한다.

12. The competition has had a powerful influence on the way we think about our society and on the ways in which we live our own personal and economic lives. Consideration of the following three kinds of competition will help organize our thinking on it.

The competition[187] has had a powerful influence[188] on **the way** (*how*) we think about our society[189] and on **the ways** in which we **live our own personal and economic**[190] **lives.** Consideration[191] of the following[192] three kinds[193] of competition[194] will help[195] (*to*) organize[196] our thinking[197]

---

187) **competition** [kὰmpətíʃən/kɔ̀m-] n. 경쟁, 겨루기(with; for; between); 경기(회(會)); 경쟁시험; (집합적) 경쟁자

188) **influence** [ínfluəns] n. 영향(력); 감화(력); 세력, 권세; 사람을 좌우하는 힘; 설득력

189) **society** [səsáiəti] n. 사회, (사회) 집단, 공동체; 세상; (사회의) 층, ~계; (the ~) 사교계; 상류 사회(의 사람들); 사교, 교제; 회, 협회, 단체, 학회, 조합

190) **economic** [ìːkənάmik, èk-/-nɔ́m-] a. 경제적인, 실리적인, 실용상의(practical); 경제(상)의, 재정상의

191) **consideration** [kənsìdəréiʃən] n. 고려, 고찰; (남에 대한) 동정, 참작, 헤아림

192) **following** [fάlouiŋ/fɔ́l-] a. 다음의, 그 뒤에 오는; n. 종자(從者), 추종자, 신봉(예찬)자, 열렬한 지지자, 문하생(followers)

193) **kind** [kaind] n. 종류(class, sort, variety)(of); 종족(동식물 따위의)

194) **competition** [kὰmpətíʃən/kɔ̀m-] n. 경쟁, 겨루기(with; for; between)

195) **help (to) do** ~ 하도록 돕다; ** **help** vt. (~+목/+(to) do/+목+(to) do/+목+전+명) 돕다, 조력(助力)(원조)하다, ~을 거들다, ~에게 힘을 빌리다, 구하다

on it[198].

① **공통관계** common relation : 두 개 이상의 어구가 어떤 어구에 공통적으로 무법적인 관계를 갖는 경우이다. 기본형으로 X(a+b) / (a+b)X 가 있다.

The competition has had a powerful influence on the way (how) we think about our society and (the competition has had a powerful influence on the ways in which we live our own personal and economic lives. (공통관계 → X(a+b) : influence on ~ and on ~)
경쟁은 우리가 사회에 대해 생각하는 방식과 우리 자신의 개인적 경제적 삶을 살아가는 방식에 큰 영향을 미쳤다.

② **동족목적어** cognate object : 자동사이면서 동일한 어원인 명사로서 목적어로 쓰이는 경우이다. draw a draw 그림을 그리다, live a life 삶을 살다, walk a walk 걸음을 걷다, dream a dream 꿈을 꾸다, breath a breath 숨을 쉬다, smile a smile 미소를 짓다, die death 죽다, run a race 달리다, sleep a sleep 잠을 자다, sing a song 노래를 부르다, laugh a laugh 웃음을 짓다

We live our own personal and economic lives.
우리는 우리 자신의 개인적 경제적 삶을 살아간다.

13. Doing what is right is as important to the newsman or woman as it is to the doctor or judge. There is no list of what should and should not be done, but a person's mind and heart know what is right and wrong. A newspaperman will not tell where he got his news if the person who gave it

196) **organize** [ɔ́ːrgənàiz] vt. (단체 따위를) 조직하다, 편제(편성)하다; 구성하다; ~의 계통을 세우다, 체계화하다; 정리하다

197) **thinking** [θíŋkiŋ] n. 생각(하기), 사고, 사색; 의견, 견해; 사상; a. 생각하는, 사고하는; 생각할 힘이 있는, 사리를 제대로 분별할 줄 아는; 생각이 깊은, 분별 있는

198) it = competition

asks him not to. Reporters have even gone to prison for not talking.

Doing[199] what is right[200] is **as** important to the newsman[201] or woman **as** it[202] is (*right as important*) to the doctor[203] or judge[204]. There is no list[205] of what should and should not be done, but a person's mind[206] and heart[207] know what is right and wrong. A newspaperman[208] will not tell (*the place*) where he got his news if the person who gave it asks him **not to** (*tell where he got the news*). Reporters[209] have even gone to prison[210] for **not talking**.

① **생략 ellipsis** : 비교구문 "as, than" 뒤에서는 앞에 이미 사용된 것은 중복을 피하기 위해서 생략한다. 문장의 전후관계로 볼 때, 의미파악

---

199) **동명사로 시작하는 주어** : doing ~ "~을 행하는 것은"

200) **right** [rait] a. 옳은, 올바른, (도덕상) 정당한; 오른쪽의, 우측의

201) **newsman** [nju : zmæn] n. 취재(取材) 기자(영국, pressman)

202) **it** = **doing what is right**

203) **doctor** [dáktər/dɔ́k-] n. 박사; 의학 박사(생략: D., Dr.); 의사 (미국에서 surgeon (외과의사), dentist(치과의사), veterinarian(수의사), osteopath(접골사)에도 쓰이나 영국에서는 보통 physician(내과의사)을 가리킴)

204) **judge** [dʒʌdʒ] n. 재판관, 판사; (토의·경기 따위의) 심판관, 심사원

205) **list** [list] n. 목록, 표, 일람표, 명세서, 리스트

206) **mind** [maind] n. 지성, 이지, 머리(감정·의지에 대하여) → 판단, 사고, 의지, 인식 등 지적인 작용을 중심으로 한 정신

207) **heart** [hɑ : rt] n. 감(심)정, 마음, 기분, 마음씨→감정을 중심으로 한 마음(심정)

208) **newspaperman** [njú : zpèipərmæn] n. 신문인, (특히)신문 기자; 신문 경영자

209) **reporter** [ripɔ́ : rtər] n. 보도기자, 통신원, 탐방 기자; 보고(신고)자; 뉴스아나운서

210) **무관사 장소명사는 장소의 원래 목적으로 해석** : **go to prison** 투옥되다; go to school 공부하러 가다; go to church 예배드리러 가다; go to sea 선원이 되다; go to bed 잠자러 가다; go to market 장보러 가다; be at table 식사중이다; be at church 예배중이다; *She went to the prison to see him. 그녀는 그를 면회하러 형무소에 갔다. *He was sent to prison yesterday. 그는 어제 형무소에 수감되었다.

에 지장이 없는 경우 문장의 일부를 생략하여 문장을 간결하게 하는 경우이다.

Doing what is right is as important to the newsman or woman as it is (*as important*) to the doctor or judge.
올바른 일을 한다는 것이 의사나 재판관에게 중요한 것과 마찬가지로 남녀 신문기자에게도 중요하다.

② **대부정사** pro-infinitive : 앞에 나온 동사의 반복을 피하기 위해 'to 부정사'에서 동사를 생략하고 'to'만 남겨놓는 것을 '대부정사'라고 한다.

A newspaperman will not tell where he got his news if the person who gave it asks him not to (*tell where he got the news*).
정보제공자가 자신이 어디에서 정보를 얻었는지 말하지 말라고 부탁하면 신문기자는 그가 정보를 어디에서 얻었는지 말하지 않을 것이다.

A: Would you like to drink apple juice?
B: Yes, I love to (drink apple juice)

A: Did you have to do this?
B: Sorry, but I had to (do this).

③ **준동사의 부정** : 정형동사를 부정어 "not 또는 never"로 부정시킬 수 있듯이 준동사도 바로 그 앞에 부정어 "not 또는 never"를 놓아서 부정시킨다.

▷부정사의 부정 : If the person who gave it asks him not to tell where he got the news. "~을 말하지 말라고 "

▷동명사의 부정 : Reporters have even gone to prison for not talking. "말하지 않았기 때문에"

▷분사의 부정 : Not(Never) knowing his address, I can't write to him. (= As I don't know his address, I can't write to him.)

14. It is unusual now for a father to pursue his trade or other employment at home, and his children rarely, if ever, see him at his place of work. Boys are therefore seldom trained to follow their father's occupation, and in many towns they have a fairly wide choice of employment and so do girls.

It is unusual[211] now **for a father** to pursue[212] his trade[213] or other employment[214] at home, and his children rarely[215], **if ever**, see him at his place of work. Boys are therefore[216] seldom[217] trained[218] to follow[219] their father's occupation[220], and in many towns they have a fairly[221] wide choice[222] of employment and **so do girls**.

① **부정사의 의미상 주어** : 준동사의 의미상 주어는 준동사 바로 앞에

---

211) **unusual** [ʌnjúːʒuəl, -ʒwəl] a. 드문; 유별난, 색다른, 진기한, 생소한; 이상한, 보통이 아닌, 여느 때와 다른

212) **pursue** [pərsúː/-sjúː] vt. (일·연구 등을) 수행하다, 종사하다, 속행하다

213) **trade** [treid] n. 장사; 매매, 상업, 장사, 거래, 무역, 교역; (commerce에 대하여) 소매업 (cf.) business

214) **employment** [emplɔ́imənt] n. 일(work, occupation); 사용, 고용; 사역; 직업

215) **rarely** [rέərli] ad. 드물게, 좀처럼 ~하지 않는(seldom)

216) **therefore** [ðέərfɔ̀ːr] ad., conj. 그런 까닭에, 따라서; 그 결과로, 그로 말미암아

217) **seldom** [séldəm] ad. 드물게, 좀처럼 ~않는(rarely)

218) **train** [trein] vt. (+목+to do/+목+as보/+목+wh. to do) 가르치다, 교육하다(up; over); 훈련하다, 양성하다(for)

219) **follow** [fálou/fɔ́lou] vt. ~을 좇다, 동행하다, ~을 따라가다

220) **occupation** [àkjəpéiʃən/ɔ̀k-] n. 직업(vocation), 업무; 일

221) **fairly** [fέərli] ad. 공평히(justly), 공명정대하게, 정정 당당히; 올바르게

222) **choice** [tʃɔis] n. 선택(하기), 선정; 선택권, 선택의 자유(여지)

놓는데, 동명사는 소유격 또는 목적격으로 부정사는 for(of)+목적격으로 분사는 주격으로 한다. (특히 부정사의 의미상 주어로 "of+목적격"를 사용하는 경우는 문장 안의 형용사가 "사람의 성격이나 특성을 나타내는 형용사 nice, kind, brave, clever, careful, careless, honest, foolish, wise 들인 경우이다.)

It is unusual now for father to pursue his trade or other employment at home. 아버지가(s)+종사하다(v)
요즘 아버지가 가정에서 장사를 하거나 또는 그 밖에 다른 일을 하는 것은 (보기) 드물다. (→ 아버지가 가업을 이어가는 것을 보기가 드물다.)

It is very difficult for you to help me in many ways. (부정사)
여러 가지 면에서 네가 나를 도와주기란 힘든 일이다.
It is very nice of you to help me in many ways. (부정사)
여러 가지 면에서 네가 나를 도와준 것에 매우 흡족합니다.

He was very proud of his son being a scientist. (동명사)
그는 자신이 아들이 과학자된 것이 자랑스러웠다.
= He was very proud of his son's being a scientist. (동명사)

② **if any or if ever 용법** : 준부정어인 little, few, hardly, seldom, scarcely 뒤에 "if any 또는 if ever"등이 사용되어 부정의 의미를 강하게 한다. if ever는 "hardly, scarcely, rarely, seldom 등과 함께 쓰이고, if any는 little, fewㅈ와 함께 쓰인다.

His children rarely, if ever, see him at his place of work.
아이들이 아버지를 일하는 곳에서 보는 일은 설령 있다고 해도 아주 드물다.

She hardly, if ever, goes to school now.
그녀는 설령 가는 일이 있더라도 지금은 거의 학교에 가지 않는다.

There have been, if any, human societies that have not had their codes of ethics.
설령 윤리학의 규범을 갖지 않은 사회가 있더라도 거의 없었다.

③ **도치 conversion** : So+동사+주어 (= 주어+동사~, too); Nor+동사+주어 (=주어+not동사+~, either) so는 "역시(또한)~하다"로 긍정문에 쓰인다. neither (nor)는 "역시(또한) ~ 아니다."로 부정문에 쓰인다.

They have a fairly wide choice of employment and so do girls.
= ~ and girls have a fairly wide choice of employment, too
그들(남자)은 상당히 자유롭게 일을 선택한다. 여자아이들도 마찬가지이다.

She I pretty, and I am pretty, too. = So am I. (Me, too.)
He play tennis, and I play tennis, too. = So do I.
He saw it, and I saw it, too. = So did I.
He won't go, and neither(nor) will I. = I will not go, either.
He can't go, and neither(nor) can I. = I can not go, either.
He didn't go, and neither(nor) did I. = I did not go, either.
He doesn't go, and neither(nor) do I. = I do not go, either.
I don't love you, either. = Neither do I. Nor do I. Me, neither.

④ **5형식 문장의 수동태**

Boys are seldom trained to follow their father's occupation these days.
요즘 남자아이들은 아버지의 일을 이어받도록 훈련되는 일은 거의 없다.

= Fathers seldom train boys to their occupation these days. (능동태)
요즘 아버지들은 자녀들이 자신들의 일을 이어받도록 하는 일이 드물다.

15. While father is killing himself to succeed, authority inside the family falls on to the mother. It is she who must civilize the little savages; it is she who insists that they go to bed on time and get up in time to catch the school bus, and it is the mother who confers with the teacher, attends PTA meetings, arranges for doctor appointments.

While[223] father is killing himself[224] to succeed[225], authority[226] inside the family falls[227] on to the mother. **It is she who** must civilize[228] the little savages[229]; **it is she who insists[230] that they** (*should*) **go** to bed on time[231] and get up in time[232] to catch[233] the school bus, and **it is the mother who** confers[234] with the teacher, attends[235] PTA[236] meetings[237], arranges[238] for doctor appointments[239].

---

223) **while** [hwail] conj. (기간·시점) ~하는 동안(사이)(에); ~하는 동안은; ~한데; ~하면서; (양보의 종속절을 이끌어) ~라고는 하나, ~하면서도, ~하지만

224) **kill** [kil] vt. 녹초가 되게 하다, 몹시 지치게 하다; (술·노고 따위가) ~의 수명을 줄이다; (병 따위가) ~의 목숨을 빼앗다; ~을 몹시 괴롭히다(아프게 하다); ** **kill oneself** (완전히 녹초가 될 때까지) 열심히 일하고 있다; 자살하다; I am dying to see you. 너를 보기 위해 죽어가고 있다. 네가 보고 싶어 죽겠다.

225) **succeed** [səksíːd] vi. 성공하다, 출세하다; 잘 되어가다, 번창하다(in)

226) **authority** [əθɔ́ːriti, əθɑ́r-/əθɔ́r-] n. 권위, 권력, 위신; 권한, 권능, 직권

227) **fall** [fɔːl] vi. (재산 따위가) ~의 손으로 넘어가다(to); (추첨에서) 당첨되다(on; to); (부담 따위가) ~에게 과해지다(on; to); (it를 가주어로) ~의 임무가(책임이) 되다, ~하게끔 되다; ** **fall on to** ~ 으로 넘어가다

228) **civilize** [sívəlàiz] vt. 문명화하다; (야만인을) 교화하다(enlighten); 세련되게 하다; (사람을) 예의바르게 하다.

229) **savage** [sǽvidʒ] n. 야만인, 미개인 barbarian; 잔인한 사람; 무뢰한, 버릇없는 사람 ; a. 야만의, 미개한; 미개인의

230) **insist** [insíst] vt. (+that[절]) 우기다, 강력히 주장하다; vi. (~/+전+명) 우기다(maintain), (끝까지) 주장하다, 고집하다, 단언하다; 역설(강조)하다(on, upon)

231) **on time** 정각에, 시간에 맞게

232) **in time** 시간에 늦지 않도록, 꼭 좋은 때에

233) **catch** [kætʃ] vt. 붙들다, (붙)잡다; 쫓아가서 잡다, (범인 따위를) 붙잡다

234) **confer** [kənfə́ːr] vi. (+전+명) 의논하다, 협의하다(together; with)(about; on)

235) **attend** [əténd] vt. 출석(참석)하다; ~와 동행(동반)하다; ~을 섬기다; ~을 시중들다, 왕진하다, (병자를) 간호하다

236) **PTA / PTA, / P.T.a.** (= Parent-Teacher Association) 사친회

237) **meeting** [míːtiŋ] n. 만남, 마주침, 면회; 모임, 회합, 집회, 집합; 경기, 시합, 승부

238) **arrange** vi. (+전+명/+전+명+to do) (~의 일로) 타합하다, (~하기로) 협의하다(with; for; about)

① **강조 emphasis** : 문장 내에 특정 부분을 강조하는 방법들로서, 도치에 의한 강조, It is ~ that 강조구문에 의한 강조, 재귀 대명사에 의한 강조, 어구 반복에 의한 강조 등이 있다. 여기서는 it ~ that 강조구문("~한 것은 바로 -이다")을 통한 강조를 볼 수 있다.

It is she that(who) must civilize the little savages.
작은 야만인들(아이들)을 교화시켜야 하는 것은 바로 어머니이다.

It is she that(who) insists that they go to bed on time and get up in time to catch the school bus.
그들이 시간대로 취침하고 스쿨버스에 늦지 않게 일어나도록 주장(잔소리)하는 것도 바로 어머니이다.

It is the mother that(who) confers with the teacher, attends PTA meetings, arranges for doctor appointments.
교사와 상담하고 PTA 회의에 참가하고 의사와 약속을 잡는 것도 바로 어머니이다.

② 주어+타동사(주어의 의지, 당위성: 제안, 명령, 주장, 요구)+that+주어+should 동사원형 ~ = 주어+자동사+on+one's 동명사~

It is she who insists that they (*should*) go to bed on time and get up in time to catch the school bus.
아이들이 시간대로 취침하고 스쿨버스에 늦지 않게 일어나도록 주장(잔소리)하는 것도 바로 어머니이다.

She said that her daughter got up early in the morning.
그녀는 딸이 아침에 일어났다고 말했다.

She insisted that her daughter (should)[240] get up early in the morning.

---

239) **appointment** [əpɔ́intmənt] n. (회합·방문의) 약속, 예약; 지정, 선정; 임명, 지명, 임용; 임명(지명)된 사람; 지위, 관직

240) 타동사(제안, 명령, 주장, 요구; insist, propose, suggest, command, order) 뒤의

그녀는 딸이 아침에 일어나야 한다고 고집했다.

She insisted that her daughter got up early in the morning.
그녀는 딸이 아침에 일어나야 한다고 주장했다.

16. Philosophy, like all other studies, aims primarily at knowledge. The knowledge it aims at is the kind of knowledge which gives unity and system to the sciences, and mathematics. But some people think that philosophy is one thing and they are another.

Philosophy[241], like[242] all other studies[243], aims[244] primarily at knowledge[245]. The knowledge (*that*) it aims at is the kind[246] of knowledge which **gives** unity[247] and system[248] to the sciences[249], and mathematics[250]. But some people

---

that절 뒤에 "should"를 생략하는 방식은 미국식이고, 그대로 사용하는 것은 영국식이다. that절 뒤에 "should"를 사용하는 것은 주어의 의사를 반영하는, 즉 주어의 주장된 행위를 표시하는 가정법 동사이고, "should"가 없이 단순과거동사일 때는 사실 표시의 의미를 나타내는 직설법 동사이다.

241) **philosophy** [filάsəfi/-lɔ́s-] n. 철학; 지식애; 철학 체계; 철학서; 원리, (근저) 사상; 철학적 정신, 철인적 태도; 침착, 냉정; 달관, 도를 깨달음; 체념; 인생관

242) **like** [laik] prep. ~와 같이(처럼), ~와 마찬가지로, ~답게; 이를테면 ~같은(such as)

243) **study** [stʌ́di] n. (종종 pl.) 연구, 학문(of); 공부, 면학(勉學), 학습; 학과, 과목(subject); 검토, 조사; (끊임없는) 노력; v. 공부하다, 학습하다, 연구하다

244) **aim** [eim] vi. 겨누다(at); 목표삼다, 마음먹다(at; for); ** **aim** [eim] vt. (총·타격의) 겨냥하다, 겨누어 ~을 던지다; (비난·비꼼 따위를) 빗대어 말하다(at); ** **aim at** ~을 목표로 하다

245) **knowledge** [nάlidʒ/nɔ́l-] n. 지식; 학식, 학문; 정통(精通), 숙지; 인식; 이해; 경험

246) **kind** [kaind] n. 종류(class, sort, variety) (of); ** **kind (sort) of + 무관사 명사** "~ 일종의"; a. 친절한, 상냥(다정)한

247) **unity** [jú：nəti] n. 통일(성); 불변성, 일관성; 조화, 일치, 협조, 화합

248) **system** [sístəm] n. 체계, 계통, 시스템; (사회적·정치적) 조직(망), 제도, 체제

249) **science** [sáiəns] n. 과학; (특히) 자연 과학; (권투·경기 따위의) 기술, 기량; 숙련

250) **mathematics** [mæ̀θəmǽtiks] n. (pl.) (단수취급) 수학

think that **philosophy is one thing and they[251] are another.**

① **A is one thing and B is another A와 B는 별개의 것이다; one ~ another - (셋 이상 중에서)하나는 ~, 나머지 중에서 하나는 -**

Some people think that philosophy is one thing and they are another.
몇몇 사람들은 철학과 그것들(과학과 수학)을 별개의 것으로 생각한다.

To know is one thing and to teach is quite another.
안다는 것과 가르친다는 것은 별개의 것이다.

Saying is one thing and doing another.
말하는 것과 행동하는 것은 별개의 것이다.

It is one thing to own a library; it is quite another to use it wisely.
자유를 소유하는 것과 그것을 지혜롭게 사용하는 것은 별개이다.

② **4형식문장의 3형식문장으로 전환** : 동사의 의미에 따라서 간접목적어를 전치사 "to, of, for"를 선택하여 "전치사+간접목적어" 부사구 형태로 문장 끝으로 보낸다. 일반적으로 수여의미 동사(give, hand, grant, offer, pay, lend, owe, play, bring, deny, promise, sell, send, show, teach, write, award, feed, read, tell, throw)들은 "to"를 선택하고, 봉사의미 동사(buy, make, sing, cook, cut, fix, find, spare, bake, build, design, do, get, hire)들은 "for"를 선택하고, 요구(질문)의미 동사(ask, beg, require, inquire)들은 "of"를 선택한다. 특히, 4형식문장 동사들 중에 3형식문장으로 전환이 불가능한 동사들이 있는데, "cost, envy, forgive, pardon, save, allow, bet, charge, wish" 등이 있다.

The knowledge (*that*) philosophy aims at is the kind of knowledge which gives unity and system to the sciences, and mathematics.
= gives the sciences and mathematics unity and system
철학이 추구하는 지식은 과학과 수학에 통일과 체계를 주는 지식의 종류이다.

---

251) they = science and mathematics

I will make her sandwich this lunch.
= I will make sandwich for her this lunch.
오늘 점심으로 그녀에게 샌드위치를 만들어 줄 것이다.

I asked him a favor.
= I asked a favor of him.
나는 그에게 부탁을 했다.

17. In England tea has many functions. It is, of course, drunk with breakfast, and there is a ten-minute break in all offices and factories in the morning and the afternoon which is called the tea break. In addition to this, however it has two other main functions. One is social and the other is what I can describe as medicinal.

In England[252] tea[253] has many functions[254]. It is, of course, drunk with breakfast, and **there is a ten-minute break**[255] in all offices[256] and factories[257] in the morning and the afternoon **which is called the tea break.** [258]In addition to

252) **England** [íŋglənd] n. (좁은 뜻으로) 잉글랜드(Great Britain에서 Scotland 및 Wales를 제외한 부분); (넓은 뜻으로) 영국(Great Britain)

253) **tea** [ti：] n. (홍)차; (보통 복수형)한잔의 차(Two teas, please. 홍차 두 잔 주세요.); 차 잎사귀; 차나무(~ plant); 다과회, 오후의 초대(~ party); (~ed, ~'d) vi. 차를 마시다; 가벼운 식사를 들다; vt. ~에게 차를 대접하다.

254) **function** [fʌ́ŋkʃən] n. 기능, 구실, 작용, 효용; 직무, 임무; 직능; 역할; 의식, 행사; 제전, 축전; 공식 회합

255) **break** [breik] n. 중단, 중지, 끊김; (일하는 동중에 간단한) 잠시의 휴식(시간); 갈라진 틈, 깨진 곳; 파괴; 새벽(~ of day); ** **tea break** (영국) 차 마시는((휴게) 시간 (오전·오후 중간의 휴식); (참고) **break** '깨뜨리다, 쪼개다, 찢다, 부리뜨리다'처럼 파손하는 것. **crush** (무게 있는 물건으로) 눌러 뭉개나: **shatter, smash** 분쇄하다. **shatter**는 힘찬 타격과 조각조각이 날아 흩어짐을,

256) **office** [ɔ́(：)fis, ɑ́f-] n. 사무소(실), 오피스; 회사; 영업소; 임무, 직무, 직책; 역할; 관직, 공직; (공직의) 지위; (보통 복합어) 관공서

257) **factory** [fǽktəri] n. 공장, 제조소(所); (속어) 교도소, 경찰서

this[259], however[260] it has two other main functions[261]. **One** is social[262] and **the other** is what I can describe[263] as medicinal[264].

① **there+ be+ 명사** : 도치구문으로서 명사가 문장의 주어이고 앞에 be 동사가 본동사이다. ("~가 있다")

There is a ten-minute break in all offices and factories in the morning and the afternoon.
모든 사무실이나 공장에서는 오전과 오후에 차 마시는 시간(tea break)라고 불리는 10분간의 휴식이 있다.

② **one ~ the other** - : (둘 중에서) 하나는 ~, 나머지 하나는 -; one ~ the others -: (셋 이상 중에서) 하나는 ~, 나머지 전부는 -

One is social and the other is what I can describe as medicinal.
하나는 사교적인 기능이며, 또 하나(나머지)는 약효가 있다고 평가하는 것이다.

I have five roses. One is red and the others are white.
나에게는 장미가 다섯 송이가 있다. 한 송이는 빨갛고 나머지는 흰색이다.

---

258) **in addition to** ~에 더하여, ~위에 또(besides); in addition 게다가, 그 위에; ** **addition** [ədíʃən] n. 추가, 부가; 추가 사항, 부가물

259) **this = a ten-minute break**

260) **however** [hauévər] conj. 그러나, 그렇지만; 하지만(still; nevertheless) (문장 앞이나 뒤에도 오나 보통은 문장 도중에 오며 부사로 보는 견해도 있음)

261) **function** [fʌ́ŋkʃən] n. 기능, 구실, 작용, 효용; 직무, 임무; 직능; 역할; 의식, 행사

262) **social** [sóuʃəl] a. 사교적인, 친목의; 사교계의, 상류 사회의; 제를 좋아하는; 사교에 능란한; 사회적인; 사회생활을 하는

263) **describe ~ as -** : ~를 -으로 평가(설명)하다; ** **describe** [diskráib] vt. (언어로) 묘사하다, 기술하다; (말로) 설명하다

264) **medicinal** [mədísənəl] a. 의약의, 약용의, 약효 있는, 병을 고치는(curative) ~ herbs 약초약효가 있는, 약으로 쓰이는; ** **medical** [médikəl] a. 의학의, 의술(의료)의; 의약의

③ **선행사(명사)+ 【수식어구】+관계사 (주어) 동사 ~**

There is a ten-minute break in all offices and factories in the morning and the afternoon which is called the tea break.
= There is a ten-minute break which is called the tea break in all offices and factories in the morning and the afternoon.
모든 사무실이나 공장에서는 오전과 오후에 차 마시는 시간(tea break)이라고 불리는 10분간의 휴식이 있다.

18. In general the relation between parents and children is essentially based on teaching. Many of us forget this. Some think it is based on love, others on control. But you can give a child as much love as it can absorb and still make it an idiot unfit to face the world; while the best and surest way to control your children is to explain the rules you intend to enforce.

In general[265] the relation[266] **between**[267] parents **and** children is essentially based[268] on teaching[269]. Many of us forget this. **Some think it is based on love**[270], **others** (*think it is based*) **on control**[271]. But you can give a child as[272] much

---

265) **general** [dʒénərəl] ɑ. (the ~) 일반, 총체(the whole); 일반 원칙; 육군(공군) 대장; 장관(將官), 장군, 장성; 보편적 사실; 총론, 대의; a. 일반의, 보통의, 특수하지 않은; ** **in general** 일반적으로, 대체로, 보통

266) **relation** [riléiʃən] n. 관계, 관련; (pl.) 사이, 국제관계; (사람과의)이해관계; (이성과의)성적관계

267) **between** [bitwíːn] prep. (공간·시간·수량·위치) ~의 사이에(의,를,에서); ** **between ~ and-** : ~와 - 사이

268) **base** [beis] vt. ~의 기초(근거)를 형성하다, ~에 근거하다(on, upon)

269) **teaching** [tíːtʃiŋ] n. 가르침; 교육, 수업, 교수, 훈육; ɑ. 가르치는

270) **love** [lʌv] n. 사랑, 애정(affection), 호의(好意); 연애, 사랑; 사모하는 정

271) **control** [kəntróul] n. 통제; 지배(력); 관리; 다잡음, 단속, 감독(권)(on)

272) **as** [æz, əz] ɑd. (보통 ɑs ~ as -의 꼴로, 형용사·부사 앞에 씀) (~와) 같은 정도

love as it[273] can absorb[274] and (*can*) still[275] make it[276] an idiot[277] (*who is*) unfit[278] to face[279] the world; while[280] the best and surest way to control your children is to explain[281] the rules[282] (*that*) you intend[283] to enforce[284].

① **some ~, others -** : (한정되지 않은 여럿 중에서) ~인 것(사람)도 있고, -인 것(사람)도 있다; 어떤 것은 ~, 다른 것은 -이다; ~인 것도 있고, -인 것도 있다

Some think it is based on love, others (think it is based) on control.
그것(가르치는 것)이 애정을 기초로 한다고 생각하는 사람도 있는가 하

로, 마찬가지로

273) **it = a child**

274) **absorb** [æbsɔ́ːrb, -zɔ́ːrb] vt. 흡수하다, 빨아들이다; (빛·소리·충격 따위를) 흡수하다, 완화시키다, 지우다

275) **still** [stil] ad. 아직(도), 상금, 여전히; 그럼에도, ~하지만, 그러나

276) **it = a child**

277) **idiot** [ídiət] n. 천치, 바보; (심리학) 백치(I.Q. 20-25이하로, 지능 정도가 2세 정도임) ** 지능이 가장 낮은 상태부터 차례로 idiot, imbecile, moron이라 함.

278) **unfit** [ənfit] a. 부적당한, 적임(適任)이 아닌 (unqualified), 어울리지 않는(for); 건강하지 않은, 불건전한; ** **unfit** (-tt-) vt. 부적당하게 하다, 어울리지(맞지) 않게 하다, 자격을 잃게 하다(for)

279) **face** [feis] vt. ~에 면하다, ~을 향하다; (종종 수동태) ~에(게) 용감하게 맞서다(brave); (상대방과) 대전하다;~에 대항하다(confront); (사실·사정 등을) 직시(直視)하다, ~에 직면하다(with, by)

280) **while** [hwail] conj. (대조를 나타내어) 그런데, 한편(으로는)

281) **explain** [ikspléin] vt. (상세히) ~을 설명하다; ~의 이유를 말하다, 변명(해명)하다; 분명(명백)하게 하다, 알기 쉽게 하다; 해석하다

282) **rule** [ruːl] n. 규칙, 규정; 법칙

283) **intend** [inténd] vt. (+to do/+목+to do/+that[절]) 의도하다, 기도하다, 고의로 하다; (+-ing/+to do/+that[절]) ~할 작정이다, ~하려고 생각하다

284) **enforce** [enfɔ́ːrs] vt. (법률 등을) 실시(시행)하다, 집행하다; (지불·복종 등을) 강요(강제)하다, 억지로 시키다; 강행하다(compel); ** **force** vt. vt. (+목+to do/+목+전+명) ~에게 강제하다, 우격으로 ~시키다, 억지로 ~시키다

면 통제를 기초로 한다고 생각하는 사람도 있다.

위의 문장에서 others 뒤에 "think that it is based"는 앞 문장에 있기 때문에 뒤 문장에서 반복을 피하기 위해서 생략한 것이다.

② **상관접속사** : between ~ and - "~와 - 사이에"

both A and B (A, B 둘 다)
either A or B (A또는 B)
neither A nor B (A도 B도 아니다)
not A but B (A가 아니라 B)
not only A but also B (A뿐만 아니라 B도)
A as well as B (B뿐만 아니라 A도 역시)

In general the relation between parents and children is essentially based on teaching.
일반적으로 부모들과 아이들의 관계는 본질적으로는 가르치는 것을 기초로 하고 있다.

19. Science is a good thing, but it is not an end in itself; it is a means toward an end and that end is human betterment. As scientists keep insisting, there is neither good nor bad in any scientific discovery; it is the use to which it is put which makes it beneficial or dangerous.

Science[285] is a good thing, but it is not an end[286] in itself[287]; it is a means[288] toward[289] an end[290] and that end is human

285) **science** [sáiəns] n. 과학; (특히)자연 과학; 과학의 분야, ~학(學)

286) **end** [end] n. 목적(aim, purpose, object); 끝(of a day); (이야기 따위의) 결말, 끝맺음; 결과; 종지; 멸망; 최후, 죽음; 죽음(파멸, 멸망)의 근원; (세상의) 종말

287) **in itself** 자체; 본심으로는(at heart), 원래, 기본적으로는(basically)

288) **means** [miːnz] n. (단·복수 취급) 수단, 방법(of; to); 기관; 〔복수취급〕자금, 재력, (특히) 돈; (상당한) 자산, 부(riches); ** **mean** [miːn] vt. (p., pp. meant

betterment[291]. As scientists keep[292] insisting[293], there is **neither**[294] good **nor** bad in any scientific discovery[295]; **it** is the use to which it[296] is put[297] **which** makes it[298] beneficial[299] or dangerous[300].

① **상관접속사 neither ~ nor -** : ~도-도 아니다; both ~ and - : ~와- 양쪽 모두

As scientists keep insisting, there is neither good nor bad in any scientific discovery.
과학자들이 항상 주장하는 것처럼 어떠한 과학적 발견에서 (그 자체는) 선도 악도 아니다.

② **강조구문 it is ~ which(that) -** : "- 인 것은 바로 ~이다"

[ment]) (글·말 따위가) 의미하다; (아무가) ~의 뜻으로 말하다; a. (재능 따위가) 뒤떨어지는, 보통의, 하잘것없는

289) **toward** [tɔ：rd, təwɔ́：rd] prep. (목적·기여·준비) ~을 위해서, ~을 생각하여

290) **end** [end] n. 목적(aim); 끝(of a day); (이야기 따위의) 결말, 끝맺음; 결과

291) **betterment** [bétərmənt] n. 진보; 개량, 개선(improvement), 개정; (지위의) 향상

292) **keep** [ki：p] vi. (+보/+-ing) ~한 상태에 있다; ~한 위치에 있다; 계속해서 ~하다, 늘 ~하다; vt. (+목+보/+목+부/+목+전+명/+목+done/+목+-ing) 계속 ~하게 하여 두다; (사람·물건을) ~한 상태로 간직하다, ~으로 하여 두다

293) **insist** [insíst] vi. 우기다(maintain), (끝까지) 주장하다, 고집하다, 단언하다; 역설(강조)하다(on, upon); 강요하다; 요구하다(on, upon); vt. 우기다, 강력히 주장하다

294) **neither** [ní：ðər, nái-] (nor와 결합하여 상관적(的)으로) ~도 -도 아니다(않다); ** neither ~ nor - ~도 -도 아니다

295) **discovery** [diskʌ́vəri] n. 발견; (극·시 따위의 줄거리의) 전개; (고어) 발각, 폭로; (법률학) (사실·문서의) 발표

296) **it** = science

297) **put ~ to use** ~을 쓰다, 이용하다; put it to (a) good use 그것을 크게 이용하다; (참고) They put science to the use. = Science is put to the use. = It is put to the use. = ~ the use which is put to = ~ the use to which is put

298) **it** = science

299) **beneficial** [bènəfíʃəl] a. 유익한, 이익을 가져오는(to)

300) **dangerous** [déindʒərəs] a. 위험한, 위태로운; (방언) 위독한

It is the use to which it is put which(that) makes it beneficial or dangerous.
그것(과학)을 유익한 것으로 만드느냐 위험한 것으로 마드느냐는 바로 그것이 어떻게 이용되는가에 달려있다. (= the use which it is put to "그것이 이용되는 방법, 그것이 이용되는 것")

20. A number of hens living together very soon establish a definite social order. This is decided when pairs of the hens first meet. Either they fight and one bird wins, or else one dominates the other without having to fight, the second bird submitting passively. Thus there is either a physical victory or a psychological one.

A number of hens[301] (*which are*) living together very soon[302] establish[303] a definite[304] social[305] order[306]. This is decided[307] when pairs[308] of the hens first meet. **Either** they fight and one bird wins, **or** else one dominates[309] [310]the other without having to fight, **the second bird submitting**[311] **passively**. Thus there is **either** a physical[312]

---

301) **hen** [hen] n. 암탉; (pl.) 닭; (수탉 cock); (일반적) 암새; 물고기의 암컷

302) **soon** [suːn] ad. 빨리, 이르게(early), 급히; 쉽게; 이윽고, 곧, 이내; ** **very soon** 눈 깜작할 사이에

303) **establish** [istǽbliʃ] n. (학교·회사 따위를) 설립하다, 창립하다; (국가·정부 따위를) 수립하다; (관계 따위를) 확립하다(with; between), (제도·법률 등을) 제정하다

304) **definite** [défənit] a. (윤곽·한계가) 뚜렷한, 확실한; (태도 따위가) 명확한

305) **social** [sóuʃəl] a. (동물) 군거하는; (식물) 군생(群生)하는; 사회적인; 사회생활을 하는, 사회(생활)에 기초를 둔, 사회에 관한;

306) **order** [ɔ́ːrdər] n. 질서; 순서; 서열, 석차; (종종 pl.) (사회적) 지위, 신분, 계급

307) **decide** [disáid] vt. (문제·논쟁·투쟁을) 해결하다, 재결(결정)하다, 판결하다, 정하다

308) **pair** [pɛər] n. (pl. ~s) 한 쌍, (두 개로 된) 한 벌

309) **dominate** [dámənèit/dɔ́m-] vt. 지배(통치)하다, 위압하다; (격정 따위를) 억제하다; ~보다 우위를 점하다, 좌우하다, ~에 보급하다, 특색지우다.

victory or a psychological[313] one.

① **a number of (= many)** : "다수의, 몇몇의, 일군의" (many의 경우는 반드시 복수 취급하며 복수명사가 온다.) * the number of+단수, 복수명사 "~의 수"

A number of hens (*which are*) living together very soon establish a definite social order.
함께 사는 많은 암탉들은 눈 깜작할 사이에 명확한 사회적 질서를 확립한다.

A number of people were at the concert.
많은 사람들이 콘서트에 왔다.
(콘서트에 사람들이 많다.)

The number of people at the concert was amazing.
콘서트에 (온) 사람들의 수가 놀랄 정도였다.

② **상관접속사 either ~ or -** : ~ 나 - 나 어느 한쪽 (양자택일)

Either they fight and one bird wins, or else one dominates the other without having to fight.
그들은 싸워서 한편이 이기든가 그렇지 않으면 싸울 것까지도 없이(싸울 필요도 없이) 한쪽이 다른 한쪽보다 우위를 점한다.

There is either a physical victory or a psychological one.
육체적 승리든 정신적 승리든 어느 한쪽이 생긴다.

Either you or Tom is wrong.

---

310) **one ~ the other** (두 개에서 無順) "하나는 ~, 나머지는 ~; 한쪽은 ~ 다른 한쪽은

311) **submit** [səbmít] vi. 복종하다; 굴복하다, 항복하다; 감수하다(to); (수술 따위를) 받다(to); vt. (-tt-) (~ oneself) 복종시키다, 따르게 하다(to) (~ oneself to a person's direction 아무의 지시에 따르다); 제출하다, (재결을 받기 위하여) 제출하다, 맡기다, 일임시키다

312) **physical** [fízikəl] a. 육체의, 신체의; 물질의, 물질적인

313) **psychological** [sàikəlɑ́dʒikəl/-lɔ́dʒ-], [-dʒik] a. 심리학의, 심리학적인; 정신적인

너와 톰 중에 어느 한명은 잘못이다.

③ **분사구문** : 부사절을 분사를 이용해서 부사구로 전환시켜서 복문을 단문으로 전환시킬 때 사용한다.

Either they fight and one bird wins, or else one dominates the other without having to fight, the second bird submitting passively. (= because the second bird submits passively "왜냐하면 다른 새가 수동적으로 복종하기 때문에")

21. Language have changed and disappeared throughout the history. With progress, change is inevitable. Because people have very strong feelings about the importance of their native language, we probably will not have a universal language in the near future. What is certain, however, is that English words will continue to be used everywhere whether some people like it or not.

Language[314] **have changed**[315] **and disappeared**[316] **throughout**[317] **the history**. With progress[318], change is inevitable[319]. Because people have very strong feelings[320] about the importance of their native[321] language, we probably[322]

---

314) **language** [lǽŋgwidʒ] n. 언어, 말; 국어, (어떤 국가·민족의) ~어(語); (참고) language 말의 사회적 제도 면을 강조함. speech를 하기 위해 사용되는 기호·음성 따위의 체계 언어

315) **change** [tʃeindʒ] vi. 변하다, 바뀌다, 변화하다, 바뀌어 ~이 되다

316) **disappear** [dìsəpíər] vi. 사라지다, 모습을 감추다(from); 없어지다, 소실되다, 소멸되다; 실종하다.

317) **throughout** [θru：áut] prep. (시간) ~을 통하여, ~동안 죽; (장소) ~의 전체에 걸쳐서, ~의 도처에, ~에 널리; ad. 처음부터 끝까지, 줄곧, 내내

318) **progress** [prάgres/próug-] n. 진보, 발달, 진척, 숙달, 보급; 전진, 진행; 경과

319) **inevitable** [inévitəbəl] a. 피할 수 없는, 면할 수 없는; 부득이한; (논리적으로 보아) 필연의, 당연한

320) **feeling** [fí：liŋ] n. 감정, 기분; 촉감, 감촉; 감각, 지각; 열의, 감동, 격정, 흥분

will not have a universal[323] language in the near[324] future. What is certain, however[325], is that English words will continue[326] to be used everywhere **whether some people like it or not.**

① **현재완료시제와 단순과거시제동사 차이점** : 현재완료시제 동사 (have+ p.p)는 과거시점 언젠가 부터 현재까지의 상황을 연결(연속)한다면, 단순과거시제동사(ⓥ(e)d)는 단순히 과거일 뿐 현재와 연결성이 없다. 즉, 완료시제는 두 시점을 연결하여 말을 한다면, 단순시제는 한 시점만을 말하고 있다.

Language have changed and disappeared throughout the history.
언어는 역사를 통해 변화해왔고 사라져왔다. (지금도 여전히 그렇다.)

He studied very hard two years ago.
그는 2년 전에 열심히 공부했다. (지금은 어떤지 모른다.)

He has studied very hard since last years.
(= He studied very hard two years ago, and he is studying very hard now.)
그는 지난해부터 열심공부하고 있다. (지금도 여전히 그렇다.)

② **양보절유도 (if와 whether)** : whether절은 명사절로서 주어, 진주어, 보어, 동사의 목적어, 전치사의 목적어 등이 모두 가능하나 if절은 동사

---

321) **native** [néitiv] a. 출생의, 출생지의, 본국의, 제 나라의; 토산의, 그 토지에서 태어난(산출되는); ~원산의

322) **probably** [prábəbli/prɔ́b-] ad. 아마, 필시, 대개는

323) **universal** [jùːnəvəːrsəl] a. 전 세계의, 만국(萬國)의, 전 인류의, 만인(공통)의; 우주의, 우주적인, 만물에 관한(을 포함하는); 보편적인, 일반적인; 세상 일반의, 누구나가 다(행)하는

324) **near** [niər] a. 가까운, 가까이의; 가까운 쪽의; ad. (~·er; ~·est) (공간·시간적으로)) 가까이, 접근하여, 인접하여; (관계가) 가깝게, 밀접하게; 흡사하여; prep. ~의 가까이에, ~의 곁에

325) **however** [hauévər] conj. ad. 그러나, 그렇지만; 하지만(still; nevertheless)

326) **continue** [kəntínjuː] vt. (~+명/+ -ing/+ to do) 계속하다, 지속(持續)하다

의 목적어로만 쓰인다. if절이 명사절로 사용된 경우는 문장 앞에 오지 않는다. 그러나 whether절은 가능하다. (→ 93번 참조)

What is certain, however, is that English words will continue to be used everywhere whether some people like it or not.
그러나 확실한 것은, 몇몇 사람들이 그것을 좋아든 않든 간에, 영어 단어들이 지속적으로 어디에서나 사용 될 것이라는 것이다.

Whether he loves me or not doesn't matter. (주어)
그가 나를 사랑하는지 어떤지는 중요하지 않다.

The point is whether they succeed or fail. (보어)
문제는 그들의 성공했는지 실패했는지 여부이다.

I want to talk about whether you like it. (전치사의 목적어)
네가 그것을 좋아하는지 어떤지를 말하기를 원한다.

I wonder if(whether) I should wear a coat or not. (타동사의 목적어)
내가 코트를 입어야 할지 말아야 할지 모르겠다.

Whether he is honest or not, it's not important to me. (양보부사절)
그가 정직한지 아닌지는 내게 중요하지는 않다.

Whether he eats or not, his mother doesn't care about it. (양보부사절)
그가 먹든지 안 먹든지 그의 어머니는 관심이 없다.

특히, "or not"에 관련해서 whether절이나 if절 모두 or not 생략 가능하며, whether+ S+ V or not~, whether or not S+ V~ 둘 다 가능하지만 if+ S+ V or not~은 가능, if+ or not S+ V는 불가능하다.

We want to ask him whether the rumor is true or not. (O)
우리는 그에게 그 소문이 사실인지 아닌지를 묻고 싶었다.
We want to ask him whether or not the rumor is true. (O)
We want to ask him whether the rumor is true. (O)

We want to ask him if the rumor is true or not. (O)
We want to ask him if the rumor is true. (O)
We want to ask him if or not the rumor is true. (X)

접속사 whether 외에 다른 접속사들로는 "although, though, even if, even though, while, however"등이 있으며, 전치사들로 "despite, in spite of, with all, for all, after all"등이 있다.

Although he is rich, he is not happy.
그는 부자지만 행복하지는 않다.

However carefully I (may) write, I sometimes make mistakes.
아무리 주의해 써도 나는 틀릴 때가 있다.

He is very strong despite his age.
노령임에도 불구하고 매우 정정하다.

22. A basic principle of Confucian ethics is that the moral life is possible only in the context of personal ties. For the general population, the most important relationship by far is the family. Familial relationships are so important that three out of five basic human relations emphasized by Confucianism are based on them.

A basic principle[327] of Confucian[328] ethics[329] is that the moral[330] life is possible[331] only in the context[332] of

---

327) **principle** [prínsəpəl] n. 행동 원리, 정의; (pl.) 도의, 절조; 원리, 원칙, (물리·자연의) 법칙; 근본 방침, 주의; ** **principal** [prínsəpəl] a. 주요한; 제1의; 중요한; n. 장(長), 장관; 사장; 교장; 회장

328) **confucian** [kənfjúːʃən] a. 공자의; 유교의; n. 유생(儒生); ** **confucianism** n. 유교; confucianist n. 유(교)생

329) **ethics** [éθiks] n. (pl.)(보통 단수취급) 윤리학, 도덕론; 윤리학서

330) **moral** [mɔ́(ː)rəl, mɑ́r-] a. 도덕(상)의, 윤리(상)의, 도덕(윤리)에 관한

personal[333] ties[334]. For the general[335] population[336], the most important relationship[337] by far[338] is the family. Familial[339] relationships are **so important that** three out of[340] five basic human relations (*which are*) **emphasized[341] by Confucianism[342]** are based on them[343].

① **결과부사절** so **형용사(부사)** that - / such **명사** that - : "너무나 ~해서 (그 결과) - 하다"

Familial relationships are so important that three out of five

---

331) **possible** [pásəbəl/pɔ́s-] a. 가능한, 할 수 있는

332) **context** [kántekst/kɔ́n-] n. (글의) 전후 관계, 문맥; (사건 등에 대한) 경위, 배경; 상황, 사정, 환경(of)

333) **personal** [pə́ : rsənəl] a. 개인의, 자기만의, 나의, 일신상의, (특정) 개인을 위한

334) **tie** [tai] n. (pl.) 유대관계; 연분; 인연, 기반, 의리; 속박, 거추장스러운(귀찮은) 것, 무거운 짐; (물건을 묶기 위한) 끈, 새끼

335) **general** [dʒénərəl] a. 일반의, 보통의, 특수하지 않은, 특정(전문)이 아닌, 한 부분에 국한되지 않은; 잡다한; ** **general population** 일반대중

336) **population** [pàpjəléiʃən/pɔ̀p-] n. (the ~) 주민; 인구, 주민수; (한 지역의) 전주민, 특정 계급의 사람들; (통계학) 모집단; (생물) (어떤 지역 안의) 개체군(個體群), 집단; 개체수; 식민; ** **general population** 일반대중

337) **relationship** [riléiʃənʃip] n. 관계, 관련; 친족관계, 연고관계; ** **relation** [riléiʃən] n. 관계, 관련; (pl.) 사이, 국제 관계; (사람과의) 이해관계

338) **by far** 훨씬, 단연 (최상급, 때로 비교급을 수식함) by far the best 단연 최고; 매우, 대단히 too easy by far 아주 쉬운

339) **familial** [fəmíljəl, -liəl] a. 가족(일족)의(에 관한); (병이) 일족에 특유한

340) **out of** [áutəv] prep. (equiv.) : (운동·위치) ~의 안에서 밖으로, ~의 밖으로, ~의 안으로부터; (어떤 수에서의 선택) ~에서, ~중(에서); (범위) ~의 범위 밖에(범위를 넘어), ~이 미치지 않는 곳에; a) ~(상태)에서 떠나, ~을 [에서] 벗어나; ~이 없어; ~을 잃고 b)((일시적으로) ~이 없어져(떨어져), ~이 부족하여(달리어); (동기·원인) ~에서(으로), ~ 때문에; (재료를 나타내어) ~(으로); (기원·출처·출신) ~에서, ~로부터(의); ~(으)로; (타동사의 보어로서) ~에서 떠나게

341) **emphasize** [émfəsàiz] vt. 강조하다; 역설하다

342) **confucianism** [kənfjú : ʃənizəm] n. 유교

343) **them** = familial relationships

basic human relations are based on them.
가족관계는 매우 중요해서 그 결과로 5개의 기본 인관관계들 중 3개가 유교에서 강조되는 그것(가족관계)에 기초를 두고 있다.

Tom is so tall that he can reach the ceiling.
톰은 (키가) 너무 커서 천장에 (손이) 닿을 수 있다.
→ So tall is Tom that he can reach the ceiling. (도치: "tall" 강조)

② **분사의 형용사 용법** : 분사는 형용사로서, 특히 제한적 용법으로서 명사를 후치수식으로 많이 사용된다.

Three out of five basic human relations emphasized by Confucianism.
= Three out of five basic human relations (which are) emphasized by Confucianism.
= Three out of five basic human relations which are emphasized by Confucianism.
유교에서 강조되는 5개의 기본 인관관계들 중 3개가 그것에 기초를 두고 있다.

23. When hydrogen is used as a fuel source, the only product created is water. Thus, the use of hydrogen provides clean and abundant energy source, meeting most of the future's high energy needs. The only drawback is that hydrogen is still more expensive than other energy sources such as coal, oil and natural gas. That's why many scientists try to study hard the way to reduce the cost so that it can be used cheaply.

When hydrogen[344] is used as a fuel[345] source[346], the

---

344) **hydrogen** [háidrədʒən] n. (화학)수소 (기호 H; 번호 1); (화학)수소 : 무색·무미·무취의 가연성이 높은, 모든 물질 가운데 가장 가벼운 기체 원소. 물을 전기 분해 하거나 아연에 묽은 황산을 작용시켜 만듦. [1번:H:1.0079]

345) **fuel** [fjúːəl] n. 연료; 신탄(薪炭), 장작

346) **source** [sɔːrs] n. 자원; 수원(지), 원천(fountainhead); 근원(origin), 근본, 원인

only product[347] (*which is*) created[348] is water. Thus[349], the use of hydrogen provides[350] clean and abundant[351] energy source, **meeting[352] most of the future's high energy needs[353]**. The only drawback[354] is that hydrogen is still[355] more expensive[356] than other energy sources such as[357] coal[358], oil and natural gas. That's why[359] many scientists try[360] to study hard the way to reduce[361] the cost[362] **so that it can be used cheaply[363]**.

---

347) **product** [prádəkt, -dʌkt/prɔ́d-] n. (종종 pl.) 산물, 생산품; 제품, 제조물, 제작물; 창작(품); 생산고; 결과; 소산, 성과

348) **create** [kri：éit] vt. 창조하다; 창시(창작)하다

349) **thus** [ðʌs] ad. 따라서, 그래서, 그런 까닭에, 그러므로; 이렇게, 이런 식으로

350) **provide** [prəváid] vt. (필요품을) 주다, 공급(지급)하다(supply) (with; for)

351) **abundant** [əbʌ́ndənt] a. 풍부한(rich), 많은(plentiful); (서술적) (자원 등이) 풍부하다(in; with)

352) **meet** [mi：t] vt. 충족시키다(satisfy); (주문·요구·필요 따위에) 응하다, (의무·조건 따위를) 채우다,

353) **need** n. 수요; 필요, 소용; 욕

354) **drawback** n. 결점, 약점, 불리한 점(in); 장애, 고장(to); 환부금, 환불 세금, 관세 환급(還給); 공제(from); 철거, 철회 (withdrawal)

355) **still** ad. [비교급과 더불어] 더욱, 더, 더한층; by far

356) **expensive** [ikspénsiv] a. 돈이 드는, 값비싼; 사치스러운

357) **such as ~** : (말의 계속을 재촉하여) 이를테면; ** **such** [sʌtʃ, 약 sətʃ] pron. (보통 복수의 뜻을 나타냄) 그와 같은 사람(일, 물건)

358) **coal** [koul] n. 석탄

359) **that's why ~** 결과, **that's because ~** 이유; She is rich. That's why I love her. 그녀는 부자다. 그 결과 나는 그녀를 좋아한다. I love her. That' because she is rich. 나는 그녀를 사랑한다. 그녀가 부자이기 때문이다.

360) **try** [trai] vt, (~+목/+-ing) 해보나, 시도하다; (가능한지 어떤지) ~해보다(doing); vi. (~/+전+명/+to do) (~하도록) 노력하다(힘쓰다)(for)

361) **reduce** [ridjú：s] vt. (양·액수·정도 따위를) 줄이다; 축소하다(diminish)

362) **cost** [kɔ：st/kɔst] n. 비용, 지출, 경비; 가격, 원가; (상품·서비스에 대한) 대가; (돈·시간·노력 등의) 소비, 희생, 손실

① **~명사, 분사+ ~일 때** : 앞의 구조가 있으면, 일반적으로는 "분사구문의 부대상황"으로 해석하지만, 때로는 "주격관계사+ be동사"가 생략된 것으로 해석 가능할 때가 있다. 문맥상으로 가장 적절한 것으로 해석한다.

(부대상황)
The use of hydrogen provides clean and abundant energy source, meeting most of the future's high energy needs
= The use of hydrogen provides clean and abundant energy source, and will meet most of the future's high energy needs.
수소의 이용은 깨끗하고 풍부한 에너지 자원을 제공하고, 그리고 그것은 대부분의 미래의 높은 에너지 수요를 충족시켜 줄 것이다.

(주격관계사+ be동사 생략)
The use of hydrogen provides clean and abundant energy source. meeting most of the future's high energy needs
= The use of hydrogen provides clean and abundant energy source, which is meeting most of the future's high energy needs.
수소의 이용은 대부분의 미래의 높은 에너지 수요를 충족할 깨끗하고 풍부한 에너지 자원을 제공한다.

② **목적부사절 so that 주어 can(may, will) 동사 ~ (= in order that 주어 can(will, may) 동사 ~)** "~ 하도록, ~ 하기 위해서, ~할 목적으로"

That's why many scientists try to study hard the way to reduce the cost so that it can be used cheaply.
그래서 많은 과학자들은 수소가 값싸게 이용될 수 있도록 하기 위해서 비용을 줄이는 방법을 연구하려고 노력한다.

24. No one saw the boy fall into the water. He fought his way up again, to the top of the water, and saw the sky above. The boy kicked about, trying to keep his head above the

---

363) **cheaply** [tʃiːpli] ad. 싸게, 값싸게; ** **cheap** [tʃiːp] ad. 싸게, 싼 값에

water, feeling helpless and afraid.

No one saw the boy fall into the water[364]. He fought[365] his way up again, to the top of the water, and saw the sky above[366]. The boy kicked[367] about, **trying[368] to keep his head above the water, feeling helpless[369] and afraid[370].**

① **부대상황(동시동작) 분사구문** : 부대상황(attached circumstance)을 나타내는 분사구문은 두 가지가 있는데 동시동작(~하면서, 한 채로)과 연속동작(~하고 그리고…하다)이 있다. 그리고 동시동작을 나타내는 구문은 종속접속사 'as, while'[371]과 전치사 'with'[372]로 이끌고 연속동작을 나타내는 구문은 등위접속사 'and'로 이끈다. 특히 연속동작의 부대상황일 때는 제1동작이 끝난 바로 다음 제2동작이 행해질 때는 제1동작을 분사구문으로 고치고, 제2동작이 제1동작의 결과(원인)일 때는 제2동작을 분사구문으로 고치고, 그리고 앞뒤가 대등한 관계일 때는 일반적으로 뒤에 있는 절을 분사구문으로 고친다.[373]

---

364) **water** [wɔ́ː tər, wɑ́t-] n. 물; (종종 pl.) 넘칠 듯한 많은 물, 바다, 호수, 강; 유수, 파도, 조수; (pl.) 홍수; (pl.) (문어) 바다; (pl.) 근해, 영해; 수역, 해역; 수위, 수심; 분비물, 눈물, 땀, 오줌, 침

365) **fight one's way** 곤란을 무릅쓰고 나아가다

366) **above** [əbʌ́v] ad. 위쪽에(으로); 위에(로); 머리 위에(로); 하늘에(로)

367) **kick about(around)** ~ (구어숙어) (vt. +ad) (아무를) 거칠게 다루다, 혹사하다, 괴롭히다; ** **kick** vi. 발버둥 치다; ** **about** ad. 사방으로(에서)

368) **try** [trai] vi. (+to do) (~하도록) 노력하다(힘쓰다); vt. (+-ing) 해보다, 시도하다; (가능한지 어떤지) ~해보다(doing)

369) **helpless** [hélplis] a. 절망적인; 스스로 어떻게도 할 수 없는, 무력한, 소용에 닿지 않는; 도움이 없는; 난감한; 술 취한

370) **afraid** [əfréid] a. (서술적) 두려워하는, 무서워하는(of); (~하기를) 겁내는, (겁이나) ~못하는; (~할) 용기가 없는(of doing; to do)

371) **while** [hwail] conj. (기간·시점) ~하는 동안(사이)(에); ~하는 동안은; ~한데; ~하면서('동작이나 상태의 계속되고 있는 때'를 나타내는 부사절을 만듦; while절속에서는 진행형이 많이 사용됨); **as** conj. (때)~할(하고 있을) 때, ~하면서, ~하자, ~하는 동안

372) **with** [wið, wiθ] prep. (부대(附帶) 상황) ~한 상태로, ~하고, ~한 채, ~하면서(보통 with+명사+보어(형용사·분사·부사어구·전치사구 따위)의 형태를 취함; with는 종종 생략되는데 이 때 관사·소유격 따위도 생략될 때가 있음)

▷동시동작: As(while)+S′+V+~, S+V+~.
=With+O+형용사(분사, 부사, 전치사+명사, 명사절, to부정사), S+V+~.

▷연속동작: S+V+~, and S+V+~.

While(as) she smiled brightly, she shook hands with me.
= She smiled brightly, and she shook hands with me.
= Smiling brightly, she shook hands with me.
= With her smiling brightly, she shook hands with me.
그녀는 환하게 웃으면서 나와 악수를 했다.

The train left Seoul at 6 and arrived in Seoul at 9.
= The train left Seoul at 6, arriving in Seoul at 9.
기차는 6시 서울에서 출발하여 9시에 서울에 도착했다.

The boy kicked about, trying to keep his head above the water, feeling helpless and afraid. (동시동작 부대상황)
= The boy was kicked about into the water, while(as) he was trying to keep his head above the water, while(as) he felt helpless and afraid.
소년은 절망감과 두려움을 느끼면서, 수면위로 머리를 내밀려고 안간힘을 쓰면서 힘들어했다.

25. We wanted to make Mother happy, so we did the cooking and other things to let her have a holiday. Martha got breakfast ready. The toast was burned, and the coffee was too black. But everybody praised Martha for doing her best. Mother sat reading the paper. She looked up from her paper every now and then and watched us working.

We wanted[374] to make[375] Mother happy, so we did the

373) 여인천, 『짬찜이 하는 기초 영문법』 (서울: 법문북스, 2009), p. 109.

cooking[376] and other things **to let her have a holiday.**[377] Martha got[378] breakfast ready.[379] The toast[380] was burned, and the coffee was too black[381]. But everybody praised[382] Martha for doing her best[383]. **Mother sat reading the paper.**[384] She looked up from her paper[385] every now and then[386] and **watched**[387] **us working.**

① **부정사의 부사적용법(목적)** : 부사적 용법인 경우 해석은 "목적, 결과, 원인, 정도, 이유와판단의 근거, 조건, 양보"로 하는데 그 중에서 '목적'으로 해석되는 경우 대부분이다. (아래에서는 목적으로 또는 결과적인 의미로 해석이 가능하다.)

---

374) **want** [wɔ(ː)nt, wɑnt] vt. (+to do/+목+to do/+목+done/+목+-ing/+목+보/+that[절]) ~하고 싶다; (아무가) ~해 줄 것을 바라다, ~해 주었으면 하다

375) **make** [meik] vt. (+목+보/+목+done/+목+전+명) ~을 -케 하다, ~을 (~에게) 하게 하다; (~을 -으로) 하다; ~을 -로 보이게 하다

376) **do the cooking** 요리를 하다; ** **cooking** [kúkiŋ] n. 요리(법); a. 요리(용)의

377) **to let ~ (= in order to let + 목적어 + do ~)**

378) **get** [get] vt. (got [gɑt/gɔt] vt. (+목+-ing/+목+보) ~의 상태로 하다

379) **get** [get] vt. (~+목+-ing/+목+보) ~의 상태로 하다; vi. (+보/+done) ~이 되다(변화·추이); ~되다(수동); We got the clock going. 우리는 시계를 가게 했다. get everything ready 만반의 준비를 갖추다.

380) **toast** [toust] n. 토스트, 구운 빵

381) **black** [blæk] ɑ. 밀크를(크림을) 치지 않은, 블랙의(커피); (농담이나 문학 작품이) 병적인, 불유쾌한, 그로테스크한 black humor

382) **praise** [preiz] vt. 칭찬하다; 주어+praise+목적어+for~ing(+as+보어)

383) **do(try) one's best** ~전력을 다하다; ** **best** [best] n. (the ~, one's ~) 최선, 최상, 전력; 최선의 상태; (the ~) 최선의 것(부분); ɑ. (good의 최상급) 가장 좋은, 최선의, 최상의, 최고의

384) **sit** [sit] vi. (~/+전+명/+보/+부) ~앉다, 걸터앉다, 착석하다; 앉아 있다

385) **paper** [péipər] n. 신문(지); 종이; 벽지(wallpaper), 도배지

386) **every now and then** (= now and again) 때때로, 이따금

387) **watch** [wɑtʃ, wɔːtʃ] vt. (~+목/+목+do/+목+-ing/+wh.[절](지켜보다, 주시하다; 관전(구경)하다

We did the cooking and other things to let her have a holiday.
= We did the cooking and other things in order to let her have a holiday
= We did the cooking and other things so as to let her have a holiday
= We did the cooking and other things so that we might let her have a holiday
우리는 어머니에게 휴가를 드리기 위해서 요리나 그 밖의 일을 했다(대신했다).
우리는 요리나 그 밖의 일을 (대신)하여서 어머니에게 휴가를 드렸다(보내셨다).

② **유사보어로 사용된 분사** : 완전자동사인데 문장 안에서 보어의 역할을 하는 경우이다. 일반적으로 동시동작 부대상황을 나타낸다.

주어+ 와전vi, as+ 주어+ be doing) "~하면서 - 하다"
= 주어+ 완전vi(sit, come,..) + doing

Mother sat reading the paper.
= Mother sat as she was reading the paper.
어머니는 신문을 읽으며 앉아 계셨다.

③ **목적보어로 사용된 분사** : 분사가 목적보어로 사용된 경우에서 목적어와 목적보어의 관계가 주술관계이다. 그러므로 목적보어가 현재분사이면 목적어가 능동적인 동작으로, 목적보어가 과거분이면 수동적인 동작으로 해석한다.

She looked up from her paper every now and then and watched us working.
어머니는 때때로 신문에서 눈을 들어서 우리들이 일하는 것을 지켜보셨다.

We saw him crossing the crosswalk.
우리는 그가 횡단보도를 건너가고 있는 것을 보았다.

I'll see[388] the work done in time.
나는 그 일이 조만간 끝마쳐질 것이라 생각한다.

26. Father made a great point of our getting down to breakfast

388) **see** [si :] vt. (/+목+done) (~이 ~하도록) 마음을 쓰다, 주선(배려, 조처)하다

on time. Of course, I meant to be prompt, but getting up early was just too much for me. I was satisfied if I could manage to slide into the room at the last moment.

Father[389)] **made a great point of**[390)] **our getting**[391)] down to breakfast[392)] on time[393)]. Of course, I meant[394)] to be prompt[395)], but **getting up early** was just too much for me[396)]. I was satisfied[397)] if I could manage[398)] to slide[399)] into the room at the last moment[400)].

① **동명사의 관용적 표현들** : make a point of ~ing (~하는 것은 중요하다, 반드시 ~하다)

Father made a great point of our getting down to breakfast on time.
아버지는 우리가 아침식사 때 정확하게 내려오는 것을 중요하게 여기셨다.

---

389) **father** [fɑ́ : ðər] n. 아버지, 부친; 의붓아버지, 양아버지, 시아버지, 장인; (보통 pl.) 선조, 조상(forefather); (아버지와 같은) 옹호자, 후원자, 보호자; (the F-) 하느님 아버지, 신; (종교) 신부, 대부(代父); 수도원장; vt. ~의 아버지이다; ~의 아버지가 되다; (자식을) 보다(beget)

390) **make a point of** ~ 반드시 ~하다, ~하는 것을 중요시하다

391) **동명사의 의미상 주어** : 대명사의 소유격 또는 목적격 사용

392) **breakfast** [brékfəst] n. 아침식사; vi. 조반을 먹다(on); vt. ~에게 조반을 내다

393) **on time** 정각에, 시간대로, 시간을 어기지 않고; 후불로, 분할불로; ** **in time** 때를 맞춰, 머지않아, 조만간, 가락을(박자를) 맞추어(with), (의문사를 강조해) 대체

394) **mean** [mi : n] vt. (~+목/+목+목/+to do/+목+to do/+목+to be보) 예정(계획)하다, 꾀하다, ~할 작정이다, ~할 뜻을 품다; 뜻하다, 의도하다

395) **prompt** [prɑmpt/prɔmpt] a. 신속한, 기민한; 즉석의; 즉시(기꺼이) `하는(to do)

396) **just too much (hard, many) for** ~ "~에게 힘이 벅차다"

397) **satisfy** [sǽtisfài] vt. (아무를) 안심(확신)시키다; 만족시키다; (희망을) 충족시키다

398) **manage** [mǽnidʒ] vt. (~+목/+to do) ~을 그럭저럭 해내다, 곧잘 ~하다

399) **slide** [slaid] vi. 미끄러지다, 미끄러져 가다; 미끄러져 내리다; 흐르다; 활주하다

400) **moment** [móumənt] n. 순간, 찰나, 단시간; 잠깐(사이); (어느 특정한) 때, 기회; (pl.) 시기; 경우; (보통 the ~) 현재, 지금

아버지는 우리가 아침식사 때 반드시 정확하게 내려오게 하셨다.

* keep doing (계속해서 ~하다)
* keep - from doing -는(가) ~할 수 없다
* be worth [worthy of] doing ~할 가치가 있다
  = It is worth while doing(to do)
* be opposed to doing ~을 반대하다
  = object to doing
  = have an objection to doing
* contribute to doing ~에 공헌하다. 기여하다
* turn one's attention to doing ~에 주의를 돌리다, ~에 관심을 갖다
* with a view to doing ~하기 위하여 (for the purpose)
* be equal to doing ~할 능력이 있다
* devote - to doing -를 ~에 바치다
* be use to doing ~에 익숙하다
  = be accustomed to do, doing
* take to doing ~에 빠지다, 정이 들다]
* look forward to doing ~을 기대하다, 고대하다
* fall to doing (= begin to do)~을 시작하다
* There is no doing ~하는 것은 불가능하다
  = It is impossible to do
  = There is no point(reason) doing
* It is no use(good) doing ~해도 소용없다
  = It is of no use to do
  = There is no use in doing
* of one's own doing (= 과거분사+ by oneself) 직접 -한
* on doing (= as soon as, in doing, when S + V) ~하자마자
* feel like doing (= feel inclined to do) ~하고 싶다, 하고 싶은 기분이 들다
* be on the point(brink, verge) of doing(= be about to do) 막 ~하려고 하다
* be far from doing(= be never) ~하지 못하다
* What do you say to doing? (= Let's do) ~하자
* with a view to doing ~을 위하여(= for the purpose of)

② **동명사의 명사적 용법(주어)** : 준동사로서 동명사는 문장 안에서 명

사로서 "주어, 보어, 목적어, 동격"으로 사용할 수 있다.

Getting up early was just too much for me.
= That we got up early was too much for me,
= It was too much for me that we got up early.
일찍 일어난다는 것은(습관은) 나에게 무척 벅찬 일이었다.

27. Most of us use salt every day. We use it to make our food taste better. We think nothing of it. It is there, and we use it. There was a time, however, when salt was not so common. In the ancient world, salt was a luxury and only for the rich.

Most of us **use** salt[401] every day. **We use**[402] **it to make**[403] **our food taste**[404] **better**[405]. We think nothing of[406] it. It is there, and we **use** it. [407]There was a time, however, when salt[408] was not so common[409]. In the ancient[410] world, salt was a luxury[411] and only for **the rich**.

---

401) salt [sɔːlt] n. 소금; a. 소금을(소금기를) 함유한; 짠; 소금에 절인; 짠물에 잠긴

402) use [juːz] vt. (+목+to do/+목+as보) 쓰다, 사용(이용)하다

403) to make ~ (= in order to make) ~만들기 위해서 (부정사의 부사, 목적)

404) taste [teist] vi. (+보/+전+명/+done) 맛이 나다; 풍미가 있다(of); vt. ~의 맛을 보다, 시식하다; n. (the ~) 미각; 맛, 풍미

405) **사역동사 have(, make, let)+ 목적어+ 원형부정사**

406) think nothing of ~을 아무렇지 않게 생각하다; 예사로 ~하다; ~에 대해서 무의식이다; Think nothing of it. 감사(사과)할 것까지는 없습니다, 별말씀

407) there+be+명사 : ~가 있다 (1형식문의 변형)

408) salt [sɔːlt] n. 소금, 식염(= common~); (화학) 염(塩), 염류; (pl.) 약용 염

409) common [kámən/kɔ́m-] a. 공통의, 일반의(general), 흔한(ordinary), 보통의, 품위 없는; 공유(公有)의, 공공의, 공중의

410) ancient [éinʃənt] a. 옛날의, 고대의(중세·근대에 대해); 예로부터의, 고래의

411) luxury [lʌ́kʃəri] n.사치, 호사; (종종 pl.) 사치품, 고급품; 즐거움, 쾌락, 향락; a.

① **동사 use 용법** : 단어 use는 명사일 때와 동사일 때 발음을 달리한다.

▷ **use** [juːs] n. 사용, 행사, 이용(법); (식품 등의) 소비; 용도, 사용 목적; 효용, 효과; 쓸모, 이익, 이득; 습관, 관습, 관용, 관행
▷ **use** [juːz] only vt. (~+[목]/+[목]+[전]+[명]/+[목]+to do/+[목]+as[보]) 쓰다, 사용(이용)하다; (아무를) 대우하다, 다루다; (남을) 이용해 먹다

특히, 문장 안에서 use가 타동사로 사용된 경우에 있어서 5형식으로 또는 3형식 모두 해석이 가능한 경우가 있다.

We <u>use</u> it(salt) <u>to make</u> our food taste better.
우리는 음식의 맛을 더 좋게 하기 위해서 소금을 사용한다.
(→ vt. 〔~+[목]〕 ~을 쓰다, 사용(이용)하다)
우리는 소금으로 음식의 맛을 더 좋게 하기 위하여 사용한다.
(→ vt. 〔+[목]+to do〕 ~을 -하는데 쓰다, 사용(이용)하다)

Don't <u>use</u> a knife <u>to cut</u> bread.
칼이 빵을 자르는 데 사용하지 마시오. (목적보어의 명사)
빵을 자르는데 칼을 사용하지 마시오. (수식어구의 부사)

② **the+형용사 = 명사화** : 형용사 앞에 정관사 the를 놓았을 때 단수 또는 복수 명사화 되거나, 추상명사화 되는 경우가 있다. (→ 95번 참조)

the rich = rich people 부자들
the old = old people 나이 먹은 사람들, 노인들
the brave = brave people 용감한 사람들
the accused = accused man 피고
the unknown = unknown thing 미지의 것
the true = truth 진리
the good = goodness 선(善)
the beautiful = beauty 미(美)

사치(호화)스러운; 고급의

In the ancient world, salt was a luxury and only for <u>the rich</u>.
고대에는 소금이 사치품으로 단지 부자들(rich people)만의 것이었다.

28. The characteristics of an organism are determined by its DNA which is the information containing component of the body. DNA provides the genetic code which determines how the individual cells will be constructed. Thus, this study is to reveal the secret of life in the near future if well done.

The characteristics[412] of an organism[413] are determined[414] by its DNA[415] which is the information[416] **containing**[417] **component**[418] of the body. DNA provides[419] the genetic[420] code[421] which determines[422] how the individual[423] cells[424] will be constructed[425]. Thus, this study[426] <u>is to</u>[427] reveal[428]

---

412) **characteristic** [kæ̀riktərístik] n. 특질(색, 성, 징)색; a. 특색을 이루는, 독자적인

413) **organism** [ɔ́ : rgənìzəm] n. 유기체(물); (미)생물(체); 유기적 조직체(사회 따위)

414) **determine** [ditə́ : rmin] vt. (~+명/+wh.[절]/+wh. to do) 결정하다, 결정짓다

415) **DNA = deoxyribonucleic acid** [di : ɑ̀ks-iràibounju : klí : ik] 디옥시리보 핵산

416) **information** [ìnfərméiʃən] n. 정보; (정보·지식의) 통지, 전달; 자료(data); 보고, 보도, 소식; 지식, 견문; 학식; 안내소(원), 접수(계)

417) **contain** [kəntéin] vt. (속에) 담고 있다, 내포하다, 포함하다

418) **component** [kəmpóunənt] a. 구성하고 있는, 성분을 이루는; n. 성분, 구성 요소; (기계·스테레오 등의) 구성 부분; 부품

419) **provide** [prəváid] vt. (필요품을) 주다, 공급(지급)하다(supply)(with; for)

420) **genetic** [dʒənétik], [-əl] a. 발생(유전, 기원)의; 발생 [유전학] 적인

421) **code** [koud] n. (유전학) (생물의 특징을 정하는) 유전암호(genetic code); 암호

422) **determine** [ditə́ : rmin] vt. (+wh.[절]/+wh. to do) 결정하다, 결정(조건)짓다; (규직·조건·날짜·가격 등을) 정하다, 예정하다; (경제 등을) 확정하다

423) **individual** [ìndəvídʒuəl] a. 개개의, 각개(各個)의; 일개인의, 개인적인; 특유의

424) **cell** [sel] n. (생물) 세포; 작은 방; (수도원 따위의) 독방; (교도소의) 독방

425) **construct** [kənstrʌ́kt] vt. 조립하다; 세우다, 건조(축조·건설)하다; (기계·이론 등을) 꾸미다, 구성하다, 연구(고안)하다

the secret[429] of life in the near future **if well done.**

① **분사의 형용사(제한적 용법)** : 준동사로서 분사는 제한적으로 또는 서술적으로 수식할 수 있다. 특히 제한적인 경우에는 명사를 앞뒤에서 꾸며줄 수 있는데 뒤에서 꾸며주는 경우는 "주격관계대명사+ be동사"가 생략된 것이다.

The characteristics of an organism are determined by its DNA which is the information (which is) containing component of the body.
유기체의 특성은 신체의 구성성분을 포함하는 정보인 DNA에 의해 결정되어진다.

② **부사절 속의 '주어+be' 생략** : 부사절 속의 주어가 주절의 주어와 같고 뒤에 be동사가 오는 경우 '주어+be'를 동시에 생략가능하다.

This study is to reveal the secret of life in the near future if well done. (= if it is well done)
만약에 이 연구가 잘되어진다면 가까운 미래에 생명의 비밀을 밝혀낼 것이다.

29. One day, Arthur had the courage to ask Ronald, "Would you teach me how to play?" Ronald put the racket in Arthur's hand and showed him how to hold it properly. Then, standing several feet away, he began to throw balls to him.

One day, Arthur had the courage to[430] ask Ronald, "Would you teach[431] me **how to play**?" Ronald put[432] the racket[433]

---

426) **study** [stÁdi] n. (종종 pl.) 연구, 학문(of); 공부, 면학(勉學), 학습; 학과, 과목(subject); vt. 배우다, 공부하다; 연구하다; vi. 공부하다, 학습하다, 연구하다(at; for)

427) **부정사의 형용사적 용법(서술)** : be to do ~ "예정(will, be going to), 운명, 가능, 조건, 의무"

428) **reveal** [riví：l] vt. (알려지지 않은 것을) 드러내다; 알리다, 누설하다; 폭로하다, 들추어내다

429) **secret** [sí：krit] n. 비밀(한 일); 기밀; 비법, 비결(of); a. 비밀(기밀)의

430) **have+추상명사+to do ~, be+형용사+enough to do ~** : ~하게도 -하다; ** have the courage to ask ~ = courageously ask / have the kindness to do ~, have the boldness to do ~

in Arthur's hand and showed[434] him **how to hold** it properly[435]. Then, **standing several[436] feet away**, he began[437] to throw[438] balls to him.

① **의문사+to 부정사** : 의문사와 부정사의 명사적 성질이 합쳐져서 만들어진 명사구로서 문장 안에서 명사위치에 사용할 수 있다. (what to do = what one should do)

Would you teach me how to play?
= Would you teach me how I should play?
나에게 (테니스) 치는 방법을 가르쳐주시겠어요?
내가 (테니스)를 어떻게 치는지 가르쳐주시겠어요?

Ronald put ~ and showed him how to hold it properly.
= Ronald put ~ and showed him how he should hold it properly.
로널드는 ~하고서 그에게 그것을 바르게 쥐는 방법을 가르쳤다.
로널드는 ~하고서 그가 그것을 어떻게 바르게 잡을 수 있는지 가르쳤다.

② **분사구문** : 부사절을 분사를 이용하여 부사구로 전환시킨 것을 말한다.

Then, standing several feet away, he began to throw balls to him.
= Then, after he stood (was standing) several feet away, he

---

431) **teach** [tiːtʃ] vt. (+목+to do/+목+wh. to do/+목+wh.[절]) (사람·짐승에게)(~의 방법을) 가르치다, 훈련하다, 길들이다

432) **put** [put] vt. (어떤 위치에) 놓다, 두다, 설치하다, 붙이다, 얹다, 대다

433) **racket** [rǽkit] n. (테니스·배드민턴·탁구용) 라켓

434) **show** [ʃou] vt. (+목+목/+목+wh.[절]/+목+wh. to do) 해 보이다, 설명하다, 가르치다(explain)

435) **properly** [prápərli/prɔ́p-] ad. 똑바로, 올바르게, 정확히; 완전하게; 적당하게, 온당하게, 원활히, 알맞게

436) **several** [sévərəl] a. 몇몇의, 몇 개의; 몇 사람(명)의; 몇 번의; 각각(각자)의, 각기의; 여러 가지의; 따로따로의

437) **begin** [bigín] vt. (~+to do/+-ing) 시작하다, 착수하다; 창시(창안)하다

438) **throw** [θrou] vt. (내)던지다, 던져 주다; 팽개치다

began to throw balls to him.
그러고 나서 그는 몇 피트 떨어져 자리를 잡은 후에, 어서에게 공을 던지기 시작했다.

30. One of the most difficult jobs in the Olympic Games is to keep those who have not bought tickets. Everyone wants to see the Games and many try to get into the stadium without paying. Some people wear track suits and pretend to be athletes so as to watch the games.

One of the most difficult[439] jobs[440] in the Olympic Games is to keep[441] **those who** have not bought tickets. Everyone wants to see the Games and many[442] try[443] to get into the stadium[444] [445]without paying. Some people wear[446] track suits[447] and pretend[448] to be athletes[449] **so as to** watch the games.

---

439) **difficult** [dífikʌ̀lt, -kəlt] a. 곤란한, 어려운, 힘 드는; (사람이) 까다로운, 완고한; (일이) 다루기 힘든; 재정난의

440) **job** [dʒɑb/dʒɔb] n. 일; 볼일, 직무(work) ; 구실, 임무, 의무; 직업(employment), 일자리, 지위(post)

441) **keep** [kiːp] vt. (아무를) 가두어 놓다, 구류하다, 감금하다; 붙들어 두다; ~의 파수를 보다, ~을 지키다, 보호하다

442) **many** [méni] n. pron. (흔히 there are ~; 복수취급) (막연히) 많은 사람들; 많은 것(사람); (the ~)(복수취급) 대중, 서민; (소수에 대한) 다수; (opp. the few)

443) **try** [trai] vi. (+to do) (~하도록) 노력하다(힘쓰다); vt. (+-ing) 해보다, 시도하다; (가능한지 어떤지) ~해보다

444) **stadium** [stéidiəm] n. (pl. -dia [-djə, -diə], ~s) 육상 경기장, 스타디움

445) **전치사+동명사** : **without paying** ~을 지불하지 않고서

446) **wear** [wɛər] vt. 입고(신고, 쓰고) 있다, 몸에 지니고 있다, 띠고 있다; ~의 (상징하는) 지위에 있다, (직함(職銜)을) 갖다; (수염 등을) 기르고 있다; (향수를) 바르고 있다; (표정·태도 따위에) 나타내다; ~인 체하다; (기억·마음에) 간직하고 있다

447) **track suits** 운동복

448) **pretend** [priténd] vt. (~+목/+to do/+that[절]) ~인 체하다, 가장하다

449) **athlete** [ǽθliːt] n. (일반적)운동가, 경기자; (영국)육상 경기자; 강건한(정력적인, 활발한) 사람; athletic a.

① **those who ~** : (= people who ~) ~하는 사람들, those which ~ (= things which ~) ~하는 것들

One of the most difficult jobs in the Olympic Games is to keep those who have not bought tickets. (= people who ~하는 사람들)
올림픽 경기에서 가장 힘든 일 중에 하나는 표를 사지 않은 사람들을 (입장하지 못하게)지켜내는 것이다.

② **so as to watch** : 부정사의 부사적 용법(목적) "~ 하기 위해서, ~할 목적으로"(= in order to watch, so that 주어 may 동사)

Some people wear track suits and pretend to be athletes so as to watch the games. (= in order to watch ~, so that they may watch ~))
몇몇 사람들은 경기를 보기 위해서 운동복을 입고 운동선수인 체 한다.

(주의) so ~ as to do (정도, 결과)
He was so angry as to make such a mistake. (정도)
그는 그런 실수를 저지를 정도로 화가 났다.
She was so angry as to be unable to speak. (결과)
그는 너무 화가 나서 그런 실수를 저지르게 되었다.

31. I have read through an English novel for the first time in my life, though I had to consult my dictionary all the time. From now on, I would like to read as many English books as possible in order to improve my English. If you find any other books easy enough for me to read, please send me some.

I have read through[450] an English novel[451] for the first

450) **read through** ~을 통독하다; ** **read** [riːd] vi. 읽다, 독서하다

451) **novel** [nάvəl/nɔ́v-] n. (장편) 소설; (the ~) 소설 문학; a. 신기한(strange), 새로운(new); 기발한; 이상한; ** **noble** [nóubəl] a. 귀족의, 고귀한; 숭고한, 고결한

time[452] in my life, though I had to consult[453] my dictionary[454] all the time. From now on[455], I would like to[456] read [457]as many English books as possible [458]in order to improve[459] my English. If you find[460] **any other books** ***(which is)*** **easy enough for me to read,** please[461] send me some[462].

① **as ~ as possible** : "가능한 ~한, 가급적 ~한"

I would like to read as many English books as possible in order to improve my English.
나의 영어 실력을 개선하기 위하여 가능한 많은 영어 책을 읽고 싶습니다.

I want to do as many things as possible before vacation is over.

---

452) **time** [taim] n. (관사 없이) (과거·현재·미래로 계속되는) 시간, 때; 시일, 세월, 시간의 경과; (the ~) (한정된) 시간, 기간, 기일; 시기, 기회, 때, 순번, 차례(turn); ** **for the first time** 첫 번째로, 처음으로; ** **all the time** 항상

453) **consult** [kənsʌ́lt] vt. (사전·서적 등을) 참고하다, 찾다, 보다; (시계를) 보다; ~의 의견을 듣다, ~의 충고를 구하다; ~의 진찰을 받다; (득실·편의 등을) 고려하다, 염두에 두다(consider); ** **consultant** [kənsʌ́ltənt] n. 의논 상대; (회사 따위의) 컨설턴트, 고문(on business method); 자문 의사(consulting physician)

454) **dictionary** [díkʃənèri/-ʃənəri] n. 사전, 사서, 옥편

455) **from now on** 이후로부터, 앞으로는

456) **would like to do ~ (= want to do ~)** "~하고 싶다"

457) **as many ~ as possible** : 가능한 많은 ~

458) **in order to do ~** (= so as to do ~) "~하기 위해서"; ** **order** [ɔ́ːrdər] n. 상태, 형편, 정상적인(양호한) 상태

459) **improve** [imprúːv] vt. (부족한 점을 고쳐) 개량하다, 개선하다; (~ oneself) 향상되다(in; at); vi. 좋아지다, 호전(好轉)하다, 개선되다(in)

460) **find** [faind] vt. (~[목]/+[목]+[보]/+[목]+ -ing/+[목]+ as+[보]) (알고 보니, 어떤 상태에) 있음을 깨닫다, 알아차리다; (~+[목]/+[목]+[보]/+[목]+ done) (우연히) 찾아내다, (~임을) 발견하다; (~되어 있음을) 발견하다

461) **please** [pliːz] ad. (감탄사적으로) (보통 명령문에서) 부디, 제발; vt. 기쁘게 하다, 만족시키다(satisfy), ~의 마음에 들다

462) **some** [səm] pron. 약간, 다소, 어떤 사람들; ad. 약(about), 어느 정도, 좀, 조금; a. 약간의, 어떤

나는 방학이 끝나기 전에 가능한 많은 것들을 하고 싶습니다.

Children are fond of swinging as high as possible.
아이들은 그네를 다고 최대한 높이 올라가는 것을 좋아한다.

② **enough for me to do ~** : 부정사의 부사적 용법(정도, 결과) "~하기에 충분한(정도), 매우 ~하여 -한(결과)" / **부정사의 의미상주어** "for me to do ~"

If you find any other books easy enough for me to read, ~
= If you find any other books (which are) easy enough for me to read, ~
내가 읽을 수 있을 정도로 쉬운 다른 책들이 있으면 ~

32. Today we take it for granted that women have as much right to vote as men have. Women may keep what they earn. Whether married or single, they may own property. But these rights were secured through the valiant effort of many fighters for women's freedom.

Today we **take it for granted**[463] that women have [464]as much right[465] to vote[466] as men have (*right to vote*). Women may keep[467] what they earn[468]. **Whether married**[469] **or single**[470], they may own[471] property[472]. But these rights

---

463) **grant** [grænt, grɑ：nt] vt. 허가(인정, 승낙)하다; 주다, 수여하다

464) **의사관계사 as 용법** : as+명사+as (= that)+절 → as much right to vote **as men have** = much right to vote **that men have**

465) **right** [rait] n. 권리; 올바름, 정의, 공정; 오른쪽, 우측

466) **vote** [vout] vi. 투표하다; vt. 투표하여 결정하다, 가결(표결)하다

467) **keep** [ki：p] vt. 소유하다; 간직하다, 간수하다, 가지(고 있)다, 유지(보유)하다

468) **earn** [ə：rn] vt. (생활비를) 벌다; (명성 등을) 획득하다, (지위 등을) 얻다; (비난 등을) 받다; (이익 따위를) 나게 하다, (행위 따위가 명성·신용 등을) 가져오다(bring)

469) **married** [mǽrid] a. 결혼한, 기혼의, 배우자가 있는(opp. single 미혼의)

were secured[473] through the valiant[474] effort[475] of many fighters for women's freedom[476].

① **주어+타동사(think, believe, make, …)+it(가목적어)+목적격보어+that명사절(진목적어) ~** : 주어+take it for granted that 명사절 "~을 승인된 것으로 여기다, 의심의 여지가 없다고(당연하다고) 생각하다"

Today we <u>take it for granted that</u> women have as much right to vote as men have.
오늘날 우리는 여성이 남성과 동등하게 선거권을 갖고 있는 것을 당연하게 생각한다.

(주의) **take ~ for -** : ~ 로 잘못 알다, ~ 라고 생각하다
They took my story for a lie. 그들은 내 얘기를 거짓말이라고 생각했다.

② **생략 ellipsis** : 부사절 속의 주어와 주절 속의 주어가 일치하고, 부사절 속에 주어가 대명사이고 뒤에 be동사가 나올 때 '주어+be' 동시 생략이 가능하다.

Whether married or single, they may own property.
= Whether (*<u>they are</u>*) married or single, they may own property.
기혼자든 독신자든 여성은 자신의 재산을 소유해도 된다.

---

470) **single** [síŋgəl] a. 독신(혼자)의, 외로운, 고독한; 단 하나의, 단지 홀로의

471) **own** [oun] vt. (법적 권리로) 소유하다; 소지하다, 갖고 있다; a. (소유를 강조하여)(남의 것이 아니라) 자기 자신의; (독자성을 강조하여)(자기 자신에게) 고유한, 특유한, 독특한

472) **property** [prápərti/prɔ́p-] n. (집합적)재산, 자산; 소유물(지); 소유(권), 소유 본능, 물욕(物欲)(in); (고유한) 성질, 특성

473) **secure** [sikjúər] vt. 안전하게 하다, 굳게 지키다, 굳게 하다(against; from); 확실하게 하다, 확고히 하다; a. 안전한, 위험이 없는(against; from)

474) **valiant** [vǽljənt] a. 용감한, 씩씩한, 영웅적인; (방언) 힘센, 건장한; 훌륭한, 우수한, 가치 있는

475) **effort** [éfərt] n. 노력, 수고, 진력(盡力)

476) **freedom** [fríːdəm] n. 자유; 해방, 탈각; 면제, 해제

33. The dream of millions across the world is to have a lot of money. They buy a lottery ticket and imagine what it would be like for their money problems to be over. But knowing what actually happened to lucky lottery winners makes it unhappy to win the lottery. Their stories are usually depressing.

The dream of millions[477] across[478] the world is to have[479] [480]a lot of money. They buy a lottery[481] ticket and imagine[482] what **it would be like**[483] **for their money problems to be over**[484]. But **knowing what actually**[485] **happened**[486] **to lucky lottery winners**[487] makes it unhappy to win[488] the lottery.

---

477) **million** [míljən] n. 백만; (pl.) 수백만; 다수, 무수

478) **across** [əkrɔ́ : s, əkrás] prep. ~의 전역에서; ~을 가로질러; ~의 저쪽에, ~을 건너서; ad. 가로 질러서; 저쪽에(까지), 건너서; 지름으로, 직경으로; ~와 엇갈리어

479) **부정사 명사적용법(보어)** : be 동사 뒤에 부정사가 뒤따르는 경우에 형용사사의 서술적인 용법으로서 "be to용법"과 혼동을 줄 수 도 있다. 그 판단은 주어가 추상명사이면 명사적인 용법(~하는 것)으로, 그 외에는 "be to용법"으로서 "예정, 운명, 가능, 조건, 의무"중 하나로 해석한다.

480) **lot** [lɑt/lɔt] n. (사람 등의) 한 떼, 사람들; (종종 pl.) (구어) 많음, 듬뿍; n. 제비뽑기, 추첨; n. 운, 운명(destiny); ** **a lot of (= lots of, plenty of)+** 가산명사, 불가산명사 (many, much)

481) **lottery** [látəri/lɔ́t-] n. 복권 뽑기; 추첨; 운, 재수 a lottery ticket 복권

482) **imagine** [imǽdʒin] vt. (+(that)[절]/+wh.[절]/+[목]+ -ing/+[목]+(to be)[보]/+[목]+ as [보]) 상상하다(conceive), 마음에 그리다; 가정하다

483) (주의) **what ~ like? = how ~?** → How is your mother? 어머니 건강상태는 어때? What is your mother like? 어머니의 성격은 어떠한가? 그러므로 how ~?는 건강을 What ~ like? 는 성격의 알고 싶을 때 사용 (ex) How's your teacher? What is your teacher like?; What is (he) like? (그 사람)은 인품이 어떻습니까.

484) **be over → over** ad. 끝나, 지나(가); (참고) **be+ 전치사** : Time is up. 시간이 다 됐다. I am for the proposal. 나는 제안에 찬성한다. I am against the proposal. 나는 제안에 반대한다.; ** **over** [óuvər] a. 여분의, 과도한

485) **actually** [ǽktʃuəli] ad. 현실로, 실제로; 실제(로)는, 사실은(really)

486) **happen** [hǽpən] vi. 일어나다, 생기다; (+to do/+that[절]) 마침(공교롭게)~하다, 우연히(이따금) ~하다

Their stories are usually depressing[489].

① **가주어~진주어 / 부정사의 의미상 주어** : to 부정사의 명사적용법이 문장의 주어로 사용된 경우에는 일반적으로 가주어 it를 앞세우고 to 부정사는 진주어로서 문장 뒤로 보낸다. 그리고 to부정사는 준동사로서 의미상 주어를 바로 앞에 "for(of)+ 명사" 형태로 놓을 수 있다.

They buy a lottery ticket and imagine what it would be like for their money problems to be over. (= if their money problems were over)
그들은 복권을 사고 그들의 돈 문제가 끝나면 무슨 일이 벌어질지를 상상한다.

② **동명사 (주어)** : 준동사인 동명사가 명사의 성질로서 문장에서 주어로 사용되고 있다. 일반적으로 가주어 it를 앞세우고 동명사는 진주어로서 문장 뒤로 보내지만 그대로 사용하고 있음을 확인할 수 있다.

Knowing what actually happened to lucky lottery winners makes it unhappy to win the lottery.
= That we know what actually happened to lucky lottery winners makes it unhappy to win the lottery.
행운의 복권당첨자들에게 실제로 무슨 일이 벌어졌는지를 안다면 복권에 당첨되는 것이 불행한 것이라 여길 것이다.

위 문장에서 주어로 사용된 동명사를 가주어 it를 앞세우고 진주어로 뒤로 보낼 수도 있지만, 뒤따르는 요소들 중에 가목적어 it와 진목적어인 to 부정사가 이미 사용되고 있기 때문에 중복 사용을 피하기 위해서 동명사 주어를 그대로 사용하고 있음을 확인할 수 있다.

---

487) **winner** [wínər] n. (복권 등의)수혜자; 승리자, 우승자; (경마의) 이긴 말; 수상자(작품), 입상(입선)자

488) **주어+ 타동사(find, believe, consider, feel, make…)+ it(가목적어)+ 목적어(또는 목적격보어)+ to do(진목적어)~**

489) **depressing** [diprésiŋ] a. 억누르는; 울적해지는 (것 같은), 침울한; ** **depress** only vt. 풀이 죽게 하다, 우울하게 하다; 불경기로 만들다; (시세 따위를) 떨어뜨리다; (힘·기능 따위를) 약화시키다, 쇠약하게 하다; (소리를) 낮추다; (버튼·지렛대 등을) 누르다, 내리누르다

34. The class was rehearsing the play Peter Pan. Ralph, playing Captain Hook, developed stage fright. He told his teacher that he was no longer interested in the part. The teacher said, "It seems to me that you are not happy about certain words you have to say in this play. Change them to suit you." Ralph omitted one self-disparaging phrase and the words "my beauty" when addressing a girl.

The class[490] was **rehearsing**[491] the play[492] Peter Pan. Ralph, (*and he was*) **playing**[493] Captain Hook, developed[494] stage fright[495]. He told his teacher that he was no longer[496] [497]interested in the part[498]. The teacher said, "**It seems to me that** you are not happy[499] about certain words[500] (*that*) you have to say in this play. Change[501] them to suit[502] you."

490) **class** [klæs, klɑ：s] n. 학급, 반, 학년(미국, grade; 영국, form, standard); (공통 성질의) 종류, 부류; 등급; (보통 pl.) (사회) 계급

491) **rehearse** [rihə́：rs] vt. 연습하다, 시연하다; 연습하여 익혀두다; 예행연습을 하다; 열거하다; 자세히 이야기하다; 복창하다, 되풀이해 말하다

492) **play** [plei] n. 연극; 각본, 희곡(drama); 놀이, 유희; 장난(fun), 농담(joking)

493) **play** [plei] vt. (연극을) 상연하다(perform); (배역을) 맡아 하다, ~으로 분장하다; (본분·역할 따위를) 다하다(in); n. 놀이; 연극

494) **develop** [divéləp] vt. 발전시키다, 발달시키다(from; into); 발생(발육)시키다, 진화시키다; (사실 따위를) 밝히다; (자질 따위를) 나타내다, 발휘하다, (비밀을) 드러내다; (습관·취미 따위를) 몸에 붙이다, (성질을) 갖게 되다; (병에) 걸리다; (열을) 내다

495) **fright** [frait] n. (심한) 공포, 경악 fear

496) **no longer** (= not ~ any longer) "이젠 ~아니다"; ** **long** [lɔ：ŋ/lɔŋ] ɑd. 오랫동안; ~부터 훨씬; 온 ~동안, 쭉, 내내

497) **be interested in** ~에 흥미를 가지고 있다; ** **interest** [íntərèst] vt. ~에 흥미를 일으키게 하다, ~의 관심을 끌다(in)

498) **part** [pɑ：rt] n. (배우의) 역(role); 대사(臺詞); 대본

499) **happy** [hǽpi] ɑ. 기쁜, 즐거운, 행복에 가득 찬; 희색이 도는, 즐거운 듯한; 아주 어울리는, 적절한 a happy choice of words 낱말의 적절한 선택

500) **word** [wə：rd] n. (pl.) 가사; (연극의) 대사; 말, 낱말

Ralph omitted[503] one self-disparaging[504] phrase[505] and the words "my beauty[506]" when (he was) addressing[507] a girl.

① **분사구문 (부대상황) 또는 형용사의 제한적인 용법 차이점** : 명사 뒤에 분사가 뒤따르는 경우에 두 용법 중에서 어느 것이 사용되었는가에 대해 혼란을 줄 수도 있다. 결론적으로 두 가지가 문법적으로는 가능하기 때문에 문맥에 따라서 저자의 의도를 추측할 수밖에 없다.

The class was rehearsing the play Peter Pan. Ralph, (who was) playing Captain Hook, developed stage fright. (형용사적, 제한적인 용법)
그 반은 연극 Peter Pan을 연습하고 있었다. 후크 선장 역할을 하고 있었던 랄프는 갈수록 무대 공포가 심해졌다.

The class was rehearsing the play Peter Pan. Ralph, (while he was) playing Captain Hook, developed stage fright. (부사, 분사구문)
그 반은 연극 Peter Pan을 연습하고 있었다. 랄프는 후크 선장 역할을 하면서 갈수록 무대 공포가 심해졌다.

② **It seems(appear, look, happen ~) (that) 절** : (가주어~진주어) "~인 것 같다, ~인 것처럼 보이다"

The teacher said, "It seems to me that you are not happy about certain words (that) you have to say in this play, Change them to

---

501) **change** [tʃeindʒ] vt. (-+ vt+ 목적어) 바꾸다, 변경하다, 고치다, 갈다

502) **to suit you = in order to suit you** "너에게 맞도록(어울리도록)"

503) **omit** [oumít] vt. (-tt-) 빼다, 빠뜨리다, 생략하다

504) **disparage** [dispǽridʒ] vt. 깔보다, 얕보다; 헐뜯다, 비방(비난)하다, 나쁘게 말하다; 명예를 해치다; ** **disparaging** [dispǽridʒiŋ] a. 깔보는 (듯한); 비난하는(듯한)

505) **phrase** [freiz] n. 구(句), 관용구(idiom); 말씨, 말솜씨, 어법, 표현(법); 경구, 명구; 간결한 말

506) **beauty** [bjúːti] n. 아름다움, 미; 미모; 아름다운 것, 훌륭한 것; 미인; (종종 pl.) 미점, 좋은 점

507) **address** [ədrés] vt. ~에게 이야기를(말을) 걸다, ~에게 연설(인사)하다, (~를 ~라고) 부르다; (편지 등을) 보내다, (편지에) 받는 이의 주소 성명을 쓰다, (편지를) ~앞으로 내다; (문서 따위를) 제출하다

suit you. ("내게는 ~인 것 같다, 내가 보기에 ~인 것 같다")
선생님은 "내가 보기에 네가 연극에서 (말) 해야만 하는 어떤 대사들이 마음에 안 드는 것 같아 보이니, 네 마음에 들도록 바꾸어 보아라."라고 말씀하셨다.

35. It is natural that Korea should be one of the most wired societies in the world. More than half the population has access to the internet, and there are more than 25,000 cyber cafes which are open 24 hours a day across the country. The country is a global leader when it comes to the number of people who can across the high speed internet services.

It is natural[508] **that** Korea (*should*) be one of the most wired[509] societies[510] in the world. More than[511] half the population[512] has access to[513] the internet[514], and there are more than 25,000 cyber cafes[515] which are open[516] 24 hours a day across the country. The country is a global[517]

---

508) **natural** [nǽtʃərəl] a. (논리상) 자연스러운, 당연한, 지당한; 자연의, 자연계의, 자연계에 관한; 천연의, 자연 그대로의

509) **wired** [waiərd] a. 전산화된; 유선(有線)의; 철사로 보강한(묶은); 쇠망을 친; ** **wire** [waiər] vt. 철사로 고정시키다(매다, 감다); ~에 전선을 가설하다, 배선하다; n. 철사, 전선

510) **society** [səsáiəti] n. 사회, (사회) 집단, 공동체; 세상

511) **more than** : ~보다 많은, ~이상으로(의); (명사·형용사·부사·동사 앞에서)(구어) ~이상의 것, (~하고도) 남음이 있을 만큼, 매우(very)

512) **population** [pὰpjəléiʃən/pɔ̀p-] n. 인구, 주민수; (the ~) 주민

513) **access** [ǽkses] n. 접근, 면접, 출입(to); ** **have access to ~** 에 접근하다

514) **internet** [intə́ːrnet] n. 인터넷 (전지 정보망을 중심으로 국제적 컴퓨터 네트워크)

515) **cyber cafes = PC room = personal computer room**; ** **cyber** [sáibər] n. 전자 통신망과 가상현실'의 뜻의 결합사.

516) **open** (óupən) a. (more ~, ~·er; most ~, ~·est) (문·입 따위가) 열린, 열려 있는, 열어 놓은

517) global [glóubəl] a. 지구의, 전 세계의, 세계적인(worldwide); 전체적인, 총체의 (entire); 공 모양의, 구형(球形)의; (컴퓨터) 전역의

leader when it comes to[518] the number of people who can accesses[519] the high speed[520] internet services.

① **It is + 이성(감정)적판단형용사+ that+ 주어 (should) 동사원형 ~** : 마땅히 그렇게 하거나 그렇게 되어야 할 성질, 당위성을 드러내기 때문에 should가 생략된 것이다.

이성적 판단 형용사 : advisable, appropriate, better, compulsory, convenient, crucial, desirable, eager, essential, fair, fitting, good, imperative, important, impossible, improper, inconvenient, just, logical, natural, necessary, no wonder, obligatory, possible, proper, rational, reasonable, right, urgent, vital, well, willing, wrong

감정적 판단 형용사 : absurd, afraid, alarmed, amazed, amazing, amused, angry, annoyed, annoying, curious, astonished, depressed, disappointed, distressed, disturbed, glad, extraordinary, fortunate, frightened, grateful, happy, hopeful, horrified, irrational, irritated, odd, peculiar, proud, regretable, ridiculous, sad, shocked, silly, sorry, strange, surprising, wonderful, upset

It is natural that Korea is one of the most wired societies in the world. 한국이 전 세계에서 가장 전산화된 사회들 중에 하나라는 것은 당연하다.

It is essential that we (should) protect the environment. 필수적인 우리가 환경을 보호해야하는 것은 필수적이다.

It is imperative that we (should) act at once. 피할 수 없는 우리가 즉시 행동해야하는 것은 피할 수 없다.

It is necessary that he (should) follow the directions. 필요한

---

518) **when it comes to ~** : ~ 에 관한 한, ~라면

519) **access** [ǽkses] vt. (컴퓨터) (데이터에) 접근하다; (미국) (마음 속 깊이) 다가들다, 깊이 느끼다

520) **speed** [spiːd] n. 빠르기(rapidity), 속력, 속도; 빠름, 신속

그가 그 지시를 따라야 함은 필요하다.

I'm glad (that) you (should) like it. 기쁜
네가 그것을 원하니 기쁘다.

It is deplorable that the public morals (should) be so corrupt. 비참한
공중도덕이 그렇게 무너지다니 비참하다.

(차이점) ** It is natural that she (should) like him.
그녀가 그를 좋아하다니 지극히 당연하다.

** It is certain that she is hungry.
그녀가 화가 난 것이 분명합니다.

36. It is no use crying about the past. The mill can be turned only by the water that is passing through it now. The water that turned it yesterday cannot be used to turn it today. The flow of time can be compared to the flow of water through the mile. We cannot use time that is past, so we must make use of our opportunities before it is too late.

It is no use crying about the past[521]. The mill[522] can be turned[523] only by the water (*that is*) passing through[524] it now. The water that turned it yesterday cannot **be used to** turn it today. The flow[525] of time can be compared to[526]

---

521) **past** [pæst, pɑ：st] n. (보통 the ~) 과거, 기왕; (보통 단수) 과거의 사건; 경력, (특히 어두운) 이력, 과거의 생활; ɑ. 지나간, 과거의, 이미 없어진; prep. (시간적으로) ~을 지나(서); (공간적으로) ~의 저쪽, ~을 지나서, (아무)와 스쳐 지나

522) **mill** [mil] n. 맷돌, 제분기(바람·물·증기에 의한); 분쇄기 coffee mill; 물방앗간 (water ~); 풍차칸(windmill); 제분소; vt. 맷돌로 갈다, 빻다, 가루로 만들다

523) **turn** [tə：rn] vt. 돌리다, 회전시키다; 돌다

524) **pass through** ~ 빠져나가다

525) **flow** [flou] n. (액체·기체·전기 등의) 흐름, 유동; vi. (시간·물건) 물 흐르듯이 지나가다

the flow[527] of water through the mill. We cannot use time that is past[528], so we must make use of[529] our opportunities[530] before it is too late[531].

① **used to 용법** : ~하곤 했다(과거의 규칙적 습관); ~하는데 사용되다(to+동사원형); ~하는데 익숙하다(to+동명사, to+명사)

The water that turned it(mill) yesterday cannot be used to turn it today.
어제 물레방아를 돌린 물은 지금 물레방아를 돌리는데 사용할 수 없다.

I used to walk alone in the park. (과거의 규칙적인 습관)
나는 공원에서혼자 산책하곤 했다.

He would[532] jog before breakfast. (과거의 불규칙적 습관)
그는 조반 전에 흔히 조깅을 하였다.

The flour is used to bake bread. (~하는데 사용되다)
밀가루는 빵을 만드는데 사용된다.

---

526) **compare** [kəmpέər] vt. 비교하다, 견주다, 대조하다(with); 비유하다, 비기다(to); ** **compare ~ to -** :~를 -에 비유하다

527) **flow** [flou] n. (액체·기체·전기 등의) 흐름, 유동; 범람(overflowing); (the ~) 밀물; (opp. ebb 썰물); (참고) ** **flow** 액체가 끊임없이 흐른다는 뜻에서 연속적인 것의 비유로도 쓰임** **stream** [stri：m] n. 가늘지만 밀도가 있는 빠른 흐름; ** **current** [kə́：rənt, kʌ́r-] n. 방향성을 가진 흐름

528) **past** [pæst, pɑ：st] a. 지나간, 과거의, 이미 없어진; n. (보통 the ~) 과거; prep. (시간적으로) ~을 지나(서).

529) **make use of (= use)** ~을 이용(사용)하다

530) **opportunity** [ὰpərtjú：nəti/ɔ̀pər-] n. 기회, 호기; 행운; 가망(of; to; for)

531) **late** [leit] a. 늦은 (later, latest는 '때·시간'의, latter, last는 '순서'의 관계를 보임); ad. 늦게, 뒤늦게, 더디게

532) **would** [wud] aux. v. (과거의 불규칙적인 습관·습성) (사람이) 곧잘 ~하곤 했다; (참고) 말하는 시점이 과거인 상황에서 would는 will의 과거형 would (~하곤 했다)으로 보며 (When I was a boy, I would play outside with parents). 그러나 가정법에 사용된 would는 말하는 시점이 과거가 아니라 "지금, 현재"라는 상황이다 (If I were a bird, I would fly to you.).

She is(get) used to eating spicy food. (~에 익숙해지다)
그녀는 매운 음식을 먹는데 익숙하다.

② **동명사의 관용적인 표현들** : It is no use ~ing : ~ 해도 소용없다 (= It is useless+to부정사) (→ 25번 참조)

It is no use crying about the past.
= It is useless to cry about the past.
지나간 일을 후회해도 소용없다.

37. To train dogs, it is necessary to be wiser than dogs, it is often said. Dogs are wise and clever animals, but many dog lovers do not notice this fact. One big mistake common to most dog lovers is that they do not try to understand dogs — they only want to make them obey their orders.

To train dogs, **it is necessary** (*for men*) **to be** wiser[533] than dogs (*are wise*), it is often said[534]. Dogs are wise and clever[535] animals[536], but many dog lovers do not notice[537] this fact[538]. One big mistake[539] (*which is*) common[540] to most dog lovers is that they do not try[541] to understand[542]

---

533) **wise** [waiz] a. (wíser; wisest) 슬기로운, 현명한, 총명한, 사려(분별) 있는

534) **it is often said that ~** : (사람들이) ~라고들 (흔히) 말 한다; = It is often said that to train dogs it is necessary to be wiser than dogs.

535) **clever** [klévər] a. (~·er; ~·est) 영리한(bright), 똑똑한, 재기 넘치는

536) **animal** [ǽnəməl] n. 동물(인간까지 포함시켜); 짐승, (인간 이외의) 동물

537) **notice** [nóutis] vt. ~을 알아채다(perceive), ~을 인지하다; ~에 주의(유의)하다

538) **fact** [fækt] n. (발생한 [발생하고 있는] 사실, 실제(의 일), 진실

539) **mistake** [mistéik] n. 잘못, 틀림; 잘못된 생각, 오해

540) **common** [kámən/kɔ́m-] a. 흔히 있는, 자주 일어나는; 일반의; 만인의, 일반적으로 보급되어 있는; 보통의, 일반적인, 평범한; (opp. rare); n. (the) (마을 따위의) 공유지, 공용지, 울타리 없는 목초지(황무지); (도시 중앙부의) 공원

dogs – they only want to make them obey[543] their orders[544].

① **가주어~진주어 it ~ to do** : 부정사의 명사적용법이 문장의 주어로 사용된 후 가주어 it를 앞세우고 뒤로 간 경우이다. 간결한 것을 앞세우려는 영어의 특징이라 할 수 있다.

It is necessary to be wiser than dogs.
= To be wiser than dogs is necessary.
= It is necessary that we (should) be wiser than dogs.
개보다 더 현명할 필요가 있다.

② **주어+완전타동사+to make+목적어+obey ~** : 문장에서 본동사(타동사)의 목적어로 부정사의 명사적용법이 사용된 후에, 준동사인 부정사가 자체속의 동사가 불완전타동사(사역동사 make, have, let)이니까 뒤에 목적보어로 원형부정사를 취하는 경우이다.

They only want to make them obey their orders. (사역동사: 5형식문장)
사람들은 단지 개들이 자신들의 명령에 복종하기를 원한다.

I saw you enter the room. (지각동사: 5형식문장)
나는 네가 방으로 들어가는 것을 보았다.

My parents forced me to break up with her. (사역동사×, 지각동사×)
부모님께서 나를 억지로 그녀와 헤어지게 만들었다.

38. No one of us can cut ourselves off from the body of

---

541) **try** [trai] vi. (+to do) (~하도록) 노력하다(힘쓰다); vt. (+-ing) 해보다, 시도하다; (가능한지 어떤지) ~해보다

542) **understand** [ʌndərstǽnd] vt. (뜻·원인·성질·내용 따위를) 이해하다, 알아듣다

543) **obey** [oubéi] vt. ~에 복종하다, ~에 따르다; ~의 명령(가르침, 소원)에 따르다; (이성 따위)에 따라 행동하다, (힘·충동)대로 움직이다; (기계장치가) ~에 반응하다; vi. 복종하다, 말을 잘 듣다(to)

544) **order** [ɔ́ːrdər] n. (종종 pl.) 명령, 지휘; 훈령; (법원의) 지시; 명령서; (집회 등의) 규칙; 준법; (정치·사회적) 질서, 치안; (보통 an ~, the ~) 체제, 제도

the community to which we belong. We are indirectly dependent upon the labour of others for all the necessities and comforts of our lives. It should not be possible for us to enjoy them without giving something in return.

No[545] one of us can cut ourselves off from[546] the body[547] of the community[548] **to which we belong**[549]. We are indirectly[550] dependent upon[551] the labour[552] of others for all the necessities[553] and comforts[554] of our lives[555]. It should not be possible **for us to enjoy** them **without giving** something in return[556].

① **부정사 의미상 주어** : 준동사인 부정사의 의미상 주어가 문장 안에

545) **전체부정** : no, none, nobody, anybody, anyone, anything, nothing; never; not ~ any(either); neither ~ nor; ** **부분부정** : not(never) ~ always(all, every, necessarily)

546) **cut oneself off from** : 자신을 ~로부터 분리시키다

547) **body** [bádi/bɔ́di] n. (집합적) 통일체, 조직체; (법률학) 법인; 집단, 일단, 떼, 무리

548) **community** [kəmjú：nəti] n. (정치·문화·역사를 함께 하는) 사회, 공동 사회, 공동체; 지역(공동) 사회; (큰 사회 속에 공통의 특징을 가진) 집단, 사회

549) **to which we belong = which we belong to**

550) **indirectly** [indiréktli, indai-] ad. 간접적으로, 에둘러서, 부차적으로; ** **directly** [diréktli, dai-] ad. 똑바로, 직접; 곧, 즉시; 이내, 머지않아, 이윽고; 바로

551) **dependent** [dipéndənt] a. 의지하고 있는, 의존하는; 도움을 받고(신세를 지고) 있는(on, upon); 종속관계의, 예속적인; **.**be dependent upon ~** 에 의존하다; ** **be independent of** ~로부터 독립하다

552) **labour** [léibər] n. (= labor) n. 노동, 근로; (집합적) 노동자, (특히) 육체노동자; 노동(근로) 계급; 애씀, 노력

553) **necessity** [nisésəti] n. (종종 pl.) 필요 불가결한 것, 필수품, 필요한 것

554) **comfort** [kʌ́mfərt] n. 위안이 되는 것(사람), 위문품; (pl.) 생활을 편케 하는 것, 즐거움; 위로, 위안

555) **life** [laif] (pl. **lives [laivz]**) n. 생명; 생존, 삶, 생(生)

556) **return** [ritə́：rn] n. 보답, 답례; 말대꾸, 말대답; 대답, 회답; 돌아옴(감), 귀가, 귀향, 귀국; 복귀, 회복; 재발, 반복; 반환, 되돌림, 반송(返送); (pl.) 반품(返品); (공식) 보고(서), 신고(서); ** **in return** 답례로, 대가로

주어 또는 목적어와 동일할 경우는 생략하지만 다를 경우에는 부정사 바로 앞에 "for(of)+명사" 형태로 사용한다.

It should not be possible for us to enjoy them without giving something in return.
= It should not be possible that we enjoy them without giving something in return.
우리가 무언가로 대가를 지불하지 않고서 삶을 즐긴다는 것은 불가능한 일이다.

② **목적격관계사와 전치사** : 선행사+목적격관계사+주어+자동사+전치사 = 선행사+전치사+(목적격관계사)+주어+자동사

the community to which we belong
= the community (*which*) we belong to
우리가 소속하고 있는 사회(공동체)

③ **전치사+동명사 ~** : 전치사의 목적어로 동사의 의미가 필요한 경우에는 동명사를 통해서 가능하다.

without giving something in return "무언가로 대가를 지불하지 않고서"

39. Have you ever been to a dentist? When you go to a dentist to have a tooth taken out, the dentist gives you an anesthetic, and you don't feel pain. But if you had gone to the dentist a hundred years ago, he would have pulled out your tooth without any anesthetic and this would have been very painful.

Have you ever been to a dentist?[557] When you go to a dentist to have a tooth[558] taken out[559], the dentist gives

557) **dentist** [déntist] n. 치과의사; ** **dentistry** [-ri] n. 치과학; 치과 의술(업)

558) **tooth** [tu : θ] n. (pl. teeth [ti : θ]) 치아, 이

559) **take** [teik] vt. (어느 장소에서) 가지고 오다; (근원에서) 캐내다, 따오다; 치우다,

you an anesthetic[560], and you don't feel[561] pain[562]. But **if you had gone to the dentist a hundred years ago,** he **would have pulled**[563] out your tooth[564] without any anesthetic and this **would have been** very painful[565].

① Have you ever been to a dentist?

현재완료시제의 경험(before, often, ever, never, once 부사 동반)을 나타내는 문장이다. * have been to ~ "~에 가본 적이 있다(~에 갔다 왔다)" (지금 여기에 있다) * have gone to ~ "~에 가버렸다" (지금 여기 없다)

I have been to the hospital. 나는 병원에 갔다 왔다. (지금 여기에 있다.)
He has gone to the hospital. 그는 병원에 가버렸다. (그는 지금 여기 없다.)

Have you ever been to a dentist?
치과에 가 본적이 있나요?

② **have+목적어+과거분사** : 목적어가 일반적으로 사물인 경우이며, 해석은 주어가 손해 보는 경우이면 "~당하다"로 그렇지 않은 경우는 "~시키다"로 한다.

제거하다; 빼다, 감하다; (생명을) 빼앗다, 살해하다; ** **take out (vt.+부)** (이·얼룩 따위를) 빼다, 제거하다; 꺼내다, 끄집어내다, 공제하다, 제외하다; (미국) (음식을 식당에서) 사 갖고 가다; (산책·영화·식사 등에) 데리고 나가다(for; to); ** **pull out** (이, 마개 등을) 빼다

560) **anesthetic** [ӕnəsθétik] a. 마취의; (지각) 마비의; 무감각한, 둔감한; n. 마취제

561) **feel** [fiːl] vt. (~+목/+목+do/+목+-ing/+목+done) (정신적으로) ~을 느끼다; 통절히 느끼다; ~에 감동하다; vi. (+보/+전+명) (사물이) ~의(한) 느낌(감촉)을 주다, ~의(한) 느낌(감촉)이 있다

562) **pain** [pein] n. 통, 괴로움, 고뇌; 비탄; 근심; (몸의 일부의) 아픔; ** **painful** [péinfɔl] a. 아픈, 괴로운; 괴로운 듯한, 아픈 듯한; 애처로운, 가슴 아픈, 불쌍한

563) **pull** [pul] vt. (+전+명) 뽑아내다(out); 떼어놓다; 빼내다; (잡아) 찢다(off)

564) **tooth** [tuːθ] n. (pl. teeth [tiːθ]) 이, 치아; (pl.) 의치(義齒), 틀니(denture)

565) **painful** [péinfəl] a. 아픈, 괴로운; 괴로운 듯한, 아픈 듯한; 애처로운, 가슴 아픈, 불쌍한; (일 따위가) 힘 드는, 곤란한; 진력나는, 지겨운

I had my purse stolen. 나는 지갑을 도난당했다.
I had my hair cut. 나는 머리를 깎았다. (머리를 잘랐다.)

When you go to a dentist to have a tooth taken out, the dentist gives you an anesthetic, and you don't feel pain.
당신이 이를 뽑기 위해서 치과에 가면 마취제를 줄 것이고 그러면 당신은 고통을 느끼지 않게 된다.

~ to have a tooth taken out by a doctor 이가 의사에 의해서 뽑혀지다
(= a doctor takes out a tooth) 의사가 이를 뽑다

③ 가정법과거완료 If+주어 had+pp. ~ , 주어+would(should, could, might) have+pp. ~ : 과거사실의 반대를 가정할 때 사용한다.

If you had gone to the dentist a hundred years ago, he would have pulled out your tooth without any anesthetic and this would have been very painful.
만약 당신이 100년 전에 치과에 갔다면, 의사는 마취제 없이 이를 뽑았을 것이고, 이것은 매우 고통스러웠을 것이다.

= Because you didn't go to the dentist a hundred years ago, your tooth was not pulled ~ and this was not very painful.
당신이 100년 전에 치과에 갈 일이 없었기 때문에, 당신이 마취제 없이 이를 뽑힐 일이 없었고 그러한 고통을 겪지 않을 수 있었다.

40. In an ecosystem, cycles of life are continued through the use of renewable resources. For example, the amount of water on Earth is limited; this water is cleaned through natural processes by removing contamination. However, people have been using up nonrenewable resources. The excessive use of resources results in various problems. If people used resources in the natural way, this planet would

be clean forever.

In an ecosystem[566], cycles[567] of life are continued[568] through the use of renewable[569] resources[570]. For example, the amount[571] of water on Earth is limited[572]; this water is cleaned through natural processes[573] by removing[574] contamination[575]. However, people **have been using up**[576] nonrenewable[577] resources. The excessive[578] use of resources results[579] in various[580] problems. **If people used resources**

---

566) **ecosystem** [ékousístəm] n. 생태계; ** **ec·o-** [ékou, íːk-] '환경, 생태(학)'의 뜻의 결합사

567) **cycle** [sáikl] n. 주기, 순환기; 순환, 한 바퀴

568) **continue** [kəntínjuː] vt. (~+목/+ -ing/+ to do) 계속하다, 지속(持續)하다

569) **renewable** [rinjúːəbl] a. (계약 등을) 갱신(계속)할 수 있는; 재생할 수 있는

570) **resource** [[ríːsɔːrs] n. (보통 pl.) 자원; 물자; 재원(~ of money), 자력

571) **amount** [əmáunt] n. 양, 액(額); (the ~) 총계, 총액

572) **limit** [límit] vt. 제한(한정)하다; (어떤 수량 등으로) 제한하다(to)

573) **process** [práses/próu-] n. (물리학) 과정; (현상(現象)·사건 등의) 진행, 경과

574) **remove** [rimúːv] vt. ~을 제거하다; 치우다; 벗다, 벗(기)다; ~을 옮기다, 움직이다, 이전(이동)시키다

575) **contamination**[kəntæ̀mənèiʃən] n. (특히 방사능에 의한) 오염; 더러움, 오탁(pollution); ** **contaminate** [kəntǽmənèit] vt. (접촉하여) 더럽히다, 오염하다; 악에 물들게 하다; (방사능·독가스 따위로) 오염되게 하다

576) **use** [juːz] only vt. 쓰다, 사용(이용)하다; ** **use up** ~ 다 써 버리다; 지치게 하다; 공격하다, 해치우다; (주의) ** **up** ad. (종결·완성·충만 따위를 나타내는 강조어로서 동사와 함께) 완전히, 모두; (모두) 다 ~하다 •eat up 다 먹(어 버리)다 •pay up (빚을) 모두 갚다 •clean up the room 방을 깨끗이 치우다 •Finish it up now! 지금 그것을 모두 끝내어라

577) **nonrenewable** [nɔnrinjúːəbl] a. 재생 불가능한; ** **renew** [rinjúː] vt. 새롭게 하다, 갱생(신생)시키다, 부활(재흥)하나

578) **excessive** [iksésiv] a. 과도한, 과대한, 과다한; 지나친, 심한, 엄청난; 무절제한

579) **result** [rizʌ́lt] only vi. (~/+전+명) 결과로서 일어나다, 생기다, 유래하다(from); (+전+명) 귀착하다, 끝나다(in)

580) **various** [vέəriəs] a. 가지가지의, 여러 가지의, 가지각색의

in the natural way, this planet[581] would be clean forever.

① **현재완료진행시제 (have been +동사ing ~)** : 과거 어느 시점부터 현재까지 계속 진행 중에 있고 앞으로도 얼마간 계속될 동작을 말할 때 사용한다.

People have been using up nonrenewable resources.
인간들은 재생 불가능한 자원들을 (오래전부터 지금까지) 다 써버리고 있다.

(참고) 현재완료진행시제(have been+동사ing)은 동작의 기간을 중점적으로 두었을 때나 상황이 일시적이거나 앞으로 바뀔 수 있을 때 사용한다면, 현재완료시제(have+과거분사)는 동작의 결과에 중점이 있다.

I have been reading the book recently. 나는 요즘 그 책을 읽고 있다.
I have read the book recently. 나는 최근에 그 책을 읽었다.

② **가정법 과거 If+주어+과거동사(were)~, 주어+would(should, could, might) 동사원형 ~** : 현재사실의 반대를 가정할 때 사용한다.

If people used resources in the natural way, this planet would be clean forever.
만약 인간들이 자연적인 방법으로 자원을 사용한다면, 이 행성(지구)은 영원히 깨끗할 것이다.

= Because people don't use resources in the natural way, this planet cannot be clean forever.
인간이 자연적인 방법으로 자원을 사용하지 못하고 있기 때문에, 지구는 영원히 깨끗해질 수가 없다.

41. Some words are made up to name things. When your grandmother's mother was young, she never knew the word 'movie' because moving pictures had not been invented.

---

581) **planet** [plǽnət] n. (천문학) 행성(태양〔항성〕의 주위를 공전(公轉)하는 대형 천체); (the ~) 지구; (본디) 하늘을 이동하는 천체(달·태양도 포함했었음)

And when your grandmother was a girl, she didn't know the word 'nylon' because no one had yet created this very useful thing.

Some words are made[582] up to **name**[583] **things**. When your [584]grandmother's mother was young[585], she never[586] knew the word 'movie' because moving pictures[587] **had not been invented**[588]. And when your grandmother was a girl, she didn't know the word 'nylon[589]' because no one **had yet created**[590] this very useful[591] thing.

① **부정사의 부사적 용법(목적)** : ~하기 위해서, ~할 목적으로 (= in order to do, so as to do, so that ~ may do, in order that ~ may do)

Some words are made up to name things.
= in order to name things
= so that they may name things

---

582) **make** [meik] vt. 만들다, 제작(제조)하다; 짓다; 건설(건조, 조립)하다; 창조하다; ** **make up (vt.+副)** (물건을) 모아 ~으로 만들다(꾸리다, 다발 짓다)(into), (꾸러미·짐 따위로) 싸다; 조립하다

583) **부정사의 부사적 용법(목적)** : to name things = in order to name things ~사물에 이름을 붙이기 위해서; ** **name** vt. ~에(이라고) 이름을 붙이다(짓다), 명명하다

584) **grandmother** [grǽndmʌ̀ðər] n. 할머니, 조모; 조상(여성); 노부인

585) **young** [jʌŋ] a. 어린; 젊은, 연소한; 나이가 아래인; 경험 없는, 미숙한; 새로운, 된지 얼마 안 되는; 신흥의

586) **never = not ever, not at any time** 결코~않다, 일찍이~없다

587) **moving picture = movie** 영화

588) **invent** [invént] only vt. 발명하다, 고안(창안)하다; (이야기 따위를) 상상력으로 만들다; 창작하다; (거짓말 따위를) 날조하다, 조작하다, 꾸며내다

589) **nylon** [náilɑn/-lɔn] n. 나일론; 나일론 제품; (pl.)여자용 나일론 양말(stockings)

590) **create** [kriːéit] vt. 창조하다; 창시(창작)하다; 고안하다; (유행형 등을) 디자인하다; (회사·부·국 등을) 창설(창립)하다

591) **useful** [júːsfəl] a. 쓸모 있는, 유용한, 유익한, 편리한

몇몇 단어들은 새로운 것에 이름을 붙이기 위해 만들어진다.

② **과거완료시제** : 과거완료시제는 어느 과거 시점 이전에 일어난 사실을 말할 때 사용하는데, 본문에서는 수동태로 전환되어 있다.

She never knew the word 'movie' because moving pictures had not been invented.
할머니가 과거 어렸을 때 movie라는 단어를 몰랐는데, 왜냐하면 movie(moving pictures)라는 기술이 (할머니가 태어나기 전에) 발명되지 않았었기 때문이다.

She didn't know the word 'nylon' because no one had yet created this very useful thing.
할머니는 'nylon'이라는 단어를 몰랐다. 왜냐하면 (할머니가 태어나기 전에) 어느 누구도 이 유용한 물건을 만들어내지 못했기 때문이다.

42. The scientific procedure in language learning involves listening first, to be following by speaking. Then comes reading, and finally the writing of the language. This is just the order in which a child learns his mother tongue. However, most traditional methods of teaching languages to adults have almost completely reversed this process.

The scientific[592] procedure[593] in language learning involves[594] listening first, to be[595] following by speaking. Then comes reading, and (*then comes*) finally the writing[596] of the

592) **scientific** [sàiəntífik] a. 과학적인; 정확한, 과학적 논리에 입각한; 체계적인; 숙련된, 교묘한

593) **procedure** [prəsíːdʒər] n. 순서, 수순, (진행·처리의) 절차; (행동·사정·상태 따위의) 진행, 발전

594) **involve** vt. (~+목/+-ing) (필연적으로) 수반하다, 필요로 하다, 포함하다

595) **부정사의 부사적용법(결과)** : to be ~ "그리고 나서 ~가 따른다."

596) **writing** [ráitiŋ] n. 쓰기, 씀, 집필, 저술

language. This is just the order[597] **in which** a child learns his mother tongue[598]. However, most traditional[599] methods[600] of teaching[601] languages to adults[602] have almost completely[603] reversed[604] this process[605].

① **부사 도치구문** : 부사+ 동사+ 주어 (부사강조를 위해서)

Then comes reading, and (*then comes*) finally the writing of the language.
그리고 나서(그런 후에) 읽기를 하는 것이고, 마지막으로 쓰기를 하는 것이다.

② **목적격 관계대명사 용법** : ~ 명사+ (목적격관계사)+ 주어+ 타동사; ~ 명사+ (목적격관계사)+ 주어+ 자동사+ 전치사 = ~ 명사+ 전치사+ 목적격관계사 + 주어+ 자동사

This is just the order in which a child learns his mother tongue
= This is just the order (*which*) a child learns his mother tongue in.

---

597) **order** [ɔ́ : rdər] n. 순서, 순; 서열, 석차; (종종 pl.) 명령, 지휘; 훈령; (법원의) 지시; 명령서; (집회 등의) 규칙; 준

598) **mother tongue** 모국어; 조어(祖語)(다른 말이 파생되는); ** **mother** a. 모국의, 본국의; 어머니(로서)의; 어머니 같은; ** **tongue** [tʌŋ] n. 혀; (말하는) 혀, 입; 언어 능력; 말, 발언, 담화; 언어, 국어; 외국어

599) **traditional** [trədíʃənəl] a. 전통의, 전통적인; 관습의, 인습의; 전설의, 전승의

600) **method** [méθəd] n. 방법, (특히) 조직적 방법, 방식; (일을 하는) 순서; (생각 따위의) 조리; 순서(규율)

601) **전치사의 목적어로 사용된 동명사** : 전치사가 뒤에 동명사를 받아서 형용사구를 만들어서 앞의 명사를 꾸며준다. ~ methods of teaching languages to adults 성인들에게 언어를 가르치는 방법

602) **adult** [ədʌ́lt, ǽdʌlt] n. 성인, 어른(grown-up); (법률학) 성년자; (생물) 성충

603) **completely** ad. 완전히, 철저히, 완벽하게, 전혀, 전부; (비국속어) (상조) 매우, 굉장하게, 무지무지하게

604) **reverse** [rivə́ : rs] vt. 거꾸로 하다, 반대로 하다; 뒤집다, 뒤엎다; 바꾸어 놓다 [넣다], 교환하다, 전환하다; (주의·결정 등을) 뒤엎다, 번복하다; (기계 따위를) 역진(逆進) [역류, 역회전] 시키다, (차를) 후진시키다

605) **process** [práses/próu-] n. (물리학) 과정; 공정, 순서, 처리, 방법; 진행, 경과

이것은 바로 아이가 모국어를 배우는 순서이다.

43. Children's pleasure in exploring the world, long before they can speak, is very obvious. They spend almost all their time at it. We don't speak of their intuition, but it is the same thing as the intuition of the artist.

Children's pleasure[606] in exploring[607] the world, [608]long before they can speak, is very obvious[609]. They spend[610] almost all their time at it. We [611]don't speak of their intuition[612], but it[613] is the same thing as (*is*) the intuition of the artist.

① **의사(유사)관계대명사** as, but, than : 선행사에 such, the same, as 등이 있을 때 뒤의 as는 관계대명사로서 주격과 목적격 역할을 한다. 그리고 선행사에 부정어인 not, no 등이 있는 경우이고 뒤에 but가 있으면, but속에는 not의 뜻이 포함 되어 있으면서 관계사의 역할을 한다. (= that~not, who~not)

We don't speak of their intuition, but it is the same thing as (*is*) the intuition of the artist.
= We don't speak of their intuition, but it is the same thing that

606) **pleasure** [pléʒər] n. 기쁨, 즐거움(enjoyment); 쾌감, 만족(satisfaction)

607) **explore** [iksplɔ́ : r] vt., vi. (미지의 땅·바다 등을) 탐험하다, 답사하다; (우주를) 개발(탐사)하다; (문제·사건 등을) 탐구하다, 조사하다

608) **long before** 훨씬 이전에; ** **before long** 머지(오래지) 않아 곧, 이내

609) **obvious** [ɑ́bviəs/ɔ́b-] a. 명백한, 명확한, 명료한; (감정·농담 따위가) 속이 들여다뵈는, 빤한; 알기 [이해하기] 쉬운; 눈에 잘 띄는; (= It is very obvious that children are pleased in exploring the world, long before they can speak.)

610) **spend** [spend] vt. (~+목+전+명/+목+ -ing) (때를) ~하며 보내다, 지내다(pass)

611) **not ~ but -** ~ 가 아니라 - 이다

612) **intuition** [ìntjuíʃən] n. 직관(력); 직각(直覺); 직감, 직관적 통찰; 직관적 지식(사실)

613) **it = intuition**

(*is*) the intuition of the artist.
내가 지금 아이들의 직관을 평하고 있는 것은 아니라, (그들이 즐기는) 그것이 예술가(화가)의 직관과 같다는 것이다.

He is as diligent a man as (anyone who) ever lived. (= who)
그는 지금까지 살았던 어떤 사람만큼이나 성실하다.

Such girls as we knew were at the party. (= that)
우리가 알고 있는 그 여자들이 파티에 있었다.

This is the same fountain pen as I lost yesterday. (= that)
이것은 어제 내가 잃어버린 것과 동일한 만년필이다.

There is no rule but has an exception. (= that does not have)
예외 없는 규칙이란 없다.

There was no one but could solve the problem. (= who could not)
그 문제를 풀지 못하는 사람은 없다. (누구든 풀 수 있다.)

The next war will be more a cruel war than can be imagined. (= that)
다음 전쟁은 우리가 상상할 수 있는 것보다 훨씬 더 잔인할 것이다.

There are more books than are needed. (= that)
필요한 것보다 더 많은 책들이 있다.

44. Switzerland and the Alps became the centre of a great new interest. Mountaineering excited the interest of thousand of men and women. It was dangerous and always will be. Nothing can protect a mountaineer from danger except his own good sense and knowledge. He has to learn what a climber can do and what he cannot do.

Switzerland[614)] and the Alps[615)] became[616)] the centre[617)] of a great new interest[618]. Mountaineering[619] excited[620] the interest[621] of thousand of men and women. It[622] was dangerous[623] and always will be (*dangerous*). Nothing can protect[624] a mountaineer[625] from danger[626] except[627] his own good sense[628] and knowledge. He has to learn **what a climber[629] can do and what he cannot do.**

① **관계대명사(의문대명사) what 용법** : what은 자체 속에 선행사(the thing that, the thing which)를 포함하고 있으면서 주격 및 목적격으로 명사절 유도한다. 두 가지 모두 비슷하게 사용되고 있기 때문에 구별하기가 쉽지는 않지만, 의문대명사인 경우는 의문문에 사용되며 특정 타동사(know, ask inquire, doubt, wonder, isn't sure, tell, have no idea

---

614) **Switzer** [swítsər] n. 스위스 사람; 스위스 용병(傭兵); ** **Switzerland** [-lənd] n. 스위스(수도 Bern)

615) **Alps** [ælps] n. pl. (the ~) 알프스 산맥

616) **become** [bikʌ́m] (became [bikéim]; become) vi. (+보/+ done) ~이(으로) 되다

617) **centre = center** 중심, 중앙

618) **interest** n. 관심, 흥미(in); 감흥, 재미, 흥취(to; for); 관심사, 흥미의 대상, 취미

619) **mountaineering** n. 등산; ** **mountaineer** [màuntəníər] n. 등산가; 산지 사람, 산악인; vi. 등산하다.

620) **excite** [iksáit] vt. (감정 등을) 일으키다, 불 지르다; (호기심·흥미를) 돋우다, 자아내다, (주의를) 환기하다; 흥분시키다, 자극하다(stimulate);

621) **interest** [**íntərist**] n. 관심, 흥미(in); 감흥, 재미, 흥취(to; for); ** **interest** [**íntərèst**] vt. ~에 흥미를 일으키게 하다, ~의 관심을 끌다

622) **it = mountaineering**

623) **dangerous** [déindʒərəs] a. 위험한, 위태로운; (방언) 위독한

624) **protect** [prətékt] vt. 보호(수호, 비호)하다, 막다, 지키다(against; from)

625) **mountaineer** [màuntəníər] n. 등산가; 산지 사람, 산악인; vi. 등산하다

626) danger [déindʒər] n. 위험(상태) (of)

627) **except** prep. ~을 제외하고, ~외에는(but); vt. ~을 빼다, 제외하다(from); vi. (고어·드물게) 반대(기피)하다, 이의를 말하다(object)(against; to); conj. ~ 을 제외하고는; (~라는 것(사실))이외에는; ** **except for** ~ 을 제외하고는, ~ 말고는, ~ 외에는

628) **good sense** 양식(良識), (직관적인) 분별

629) **climber** [klaimər] n. 기어오르는 사람; 등산가(mountaineer)

of, 등)들의 목적어로 사용된다.

He has to learn what a climber can do and what he cannot do.
(the thing that 관계사, 목적어)
그는 등산가가 할 수 있는 것과 할 수 없는 것을 알아야 한다.

What is beautiful and honest is not always good.
(The thing that 관계사, 주어)
아름답고 정직한 것이 언제나 좋은 것은 아니다.

The car is what I wanted to buy. (the thing that 관계사, 보어)
그 자동차는 내가 원하는 것이다.

We want to give you what we have. (the thing that 관계사, 목적어)
우리는 네가 우리가 원하는 것을 주기를 원한다.

She is not charmed by what he has, but what he is.
(the thing that 관계사, 전치사의 목적어)
그녀는 자신이 가지고 있는 것(재산)이 아니고 그녀의 인격으로서 매력적이다.

What are you doing here? (의문사, do의 목적어)
여기서 무엇을 하고 있나요? (직업이 무엇인가요?)

I wonder what he is doing now. (의문사, wonder의 목적어)
나는 그가 지금 무엇을 하고 있는지 궁금하다.

45. Although herbal supplements may contain natural ingredients, the report says some of these products also contain potential allergens and chemical that can make you sick — and they aren't necessarily listed on the product's label. Certain people should be especially careful about taking herbal supplements, including those with diabetes, high blood pressure problems.

Although[630] herbal[631] supplements[632] may contain[633] natural ingredients[634], the report[635] says (that) some of these products[636] also contain potential[637] allergens[638] and chemical[639] **that can make you sick** – and they aren't necessarily listed[640] on the product's label[641]. Certain people should be especially[642] careful[643] about taking herbal supplements, including[644] those with diabetes[645], high blood pressure[646] problems.

---

630) **although** [ɔ：lðóu] conj. 비록 ~일지라도, ~이긴 하지만, ~이라 하더라도 (양보)

631) **herbal** [hə́：rbəl] a. 초본의, 풀의; 약초의; n. 본초서(本草書), 식물지(誌)

632) **supplement** [sʌ́pləmənt] n. 보조제; 보충, 추가, 부록(to) (cf.) appendix; ** **supplement**[-mènt] vt. 보충하다, 보족하다; ~에 보태다, 추가하다; 보유를(부록을) 달다; 메우다.

633) **contain** [kəntéin] vt. (속에) 담고 있다, 내포하다, 포함하다

634) **ingredient** [ingrí：diənt] n. (주로 the~s)(혼합물의) 성분, 합성분; 원료; (요리의) 재료(of; for); 구성요소, 요인

635) **report** [ripɔ́：rt] n. 보고(서); 공보; 보도, 기사(on); (학교의) 성적표; vt. ~을 보도하다; 공표하다; (세상에서) ~라고 말하다; (연구·조사 등을) 보고하다; (들은 것을) 전하다, 말하다, 이야기하다;

636) **product** [prádəkt, -dʌkt/prɔ́d-] n. (종종 pl.) 산물, 생산품; 제품, 제조물; 결과; 소산, 성과

637) **potential** [poutén∫əl] a. 잠재적인; 잠세(潛勢)의, 가능한; 장래 ~의 가능성이 있는.

638) **allergen** [ǽlərdʒèn, -dʒən] n. (의학) 알레르겐 (알레르기를 일으키는 물질)

639) **chemical** [kémikəl] n. (종종 pl.) 화학제품(약품); a. 화학의, 화학상의; 화학용의; 화학 약품에 의한; 화학적인

640) **list** vt. 목록(일람표)를 만들다; 목록(표)에 싣다; 명부에 올리다; (증권을) 상장하다.

641) **label** [léibəl] n. 라벨, 레테르, 딱지, 쪽지, 꼬리표, 부전(附箋); (표본의) 분류 표시

642) **especially** [ispé∫əli] ad. 특히, 각별히, 특별히; ** **particularly** [pərtíkjələrli] ad. '각별히; 특히, 현저히; 낱낱이, 따로따로; 상세히, 세목에 걸쳐

643) **careful** [kɛ́ərfəl] a. 주의 깊은, 조심스러운(cautious); 신중한; 꼼꼼한

644) **including** prep. ~을 포함하여, ~을 넣어서, ~함께

645) **diabetes** [dàiəbí：tis, -ti：z] n. (의학)당뇨병

646) **blood pressure** 혈압; high (low) pressure 고(저)혈압

① **관계대명사** that **용법** : 선행사가 사람이든(who, whom) 사물이든(which) 모두를 대신해서 사용할 수 있기 때문에 일반적으로 많이 사용한다. 특히 선행사에 최상급, the only, the very, all, every, any, 사람과 동물(사물) 일 때 무조건 that만을 사용한다는 사실과 계속적인 용법으로는 사용할 수 없다는 사실은 주의해야 한다.

~ potential allergens and chemical <u>that can make you sick</u>.
= ~ potential allergens and chemical <u>and they can make you sick</u>.
~ 잠재적인 알레르기 유발물질이나 당신을 아프게 할 수도 있는 화학물질
(잠재적인 알레르기 유발물질이 있는데, 그것들은 당신을 아프게 할 수도 있다)

She is the kindest woman that I know. (선행사 : 최상급)
그녀는 내가 알고 있는 가장 친절한 사람이다.

Alice was the first girl that entered the room. (선행사 : 서수)
엘리스는 그 방에 들어온 첫 번째 소녀이었다.

He is the only man that I respect. (선행사 : the only)
그는 내가 존경하는 유일한 사람이다.

All that glitters is not gold. (선행사 : all)
반짝이는 것이라고 모두가 금은 아니다.

Look at the boy and the cat that are running this way.
(선행사 : 사람과 동물)
이쪽으로 달려오고 있는 아이와 고양이를 보아라.

46. Then a young man whose name was Damon spoke and said, “O king! Put me in prison in place of my friend Pythias, and let him go to his country to say farewell to his parents and friends. I know that he will keep his promise. But if he fails to return, I will die in his place.

Then a young man whose[647] name[648] was Damon **spoke**[649] and said[650] (*that*), "O[651] king! Put[652] me in prison[653] in place of[654] my friend Pythias[655], and let him go[656] to his country[657] to say farewell[658] to his parents and friends. I know that he will keep his promise[659]. But if he fails[660] to return, I will die in his place[661]."

① **say, tell, talk, speak 차이점** : say는 거의 언제나 타동사로 사용되며 사람을 목적어로 할 수 없다. tell은 언제나 타동사로 사용되며 수여동사일 때는 간목으로 사람을 쓸 수 있다. talk와 speak는 한 사람이 진

---

647) who와 which의 소유격, which의 소유격으로 of which 사용가능. → ~선행사 whose+명사+(주어)+동사 - ; ~선행사+the+명사+of which+(주어)+동사 -

648) **name** [neim] vt. (+목+보) ~에(이라고) 이름을 붙이다(짓다), 명명하다

649) **speak** [spiːk] vi. (~/+전+명) 이야기를 하다; ~에 관하여 이야기를(평을) 하다(about; on; of); 이야기를 걸다(to); 이야기(말)하다(talk); 지껄이다; vt. 말하다, 얘기하다(tell)

650) **say** [sei] vt. (~+that[절]/+wh.[절]/+wh. to do) ~을 말하다, 이야기하다; vi. (~/+부) 말하다; 의견을 말하다, 단언하다

651) **o(h)** [ou] (pl. O's, Os, o's, o(e)s [-z]) int. (항상 대문자로 쓰며 콤마·감탄부 따위는 붙이지 않음) 오!, 앗!, 저런!, 아! (놀람·공포·찬탄·비탄 따위를 나타냄)

652) **put in** (vt.+부) (~을) 넣다, 끼워(밀어, 질러) 넣다; ** **put him in prison** 감옥에 집어넣다

653) **prison** [prízn] n. 교도소, 감옥; 구치소; ** **be (lie) in prison** ~ 수감 중이다

654) **in place of (= in a person's place)** ~의 대신에

655) **pythias** [píθiəs] n. (= damon and pythias 다몬과 피티아스) : 둘도 없는 친구, 막역한 친구, (cf.) David and Jonathan; (줄거리) 기원전 4세기경 시실리에 데먼과 피티어스라는 두 절친에 관한 일화이다. 피티어스가 시큐러스의 폭군 디어니시어 정책반대로 사형에 처하게 되자, 피티어스는 어머니에게 인사 후 사형을 간청하고, 절친 데먼이 대신 붙잡혀있는 조건으로 허락한다. 사형집행 바로 직전에 돌아온 피티어스와 데먼의 우정에 감복하여 둘을 살려준다는 일화 anecdote 이다.

656) **사역동사 let+목적어+원형동사 ~** : let him go 그가 떠나게 허락해주십시오

657) **country** [kʌ́ntri] n. (one's ~) 고향;; 조국, 고국; 나라, 국가; 국토; 지역, 고장

658) **farewell** [fὲərwél] n. 작별, 고별; 고별사, 작별 인사; int. 안녕!(goodbye!)(오랫동안 헤어질 때 씀)

659) **keep (break) one's promise** 약속을 지키다 (어기다)

660) **fail** [feil] vi. (+to do) ~을 (하지) 못하다; (~/+전+명) 실패하다, 실수하다

661) **in his place = in place of him** "그를 대신해서"

술할 때는 speak를 사용하고 대화의 개념을 나타낼 때는 talk를 사용한다. (특히, speak는 전치사와 함께 사람을 받을 수 있다. talk는 대화 자체에 초점이 있고 speak는 말하는 사람에 초점이 있고 tell은 상대방한테 말할 때 주로 사용한다.)

He said that he was kind. 그는 자신이 친절하다고 말했다.
He told us a story. 그는 우리에게 하나의 이야기를 말해주었다.
He talked with them. 그는 그들과 함께 대화를 했다.
We can speak English. 우리는 영어로 말할 수 있다.
I spoke to him about the problem. 나는 그 문제에 대해서 그에게 말했다.
He spoke of the problem. 그가 그 문제에 대해서 말했다.

Then a young man whose name was Damon <u>spoke and said</u> (*that*), "O king! Put me in prison in place of my friend Pythias, ~"
그때 이름이 Damon인 (한) 젊은이가 말했는데, 그는 "오 왕이시여! 저를 제 친구인 Pythias 대신 감옥에 가두시고, ~"라고 간청했다.

② **to 용법** : to 뒤에 "명사"가 있으면 전치사(adverbial phrase)이고, "동사원형"이 있으면 준동사인 부정사(noun, adjective, adverb)이다.

~ let him go <u>to his country</u> <u>to say</u> farewell <u>to his parents and friends</u>
to+명사 to 동사원형 to+명사

to+명사 (~으로) : to his country 자신의 고향으로
to his parents and friends 자신의 부모와 친구들에게로

to+동사원형(ad) : to say farewell to hid parents and friends
= in order to say farewell to hid parents and friends
자신의 부모와 친구들에게 작별을 말하도록

47. Tom is an engineer. He works in a factory which makes bicycles. He has been at this factory for a year: before he came to the factory, he was studying to be an engineer at the University of London. He does his work very well, and

some day he is going to be the manager of a big factory – at least, he hopes so.

Tom is an engineer[662]. He works in a factory[663] **which makes bicycles**[664]. He has been[665] at this factory for a year: before he came to the factory, he was studying to be an engineer at the University of London. He does his work very well, and some day[666] he **is going to**[667] be the manager[668] of a big factory – at least[669], he hopes so[670].

① **관계대명사 which 용법** : 선행사로 사물과 동물이 있을 경우에 사용하는데, 주격 which, 목적격 which, 소유격 whose or of which 등이 있다.

Tom is an engineer. He works in a factory which makes bicycles.
톰은 기술자이다. 그는 자전거를 만드는 공장에서 일한다.

I have a house which has 3 bathrooms in Seoul.
(제한적인 용법, 주격 which)
나는 서울 방 세 개인 집을 가지고 있다.

---

662) **engineer** [èndʒəníər] n. 기술자, 기사; 공학자

663) **factory** [fǽktəri] n. 공장, 제조소

664) **bicycle** [báisikəl, -sàikəl] n. 자전거 go by bicycle (= go on a bicycle 자전거로 가다(to); vi. 자전거를 타다; vt. 자전거로 여행하다

665) **현재완료시제 has been** : "현재까지의 상태 및 동작의 계속"

666) **some day** (과거에서 본) 미래의 "어느 날", one day 과거의 "어느 날"

667) **be going to do** (구어) 막 ~하려하고 있는

668) **manager** [mǽnidʒər] n. 지배인, 경영(관리)자(director); 부장; 감독; 간사; 이사; (예능인 등의) 매니저

669) **at least** 어쨌든, 어떻든, 좌우간: ** **at (the) least = at the (very) least** (보통 수사 앞에 쓰이어) 적어도, 하다못해, 그런대로; ** **least** [liːst] a. (little의 최상급) 가장 작은; 가장 적은

670) **so** [sou] ad. (동사 뒤에서) 그(이)렇게; conj. (결과)(so 앞에 콤마가 찍혀서) 그러므로, 그래서, ~해서

The shop sells the things which I need.
(제한적인 용법, 타동사의 목적격 which)
그 상점은 내가 필요한 물건들을 팔고 있다.

I visited the house in which he was born.
(제안적인 용법, 전치사의 목적격 which)
나는 그가 태어났던 집을 방문했다.

Mt. Halla, which is in Jejudo, is the highest mountain in South Korea.
(계속적인 용법, 주격 which)
제주도에 있는 한라산은 남한에서 가장 높은 산이다.

I offer him a job, which he refused.
(계속적인 용법, 타동사의 목적격 which)
나는 그에게 일을 제안했는데, 그것을 그가 거절했다.

(참고) which는 앞에 나온 구, 절, 문장을 대신하는 경우가 있다.

I tried to open the window, which was impossible. (but it)
나는 창문을 열고자 했는데, 그러나 그것은 불가능했다. (구를 대신)

She said he was honest, which was a lie. (but it)
그녀는 그가 정직하다고 말했는데, 그것은 거짓말이었다. (절을 대신)

Tom passed the exam, which surprised me. (and that, this)
톰은 시험에 통과했는데, 그(이)것은 나를 놀라게 했다. (문장을 대신)

② **be going to do와 will do 차이점** : will은 "무엇을 하려는 욕구나 합의 또는 갑작스런 결정"을 표현할 때 사용하고, be going to는 "이미 계획이 서있는 일"을 설명할 때 사용한다. 그러나 미래에 대한 예상을 말할 때는 둘 다 사용가능하다.

He does his work very well, and some day he is going to be the

manager of a big factory.
그는 일을 잘하고 있으며, 언젠가는 큰 공장의 경영자가 될 것이다.

I will help you with your work. 네 일을 돕겠다.
I will get the phone! 전화 드리겠습니다!
I am going to study grammar more often. 문법을 더 자주 공부하고자 한다.
I will be (or am going to be) famous someday. 나는 언젠가 유명해질 거야.

48. At the moment, with final examinations approaching in June, the libraries of England are crowded with students from morning to night. Most of them study for long hours with great concentration. But there are always some who daydream with their heads pillowed on their arms.

At the moment, **with final examinations**[671] **approaching**[672] **in June**, the libraries[673] of England are crowded[674] with students from morning to night. Most of them study[675] for long hours with great concentration[676]. But there are always some[677] who daydream[678] **with their heads pillowed**[679] **on**

---

671) **examination** [igzæ̀mənéiʃən] n. 시험, (성적) 고사; (사건·사고 따위의) 조사, 검사, 심사; (의사가 행하는) 검사, 진찰

672) **approach** [əpróutʃ] vi. 다가가다, 접근하다; vt. ~에 가까이 가다, ~에 접근하다

673) **library** [láibrèri, -brəri/-brəri] n. 도서관, 도서실; (개인 소유의) 장서; 문고, 서재

674) **be crowded with** ~으로 붐비다; ** **crowd** [kraud] vt. (방·탈것 등에) 빽빽이 들어차다, ~에 밀어닥치다; ** **be surprised at, be satisfied with, be engaged in**

675) **study** [stʌ́di] vi. 공부하다, 학습하다, 연구하다(at; for); (+to do) 애써 ~하려 하다; vt. 배우다, 공부하다; 연구하다

676) **concentration** [kɑ̀nsəntréiʃən/kɔ̀n-] n. 집중, (노력·정신 등의) 집중, 전념, 전심; (화학)농축(한 것), (액체의) 농도; (군사)(부대의) 집결(of); (포화의) 집중; 집중 연구

677) **some** [sʌm, 약 səm] pron. 다소, 얼마간, 좀, 약간, 일부; 어떤 사람들, 어떤 것

678) **daydream** n. 백일몽, 공상, 몽상; vi. 공상에 잠기다; daydreamer n. 공상가

679) **pillow** vt. 베개 위에 올려놓다(on; in); 베개로 받치다; 밑에서 받치다 ** **pillow one's head on one's arm** 팔베개를 베다; vi. 베개 위에 올라 있다; 베개를 베다; n.

their arms.

① 「with[680]+ 목적어+ 분사, (being)형용사, (being)부사, (being)부사구」 : ~한 채로, ~하면서 (부대성황)

With final examinations approaching in June, the libraries of England are crowded with students from morning to night.
6월의 마지막 시험을 앞 둔 채로(앞두고서), 영국의 도서관은 아침부터 저녁까지 학생들로 붐비고 있다.

There are always some who daydream with their heads pillowed on their arms.
그러나 그중에는 항상 팔베개를 한 채로(하고서) 낮잠을 자는 학생들도 있다.

Don't come back with your clothes dirty.
옷이 더러워진 채로 돌아오지 마라.
They stood there with their hats off.
모자를 벗은 채로 그곳에 서있었다.
She spoke with tears in her eyes.
두 눈에 눈물이 고인 채로 말했다.
He is sleeping with his mouth open.
입을 벌린 채로 자고 있다.
Don't stand with your hands in your pockets.
두 손을 양족 주머니에 넣은 채로 서있지 마시오.
She was listening to music with her knitting beside me.
친구는 내 옆에서 뜨개질을 하면서 음악을 들었다.
He stood there with his back leaning against the tree.
그의 등을 나무에 기댄 채로 그곳에 서있었다.
The bird flew away with its leg broken.
다리가 부러진 채로 날아가 버렸다.

베개; 베개가 되는 물건(쿠션 따위); (특수 의자 등의) 머리 받침대

680) **with** [wið, wiθ] prep.(부대(附帶) 상황) ~한 상태로, ~하고, ~한 채, ~하면서 (with+ 명사+ 보어(형용사·분사·부사어구·전치사구 따위)의 형태를 취한다. with는 종종 생략되는데 이 때 관사·소유격 따위도 생략될 때가 있다. ** **speak with a pipe in one's mouth** (= speak pipe in mouth) 파이프를 입에 물고(서) 이야기하다

I lay on the sofa with my eyes fixed on the ceiling.
두 눈을 천장에 고정시킨 채로 소파에 앉아있었다.
He must be crazy to drive with his eyes closed.
두 눈을 감은 채로 운전하다니 미쳤음에 틀림없다.

49. He has a broad view of things besides being able to speak English very well. He earnestly devotes himself to any work given to him. He has his own principles, but he is eager to listen to other people's opinions and wants to improve his thinking. All things considered, he is the best man for the job.

He has a broad[681] view of things besides[682] being able to speak English very well. He earnestly[683] devotes[684] himself to any work (*which is*) given to him. He has his own principles[685], but he is eager to[686] listen[687] to other people's

681) **broad** [brɔ：d] a. 폭이 넓은; 광대한; (경험·식견 따위가) 넓은, 광범위하게 걸친; (마음이) 관대한; 대강의, 대체로의; 주요한

682) **besides** prep. ~외에(도), ~에다가 또 Besides a mother he has a sister to support. 어머니 외에도 부양할 누이가 있다. (부정·의문문에서)~외에(는), ~을 제외하고(는)(except) We know no one besides him. 그 외에는 아무도 모른다; **ad.** 그 밖에, 따로; 게다가 I bought him books and many pictures besides. 그에게 책과 그 밖에 많은 그림을 사 주었다. It is too late; besides, you are tired. 시간도 늦었고 게다가 자넨 지쳤네. and besides 게다가 또

683) **earnestly** [ə́：rnistli] ad. 열심히, 진심으로

684) **devote** [divóut] vt. (~ oneself) (~에) 헌신하다, 전념하다, 몰두하다, 빠지다, (~을) 열애하다(to); (노력·돈·시간 따위를) 바치다(to); 내맡기다, (전적으로) 쏟다(돌리다), 충당하다(to); ** **devote ~ to -** : ~를 -에 헌신하다

685) **principle** [prínsəpəl] n. 원리, 원칙, (물리·자연의) 법칙 theory; 근본 방침, 주의; 행동 원리, 정의; (pl.) 도의, 절조; 본질; (화학)원소; (P-)(크리스천 사이언스) 신(God); ** **principal** [prínsəpəl] a. 주요한; 제1의; 중요한 chief; (상업) 원금의; (문법) 주부의; n. 장(長), 장관; 사장; 교장; 회장; 주동자; 본인; 주역; 결투의 본인

686) **eager** [í：gər] a. (서술적) 간절히 하고 싶어 하는 (to do); (서술적)열망하는, 간절히 바라는(for; after); ** **be eager to do** 간절히 ~하고 싶어 하다

687) **listen** [lísən] vi. 귀를 기울이다, 경청하다(to); (귀 여겨) 듣다, 따르다(yield)(to)

opinions[688] and wants to improve[689] his thinking[690]. **All things considered**[691], he is the best[692] man for the job[693].

① **독립분사구문** : 주절의 주어와 부사절의 주어가 다른 경우가 있다. 이때 부사절을 분사구문으로 전환하려면 주어를 그대로 있는 상태로 분사구문을 만드는데, 이러한 분사구문을 "독립분사구문"이라고 한다.

All things considered, he is the best man for the job.
= All things (being) considered, he is the best man for the job.
= when all things are considered, he is the best man for the job.
모든 것을 고려해볼 때 그가 그 일에 가장 적합하다.

Because it was fine, she went for a walk.
= It being fine, she went for a walk.
날씨가 좋았기 때문에 그녀는 산책을 갔다.

If this is done, she will be allowed to go home.
= This (being) done, she will be allowed to go home.
이 일이 마무리되면, 그녀는 집에 가도록 허락될 것이다.

If weather permits, the party will be held.
= Weather permitting, the party will be held.
날씨가 허락한다면, 파티는 열릴 것이다.

---

688) **opinion** [əpínjən] n. 의견, 견해(view); (보통 pl.) 지론, 소신; 일반적인 생각, 여론

689) **improve** [imprúːv] vt. (부족한 점을 고쳐) 개량하다, 개선하다; (~ oneself) 향상되다(in; at); vi. 좋아지다, 호전(好轉)하다, 개선되다(in)

690) **thinking** [θíŋkiŋ] n. 생각(하기), 사고, 사색; 의견, 견해; 사상; a. 생각하는, 사고하는; 생각할 힘이 있는

691) **consider** [kənsídər] vt. 숙고하다, 두루 생각하다, 고찰(검토)하다; vi. 숙고하다

692) **best** [best] a. (good 최상급) 가장 좋은, 최선의, 최상의, 최고의; n. (the ~, one's ~) 최선, 최상, 전력; 최선의 상태; ** **good** a. 효과적인, 유효한; 자격 있는(qualified); 유능한; 익숙한, 잘하는, 재간 있는

693) **job** [dʒab/dʒɔb] n. 일; 볼일, 직무; (구어) 대단한 품이 드는 것(일) work; 구실, 임무, 의무; 도급일, 삯일; 직업(employment), 일자리, 지위(post); (영국구어) 일(matter), 사건(affair), 운(luck)

(참고) 무인칭독립분사구문이란 독립분사구문에서 주절의 주어와 분사구문의 의미상의 주어가 동일하지는 않으나, 분사구문의 주어가 we, you, they, people, one 등과 같이 막연한 일반적인 대상일 경우인데, 일종의 숙어처럼 사용된다.

If we speak generally, each nation has its own language.
= Generally speaking, each nation has its own language. (we 생략)
우리가 일반적으로 말한다면, 각 나라는 그 나라 고유의 언어가 있다.

Strictly speaking 엄격하게 말해서
Frankly speaking 솔직하게 말해서
Roughly speaking 대강 말하자면
Judging from ~ ~로 판단해 보면
Talking(= Speaking) of ~ ~대해 말하자면
Considering ~ ~을 고려해 보면
Granting that ~ 비록 ~라고 인정하지만
Seeing that ~ ~이기 때문에

50. He was the commander. It seemed that he was intelligent. Having asked only a few questions, he understood my situation and freed me, but added, "Please leave this area as soon as possible, because I can't guarantee your life."

He was the commander[694]. It seemed[695] that he was intelligent[696]. **Having asked only a few[697] questions**, he understood my situation[698] and freed[699] me, but added[700], "Please leave[701] this area as

694) **commander** [kəmǽndər, -mɑ́ : nd-] n. 지휘관, 사령관; 명령자; 지휘자, 지도자

695) **seem** [si : m] vi. (+(that)[절]/+전+명+that[절]) (it을 가주어로 하여) ~인(한) 것 같다; (+(to be)보) ~으로 보이다, ~(인 것) 같다, ~(인 것으)로 생각되다

696) **intelligent** [intélədʒənt] a. 지적인, 지성을 갖춘, 지능이 있는, 이해력이 뛰어난

697) **a few** [fju :] a. (셀 수 있는 명사에 붙어) (a few 형태로 긍정적 용법) 조금(약간)은 있는; 얼마(몇 개)인가의; 조금의; 다소의(some); (a가 붙지 않는 부정적 용법) 거의 없는; 조금(소수)밖에 없는

soon as possible[702], because I can't guarantee[703] your life[704]."

① **완료(시제)분사구문** : 부사절 속의 동사가 완료시제일 때 분사구문으로 전환하면 완료분사구문이 된다. 그러므로 완료분사구문(Having+ pp. ~)을 해석할 경우에도 시제를 판단할 때 주절속의 동사시제보다 한 시제 앞선 시제로 해석해야 한다.

Having asked only a few questions, he understood my situation
= After he had asked only a few questions, he understood my situation
그는 단지 두세 가지의 질문을 한 후에서야, 나의 상황을 이해했다.

After he had eaten plenty of food, he fell asleep.
= Having eaten plenty of food, he fell asleep.
충분히 식사를 하고난 한에 후에 잠들었다.

Because it had been written in plain English, the book began to sell well.
= (Having been) written in plain English, the book began to sell well.
= Written in plain English, the book began to sell well. (수동태분사구문)
쉬운 영어로 쓰여졌기 때문에 그 책은 잘 팔리기 시작했다.

---

698) **situation** [sìtʃuéiʃən] n. 정세, 형세, 상태, 사태; 위치, 장소, 소재(place); 환경; 입장, 사정(circumstances)

699) **free** (p., pp. freed; frée·ing) vt. (~로부터) 자유롭게 하다, 해방하다(from); (곤란 등에서) 구하다(deliver); ~에게 면제하다, ~로 하여금 면하게 하다, ~에서 제거하다(of); a. 자유로운; 속박 없는; 자유주의의; 자주적인, 자주 독립의; (권위·전통 따위에) 얽매이지 않는, 편견 없는; (규칙 등에) 구애되지(얽매이지) 않는; 사양 없는

700) **add** [æd] vt. (+that[절]) 부언(부기)하다, 덧붙여 말하다

701) **leave** [li：v] vt. 떠나다, 출발하다; 헤어지다; /+目+目》 (뒤에) 남기다, 남기고(두고) 가다, 놓아두다

702) as soon as possible = as soon as you can "가능한 한 ~하세"

703) **guarantee** (p., pp. ~d; ~·ing) vt. 보증하다, 보증인이 되다; ~을 확언하다, 꼭 ~라고 말하다, 장담하다(affirm), 약속하다; n. 보증(security); 담보(물); 보증서; 개런티(최저 보증 출연료); 보증인, 인수인

704) **life** [laif] n. (pl. lives [laivz]) 생명; 생존, 삶, 생(生); 수명, (개인의) 목숨, 평생, 생애 ; a. 긴급 구조를 위한(재정 조치 따위), 구급(救急) 우선의

As I do not know what to do next, I asked him a question.
= Not knowing what to do next, I asked him a question. (분사구문의 부정)
다음에 무엇을 해야 할지 몰라서 그에게 질문했다.

As I've never flown on a plane, I became nervous.
= Never having flown on a plane, I became nervous. (분사구문의 부정)
난 비행기를 한 번도 타본 적이 없어서 긴장 되었다.

While she is reading a novel, he checks the contents.
= Being reading a novel, he checks the contents. (being 생략)
= Reading a novel, he checks the contents.

51. Among the most cherished memories of my childhood is the recollection of our small family clustered close around Papa's favorite rocking chair, listening intently to the current adventure story in the weekly magazine.

Among[705] the most cherished[706] memories[707] of my childhood[708] is the recollection[709] of our small family (*which was*) clustered[710] close[711] around Papa's favorite[712] rocking chair[713],

705) **among** [əmʌ́ŋ] prep. ~의 사이에(서), ~에 둘러(에워)싸여

706) **cherish** [tʃériʃ] vt. 소중히 하다; 귀여워하다, 소중히 기르다; (소원 등을) 품다; ** **cherished desire** 평소의 소원, 숙망

707) **memory** [méməri] n. 기억, 기억력; 추억, 추상, 회상

708) **childhood** [tʃáildhùd] n. 어린 시절, 유년 시절.; (발달의) 초기 단계

709) **recollection** [rèkəlékʃən] n. (또는 a ~) 회상, 상기, 회고; 기억력; (종종 pl) 옛 생각, 추억되는 일

710) **cluster** [klʌ́stər] vt. (보통 수동태) (~을) 모여 있게 하다; 떼를 이루어 덮다; ** **clustered** a. 떼 지은, 군집(군생(群生))한, 주렁주렁 달린

711) **close** [**klous**] **ad.** 밀접하여, 곁에, 바로 옆에; 딱 들어맞게, 꼭; 촘촘히, 빽빽이, 꽉 들어차서; 면밀히, 주도하게; 친밀히; 짧게; 좁혀서, 죄어; ** **close** [**klouz**] **vt. vi. n.** (눈을) 감다, (문·가게 따위를) 닫다(shut); (우산을) 접다; (책을) 덮다; (통로·입구·구멍 따위를) 막다, 차단하다, 메우다; (가게·사무소를) 폐쇄하다, 휴업하다

712) **favorite** [féivərit] a. 특히 잘하는, 좋아하는; 마음에 드는; n. 마음에 드는 것(사

(*which was*) listening intently[714] to the current[715] adventure[716] story in the weekly magazine[717].

① **도치구문** : 문장 안에 있는 특정 요소를 강조하기 위해서 문두로 도치하는 경우가 많다. 단, 문두로 나가는 요소에 따라서 주어와 동사의 어순(주어+동사~, 동사+주어~)이 달라질 수 있다. 아래 문장에서는 부사구가 도치되고 있고 "동사+주어~"의 어순 바뀌어 있다.

Among the most cherished memories of my childhood is the recollection of our small family (clustered ~, listening ~). (장소부사구+동사+주어~)
내 어린 시절의 가장 소중한 추억들 중에서, ~ 둘러서 앉아서 ~을 듣던 가족의 추억이 있다.

= The recollection of our small family (clustered ~, listening ~) is among the most cherished memories of my childhood.
~에 둘러서 앉아서 ~을 듣던 가족의 추억은 내 어린 시절의 가장 소중한 추억들 중에 하나이다.

52. To my great grief my father died on Tuesday. He had an intense love for me and it adds now to my grief and remorse that I did not go to Dublin to see him for so

---

람); 좋아하는 것(물건)

713) **rocking chair** 흔들의자; ** **rocking** a. 흔들리는; n. 흔들림, 진동; (참고) ** **rock** [rɑk/rɔk] n. 바위, 암석, 암반(岩盤); 암벽; a. 돌(암석) 같은; vt. , vi. (미국) 돌로 치다, (~에) 돌을 던지다; ** **‡rock** vt. 흔들어 움직이다, 진동시키다; (요람에 태워) 흔들다, 흔들어 ~하게 하다; 달래다, 기분 좋게 해주다; vi. 흔들리다; 진동하다; 흔들(비틀)거리다; n. 흔들림; 동요; 한 번 흔듦

714) **intently** ad. 열심히, 일사불란하게, 오로지; ** **intent** a. 열심인; (시선·주의 따위가) 집중된; 전념하고 있는, (~에) 여념이 없는, 열중해 있는(on); 열망하고 있는

715) **current** [kə́ːrənt, kʌ́r-] a. (시간이) 지금의, 현재의, 최근의; 통용하고 있는; 현행의; (의견·소문 등) 널리 행해지고 있는, 유행(유포)되고 있는; 널리 알려진, 유명한

716) **adventure** [ædvéntʃər, əd-] n. 모험(심); (종종 pl.) 모험담, 체험담

717) **magazine** [mæ̀gəzíːn] n. 잡지; 창고(안의 저장물)

many years. I kept him constantly under the illusion that I would come.

To my great grief[718] my father died on Tuesday. He had an intense[719] love for me and it adds[720] now to my grief[721] and remorse[722] that I did not go to Dublin[723] to see him for so many years. I kept[724] him constantly[725] under the illusion[726] that I would come.

① to one's+추상명사 : "~ 하게도" (주어의 감정을 표현)

To my great grief my father died on Tuesday.
슬프게도 아버지는 화요일에 세상을 떠났습니다.

to one's anger 화나게도, to one's amazement 놀랍게도, to one's annoyance 화나게도, to one's astonishment 놀랍게도, to one's chagrin 수치스럽게도, to one's cost 괴롭게도, to one's delight 즐겁게도, to one's disappointed 실망스럽게도, to one's dismay 경악스럽게도, to one's distress 괴롭게도, to one's disbelief 믿기 어렵게도, to one's embarrassment 당혹스럽게도, to one's happiness 행복하게

---

718) **grief** [gri : f] n. (깊은) 슬픔, 비탄, 비통 sorrow

719) **intense** [inténs] a. (빛·온도 따위가) 격렬한, 심한, 맹렬한; (감정 따위가) 격앙된, 강렬한; (성격이) 감정적인, 열정적인

720) **add** [æd] vt. 더하다, 가산하다; 증가(추가)하다 (to; in); 합산(합계)하다 (up; together); (+that[절]) 부언하다, 덧붙여 말하다; vi. 덧셈하다; 늘다, 붇다(to)

721) **grief** [gri : f] n. (깊은) 슬픔, 비탄, 비통; (고어) 고통, 타격, 재난, 불행

722) **remorse** [rimɔ́ : rs] n. 후회, 양심의 가책(compunction)

723) **Dublin** [dʌ́blin] n. 더블린(아일랜드의 수도)

724) **keep** [ki : p] vt. (사람·물건을) ~한 상태로 간직하다, ~으로 하여 두다, 계속 ~하게 하여 두다

725) **constantly** [kánstəntli/kɔ́n-] ad. 변함없이; 항상; 끊임없이; 빈번히; ** **constant** [kánstənt/kɔ́n-] a. 변치 않는, 일정한; 항구적인, 부단한; (opp. variable)

726) **illusion** [ilú : ʒən] n. 환영(幻影), 환각, 환상, 망상; (심리학) 착각; 잘못 생각함

도, to one's horror 두렵게도, to one's joy 기쁘게도, to one's regret 후회스럽게도, to one's relief 다행스럽게도, to one's satisfaction 만족스럽게도, to one's shame 부끄럽게도, to one's shock 충격적이게도, to one's sorrow 슬프게도, to one's surprise 놀랍게도

To my surprise, I won the lottery.
(= I was surprised to win the lottery.)
놀랍게도 나는 복권에 당첨되었다.

To his relief, the car was not damaged.
(= He was relieved because the car was not damaged.)
슬프게도 그 자동차가 파손되었다.

② 가주어 it ~ 진주어 that - "-한 것은 ~이다"

It adds now to my grief and remorse that I did not go to Dublin to see him for so many years.
여러 해 동안이나 내가 아버지를 만나러 더블린으로 가지 않았던 것이 지금 나의 슬픔과 후회를 한결 더해 줍니다.

53. At a lighthouse there can be no greater treat than to have visitors. Surely no one would go the great distance to call at an isolated lighthouse with hidden ill-will, or at least any such feelings would surely vanish from his heart in the face of the unreserved hospitality he was certain to receive.

At a lighthouse[727] there can be **no greater** treat[728] **than** to have visitors. Surely[729] no one would go (to) the great[730]

727) **lighthouse** [láithàus] n. 등대; ** **a lighthouse keeper** 등대지기

728) **treat** [tri : t] n. 큰 기쁨, 예기치 않은 멋진 경험; 특별한 즐거움; 한턱, 한턱 냄; ** **treat** vt. (+목+부/+목+전+명/+목+as보) (사람·짐승을) 다루다, 대우하다

729) **surely** [ʃúərli] ad. 확실히, 반드시, 틀림없이

730) **great** [greit] a. 큰, 거대한, 광대한 big; 중대한, 중요한; 중심이 되는; 주된; 성대

distance[731] to call at[732] an isolated[733] lighthouse[734] with hidden[735] ill-will[736], or at least any such feelings would surely vanish[737] from his heart in the face of[738] the unreserved[739] hospitality[740] (*that*) he was certain[741] to receive[742].

① **최상급의 대용 표현** : 형용사의 최상급형태로서가 아니라 원급과 비교급으로 최상급을 대신하는 표현들이다.

한; 대단한, 심한; 고도의, 극도의; (수·양 따위가) 많은, 큰, 최대의; 오래된

731) **distance** [dístəns] n. 거리, 간격; 원거리, 먼데 ** **the greatest distance = all the way** 멀리; 도중 내내; 줄곧; 일부러; ** a good (great) distance away (off) 상당히 떨어져서; ** **to a distance** 먼 곳으로

732) **call at** ~에 들르다, 방문하다; ** **call** vi. (~/+전+명) 들르다, 방문하다; 정차하다, 기항하다(at; on)

733) **isolated** a. 고립한; 격리된 an isolated house 외딴집; (전기) 절연한; ** **isolate** [áisəlèit, ísə-] vt. 고립시키다, 분리(격리)하다(from)

734) **lighthouse** [láithàus] n. 등대

735) **hidden** [hídn] a. 숨은, 숨겨진, 숨긴, 비밀의; ** **hide** [haid] vt. 숨기다, 보이지 않게 하다; vi. 숨다, 잠복하다; n. (영국)(야생 동물을 포획·촬영하기 위한) 잠복장소.

736) **ill-will** (ill will) n. 악의, 나쁜 감정; (opp. good will 호의, 친절, 후의; 친선); ** **ill** a. 나쁜, 부덕한, 사악한; 심사 고약한, 불친절한; ** **will** n. (the ~) 의지; ((a) ~, much ~) 의지력; 의도, 뜻, 소원

737) **vanish** [vǽniʃ] vi. 사라지다, 자취를 감추다(disappear); 희미해지다; 없어지다(from; out of; into)

738) **in (the) face of ~** : ~의 앞에서; ~에 거슬러, ~에도 아랑곳없이(불구하고)(in spite of); ** **face** n. (건물 따위의) 정면(front); 얼굴, 얼굴 모습(look); 면, 표면; 외관, 외견, 겉모습; 형세, 국면

739) **unreserved** a. 제한이 없는, 무조건의, 충분한, 전적인; 거리낌 없는, 숨김없는, 솔직한; 보류(예약)되지 않은(좌석 따위); ** **reserve** a. 예비의, 준비의, 남겨둔; 제한의, 한도의; ** **reserve** [rizə́ : rv] vt. (미래 혹은 어떤 목적을 위하여) 떼어두다, 비축하다 keep, save; (특정한 사람 등을 위하여) 준비(마련)해 두다; 예정해 두다; (군사) 확보해 두다; 운명지우다; ~을 예약하다

740) **hospitality** [hàspitǽləti/hɔ̀spi-] n. 환대, 후한 대접; (pl.) 친절; 호의적인 수락; ** **hospital** [háspitl/hɔ́s-] n. 병원; 자선 시설(양육원 따위)

741) **certain** [sə́ : rtən a. 반드시 ~하는, ~하게 정해져 있는(to do)

742) **receive** [risí : v] vt. 받다, 수령하다; (환영·주목·죄·타격 따위를) 받다, 입다; (제안 등을) 수리하다, 들어주다, 응하다; (마음에) 받아들이다, 인정하다, 이해하다

At a lighthouse there can be <u>no greater treat than</u> to have visitors.
등대에서 방문객을 맞이하는 것보다 더 기쁜 일은 없다.
(등대에서 방문객을 맞이하는 것이 가장 기쁜 일이다.)

▷원급에 의한 최상급 : as ~ as any (+단수명사); 부정어구+of (as~as); as ~ as ever
She is as good a student as any teacher could wish for.
= She is the best student that any teacher could wish for.
그녀는 어느 선생님이라도 원하는 훌륭한 학생이다.

No river in Korea is so(as) long as the Han River.
= Han River in Korea is the longest river.
한국의 어느 강도 한강만큼 길지 않다.
(하강이 한국에서 가장 긴 강이다.)

She is as great a scientist as ever lived.
= He is the greatest scientist that ever lived.
그는 지금까지 보지 못했던 가장 위대한 과학자다.

▷비교급에 의한 최상급 : 비교급+than any other+단수명사; 비교급+than all the other+복수명사; 비교급+than any of+복수명사; 부정어구+비교급+than; 비교급+than+anyone/anything else

Pusan is better than any other seaport in Korea.
= Pusan is better than all the other seaports in Korea.
부산은 한국에서 어느 다른 항구도시보다 좋다.

Tom is taller than any of his four brothers in the family.
톰은 그의 가족에서 네 명의 형들보다 키가 크다.

Time is more precious than anything else.
시간은 그 무엇보다도 값지다.

Nothing leads man to greater misfortune than vanity.
어느 것도 인간을 허무함보다 더 큰 불행으로 이끄는 것은 없다.

54. As a boy, I had been rather frightened of my father, since his ideas of what a healthy schoolboy should like did not agree with mine. The hardships of his childhood had shaped his character in a very special way. His driving ambition was to do what his father would have done if he had lived, and he was inspired by the image which he had made of a father whom he lost when he was a small boy. The image was somewhat larger than life.

As a boy, I had been rather[743] frightened[744] of my father, since[745] his ideas of **what a healthy[746] schoolboy should like** did not agree with[747] mine[748]. The hardships[749] of his childhood had shaped[750] his character[751] in a very special

---

743) **rather** [rǽðər, rɑ́ː ð-] ad. 어느 정도, 다소, 조금; 상당히, 꽤; 오히려, 어느 쪽인가 하면; 그보다는 ~한 쪽이 낫다, ~해야 한다

744) **frighten** [fráitn] vt. 두려워하게 하다, 흠칫 놀라게 하다; 을러서 내쫓다(away; off); 을러서 ~시키다(into; out of); ** **frightened** a. 깜짝 놀란, 겁이 난; 무서워하는; ** **be frightened at** ~에 놀라다, ~을 보고 기겁을 하다; ** **be frightened of** ~을 무서워하다

745) **since** [sins] conj. (종위접속사) (주절에 완료형을 수반하여) ~한 이래, ~한 후(지금까지) (since절속의 동사는 보통 과거형이나, 현재도 계속되는 일의 시발점을 나타낼 때에는 완료형을 씀); ad. (완료형동사와 함께) 그 후 (지금까지), 그 이래 (지금(그때)까지); (종종 ever since의 형태로) (그때) 이래 (죽), 그 후 내내, 그 이후(죽 지금까지); prep. ((현재)완료시제로) (흔히 ever since로 계속·경험의 완료동사와 더불어) ~이래(이후), ~부터 (지금(그때)에 이르기까지), 그 후

746) **healthy** [hélθi] a. (정신·태도 따위가) 건전한; 건강한, 건장한, 튼튼한

747) **agree with** : ~에 동의하다, ~와 같은 의견이다; ~와 화합하다, ~와 사이가 좋다; ~와 일치하다; (기후·음식물 따위가 아무)에게 맞다, ~의 성미에 맞다. (agree with +사람, 일; agree to +일)

748) **mine (= one's+ 명사) = my ideas fo what a healthy schoolboy should like**

749) **hardship** [hɑ́ːrdʃip] n. (종종 pl.) 고난, 고초, 신고(辛苦), 곤란, 곤궁; 곤경; 어려운 일; 학대, 압제, 불법

way. His driving[752] ambition[753] was to do **what his father would have done** if he had lived, and he was inspired[754] by the image[755] (*which*) **he had made of a father** (*whom*) **he lost** when he was a small boy. The image[756] was somewhat[757] larger than life.

① **목적격 관계대명사** : ~ 선행사+(which)+주어+타동사; ~선행사+(which)+주어+자동사+전치사; ~선행사+전치사+which+주어+자동사; ~선행사+which+주어+타동사-전치사+명사; ~what+주어+타동사 = ~the thing that+타동사

a father <u>whom he lost</u> when he was a small boy.
(~ 선행사+(whom)+주어+타동사)
그가 어렸을 때 잃은(잃었던) 아버지

His driving ambition was to do <u>what his father would have done</u> if he had lived. (~ what+주어+타동사 = ~ the thing that +주어+타동사)
그의 몰아붙이는 야심은 (만약에 그의 아버지가 살아 있었더라면) 그렇게 했으리라 생각되는 일을 (자신이) 하고 싶다는 것이었다.

---

750) **shape** vt. 만들다, 모양 짓다, 형체를 이루다(form); 형체 짓다, 구체화하다, 실현하다; 구상하다, 고안하다; 정리하다, 말로 나타내다(express)

751) **character** [kǽriktər] n. 인격, 성격, 기질, 품성; 특성, 특질, 개성, 특색

752) **driving** [dráiviŋ] a. 몰아붙이는, 추진하는, 움직이게 하는, ;(사람을) 혹사하는; (미국) 정력적인(energetic), 일을 추진하는; 질주하는, 맹렬한, 세찬; (눈 따위가) 휘몰아치는; n. (자동차 따위의) 운전, 조종; 추진; 몰기

753) **ambition** [æmbíʃən] n. 대망, 야심, 야망(for; to do); 공명심, 권리욕

754) **inspire** vt. (아무를) 고무(격려)하다, 발분시키다; (아무를) 고무시켜 ~하게 하다(to); (아무를) 고무시켜 ~할 생각이 들게 하다; (사상·감정 등을) 일어나게 하다, 느끼게 하다(with); (어떤 사상·감정 등을) ~에게 불어넣다, 고취하다(in; into)

755) **image** [ímidʒ] n. (시각·거울 따위에 비친) 상(像), 모습, 모양, 꼴; (조형된) 비슷한 모습; 화상(畫像), 초상; 조상(彫像), 성상(聖像), 우상; 꼭 닮음, 꼭 닮은(빼쏜) 사람, 아주 비슷한 것

756) **image** [ímidʒ] n. (시각·거울 따위에 비친) 상(像), 모습, 모양, 꼴

757) **somewhat** ad. 얼마간, 얼마쯤, 어느 정도, 약간(slightly); n. (~ of) 어느 정도; 다소(something)

His ideas of what a healthy schoolboy should like did not agree ~. (~ what+주어+타동사)
= His ideas of the thing that a healthy schoolboy should like did not agree ~. (~ the thing that +주어+타동사)
건전한 학생이 좋아하는 것에 대한 그의 생각

He was inspired by the image which he had made[758] of a father. (~ 명사+which+주어+타동사 - 전치사+명사)
그는 (스스로) 만든 아버지의 상에 고무 되었다.

= He was inspired by the image, and he had made it of a father.
그는 그 상에 의해 고무되었는데, 그는 그것을 아버지를 (생각하면서) 만들었다.

= He was inspired by the image (which had been) made of a father.
그는 (자신이) 아버지를 (생각하면서) 만든 상에 고무되었다.

= He was inspired by the image made of a father.
그는 아버지로 만든 상에 고무되었다.

55. Democracy, like liberty or science or progress, is a word with which we are all so familiar that we rarely ask what we mean by it.

Democracy[759], like[760] liberty[761] or science[762] or progress[763],

---

758) **make ~ of** - "~로-를 만들다, -를~로 만들다"

759) **democracy** [dimákrəsi/-mɔ́k-] n. 민주주의; 민주정치 [정체], 사회적 평등, 민주제; 민주국가(사회)

760) **like** prep. ~와 같이(처럼), ~와 마찬가지로, ~답게; 이를테면 ~같은(such as); vt. 좋아하다, 마음에 들다(be fond of); vi. 마음에 들다(맞다), 마음이 내키다(be pleased); noun (보통 pl.) 취미, 기호; (the, one's ~)(보통 의문·부정문에서) 비슷한 사람(것); 같은 사람(것); 같은 종류(of); adj. (~와) 닮은(resembling), ~와 같은; adv. (구어) 대략, 거의, 얼추; (~ enough 꼴로)(구어) 아마, 필시; (어구의 끝에 붙여)(비표준) 마치(as it were), 어쩐지(somehow); conj. (구어) ~하(는) 듯이(as); (미국) 마치 ~처럼(as if)

is a word with which we are all so[764] familiar[765] **that** we **rarely**[766] ask what we mean[767] by it.

① **so ~ that 구문** : 목적(~하기 위해서), 결과(너무 ~해서 그 결과 -하다, 그 결과 ~하다), 조건(~한다면)

Democracy is a word with which we are all so familiar that we rarely ask what we mean by it.
= Democracy is a word. We are so familiar with the word that we rarely as what we mean by it.
민주주의는 아주 익숙해있는 말이기 때문에 아무도 그 말의 뜻을 물으려고 하지 않는 단어이다.

He studied so hard that he could pass the exam easily.
(so ~ as to do) 결과
그는 정말로 열심히 공부해서 그 결과 그 시험을 쉽게 통과했다.

The tulips are so beautiful that many people come to see them.
(= so ~ as to do) 결과
튤립이 매우 아름다워서 많은 사람들이 보러 온다.

---

761) **liberty** [líbərti] n. 자유(freedom), 자립; ~할 자유(to do); 해방, 석방, 방면; ** **freedom** [frí : dəm] n. 자유; 자주 독립 ~ of speech(the press); 해방, 탈각; 면제, 해제; (의무·공포·부담·결점 등의) 전혀 없음; (참고) ** **freedom**은 타인이나 특정 권위의 통제로부터 해방되는 것을 의미한다면, ** **liberty**는 어떤 사회나 국가의 구성원들이 정부로부터 보장받아 공통으로 소유하고 있는 권리의 총합을 의미한다.

762) **science** [sáiəns] n. 과학; (특히) 자연 과학; 과학의 분야, ~학(學); (권투·경기 따위의) 기술, 기량; 숙련

763) **progress** [prágres/próug-] n. 진보, 발달, 진척, 숙달; 전진, 진행; 경과, 추이

764) **so** [sou] ad. conj.

765) **familiar** [fəmíljər] a. 잘(익히) 알고 있는(with), 익숙한, 환한, 정통한(with); 친(밀)한, 가까운(with); 잘 알려진, 낯(귀)익은(to);흔한, 보통(일상)의, 통속적인

766) **rarely** [rɛ́ərli] ad. 드물게, 좀처럼 ~하지 않는(seldom, hardly, scarcely, barely)

767) **mean** [mi : n] vt. (글·말 따위가) 의미하다; (아무가) ~의 뜻으로 말하다, ~에 관하여 말하려고 하다

He studied hard, so that he passed the exam easily.
(therefore, and so) 결과
그는 열심히 공부했다, 그래서 (그 결과) 그는 그 시험에 통과했다.

He studied hard so that he might pass the exam easily.
(= in order that, so as to) 목적
그는 그 시험을 통과하기 위해서 열심히 공부했다.

Any book will do, so that it is interesting.
(so long as, if only) 조건
그것이 흥미롭기만 한다면, 어떤 책이든 도움이 될 것이다.

② **관계대명사와 전치사** : ~ 선행사+ 전치사+ 목적격관계대명사+ 주어 + be+ 형용사 = ~ 선행사+ (목적격관계대명사)+ 주어+ be+ 형용사+ 전치사

Democracy is a word <u>with which</u> we are all familiar[768].
= Democracy is a word (<u>which</u>) we are all familiar <u>with</u>.
= Democracy is a word. We are all familiar with it.
민주주의는 우리 모두에게 친숙한 단어이다.

56. I know that a fairly good income is very important; but it is still more important that a man should follow the vocation for which he is best fitted, whether it happens to be well paid or not.

I know that a fairly[769] good income[770] is very important; but **it is still**[771] <u>**more**</u> **important that a man** (should) **follow**[772]

---

768) **familiar** [fəmíljər] a. 친(밀)한, 가까운(with); 잘(익히) 알고 있는, 익숙한, 환한, 정통한(with); 잘 알려진, 낯〔귀〕익은(to)

769) **fairly** [fέərli] ad. (정도를 나타내어) 꽤, 어지간히, 상당히; 공평히(justly), 공명정대하게, 정정 당당히; 올바르게

770) **income** [ínkʌm] n. 수입(주로 정기적인), 소득; (opp. outgo 지출)

771) **still** ad. (비교급과 더불어) 더욱, 더, 더한층

the vocation[773] for which he is best[774] fitted[775], whether[776] [777]<u>it</u> happens[778] <u>to be</u> well paid[779] or not (*than a man follow the vocation for which is not fitted~*).

① **관계대명사와 전치사** : ~ 선행사+ 전치사+ 목적격관계대명사+ 주어 + be+ pp. = ~ 선행사+ (목적격관계대명사)+ 주어+ be+ pp.+ 전치사

A man should follow the vocation <u>which he is best fitted[780] for</u>.
= A man should follow the vocation <u>for which</u> he is best fitted.
사람은 자신에게 적합한 직업에 종사해야 한다.

(참고) The vocation best <u>fits</u>[781] the man. (능동태)

---

772) **follow** vt. (직업에) 종사하다(practice), ~을 직업으로 하다; ~을 좇다, 동행하다, ~을 따라가다

773) **vocation** [voukéiʃən] n. 직업, 생업, 장사, 일; (신학)신의 부르심, 신명(神命)(에 의한 종교적 생활); 천직, 사명감; (특정 직업에 대한) 적성, 재능, 소질

774) **best** [best] ad. (well의 최상급) 가장 좋게; 가장; a. (good의 최상급) 가장 좋은, 최선의, 최상의, 최고의

775) **fit vt. (vi. n.)** ~에 맞다, ~에 적합하다, ~에 어울리다(suit), 꼭 맞다; (~+목/+목+전+명/+목+ to do) 맞추다, 적응시키다, 적합하게 하다(adapt)(to); (+목+ 전+ 명/+목+ to do) ~에게 자격(능력)을 주다, ~할 수 있게 하다; ~에게 (입학) 준비를 시키다(for); ** **fit adj.** (꼭)맞는, 알맞은, 적당한(suitable); 어울리는, 적합한, 안성맞춤의(for; to do); ** **fitted [fítid] adj.** 모양에 꼭 맞게 만들어진, 끼우는 식의 (가구); 세간(부속품)이 갖추어진

776) **whether** [hwéðər] conj. (양보를 나타내는 부사절을 인도) ~이든지((아니든지), ~이든지 ~이든지 (여하 간에); (명사절을 인도) ~인지 어떤지(를, 는) It is not certain whether he will come (or not).

777) **it ~ to 부정사** : 가주어와 진주어

778) **happen** [hǽpən] vi. (~/+전+명) 일어나다, 생기다; (+to do/+that[절]) 마침(공교롭게) ~하다, 우연히(이따금) ~하다

779) **pay** vt. (아무에게 대금·임금 따위를) 치르다, 지불(지급)하다(for); (일 따위가) ~의 수입을 가져오다; ~에게 이익을 주다

780) **fit** [fitid] a. (-tt-) (꼭)맞는, 알맞은, 적당한(suitable); 어울리는, 적합한, 안성맞춤의(for; to do); I am hardly fit for company. 나는 상대로서 적당치가 않다.; ** **be fitted for ~, be fit for ~, be suitable for ~, be suited for ~** "~에 적합하다"; ** **fitted** [fítid] a. 모양에 꼭 맞게 만들어진, 바닥 전면을 덮은(양탄자), 끼우는 식의 (가구); 세간(부속품)이 갖추어진

그 직업은 그에게 가장 적합하다.
→ The man is best fitted for the vocation. (수동태)
그 남자는 그 직업에 가장 적합하다.

② It be 형용사(이성적 판단 important, essential, desirable, necessary, imperative, natural, proper, reasonable) that 주어 (should) 동사원형 ~

It is important that a man (should) follow the vocation.
사람이 그 직업에 종사해야하는 것은 중요하다.

It is essential that he (should) finish the work on time.
그가 정시에 일을 마치는 것이 꼭 필요하다.

57. A person can discover where his greatest ability lies by examining his greatest interests. When you read, for example, the things which stick in your mind and really interest you give you some idea about where your talent can best express itself.

A person[782] can discover[783] **where** his greatest ability[784] lies[785] **by examining**[786] his greatest interests[787]. When you

781) **fit** [fit] (-tt-) vt. ~에 맞다, ~에 적합하다, ~에 적응시키다, ~에 어울리다(suit), 꼭 맞다

782) **person** [pə́ːrsən] n. 사람(개인으로서의), 인간

783) **discover** [diskʌ́vər] vt. (~+목/+목+to be보/+(that)[절]/+wh.[절]) 발견하다; ~을 알다, 깨닫다(realize)

784) **ability** [əbíləti] n. 능력, 할 수 있는 힘, 솜씨(in; for; to do)

785) **lie** [lai] (lay [lei]; lain [lein]; ly·ing [láiiŋ]) vi. (+전+명/+보) (원인·이유·본질·힘·책임 따위가) ~에 있다, 존재하다, 찾을 수 있다; (+부/+전+명/+보) (~에) 있다, 위치하다; ** **lie** (p., pp. lied [laid]; ly·ing [láiiŋ]) vi. 거짓말을 하다; 속이다, 눈을 속이다, 현혹시키다; (계기 따위가)고장 나 있다; vt. 거짓말을 하여 ~하게 하다(into); ** **lay** [lei] vt. (p., pp. laid [leid])) vt. 누이다, 가로눕히다; vi. 알을 낳다; 내기하다, 걸다; 보증하다; (~ oneself) 가로눕다; (누이듯이) 두다, 놓다

786) **examine** [igzǽmin] vt. 검사하다, 조사(심사)하다(inspect, investigate); 고찰(검토, 음미)하다시험하다(in; on, upon)

read, for example, the things **which stick**[788] **in your mind and really interest you** give you some idea about **where** your talent[789] can best express[790] itself.

① **관계사, 의문사** where[791] : 관계사로 장소명사를 뒤에서 관계형용사절수식하거나 의문사로서 명사절, 부사절, 의문문을 이끌 수 있다.

A person can discover where his greatest ability lies.
(의문사, 명사절, 타동사의 목적어)
사람은 자신의 가장 큰 능력이 어디에 있는지 발견할 수 있다.

~ the things give you some idea about where your talent can best express itself. (의문사, 명사절, 전치사의 목적어)
~ 그 일들은 너에게 너의 재능이 어디에서 가장 잘 발현되는지에 대한 아이디어를 제공한다.

② **전치사+동명사 ~** : 모든 전치사들 뒤에 동명사를 취해서 문장 안에서 부사구 및 형용사구로 많이 사용되고 있다.

~ by examining his greatest interests (~ by+타동사ing+목적어)
그의 최대의 흥미꺼리들을 조사함으로써

③ **주격 관계대명사** : ~ 선행사+주격관계대명사+자동사+전치사(타동사)+(목적어, 보어)

---

787) **interest** [íntərèst] vt. ~에 흥미를 일으키게 하다, ~의 관심을 끌다; n. 관심사, 흥미의 대상, 취미; 관심, 흥미(in); 감흥, 재미, 흥취(to; for); (종종 pl.) 이익; 이해관계

788) **stick** [stik] vi. (+전+명) 찔리다, 꽂히다(in); 달라붙다, 들러붙다(on; to), 떨어지지 않다, 교착하다(together); vt. (핀으로) 고정하다, 달다, 걸다; 붙이다; ** **stick (out) in one's mind** ~의 기억 속에 생생하다

789) **talent** [tǽlənt] n. (타고난) 재주, 재능; 재간, 수완, 솜씨(for)

790) **express** [iksprés] vt. (유전학)(보통 수동태 또는 ~ oneself) (유전자의 활동에 의해 형질을) 표현(발현)시키다; 표현하다, 나타내; ** **express oneself** 생각하는 바를 말하다, 의중을 털어놓다

791) **where** [hwεər] conj. (선행사를 포함하여) ~하는 장소(the place where), ~한 점(the point where)(명사절을)

~ the things which stick in your mind and really interest you
= ~ the things, and they stick in your mind and really interest you
너의 마음속에 생생하게 남아있어서 너에게 정말로 흥미를 불러일으키는 것들

58. It is on your thinking and your actions that the future of humanity depends. But your teachers and masters do not tell you how you really think and act.

It is on your thinking[792] and your actions **that** the future of humanity[793] depends[794]. But[795] your teachers and masters[796] do not tell you **how you really think and act.**

① **강조구문** : It ~ that -강조구문이다.

The future of humanity depends on your thinking and your actions.
→ It is on your thinking and your actions that the future of humanity depends.
인류의 장래는 바로 당신의 생각과 행동에 달려있다.
(바로 당신의 생각과 행동에 인류의 미래가 달려있다.)

전체적인 문장 구조는 it ~ that 강조구문이다. "-한 것은 바로 ~이다" 부사구인 "on your thinking and your actions"를 강조하고 있다. 특히

---

792) **thinking** [θíŋkiŋ] n. 생각(하기), 사고, 사색; 의견, 견해; 사상; a. 생각하는, 사고하는; 생각할 힘이 있는, 사리를 제대로 분별할 줄 아는; 생각이 깊은, 분별 있는

793) **humanity** [hjuːmǽnəti] n. 인류; 인간성, 인도; (pl.) 인간의 속성, 인간다움; 인간애, 박애, 자애, 인정; (보통 pl.) 자선 행위

794) **depend** [dipénd] vi. ~나름이다, (~에) 달려 있다, 좌우되다(on, upon); (~에) 의지하다, 의존하다(on, upon)

795) **but** [bʌt, 약 bət] conj. (문두에서) (이의·불만 따위를 나타내어) 하지만; (앞의 문장·어구와 반대 또는 대조의 뜻을 갖는 대등 관계의 문장·어구를 이끎) 그러나, 하지만, 그렇지만

796) **teacher** n. 선생, 교사, 교수 professor; 설교사; ** **master** n. 스승; 대가, 명수, 거장(expert); 대가의 작품; 정통한(환한) 사람; 달인(達人); 솜씨 좋은 장색; 석사

전치사 on은 that 절 뒤에 있는 동사 depend와 연결된 타동사구 (“depend on ~에 의존하다, ~에 달려있다”)이다.

② **의문사 Wh-명사절** : 관계사가 의문사 역할을 동시에 하는데, 차이점으로 관계사는 형용사절을 유도하고 의문사는 명사절(의문문, 부사절)을 유도한다. 특히 관계사는 what을 제외하고는 모두 선행사 명사가 있으나 의문사는 앞에 선행사 없다.

Your teachers and masters do not tell you <u>how you really think and act</u>. 너의 선생과 스승도 실제로 네가 어떻게 행동하고 생각해야하는지를 알려주지 않는다.

의문사 how로 시작하는 명사절이 4형식 문형의 직접목적어로 사용된 구조이다. 특히 직접목적어로 명사절인 'wh-clause'을 취할 수 있는 동사들로는 “tell, remind, inform, teach, ask, inform, ~”등이 있다.

I don't know who he is. (의문사, 명사절)
나는 그가 누구이지 모르겠다.
When do you go to school? (의문사, 의문문)
언제 학교에 등교하나요?
When I heard the news, I was happy. (의문사, 부사절)
나는 그 소식을 들었을 때 행복했다.
I like the girl who lives there. (관계사, 형용사절, 제한적용법)
나는 그곳에 살고 있는 그 소녀를 좋아한다.
I like the girl, who lives there. (관계사, 형용사절, 계속적용법)
나는 그 소녀를 좋아하는데, 그녀는 그 곳에 살고 있다.

59. In Britain, small children are not allowed to do just as they please, as they are in American and Korean families. Even in infancy, they are trained to respect the rights of others, not to make too much noise, and not be selfish.

In Britain, small children[797] **are not allowed**[798] to do <u>just as</u>[799] they please[800], <u>as</u> they are in American and Korean[801] families. Even[802] in infancy[803], they **are trained**[804] **to respect**[805] the rights[806] of others, (*they are trained*) **not to make too much noise**[807], **and** (*they are trained*) **not** (*to*) **be** selfish[808].

① **수동태 전환** : 능동태 문장을 수동태로 전환시킬 수 있다. 단, 타동사가 있는 3,4,5형식 문장만 가능하다. 여기서는 5형식문장의 수동태를 말하고 있다. 불완전타동사(allow, train, warn, urge, ask, dare, challenge, advise, mean, intend, order, enable, persuade, have known, lead, give, beg, cause, command, compel, decide, determine, encourage, entreat, force, get, hate, instruct, invite, leave, oblige, permit, prepare, press, remind, request, suffer, teach, tell, 등)가 목적보어로

---

797) **children** [tʃíldrən] n. (child의 복수형); **child** [tʃaild] n. 아이; 사내(계집) 아이, 어린이, 아동; 유아; 자식, 아들, 딸(연령에 관계없이); 자손

798) **allow** [əláu] vt. (+목+to do) ~에게 허락(허가)하다, 허가하다(permit); (+목+to do) ~에게 허락(허가)하다

799) **as** conj. (양태) (-이 ~한(하는)) 것과 같이, ~대로, (~와) 마찬가지로; Act as you please. 좋을 대로 하여라. You can come when (if) you please. 마음 내킬 때(내키거든) 오세요.

800) **please** [pli：z] vi. 남을 기쁘게 하다, 호감을 주다; (as, when, if 따위가 이끄는 종속절에서) 내키는 대로 하다, 하고 싶은 대로하다, 좋아하다, 마음에 들다; vt. 기쁘게 하다, 만족시키다(satisfy), ~의 마음에 들다

801) **Korean, American** : **Korean** [kərí：ən, kourí：ən] a. 한국의; 한국인(어)의; n. 한국인; 한국말(관사 없음); ** **Korea** (국명)한국; **American** [əmérikən] a. 아메리카의, 미국의, 아메리카 사람(원주민)의; n. 아메리카 사람(미국 사람); 아메리카 원주민; 아메리카 영어, 미어(美語)(관사 없음); ** **America** (국명)미국

802) **even** [í：vən] ad. (좀 더 강조하여) (그 정도가 아니라) 정말이지, 실로(indeed); (예외적인 일을 강조하여서) ~조차(도), ~라도, ~까지

803) **infancy** [ínfənsi] n. 유소(幼少), 어릴 때, 유치, 유년기; (집합적) 유아(infants); 초기, 요람기, 미발달기; (법률학) 미성년(minority)

804) **train** vt. (+to do/+목+to) 가르치다, 교육하다(up; over); 훈련하다, 양성하다(for)

805) **respect** [rispékt] vt. (~+목/+목+as보/+목+전+명) 존중하다, 존경하다; (~oneself) 자중하다, 자존심을 갖다

806) **right** [rait] n. 권리, 올바름, 정의, 공정; 오른쪽; ** **light** [lait] n. 빛; 밝음, 광명

807) **make a noise** ~ 소리를 내다; 떠들다; 소란 피우다, 불평하다(about); (미국속어) 트림을 하다; ** **make noises** 의견이나 감상을 말하다

808) **selfish** [sélfiʃ] a. 이기적인, 이기주의의, 자기 본위의; (윤리학) 자애 적(인)

'to-infinitive'를 취한 문형을 수동태로 전환시킨 구조이다.

In Britain, parents don't allow small children to do just as they please.
영국에서 부모들은 아이들이 제멋대로 행동하는 것을 허락하지 않는다.
→ In Britain, small children are not allowed to do just as they please.
영국에서 아이들은 제멋대로 행동하는 것이 허락되지 않는다.

Even in infancy, parents train them to respect the rights of others.
유년시절에도 부모들은 아이들이 타인의 권리를 존중하도록 훈련시킨다.
→ Even in infancy, they are trained to respect the rights of others (by parents),
유년시절에도 아이들은 타인의 권리를 존중하도록 훈련받는다.

Parents train them to respect the rights of others, not to make too much noise, and not be selfish.
부모들은 아이들이 타인의 권리를 존중하고, 너무 떠들지 않고, 그리고 자기본위가 되지 않도록 훈련시킨다.
→ They are trained to respect the rights of others, not to make too much noise, and not be selfish (by parents).
아이들은 타인의 권리를 존중하고, 너무 떠들지 않고, 그리고 자기본위가 되지 않도록 훈련받는다.

② **나열법** (A, B, and C) : 공통요소가 and 뒤에 c를 마지막으로 나열되고 더 이상 없다는 것을 말해주는 나열법이다. (→ 70번 참조)

be trained to respect ~, not to make ~, and not to be ~
= they are trained to respect the rights of others, (*they are trained*) not to make too much noise, and (*they are trained*) not (*to*) be selfish.

그들은 다른 사람들의 권리를 존중하도록 가르침을 받으며, 그들은 너무 떠들지 않도록 가르침을 받으며, 그리고 그들은 이기적인(자기 본위적인) 사람이 안 되도록 가르침을 받는다.

③ **준동사의 부정** : 준동사의 부정은 바로 앞에 부정어 "not, never"를 놓아서 부정시킨다. (not to do ~, not doing ~)

They are trained to respect the rights of others, (and they are trained) not to make too much noise, and (they are trained) not (to) be selfish.
그들은 ~을 존경하도록 그리고 ~하지 않도록, 그리고 ~하지 않도록 훈련받는다.

~ to respect the rights of others 타인의 권리를 존경하도록
~ not to make too much noise 너무 떠들지 않도록
~ not to be selfish 이기적이지 않도록

60. I think we must still suspect that our failure to teach students to communicate well is in large part a failure in our teaching.

I think we must still[809] suspect[810] that our failure[811] to **teach[812] students to communicate[813] well** is in large part[814] a failure in our teaching[815].

① **부정사의 형용사(제한적 용법)** : 부정사는 그 자체가 구(phrase)의 형태를 취하고 있기 때문에 후치 수식만 가능하다. 이 때 제한받는 명사

---

809) **still** [stil] ad. 아직(도), 상금, 여전히

810) **suspect** [səspékt] vt. (+목+to be보/+(that)[절]) ~이 아닌가 의심하다, (위험·음모 따위를) 어렴풋이 느끼다(알아채다); (참고) ** **suspect**는 '~일 것이다'를 의미하며, ** **doubt**는 '~은 아니겠지, ~임을 의심하다'를 뜻하는 것으로 대립되는 말이다.

811) **failure** [féiljər] n. 실패; 불이행, 태만(neglect)(in, to do); 부족, 결핍

812) **teach** [tiːtʃ] vt. (+목+to do/+목+wh. to do/+목+wh.[절]) (사람·짐승에게)(~의 방법을) 가르치다, 훈련하다, 길들이다

813) **communicate** [kəmjúːnəkèit] vi. 의사를 서로 통하다(with); 통신하다, 교통하다; vt. ~을 서로 나누다(with); (사상·지식·정보 따위를) 전달하다, 통보하다(to)

814) **in large part** 크게(largely), 대부분

815) **teaching** [tíːtʃiŋ] n. 교육, 수업, 교수, 훈육; 가르침; 교직(敎職); ((종종 pl.) 교의(敎義), 교훈; a. 가르치는

와 부정사 속의 동사 사이에는 주술관계, 타동사의 목적관계, 전치사의 목적관계, 동격 관계를 갖는다. 이러한 관계는 관계대명사가 격(주격, 목적격)에 따라서 앞의 선행사와 갖는 관계와 일치하고 또는 접속사 that가 동격 절을 이끄는 관계와 일치한다.

명사+ 부정사 (+ 보어/목적어/부사)
= 명사+ of+ 동명사 (+ 보어/목적어/부사)
= 명사+ that+ 주어+ 동사+ 보어/목적어/부사

Our failure to teach students to communicate well is in large part a failure in our teaching.
= Our failure of teaching students to communicate well is in large part a failure in our teaching.
= Our failure that we teach students to communicate well is in large part a failure in our teaching.
우리가 학생이 능숙하게 의사전달을 하도록 가르치는 것의 실패는 대부분 우리 교육의 실패이다.

I met a good teacher to help me. (주술관계)
= I met a good teacher who could help.
나를 도울 수 있는 선생님

That is the matter for you to decide. (타동사의 목적관계)
= That is the matter which you should decide.
당신이 결정해야 할 문제

I need a house to live in. (전치사의 목적관계)
= I need a house which I live in.
내가 살고 있는 집

She made a promise to marry me. (동격관세)[816]
= She made a promise that she would marry me.

---

816) 동격을 이루는 명사들로 자주 사용되는 추상명사들로 'ability, plan, promise, advice, program, determination, attempt' 등이 있다.

그녀가 나와 결혼하겠다는 약속

61. It is a common saying that thought is free. A man can never be hindered from thinking whatever he chooses so long as he conceals what he thinks. The working of his mind is limited only by the bounds of his experience and the power of his imagination.

It is a common[817] saying[818] that thought[819] is free[820]. A man can never be hindered[821] **from** thinking whatever he chooses so long as[822] he conceals[823] what he thinks. The working[824] of his mind is limited[825] only by the bounds[826] of his experience[827] and the power of his imagination[828].

---

817) **common** [kámən/kɔ́m-] a. 보통의, 일반적인, 평범한, 흔히 있는, 자주 일어나는; (opp. rare 드문, 진기한)

818) **saying** [séiiŋ] n. 말하기, 말, 진술 It was a saying of his that ~ 그는 곧잘 ~라고 말했다; 속담, 격언; 전해 오는 말

819) **thought** [θɔ：t] n. 생각하기, 사색, 사고; 사려, 배려, 고려; ** **think** v. (p., pp. **thought** [θɔ：t]) ~라고 여기다, ~라고 생각하다, ~라고 믿다

820) **free** [fri：] a. 자유로운; 속박 없는; 얽매이지 않는, 편견 없는; 방종한, 단정치 못한; 해방돼 있는, 면제된

821) **hinder ~ from** : ~ a person from doing "아무가 ~하는 것을 방해하다(못 하게 막다)"; ** **hinder** [híndər] vt. 방해하다, 훼방하다(in); ~의 방해를 하다; 지체케 하다, 늦게 하다; ** **hinder** [háindər] a. 뒤쪽의, 후방의

822) **so (as) long as** : ~하는 한(에서는), ~동안은

823) **conceal** [kənsí：l] vt. 숨기다; (~ oneself) 숨다

824) **working** [wə́：rkiŋ] n. 작용; 일, 노동; 활동; 작업, 운전; a. 일하는, 노동에 종사하는; 경영의, 영업의; 운전하는; 공작의, 마무리의; 실행의; 작업의, 취업의; 일의

825) **limit** [límit] vt. 제한(한정)하다; (어떤 수량 등으로) 제한하다(to); n. (종종 pl.) 한계(선), 한도, 극한

826) **bound** [baund] n. ; (보통 pl.) 범위; 한계; (보통 pl.)(안쪽에서 본) 경계(선); (pl.) 영역내, 관내, 영내

827) **experience** [ikspíəriəns] n. 경험, 체험, 견문; 경력; 경험 내용(경험으로 얻은 지식·능력·기능); vt. 경험(체험)하다; (위험 따위에)부닥치다; ~을 경험하여 알다

① **전치사의 목적어로 사용된 동명사** : 동명사는 명사적인 성질로서 문장 안에서 명사가 사용될 수 있는 곳이면 어디든 사용가능하다. 특히 전치사의 목적어로 많이 사용되다.

A man can never be hindered from thinking whatever he chooses.
사람은 자기가 무엇을 선택을 하던 간에 그것을 생각하는 것에 절대로 방해받는 일이 없다.

준동사인 동명사는 외부적으로는 명사로 사용되고 내부적으로는 동사로서 그 뒤에 보어 또는 목적어를 받는다. 그래서 동명사인 thinking은 명사의 자격으로 전치사 from의 목적어로 사용되고 있고, 그리고 자체속의 동사 think가 타동사이기 때문에 그 뒤에 목적어로 명사절 whatever he chooses를 받고 있다.

② **복합관계대명사 whatever** : 복합관계대명사는 자체 속에 선행사를 포함하고 있어서 문장에서 명사절 또는 양보부사절로 사용된다. 아래에서 명사절인 whatever he chooses는 준동사인 thinking 속의 동사가 think가 타동사이기 때문에 그것의 목적어로 사용되고 있다. (→ 93번 참조)

A man can never be hindered from thinking whatever he chooses.
사람은 자기가 무엇을 선택을 하던 간에 그것을 생각하는 것에 절대로 방해받는 일이 없다.

62. It will generally be found that the more a man really appreciates and admires the soul of another person the less he will attempt to imitate it; he will be conscious that there is something in it too deep and too unmanageable to imitate.

It will generally[829] be found[830] that the more a man really

828) **imagination** [imæ̀dʒənéiʃən] n. 상상(력), 창작력, 구상력; (종종 one's ~))상상(공상)의 산물, 심상; 공상, 망상

829) **generally** [dʒénərəli] ad. 일반적으로, 널리(widely); 보통, 대개

appreciates[831] and admires[832] the soul[833] of another[834] person **the less** he will attempt[835] to imitate[836] it; he will be conscious[837] (*of that*) there is something in it **too** deep and **too** unmanageable[838] **to imitate.**

① **점층 비교급** : 정도가 점차적으로 증가 또는 감소하고 있음을 표현하는 방법으로서 '비교급+and+비교급 : 점점 더 ~한' 이 있다.

The more you have, the more you want.
가지면 가질수록 더 갖고 싶어 한다.

It is getting colder and colder.
날씨가 점점 더 추워지고 있다.

I began to like English more and more.
나는 영어가 점점 더 좋아지고 있다.

→ The more a man really appreciates and admires the soul of another person the less he will attempt to imitate it.
사람은 다른 사람의 정신을 진정으로 인정하고 감탄하면 할수록, 그는

---

830) **find** [faind] vt. (~+목/+wh.[절]/+wh.[절]+to do/+(that[절]) (연구·조사·계산하여) 찾아내다; (해답 등을) 알아내다; (~인지를) 조사하다, 생각해내다; 조사(발견)하다

831) **appreciate** [əpríːʃièit] vt. 평가하다, 감정 [판단] 하다; ~진가를 인정하다; ~의 좋음(좋고 나쁨)을 살펴 알다

832) **admire** [ædmáiər, əd-] vt. (~을) 감복(찬탄)하다, 칭찬하다, 사모하다

833) **soul** [soul] n. 정신; (영)혼, 넋; 마음

834) **another** [ənʌ́ðər] a. 다른 하나의, 또 하나 (한 사람)의(one more); 다른, 딴, 별개의(different)

835) **attempt** [ətémpt] vt. (~+목/+to do/+-ing) 시도하다, 꾀하다

836) **imitate** [ímitèit] vt. 모방하다, 흉내 내다; 따르다, 본받다

837) **conscious** [kánʃəs/kɔ́n-] a. 의식(자각)하고 있는, 알고 있는(of; that)

838) **unmanageable** a. 힘에 겨운; 다루기 힘든; 제어하기 어려운; ** **manageable** [mǽnidʒəbəl] a. 다루기(제어하기) 쉬운; 유순한; 관리(처리)하기 쉬운

그것을 더 모방하려고 하지는 않는다. (~, 그만큼 그것을 모방하려하지 않으려는 경향이 있다. ~, 그만큼 그것을 더욱 적게 모방하려 한다.)

② **전치사의 생략, [주어+be+형용사+(전치사)+(that) 명사절]** : 전치사는 그 뒤에 명사절 that절을 목적절로 받은 후 전치사는 일반적으로 생략한다.

He will be conscious (*of*) (*that*) there is something in it. (of 생략)
그는 그 정신 안에 무언가 있다고 의식하고 있다.

I am confident[839] (that) our team will win. (of 생략)
나는 우리 팀이 승리할 것으로 확신한다.

She's delighted (that) you're going abroad. (at, with 생략)
그녀는 네가 외국에 간다고 해서 기뻐하고(놀라고, 불안해하고) 있다.

They were disappointed that you were unable to come. (about 생략)
그들은 네가 올 수 없게 되어 실망하고 있었다.

I am sorry that you have failed. 당신이 실해해서 유감이다. (about, for 생략)
I am glad that you have succeed. 당신이 성공해서 기쁩니다. (of 생략)

be aware of ~을 잘 알다
be suspicious of ~을 의심하다
be certain about ~을 확신하다
be uncertain about ~을 확신하지 못하다
be worried about `을 걱정하다
be afraid of ~을 두려워하다

③ **too ~ to do 용법** : (결과) 너무 ~해서 그 결과 ~하지 못하다" (= so ~ that 주어+cannot 동사)

There is something in it too deep and too unmanageable to imitate.

---

839) **confident** [kánfidənt/kɔ́n-] a. 확신하는(of; that); 자신이 있는, 자신만만한(in)

= There is something in it so deep and so unmanageable that he cannot imitate.
그 정신에는 너무나 깊어서 다루기 힘든 부분이 있어서 (그 결과) 그가 모방할 수 없는 무언가가 있다.

63. A library may be very large; but if it is in disorder, it is not so useful as one that is small but well arranged. In the same way a man may have a great mass of knowledge, but if he has not worked it up by thinking it over for himself, it has much less value than a far smaller amount which he has thoroughly pondered.

A library[840] may be very large; but if it is in disorder[841], it is **not so** useful[842] **as** one that is small but well arranged[843] (*is useful*). In the same way a man may have a great mass[844] of knowledge[845], but if he has not worked[846] it up by thinking[847] it over **for himself**, it has much less value than[848] a far[849] smaller amount[850] (*of knowledge*) which he has

840) **library** [láibrèri, -brəri/-brəri] n. 도서관, 도서실; (개인 소유의) 장서; 문고, 서재

841) **disorder** [disɔ́ : rdər] n. 무질서, 어지러움, 혼란; ** **be in disorder** 혼란하다

842) **useful** [jú : sfəl] a. 쓸모 있는, 유용한, 유익한, 편리한

843) **arrange** [əréindʒ] vt. 배열하다, 정리하다, 정돈하다

844) **mass** [mæs] n. 덩어리; 모임, 집단, 일단; 다량, 다수, 많음

845) **knowledge** [nálidʒ/nɔ́l-] n. 지식; 학식, 학문; 인식; 이해

846) **work up** (vt.+ad) 체계화하다; (자료 따위를) 집성(集成)하다(into); (회사·세력 등을) 발전시키다, 확대하다; (계획 등을) 작성하다, 마련하다; 지식(기량)을 닦다; ** **work up** (vi.+부사) 흥분하다; ~에까지 이르다, 나아가다, 오르다; 입신하다

847) **think over** (vt.+ad) (~에 대해서)다시 생각하다, (~을)숙고하다, (~을)검토하다

848) **less ~ than -** : -보다 덜 ~하다; (참고) **no less than** ~이나 되는, ~에 못지않게; **nothing less than** 바로 ~이다, 절대로 ~이다; **not less than** ~보다 나을망정 못하지 않은, ~에 못지않을 정도로 -인; **little less than** 거의 ~인, ~과 거의 마찬가지로; **neither more nor less than** ~이상도 이하도 아닌, 꼭 ~, 바로 ~

849) **far** [fɑ : r] ad. (정도) 훨씬, 매우, 크게; ** **by far** 훨씬, 단연(최상급, 때로 비교

thoroughly[851] pondered[852] (*than a great mass of knowledge*).

① **not so (much) A as B**[853] : B처럼 그렇게 (많이) A하지는 않다,
A가 아니라 B이다

= not so much A but B
= not so much A, more B
= not A so much as B
= less A than B
= B rather than A
= more B than A

If it is in disorder, It is not so useful as one that is small but well arranged (*is useful*).
만약 도서관이 정리가 되어있지 않다면, 그러한 도서관이 유용한 것이 아니라 작지만 잘 정돈된 도서관이 유용한 것이다.
(만약 도서관이 정리가 되어있지 않다면, 그러한 도서관은 작지만 잘 정돈된 도서관만큼 유용하지는 않다.)

② **전치사+재귀대명사** : 재귀대명사의 관용적인 용법으로서, 일종의 숙어처럼 자주 보아서 암기하는 게 좋다.

for oneself 혼자 힘으로, 스스로(= without other's help, for one's sake)
by oneself 홀로, 혼자서(=alone).
of itself 저절로, 자연발생적으로(= spontaneously, automatically)
in itself 본래, 그 자체로(= naturally, essentially)

급을 수식함)

850) **amount** [əmáunt] n. (the ~) 총계, 총액; 양, 액(額); (the ~) 요지, 귀결, 결과; (일괄해서 본) 가치, 중요성(of)

851) **thoroughly** ad. 완전히, 충분히, 철저히, 속속들이, 깡그리; ** **thorough** [θə́ : rou, θʌ́r-] a. 철저한, 충분한, 완벽한, 완선한; ad. 아주, 전적으로, 참으로

852) **ponder** [pάndər/pɔ́n-] vt. (~+목/+wh.[절]/+wh. to do) 신중히 고려하다

853) "**as ~ as**"는 긍정문에서든 부정문에서든 사용이 가능하지만, "**(not) so ~as**"는 부정문에서 의미를 강조 할 때 주로 사용된다. (그러나 "not as ~ as"도 일반적으로 사용이 인정되기도 한다.)

beside oneself 제 정신이 아닌(= mad, crazy)
in spite of oneself 무의식적으로, 자기도 모르게
to oneself 독점하여, 자기 자신만의
between ourselves 남몰래, 우리끼리 얘긴데(= in secret)
beside oneself = insane, mad, at the end of self-control 제 정신이 아닌

He has worked it up by thinking it over for himself.
그는 스스로 그것을 철저하게 숙고하면서 체계화시켜 갔다.

64. The baby knows no rules. It seeks only what seems pleasant to itself. It is kept only by force from doing what would be harmful to itself, or to the persons and things about it. Soon, however, in the case of a child properly trained, the rules begin, and it never is free of them again so long as it lives.

The [854]**baby** knows no rules[855]. **It** seeks[856] only what seems pleasant[857] to **itself**. **It** is kept[858] only by force[859] from doing what would be harmful[860] to **itself**, or to the persons and things about **it**. Soon, however[861], in the case of[862] a child

---

854) 통성명사(baby, child, teacher, 등)는 대명사로 받고자 할 때 성(gender) 구분 없이 받고자 할 경우에는 "it"로 받는다. → baby = it, itself

855) **rule** [ruːl] n. 규칙, 규정; 법칙

856) **seek** [siːk] vt. 찾다; 추구(탐구)하다; 조사하다; (명성·부(富) 따위를) 얻으려고 하다; (~에게 조언·설명을) 구하다, 요구하다

857) **pleasant** [pléznt] a. (사물이) 즐거운, 기분 좋은, 쾌적한, 유쾌한; (날씨가) 좋은; 호감이 가는, 상냥한; 쾌활한

858) **keep (from)** : vt. (~+목/+목+전+명) (남에게) 알리지 않다, 비밀로 해두다; ~을 허락하지 않다, 시키지 않다; 방해(제지)하다, ~에게 —못하게 하다(from)

859) **force** [fɔːrs] n. 강제력; 폭력(violence), 완력, 강압

860) **harmful** [háːrmfəl] a. 해로운, 해가 되는

861) **however** [hauévər] conj. (문장 앞이나 뒤에도 오나 보통은 문장 도중에 오며 부사로 보는 견해도 있음) 그러나, 그렇지만; 하지만(still; nevertheless)

properly[863] **trained**, the rules begin, and **it** never is free of[864] them again so long as[865] **it** lives.

① **통성명사와 대명사** : 앞에 사용된 명사가 남성인 경우는 "he"로 받으며, 여성명사인 경우는 "she"로 받으며, 통성명사인 the baby를 뒤에서 성별 구별 없이 받는 경우는 "it 또는 itself"로 받지만 성별 구별하여 "she 또는 he"로 받을 수도 있다.

The baby knows no rules. It seeks only what seems pleasant to itself.
아기는 규칙을 전혀 모르다. 아기는 자기 자신에게 즐거운 것처럼 보이는 것만을 찾는다.

② **분사의 형용사(제한) 용법** : 분사가 단독으로 명사를 수식할 경우에는 명사 앞에서 수식하지만, 분사가 자체속의 동사에 따라서 뒤에 보어나 목적어나 수식어를 동반하는 경우에는 명사를 뒤에서 수식한다.[866]

분사+명사[867]

---

862) **in the case of** ~의 경우에는 (in the event of)

863) **properly** [prápərli/prɔ́p-] ad. 똑바로, 올바르게, 정확히; 완전하게

864) **be free of** : ~을 떠나서; ~이 부과되지 않는, ~이 면제된; ~이 없는; ~에 자유로이 드나들 수 있는; ~을 아끼지 않는; ** **free** a. (규칙에) 구애되지(얽매이지) 않는

865) **so(as) long as** ~하는 한(에서는), ~동안은

866) 특히, 분사가 명사 뒤에서 수식하는 경우에 현재분사 뒤에는 능동태 문형이 뒤따르고 과거분사 뒤에는 수동태 문형이 뒤따른다.

867) 분사가 형용사로서 명사를 한정할 때 자동사(vi)의 현재분사는 진행(상태)의 의미를 가지고 과거분사는 완료의 의미를 가진다. 타동사(vt)의 현재분사는 능동의 의미를 가지고 과거분사는 수동의 의미를 가진다.

자동사: Falling leaves (=leaves which are falling)
떨어지고 있는 나뭇잎들
Fallen leaves (=leaves which have been fallen)
떨어져버린 나뭇잎들, 낙엽들

타동사: An exciting game (=a game which excites someone)
흥분시키는(흥분하게 하는) 경기, 흥미를 주는 경기
An excited teacher(=a teacher who is excited by someone)
흥분된(흥분 받은) 선생님

명사+분사(~+보어/목적어/부사)

the rising sun 떠오르는 태양
= the sun which is rising

a sleeping baby 잠자고 있는 아기
= a baby who is sleeping

in the case of a child properly trained, the rules begin.
= in the case of a child (*who was*) trained properly
잘 훈련받은 아이의 경우에는

65. Because a man has faults it does not follow that what he has produced, sponsored or is associated with is worthless. Likewise, because the man is beyond praise, it does not follow that his every idea is too good to be looked into.

Because a man has faults[868] **it** does not follow[869] **that** what he has produced[870], sponsored[871] or is associated[872] with is worthless[873]. Likewise[874], because the man is beyond praise[875], **it** does not follow **that** his every idea is **too** good

---

868) **fault** [fɔ：lt] n. 과실, 잘못(mistake), 허물, 실책; 결점, 결함, 단점, 흠(defect)

869) **follow** [fálou/fɔ́lou] vi. (+that[절]) (보통 it을 주어로 하여) (논리적으로) 당연히 ~이 되다, ~이라는 결론이(결과가) 되다, ~로 추정되다

870) **produce** [prədjú：s] vt. 창출하다; 산출하다, 생기게 하다, 낳다, (열매를) 맺다; 생산하다, 제작하다

871) **sponsor** [spánsər/spɔ́n-] vt. 후원하다, 발기하다; 보증하다, 보증인이 되다; (상업 방송의) 광고주 [스폰서] 가 되다; ~의 대부(모)가 되다

872) **associate** [əsóuʃièit] vi. 어울리다, 사귀다(with); 제휴하다, 연합하다(with); 협력(협동)하다(in); vt. 연상하다, 관련시키다(with); 연합시키다; 참가시키다, 동료로 가입시키다(join, unite)(with); (~ oneself) 동료가 되다, 교제하다

873) **worthless** [wə́：rθlis] a. 가치(쓸모) 없는, 하찮 것 없는, 무익한; 품행이 나쁜

874) **likewise** [láikwàiz] ad. 똑같이, 마찬가지로; 또한, 게다가 또(moreover, also, too)

to be looked into[876].

① **가주어와 진주어** : 가주어 it와 진주어 that 명사절로 이루어진 문장이다.

Because a man has faults, it does not follow that what he has produced, sponsored or is associated with is worthless.
사람에게 결점이 있다고 해서, 그가 창출한 것이나 후원한 것과 관계하던 모든 것이 가치가 없는 것이라고 결론을 내릴 수는 없는 것이다.
(그가 창출하고 후원하고 그리고 관계되었던 것이 가치가 없는 것이라고 결론을 내릴 수는 없는 것이다.)

Because the man is beyond praise, it does not follow that his every idea is too good to be looked into.
사람이 칭찬할 말이 없을 정도로 훌륭한 사람이라고 해서, 그의 모든 생각이 너무나 훌륭해서 (그 결과) 검토할 만한 것이 없을 것이라고 결론을 내릴 수는 없는 것이다.

② too ~ to do : (결과) (= so ~that 주어 cannot 동사) "너무나 ~해서 그 결과 -하지 못하다"; (정도) "-할 수 없을 정도로 ~하다"

His every idea is too good to be looked into.
= His every idea is so good that it cannot be looked into.
그의 모든 생각이 너무나 훌륭해서 (그 결과) 검토될 필요가 없다.

66. People complain of the lack of power to concentrate, not knowing that they may acquire the power, if they choose. And without the power to concentrate - that is to say, without the power to dictate the brain to its task and to ensure obedience - true life is impossible. Mind control is the first element of a full existence.

875) beyond praise ~ 이루 다 칭찬할 수 없을 만큼; ** praise [preiz] n. 칭찬, 찬양

876) too ~ to do : ** too ad. [too ~ (for+명사) to do 의 형태로] : "(결과) 너무 ~하여 (-가) ~할 수 없다; (정도) (-가) ~하기에는 너무 ~하다"; ** look into ~을 들여다보다; ~을 조사(연구)하다

People complain[877] of the lack[878] of **power**[879] **to concentrate**[880], **not knowing that they may acquire**[881] **the power**, if they choose[882]. And without **the power to concentrate** - that is to say[883], without **the power to dictate**[884] the brain[885] to its task[886] and (*the power*) **to ensure**[887] obedience[888] — true life is impossible. Mind control[889] is the first element[890] of a full[891] existence[892].

---

877) **complain** [kəmpléin] vi. 불평하다, 우는소리하다, 한탄하다(of; about); vt. (+that[절]/+[전]+[명]+that[절]) ~라고 불평(한탄)하다

878) **lack** [læk] n. 부족(want), 결핍; 결여, 없음

879) **power** [páuər] n. 능력, 힘; 생활력; 효험(效驗), 효력; 동력

880) **concentrate** [kánsəntrèit/kɔ́n-] vi. 집중하다; 한 점에 모이다

881) **acquire** [əkwáiər] vt. 손에 넣다, 획득하다; (버릇·기호·학문 따위를) 얻다, 배우다, 몸에 익히다, 습득하다

882) **choose** [tʃu:z] vi. 바라다, 원하다; (~에서) 선택하다, 고르다(between; from)

883) **that is to say** 즉, 바꿔 말하면; 적어도

884) **dictate** [díkteit,] vt. (~+[목]/+[목]+[전]+[명]) 명령하다, 지시하다(to); (말하여) 받아쓰게 하다(to), 구술하다

885) **brain** [brein] n. 뇌; 뇌수(腦髓); (pl.) 골; (보통 pl.) 두뇌, 지력

886) **task** [tæsk, tɑ:sk] n. (일정한 기간에 완수해야 할) 일, 임무; 작업, 사업; 과업; 노역, 고된(어려운, 괴로운) 일

887) **ensure** [enʃúər] only vt. (성공 등을) 확실하게 하다; (지위 등을) 확보하다; ~을 책임지다, 보장(보증)하다, ~을 안전하게 하다

888) **obedience** [oubí:diəns] n. 복종; 공순; 순종; (교회가 신자에게 요구하는) 귀의(歸依); (집합적) 관구 내의 신도들; (교회의) 권위

889) **mind control** 정신통제력, 마인드 컨트롤

890) **element** [éləmənt] n. 요소, 성분; (구성) 분자

891) **full** [ful] ɑ. 최고의, 최대한의; 한창의; 본격적인; 충분한, 풍부(완전)한, 결여됨이 없는; 정규의; 정식의찬, 가득한; 가득 채워진, 충만한

892) **existence** [igzístəns] n. 생존, 생활; 존재, 실재, 현존; (철학) 실존; (an ~) 존재양식, 생활방식; 존재자, 존재물; 실체

① **분사구문(부대상황)** : 부대상황을 이끄는 부사절을 분사구문으로 전환시킨 문장이다. 그리고 준동사의 부정 원칙에 따라서 부정부사 not을 분사 앞에 놓았다. (→ 24번 참조)

People complain ~, not knowing that they may acquire the power, if they choose.
= People complain ~, (*as they do*) not know that they may acquire the power, if they choose
마음만 먹으면, 정신의 집중력을 얻을 수 있다는 것도 모르고, 사람들은 ~을 불평한다.

② **부정사의 형용사용법(제한적용법, 동격관계)** : 부정사의 형용사적 (제한적 용법)으로서 부정사가 명사를 후치 수식하는 경우이며, 명사와 부정사의 동사가 의미상으로 동격관계를 이루고 있다.

the power to concentrate, 집중하는 능력

the power to dictate the brain to its task and (*the power*) to ensure obedience
두뇌에게 해야 할 일을 지시하는 능력과 복종을 확실(지속)하게 하는 능력

67. One mark of an educated man is his ability to live comfortably and intelligently with the fact that he can't possibly know everything. He feels no shame about the fact that he may be as uninformed about a given subject as an uneducated man, for he has substantial access to an answer if he really needs it.

One mark[893] of an educated[894] man is his ability to live comfortably[895] and intelligently[896] with **the fact**[897] **that** he

893) **mark** [mɑ：rk] n. (성질·감정 등을 나타내는) 표시(token), 특징(peculiarity), 표정, 특색; 표, 기호, 부호(sign)

894) **educated** [édʒukèitid] a. 교육받은, 교양 있는, 숙련된; 지식(경험)에 기초한, 근거가 있는

can't possibly[898] know everything. He feels no shame[899] about **the fact that** he may be as uninformed[900] about a given[901] subject[902] as an uneducated[903] man (*may be uninformed about a given subject*), for[904] he has substantial[905] access[906] to an answer if he really needs it.

① **동 격** : ~ (추상)명사 that 주어+ 동사+ 보어/목적어/수식어구 (명사로는 "생각, 정보, 가능성, 의심 등의 뜻을 가진 것들이 사용된다.)

the fact that he can't possibly know everything
(교육받은) 사람은 모든 것을 다 알 수 없다는 사실

the fact that he may be as uninformed about a given subject as an uneducated man

---

895) **comfortably** [kʌ́mfərtəbəli] ad. 기분 좋게; 마음 놓고, 안락하게, 고통(곤란, 부자유) 없이

896) **intelligently** [intélədʒənti] ad. 지적으로, 지성을 갖추고, 지능이 있게, 이해력이 뛰어나게, 영리하게

897) **fact** [fækt] n. (이론·의견·상상 등에 대한) 사실, 현실, 실제

898) **possibly** [pásəbəli/pɔ́s-] ad. (긍정문에서 can과 같이) 어떻게든지 해서, 될 수 있는 한; 어쩌면, 혹은, 아마(perhaps, maybe)

899) **shame** [ʃeim] n. 부끄럼, 부끄러워하는 마음, 수치심; 창피, 치욕, 불명예

900) **uninformed** a. 지식이 없는, 무학의; 알려지지 않은, 정보를 받지 못한(of); ** **inform** vi. 정보를(지식을) 주다

901) **given** [gívən] (give의 고거분사) a. 주어진, 정해진, 소정(所定)의; 일정한

902) **subject** [sʌ́bdʒikt] n. 주제, 문제, 제목, 연제, 화제; 학과, 과목; 국민; 신하; ** **given** [gívən] a. 주어진, 정해진, 소정(所定)의; 일정한

903) **uneducated** a. 교육 받지 못한, 무학의, 무지의

904) **for** [fɔːr] conj. (앞말에 대한 부가적 설명이나 이유를 나타내어) (문어) 왜냐하면 ~하니까; ~한 걸 보니 – (보통 앞에 콤머나 세미콜론을 찍음)

905) **substantial** [səbstǽnʃəl] a. 실질적인; 실제상의; (양·정도 따위가) 상당한, 꽤 많은, 다대한, 대폭적인; 견실한, 착실한, 튼튼한; 확실성이 많은; 내용이 풍부한; (음식 등이) 실속 있는

906) **access** [ǽkses] n. 접근(출입·입수·이용)하는 방법(수단·권리·자유); 접근, 면접, 출입(to); 진입로, 통로, 입구

(교육받은) 사람은 교육받지 못한 사람과 마찬가지로 주어진 문제에 관해 모르는 경우도 있다는 사실

68. There was, until the end of the eighteenth century, a theory that insanity is due to possession by devils. It was inferred that any pain suffered by the patient is also suffered by the devils, so that the best cure is to make the patient suffer so much that the devils will decide to abandon him. The insane, in accordance with this theory, were savagely beaten.

[907]There was, until[908] the end[909] of the eighteenth century[910], a theory[911] that insanity[912] is due[913] to possession[914] by devils[915]. It was inferred[916] that any pain[917] suffered by the patient[918] is also suffered by the devils, so that the best cure[919] is to make the patient suffer so much that the

---

907) **There+be+명사** : ~가 있다

908) **until** [əntíl] prep. (때의 계속) ~까지, ~이 되기까지, ~에 이르기까지 줄곧; conj. (때의 계속의 뜻으로) ~할 때까지, ~까지

909) **end** [end] n. 끝(of a day); 종지; 멸망; 최후, 죽음; 죽음; (세상의) 종말

910) **century** [séntʃuri] n. 1세기, 백년; the twentieth century 20세기(1901년 1월 1일부터 2000년 12월 31일까지)

911) **theory** [θí：əri] n. 학설, 설(說), 논(論), (학문상의) 법칙

912) **insanity** [insǽnəti] n. 광기, 발광, 정신이상(착란), 정신병; 미친 짓, 어리석은 행위

913) **due** [dju：] a. (~ to의 형식으로) ~에 기인하는, ~의 탓으로 돌려야 할; (~ to do의 형태로) ~ 예정인, ~하기로 되어 있는

914) **possession** [pəzéʃən] n. 사로잡혀서 떠나지 않는 감정(생각); 홀림, (감정의) 사로잡힘

915) **devil** [dévl] n. 악마; 악귀; 악령; (the D-) 마왕, 사탄(Satan)

916) **infer** [infə́：r] vt. (-rr-) 추리(추론, 추단)하다, 추측하다(from)

917) **pain** [pein] n. 고통, 괴로움, 고뇌; 비탄; 근심; (몸의 일부의) 아픔; (보통 pl.) 노력, 노고, 고심; 수고

918) **patient** [péiʃənt] n. (의사측에서 말하는) 병자, 환자; (미장원 따위의) 손님

devils will decide[920] to abandon[921] him. The insane[922], in accordance with[923] this theory, were savagely[924] beaten[925].

① **해석방법** : 문장의 구조가 복문일 때 주절 안에 있는 주어와 동사를 묶어서 부사구로 전환시켜 해석하면 편리하다.

It was inferred that any pain suffered by the patient is ~.
추론하기로, 환자에 의해서 느껴지는 괴로움 ~ 이다.
(= 추론하기로, 환자가 느끼는 모든 괴로움은 ~ 이다.)

They think that ~ 그들의 생각에 ~
He always insisted that ~ 그가 늘 주장하는 것으로서 ~
Recent research suggests that ~ 최근 연구에 의하면(따르면) ~
It is estimated that ~ 추정에 의하면 ~
It is reported that ~ 보도에 의하면 ~

② **분사의 제한적 용법** : 준동사인 분사가 형용사로서 명사를 앞 또는 뒤에서 수식할 수 있다. 특히 뒤에서 수식하는 경우는 구 또는 절을 이끌 때이다.

Any pain suffered by the patient is also suffered by the devils.

---

919) **cure** [kjuər] n. 치료; 치료법(제)(for); 치유, 회복; 구제책(for); (영혼의) 구원

920) **decide** [disáid] vt. (+to do/+that[절]/+wh. to do/+wh.[절]) ~을 결심(결의)하다; (+that[절]/+wh.[절]/+wh. to do) (문제·논쟁·투쟁 등을) 해결하다, 재결(결정)하다, 판결하다, 정하다

921) **abandon** [əbǽndən] vt. (사람·배·나라·장소·지위) 버리다, 버려두다; 버리고 떠나다

922) **insane** [inséin] a. 미친, 발광한, 광기의; 정신이상자를 위한; 미친 것 같은, 어리석은, 비상식적인; ** **the insane** 정신병자

923) **in accordance with** ~에 따라, 대로, 와 일치하여; ** **accordance** [əkɔ́ːrdəns] n. 일치, 조화; 부합; 수여

924) **savagely** [sǽvidʒli] a. 야만스럽게, 미개하게; 사납게; 잔혹하게, 잔인하게; ** **savage** [sǽvidʒ] a. 야만의, 미개한; 미개인의; 사나운; 잔혹한, 잔인한

925) **beaten** [bíːtn] a. 두들겨 맞은; (승패 따위에서) 진; 두드려 편, 두드려서 만들어 낸; ** **beat** [biːt] vt. (계속해서)치다, 두드리다; (벌로) 때리다, 매질하다; 탈곡하다

= Any pain (*which is*) suffered by the patient is also suffered by the devils.
환자에 의해서 느껴지는 괴로움 또한 마귀에 의해서도 느껴진다.

③ **결과 부사절** : so that은 "목적(in order that, in order to, so as to), 결과(therefore, and so), 조건(if only, so long as)" 부사절을 이끌며, so ~ that은 "결과, 정도" 부사절을 이끈다. so that과 so much that은 모두 결과 부사절을 이끌어서 "그래서 그 결과 ~하다"로 해석한다.

Any pain suffered by the patient is also suffered by the devils, so that the best cure is to make the patient suffer so much that the devils will decide to abandon him.
그래서 (그 결과) 가장 좋은 치료법은 악마가 환자를 떠나기로 결심할 만큼 심하게 환자를 괴롭히는 것이다.
= 그래서 (그 결과) 가장 좋은 치료방법은 환자가 상당히 많은 정도로 고통을 겪게 하여서 (그 결과) 마귀가 그를 포기하도록 하는 것이다.

④ **원형부정사** : 주어+불완전타동사(사역, 지각)+목적어+원형부정사 ~

The best cure is to make the patient suffer ~.
가장 좋은 치료법은 환자를 ~하도록 고통 받게 하는 것이다.

부정사의 명사적 용법이 주격보어로 사용되고 있으며, 자체 속의 동사 make는 불완전 타동사이기도 하고 사영동사이기 때문에 그 뒤의 목적격보어에 원형부정사를 취하고 있다.

69. At present, in the most civilized countries, freedom of speech is taken as a matter of course and seems a perfectly simple thing. We are so accustomed to it that we look on it as a natural right. But this right has been acquired only in quite recent times and its attainment has lain through lakes of blood.

At present[926], in the most civilized[927] countries, freedom[928] of speech[929] **is taken**[930] **as** a matter of course[931] and seems a perfectly simple[932] thing. We are **so** accustomed[933] to it **that** we look on[934] it as a natural right[935]. But this right has been acquired[936] only in quite[937] recent[938] times and its attainment[939] has lain[940] through lakes[941] of blood.

---

926) **present** [prézənt] n. (종종 the ~) 현재, 오늘날; a. (보통 서술적) 있는, 출석하고 있는; (제한적으로) 지금의, 오늘날의, 현재의, 현(現) ~

927) **civilized** [sívəlàizd] a. 문명화된, 개화된; 예의 바른, 교양이 높은

928) **freedom** [frí : dəm] n. 자유; 자주 독립; 해방, 탈각; 면제, 해제

929) **freedom of speech** 언론의 자유; ** **speech** [spi : tʃ] n. 언어 능력(표현력); 말하는 것, 발언; 말, 언어; 한 나라(지방)의 말, 국어(language), 방언(dialect)

930) **take ~ as - :** ~를 -로 간주하다; ** **take** vt. (+목+to be보/+목+전+명/+목+as 보) (좋게 또는 나쁘게) 받아들이다, 이해하다, ~라고 생각(간주)하다, 믿다

931) **a mater of course** 당연한 일(로서)

932) **simple** [símpəl] a. 단순한, 간단한; 쉬운, 수월한; 단일의, 분해할 수 없는; 간소한, 검소한, 꾸밈없는(unadorned), 수수한(plain); (식사 등이) 담백한; 성실하고 정직한(sincere), 순박(소박)한; 죄 없는, 순진한, 티 없는(innocent); 천진난만한; 사람 좋은, 어리석은; 무지한, 경험(지식)이 부족한; 하찮은, 대단치 않은; (문어) 천한; 평민(출신)의(humble)

933) **accustomed** [əkʌ́stəmd] a. 습관의, 언제나의; 익숙한, 익숙해져서(to); ** **be accustomed to (= be used to)** ~에 익숙해지다

934) look on (vi.+전) ~을 (바라)보다; 간주하다, 여기다, 생각하다(as); ~에 면하고 있다; (어떤 감정을 가지고) 바라보다(with); ** **look on ~ as - (= look to ~ as-)** ~을 -로 간주하다; ** **look on(upon)** (vi.+부) 방관하다, 구경하다; (책 따위를) 함께 보다(with)

935) **right** [rait] n. 권리; 오른쪽, 우측

936) **acquire** [əkwáiər] vt. 손에 넣다, 획득하다; (버릇·기호·학문 따위를) 얻다, 배우다, 몸에 익히다, 습득하다; (재산·권리 등을) 취득하다

937) **quite** [kwait] ad. 정말, 확실히; 사실상(actually), 실로, 꽤, 매우(very); 완전히, 아주, 전혀(completely)

938) **recent** [rí : sənt] a. 근래의, 최근의(late), 새로운

939) **attainment** [ətéin-] n. 도달, 달성; (노력하여 얻은) 기능, 재간, 예능; (보통 pl.) 학식, 재능, 조예(skill)

940) **lain** [lein] (lie의 과거분사); **lie** [lai] vi. (lay [lei]; lain [lein]; lying [láiiŋ]) (+전+명/+보) (원인·이유·본질·힘·책임 따위가) ~에 있다, 존재하다, 찾을 수 있다

① **타동사구의 수동태** : 타동사가 뒤에 전치사와 함께 타동사구를 만들 수 있다. 단, 수동태로 전환시킬 때 전치사의 위치를 주의해야 한다. 능동태에서는 타동사와 전치사가 분리되어야 하지만 수동태에서는 동사 바로 뒤에 전치사가 위치한다.

Freedom of speech is taken as a matter of course. (수동태)
언론의 자유는 당연한 것으로 간주되어진다.

= we take freedom of speech as a matter of course. (능동태)
우리는 언로의 자유를 당연한 것으로 간주한다.

② **결과(정도)부사절** : so ~ that 주어+동사 ~ (결과) "너무나 ~해서 그 결과 -하다" (정도) "-할 정도로 너무 ~하다"

We are so accustomed to it that we look on it as a natural right.
우리는 그것(언론의 자유)에 너무 익숙해져 있어서 그 결과 그것을 당연한 것으로 받아들이는 경향이 있다.

70. The best advice that one person can give another about reading is to take no advice from anyone, to follow your own instincts and read the books that interest you.

The best advice[942] that one person can give another[943] about reading[944] is to take no advice[945] from anyone, to follow your own instincts[946] and read the books that interest[947] you.

---

941) **lake** [leik] n. 레이크(짙은 다홍색 안료; 진홍색; 호수; (공원 따위의) 못, 연못

942) **advice** [ædváis, əd-] n. 충고, 조언, 권고(on; of; about); 전문가의 의견(진찰, 감정); ** **advise** [ædváiz, əd-] vt. ~에게 충고(조언, 권)하다; vi. 충고하다, 권하다

943) **another** [ənʌ́ðər] pron. 다른(딴) 사람, 다른 물건, 별개의 것; 또 다른 한 개(의 것), 또 다른 한 사람; a. 다른 하나의, 또 하나(한 사람)의(one more)

944) **reading** [ríːdiŋ] n. 읽기, 독서; 낭독; (독서에 의한) 학식, 지식; 읽을거리, 기사

945) **advice** [ædváis, əd-] n. 충고, 조언, 권고; ** **advise** [ædváiz, əd-] vt. ~에게 충고하다(조언하다, 권하다)

① **동 격** : ~ 명사 that 주어+동사+보어(목적어,수식어구) "~라는 것"

The best advice that one person can give another about reading is ~
사람이 독서에 관해 다른 사람에게 줄 수 있는 가장 좋은 조언은 ~

② **나열법**(enumeration)[948] : 문장 안에 공통어가 세 개 이상인 경우에는 그것들을 열거하는 방법이 몇 가지 있는데 아래와 같은 형태와 의미상의 차이를 갖게 된다.[949]

A, B, C : 공통요소가 c에서 끝나는 것이 아니라 계속해서 d, e, f, g, h,… 등으로 나열될 것이라는 여운을 남기는 나열법이다.
A, B and C : 공통요소가 and 뒤에 c를 마지막으로 나열 되고 더 이상 없다는 것을 말해주는 나열법이다.
A, B, and C : 공통요소가 and 뒤에 c로 마지막으로 나열 되고 더 이상 없다는 것을 말해주는 나열법인 것은 바로 위에서와 같지만, b와 c가 내용상 서로 다르다는 여운을 주는 나열법이다.
A and B and C : 공통요소들 서로가 긴밀한 관계를 가지고 있음을 나타내는 나열법이다.
A, and B, and C : 공통요소가 하나의 요소에 계속해서 영향을 받고 있음을 나타낼 때 사용하는 나열법이다. 즉, x(a, b, c) = xa, xb, xc 이라는 관계를 가진다.

Physical science gives power, power over steel, over distance, over disease. (a, b, c)
자연과학은 힘을, 강철, 거리, 질병 등에 대한 힘을 준다.

As a poet, I naturally have a passionate professional interest in words, style and language. (a, b and c)

---

946) **instinct** [ínstiŋkt] n. 본능(natural impulse); 직관, 육감, 직감(for); 천성, 천분

947) **interest** [íntərèst] vt. ~에 흥미를 일으키게 하다, ~의 관심을 끌다

948) 나열법 : 의미적으로 서로 대등한 두 문장 또는 어구를 연결 어미로 연결하여 접속문을 만드는 방법

949) 여인천, 『짬짬이 하는 기초영문법』(서울: 법문북스, 2009), 303.

시인으로서 나는 자연스럽게 낱말, 문체 그리고 언어에 대한 열정적이고 전문적인 관심을 가지고 있다.

To hear, to speak, and to write good English, requires constant practice. (a, b, and c)
훌륭한 언어를 듣고, 말하고, 쓸 수 있기 위해서는 계속적인 연습이 필요하다.

Worry and fret and irritation are emotions which serve no purpose. (a and b and c)
근심과 초조함과 짜증은 아무런 유익이 없는 감정들이다.

A good book should be read, and reread, and loved, and loved again, and marked, in order that you can refer to the passages you want in it. (a, and b, and c, and d, and e)
좋은 책이란 읽고, 또 읽고, 사랑하고, 또 사랑하고, 또 표시를 하여서, 그 책에서 당신이 원하는 구절을 참조할 수 있어야 한다.

The best advice that one person can give another about reading is to take no advice from anyone, to follow your own instincts and (to) read the books that interest you.
독서에 관해 사람이 다른 사람에게 줄 수 있는 가장 좋은 조언은 ~을 받지 말고, ~ 에 따라서, 그리고 (마지막으로) ~을 읽으라는 것이다.

→ 부정사가 명사적인 성질로서 주격보어로 사용되고 있는데 "to take ~, to follow ~, and to read ~"으로 나열법에 따라 연결되고 있다.

71. Reading is a habit. Once you've got the habit you never lost it. But you must somehow be exposed to reading early enough in life to have it become a part of your daily routine, like washing your face or breathing.

Reading[950] is a habit[951]. Once[952] you've got the habit you

950) **reading** [ríːdiŋ] n. 읽기, 독서; 낭독; (독서에 의한) 학식, 지식; (의회의) 독회; a. 독서하는, 책을 즐기는; 독서의, 읽기 위한

never lost it. But you must somehow[953] be exposed[954] to reading [955]early enough[956] in life to **have it become** a part of your daily routine[957], like washing your face or breathing[958].

① **접속사 once** : 일단(한 번) ~하면, ~해버리면; ~의 때는 언제나, ~하자마자

Once you've got the habit you never lost it. (일단~하면)
일단 그 습관을 가지게 되면 결코 잃어버리지 않는다.

Once you start, you must finish it. (일단~하면)
일단 네가 시작하면 끝내야 한다.

Once I was back in Korea, I found myself busy with the work. (~하자마자)
나는 한국에 돌아오자마자 그 일로 인해서 나 자신이 바빠져 있음을 알았다.

Once they arrived a the lake, they took in a deep breath. (~하자마자)
그들은 호수에 도착하자마자 깊은 숨을 들이 쉬었다.

② **사역동사와 원형부정사** : 문장의 본동사가 사역동사 let, make, have (또는 지각동사 see watch hear 등)인 경우에 목적보어로 to부정사를 취할 때 to가 없는 부정사(원형부정사)가 온다.

---

951) **habit** [hǽbit] n. 습관, 버릇, 습성(custom 관습, 풍습, 관행)

952) **once** [wʌns] conj. 일단(한 번) ~하면, ~해버리면; ad. 한 번, 일회, 한 차례; n. 한 번; a. 예전의, 이전의(former)

953) **somehow** [sʌ́mhàu] ad. 어떻게든지 하여, 여하튼, 어쨌든; 어쩐지, 웬일인지

954) **expose** [ikspóuz] vt. (햇볕·바람·비 따위에) 쐬다, 맞히다, 노출시키다(to); (공격·위험 따위에) 몸을 드러내다(to); (환경 따위에) 접하게 하다(to)

955) **early in life** 어린 시절; (= in early childhood; from (since) childhood)

956) **enough** [inʌ́f] ad. (통상 형용사·부사의 뒤에 붙임) (~하기에) 족할 만큼(for; to do); 충분히, 필요한 만큼; ** **enough** a. 충분한; ~하기에 족한, ~할 만큼의

957) **routine** [ru : tí : n] n. 일상의 과정(일); 판에 박힌 일

958) **breathe** [bri : ð] vi. 호흡하다, 숨을 쉬다; 살아 있다; 휴식하다; ** **breath** [breθ] n. 숨, 호흡; 한 호흡, 한숨

(in order) to have it become a part of your daily routine
독서가 너의 일상생활의 일부가 되게 하도록

You make me want to be a better man. (사역동사 make)
당신은 내가 보다 훌륭한 사람이 되기를 원하게 해주었다.

We saw her dance on the stage. (지각동사 see)
우리는 그녀가 무대엣 춤을 추는 모습을 보았다.

72. If it were not for books, for the written record of man's most profound thoughts, his loftiest achievements, each generation would have to rediscover for itself the truths of the past, with only the inadequate help of oral tradition.

If it were not for books, for the written[959] record[960] of man's most profound[961] thoughts[962], his loftiest[963] achievements[964], each generation[965] **would have to** rediscover[966] for itself[967] the truths[968] of the past, with only the inadequate[969] help[970]

---

959) **written** [rítn] a. 문자로 쓴(된), 필기의; 서면으로 된, 성문의; (구어에 대하여) 문어의 (opp. spoken)

960) **record** [rékərd/-kɔ：rd] n. 기록, 기입, 등록; 기록(문서); 공판기록; 의사록; 증거(품), 증언, 설명, 유물; 이력, 경력; 전과(前科); 성적; (경기)기록

961) **profound** [prəfáund] a. 심원(오)한, (듯)깊은, 밑바닥이 깊은; (병 따위가)뿌리 깊은

962) **thought** [θɔ：t] n. 생각하기, 사색, 사고

963) loftiest a. 가장 고상한; ** **lofty** [lɔ́：fti/lɔ́fti] a. (loft·i·er; -i·est) 고상한, 고결한; 높은, 치솟은; 지위가 높은

964) **achievement** [ətʃí：vmənt] n. 업적, 위업, 공로; 성취, 달성; 학력

965) **generation** [dʒènəréiʃən] n. 세대, 대(代) (대개 부모 나이와 자식 나이의 차에 상당하는 기간; 약 30년); (집합적) 한 세대의 사람들

966) **rediscover** vt. 재발견하다; ** **discover** [diskʌ́vər] vt. 발견하다; ~을 알다, 깨닫다(realize)

967) **for itself** 혼자 힘으로, 스스로

968) **truth** [tru：θ] n. (pl. ~s [tru：ðz, -θs]) n. 사실, 진실, 진; 진리(眞理), 참

of oral[971] tradition[972].

① **가정법과거** : If it were not for ~, were it not for ~, without ~, but for ~ (현재의 사실을 반대로 가정, 상상) ["if+ 주어+ 과거동사(were) not for ~, 주어+ would+ 동사 ~ : ~가없었다면, - 해야 할 것이다"]

If it were not for books, each generation would have to rediscover.
만약에 책이 없다면 ~ 각 세대의 사람들은 혼자 힘으로 재발견해야 할 것이다.

If it were not for you, they would be bored.
= Were it not for you, they would be bored.
= But for you, they would be bored.
= Without you, they would be bored.
네가 없었다면 그들은 지루할 것이다.

② **have to do, must do, should do** : must 는 따르지 않으면 큰일 나는 아주 강력한 느낌이고, have to 일상에서 무언가를 해야 한다는 의무감을 나타내고, should는 의무감이 아니라 그냥 가볍게 무언가 하도록 말할 때 사용한다.

Each generation has to rediscover for itself the truths of the past, with only the inadequate help of oral tradition.
각 세대의 사람들은 구전(口傳)의 불충분한 도움만을 빌어서라도 과거의 사실들을 혼자 힘으로 (꼭) 재발견해야 한다.

You must not go when red sign is on
신호등이 빨강색일 때 절대 가서는 안 된다.

---

969) **inadequate** [inǽdikwit] a. 부적당한, 부적절한(to; for); 불충분한(for); 미숙한, 적응성(능력, 자격)이 모자라는; ** **adequate** [ǽdikwət] a. (어떤 목적에) 어울리는, 적당한, 충분한; (직무를 다할) 능력이 있는, 적임의(to; for)

970) **help** [help] n. 도움, 원조, 구조; 조력, 거듦; v. ~돕다, 조력(助力)(원조)하다

971) **oral** [ɔ́ːrəl] a. 구두(口頭)의, 구술의 (opp. written); (해부학) 입의, 구부(口部)의

972) **tradition** [trədíʃən] n. 전통, 관습, 인습; 전설; 구비(口碑), 구전, 전승(傳承)

You have to wait for 10 minutes for her.
너는 (의무적으로) 10분 동안은 그녀를 기다려 줘야한다.

You should study hard when you are a student.
너는 학생일 때 (의무는 아니지만) 열심히 공부해야한다.

73. The end of study is not to possess knowledge as a man possesses the coins in his purse, but to make knowledge a part of ourselves, that is, to turn knowledge into thought, as the food we eat is turned into the life-giving blood.

The end973) of study974) is **not** to possess975) knowledge **as** 976) a man possesses the coins977) in his purse978), **but** to make knowledge a part of ourselves, that is979), to turn980) knowledge into thought, **as** the food (*that*) we eat is turned into the life-giving981) and nerve-nourishing982) blood983).

---

973) **end** [end] n. 목적(= aim, finish, limit); 끝(of a day); (이야기 따위의) 결말, 끝맺음; 결과; 멸망; 최후, 죽음; 죽음 [파멸, 멸망] 의 근원; (세상의) 종말

974) **study** [stʌ́di] n. 학문; 공부, 면학(勉學), 학습; 학과, 과목(subject).; (종종 pl.) 연구, 학문(of)

975) **possess** [pəzés] vt. 소유하다, 가지고 있다(own); (자격·능력을) 지니다, 갖추다(have); (마음·감정 등을) 억제하다

976) **as** conj. (양태) ~ (-이 ~한(하는)) 것과 같이, ~대로, (~와) 마찬가지로 (= in the same way as~)

977) **coin** [kɔin] n. (낱낱의) 화폐; (집합적) 경화; (구어) 돈, 금전

978) **purse** [pəːrs] n. 지갑(= wallet [wɑ́lit] (가죽으로 만든) 작은 주머니); 돈주머니, 돈지갑; (미국) 핸드백

979) **that is** 즉, 다시 말하면(= namely, in other words)

980) **turn** [təːrn] vt. (+목+전+명/+목+보) (성질·외관 따위를) (~으로) 변화시키다, (~으로) 만들다(바꾸다), 변질(변색)시키다 (into); ** **turn ~ into -** : ~를 -로 변화시키다 (= change ~ into -); ** **be turned into** ~으로 전환되다

981) **life-giving** a. 활력을 주는, 생명을 주는, 활기를(기운을) 북돋우는; ** **life** n. 생명; 활기, 기운; 활력, 건강의 원천; 신선함

982) **nerve-nourishing** a. 기력을 돋우어 주는; ** **nerve** [nəːrv] n. 신경; 용기, 냉정,

① **상관접속사** : not ~ but - "~가 아니라 -이다"

The end of study is not to possess knowledge **as** a man possesses the coins in his purse, but to make knowledge a part of ourselves.
학습의 목적은 지식을 ~처럼 소유하는 것이 아니라 자기 자신의 일부로 만드는 것이다.

② **양태접속사** : as ~ (~과 같이, ~처럼, ~한 대로), as if/though ~ (마치 ~처럼, 마치 ~같이), (just) as ~, so - (~ 하듯이 -도 또한 -하다), as ~ as - (-만큼 ~한), not as(so) ~ - as (-만큼 ~하지 않다)

~ possess knowledge as a man possesses the coins in his purse!
인간이 자신의 지갑 속에 화폐를 갖고 있듯이 지식을 소유하다..

~ make knowledge a part of ourselves as the food (*that*) we eat is turned into the life-giving and nerve-nourishing blood!
우리가 먹는 음식이 생명을 주는 혈액으로 바뀌듯이 지식을 자신의 일부로 만들어야 한다.

When in Rome, do as the Romans do.
로마에 있을 때는 로마인들처럼 행동하라.
This bridge is as long as that (is).
이 교량은 저 교량처럼 길다.
It is not as(so) easy as you think.
그것은 네가 생각하는 것처럼 쉽지 않다.
She talks as if(though) she knew all about it.
그녀는 자신이 모든 것을 알고 있는 것처럼 말하고 있다.
Just as he won the championship, so you can do it.
그가 챔피언을 차지한 것처럼 너도 그렇게 할 수 있다.

담력, 체력, 건전한 신경상태 ** **nourish** [nəː riʃ, nʌr-] vt ~에 자양분을 주다; 기르다, 살지게 하다; ~에 비료를 주다; 육성하다, 조성하다(promote); (희망·원한·노염 등을) 마음에 품다(cherish)

983) **blood** [blʌd] n. 피, 혈액, 생명

As food nourishes our body, so books nourish our mind.
음식이 몸의 영양이 되는 것처럼 책은 마음의 영양이 된다.

74. The infant's eagerness to speak and to learn names is a major feature of the development of speech. Children have a mania for naming things. This deserves to be called a "hunter for names" since their learning of names is done neither mechanically nor with reluctance, but with enthusiasm.

The [984]infant's **eagerness**[985] **to speak and to learn names** is a major[986] **feature**[987] of the **development**[988] of **speech**[989]. Children have a mania[990] for naming things[991]. This deserves[992] to be called a "hunter for names" since[993] their learning[994] of names is done **neither** mechanically[995] **nor** with reluctance[996],

---

984) **infant** [ínfənt] n. (7세 미만의) 유아; (법률학) 미성년자

985) **eagerness** [í：gərnis] n. 열심; 열망, 열의(for; after; about; to do)

986) **major** [méidʒər] a. 주요한, 중요한, 일류의; (둘 중에서) 큰 쪽의, 보다 큰, 과반의, 대부분의; 보다 중요한

987) **feature** [fí：tʃər] n. 특징, 특색; 두드러진 점(of); (이목구비 따위) 얼굴의 생김새; (pl.) 용모, 얼굴

988) **development** [divéləpmənt] n. 발달, 발전; 발육, 성장(growth)

989) **speech** [spi：tʃ] n. 말, 언어; 한 나라(지방)의 말, 국어(language), 방언(dialect)

990) **mania** [méiniə, -njə] n. (의학) 조병(躁病);열중, 열광, ~열, ~광; 열광케 하는 것

991) **~ for naming things** : 동명사 naming이 전치사 for의 목적어로 사용되었고, 또한 타동사 name은 목적어로 things를 취하고 있다; ** **name** [neim] vt. ~에(이라고) 이름을 붙이다(짓다), 명명하다; n. 이름, 성명; (물건의) 명칭

992) **deserve** [dizə́：rv] vt. (~+명/+to do/+-ing/+that[절]) ~할 만하다, 받을 가치가 있다, ~할 가치가 있다

993) **since** [sins] conj. (주절에 완료형을 수반하여) ~한 이래, ~한 후(지금까지); ad. (완료형동사와 함께) 그 후 (지금까지), 그 이래 (지금까지)

994) **learning** [lə́：riŋ] n. 배움; (심리학)학습; 학문, 학식(學識) (knowledge), 지식; 박식(scholarship); (터득한) 기능

995) **mechanically** ad. 기계적으로, 무의식적으로; ** **mechanical** [məkǽnikəl] a. 기계

but with enthusiasm[997].

① **동 격** : ~ 명사 to 부정사 (부정사의 형용사 용법으로서 명사를 뒤에서 수식한 것으로 명사와 동격관계로 해석한다.)

The infant's eagerness to speak and to learn names
= The eagerness that the infant tries to speak and learn names
이름들을 배우고 말하는 유아기의 열의

I have no time to lose.
= I have no time that I will lose.

the right to do ~할 권리
the decision to do ~ 하겠다는 결심
the resolution to do ~ 하겠다는 결심
the effort to do ~하려는 노력
the attempt to do ~ 하려는 시도
the ability to do ~할 수 있는 능력
the opportunity to do ~ 할 수 있는 기회
the chance to do ~ 할 기회
the obligation to do ~ 할 의무
the duty to do ~할 의무
the responsibility to do ~ 할 책임

have a mood to do ~하고 싶다
have no way to do ~하는 것은 불가능하다
have a tendency to do ~하기 쉽다
have the heart to do ~ 하고자 한다

적인, 자동적인, 무의식의, 무감정한; 기계(상)의; 기계로 조작하는(만든, 움직이는)

996) **reluctance** [rilʌ́ktəns], [-i] n. 마음이 내키지 않음, 마지못해 함, (하기)싫음(to do); ** **with reluctance** 싫어하면서, 마지못해서(reluctantly); ** **without reluctance** 자진해서, 기꺼이

997) **enthusiasm** [enθjúːziæ̀zəm] n. 열심, 열중(광), 의욕, 열의(for); 감격; 열심의 대상, 열중시키는 것; (고어) (종교적) 열광, 광신; ** **with enthusiasm** 열광적으로

② **상관접속사** : neither A (nor) B, but C : "A도 B도 아니고 C이다"

Their learning of names is done neither mechanically nor with reluctance, but with enthusiasm.
그들의 이름에 대한 학습은 것은 기계적으로나 마지못해서가 아니라 열광적으로 행해지고 있다.

③ **명사+ of+ 명사+ of+ 명사** : 세 개의 명사 feature, development, speech 들을 전치사 of로 연결시킨 명사구이다. 이럴 경우 서로간의 수식관계는 문맥에 따라서 결정된다.

본문에 사용된 a major feature of the development of speech에서는 the development of speech가 전치사 of 뒤에 와서 "형용사구"로서 앞의 명사인 feature를 수식하고 있다. 즉, "언어 발달"이란 명사구가 전치사 of 뒤에 와서 앞의 명사인 "중요한 특징"을 수식하고 있는 것이다.

a major feature of the development of speech
언어 발달의 (한) 중요한 특징

75. Every man is his own best critic. Whatever the learned say about a book, however unanimous they are in their praise of it, unless it interests you, it is no business of yours. Don't forget that critics often make mistakes, the history of criticism is full of blunders the most eminent of them have made, and you who read are the final judge of the value to you of the book you are reading.

Every man is his own best critic[998]. Whatever the learned say about a book, however unanimous[999] they are in their

---

998) **critic** [krítik] n. 비평가, 평론가, 감정가; 혹평가, 흠잡는 사람(faultfinder), 비난자; (고어) 비판, 비평; a. 비판적인

999) **unanimous** [juːnǽnəməs] a. 만장(전원) 일치의, 이의 없는; 합의의, 동의(同意)의

praise[1000] of it, unless[1001] it interests you, it is **no business**[1002] **of yours**. Don't forget[1003] that critics often make mistakes[1004], the history of criticism[1005] is full[1006] of blunders[1007] (*that*) the most eminent[1008] of them have made, and you who read are the final judge[1009] of the value[1010] (to you) of the book you are reading.

① **복합관계사** : 관계사 어미에 "-ever"를 덧붙여서 만든 것으로서 자체 속에 선행사를 포함하고 있다. 복합관계대명사는 명사절 또는 부사절로 사용되고, 복합관계부사는 부사절로 사용된다. 특히 부사절을 이끄는 경우는 양보 'no matter wh-' 적인 의미로 해석된다. (단, 복합관계부사 중에서 wherever와 whenever는 일반 시간 at any time when 및 장소 at any place where 부사절을 이끌 수도 있다) (→ 93번 참조)

Whatever the learned say about a book, however unanimous they are in their praise of it, ~
= No matter what the learned say ~, no matter how unanimous they are in their praise of it, ~

1000) **praise** [preiz] n. 칭찬의 대상; 칭찬, 찬양; 숭배, 찬미; 신을 찬양하는 말(노래); ** **in praise of** ~을 칭찬하여

1001) **unless** [ənlés] conj. (부정의 조건을 나타내어) ~하지 않으면, ~하지 않는 한, ~한 경우 외에는

1002) **business** [bíznis] n. 용건, 일, 볼일, 관심사; (반어적) (관계 (간섭)할) 권리; 실업; 상업, 장사, 거래, 매매; 직업; 직무; 사건

1003) **forget** [fərgét] vt. 잊다, 망각하다, 생각이 안 나다

1004) **mistake** [mistéik] n. 잘못, 틀림; 잘못된 생각, 오해; ** **make a mistake** ~ 실수하다, 잘못 생각하다

1005) **criticism** [krítisìzəm] n. 비평, 비판(문); 평론; 비판 능력; 감상력, 안식; 비난

1006) **full** [ful] a. 찬, 가득한; 가득 채워진, 충만한(of)

1007) **blunder** [blʌ́ndər] n. 실수, 대(大)실책 error

1008) **eminent** [émənənt] a. 저명한, 유명한 famous

1009) **judge** [dʒʌdʒ] n. 판단자; (토의·경기 따위의) 심판관, 심사원; 재판관, 판사

1010) **value** [vǽlju：] n. 가치, 유용성, 진가, 쓸모, 고마움; 평가

어떤 책에 대해 학자들이 무엇이라고 말하든 간에, 아무리 만장일치로 그 책을 칭찬하든 간에

Whoever comes will be welcomed. (명사절)
= Anyone who comes will be welcomed.
방문하는 모든 사람은 환영받게 될 겁니다.
(방문하는 누구든 환영합니다.)

Whatever you say, I'll not listen to you. (양보부사절 : 아무리 ~일지라도)
= No matter what you say, I'll not listen to you.
네가 무얼 말하든지 간에 나는 네 말에 귀를 기울이지 않겠다.

Whenever she comes, I will follow her. (양보부사절 : 언제 ~하든 간에)
= No matter when she comes, I will follow her.
그녀가 언제 오든 간에 나는 그녀를 따라갈 겁니다.

Whenever she comes, it rains. (시간 부사절 : ~할 때마다)
= At any time when she comes, it rains.
그녀가 올 때마다 비가 내린다.

② **이중소유격(double possessive, double genitive)** : 소유격이 이중으로 되어있는 것을 말한다. 관사와 인칭대명사의 소유격을 동시에 사용할 수 없다. 그러나 둘을 한 번에 사용하고자 할 때는 이중소유격으로 표현할 수 있다.

It is no business of yours.
그것은 당신의 용건(일, 관심사)이 아니다.
그것은 당신과 상관없는 일이다.

a my book (X) → a book of mine (O)
내가 가지고 있는 한권의 책
a my sister's friend (X) → a friend of my sister's
내 여동생의 어느 한 친구
some my friends (X) → some friends of mine

나의 몇몇 친구들
this car of my friend's so 친구 소유의 자동차
that toy of my daughter's 내 딸 소유의 장난감

(참고) my book과 a book of mine 차이점 : my book은 몇 권을 가지고 있는지는 숫자에 대해서는 말을 안 하고 단순히 그것은 "나의 책"이라는 사실만을 말하고 있는 것이라면, a book of mine은 여러 권의 책들이 있다고 말하고 있으면서 그것들 중에서 단지 "한 권의 책"일 뿐이라는 것이다.

She is my friend. 그녀는 내 친구이다.
(친구라는 사실만 말함, 친밀감이 강함)
She is a friend of mine. 그녀는 여러 친구들 중에 한명이다.
(여러 명의 친구들 중에서 한명이라고 말함, 친밀감이 약함)

76. Think twice before you make a promise. If you say you will do a thing, and neglect to do it, you will have told a lie; your friends will lose faith in your word. In other words, you can't help being criticized by them.

Think twice[1011] before you **make a promise**[1012]. If you say (*that*) you will do a thing, and neglect[1013] to do it, you <u>will have told</u>[1014] a lie[1015]; your friends will lose faith[1016] in

1011) **twice** [twais] ad. 2회, 두 번; 2배로

1012) **promise** [prámis/prɔ́m-] n. 약속, 계약; ** **give(make) a promise** 약속하다; vt. (~+목/+to do/+목+목/+목+전+명/+목+to do/+(that)[절]/+목+(that)[절]) 약속하다, 약정하다; 준다는 약속을 하다

1013) **neglect** [niglékt] vt. (~+목/+-ing/+to do) (의무·일 따위를) 게을리 하다, 해야 할 것을 안 하다, 하지 않고 그대로 두다(doing; to do)

1014) **will have told** ~ "반드시 꼭 ~하게 될 것이다"

1015) **lie** [lai] n. (고의적인) 거짓말, 허언 ** **tell a lie** 거짓말을 하다; 속이는 행위, 사기(imposture); (the ~) 거짓말에 대한 비난; 미신; 잘못된 관습(신념)

1016) **faith** [feiΘ] n. 신뢰, 신용(trust, confidence)(in); 신념(belief); 신조(信條); 확신(in; that); 신앙(심), 믿음(in)

your word. <u>In other words</u>[1017], you **can't help being criticized**[1018] by them.

① **동사 = 동사+동사의 명사형** : 두 개 모두 거의 동일한 의미를 전달하다.

Think twice before you make a promise.
= Think twice before you promise.
너는 약속하기 전에 두 번 생각해라.

I usually say bad things to myself when I make a mistake.
저는 실수를 했을 때 주로 제 자신에게 나쁜 말을 합니다.

make a promise = promise ~약속하다
make a decision = decide ~결정하다
make a statement = state ~언급하다
make a mistake = mistake ~실수하다
make a cry = cry ~울다
make a trip ~여행하다
make a copy = copy ~복사하다

take a trip = trip ~여행하다
take a shower = shower ~샤워를 하다
take a look = look ~보다
take a break = break ~숨 쉬다
take a walk= walk ~걷다

get a grip = trip grip ~쥐다
get a sleep = sleep ~잠자다
get a loan = loan ~빌려주다

② **동명사의 관용적인 표현들** : can't help doing (~하지 않을 수 없다,

1017) in other words (= that is to say, that is) 다시 말하면, 다른 말로 하며, 즉"

1018) criticize, criticise [krítisàiz] vt., vi. 비난하다, 혹평하다; 비평하다, 비판(평론)하다; ~의 흠을 찾다

~할 수밖에 없다) (= cannot but do. cannot choose but do. have no choice but to do) (→ 25번 참조)

In other words, you can't help being criticized by them.
다시 말하면 너는 (친구들에 의해서) 비난을 피할 수가 없을 것이다.
다시 말하면 너는 (친구들에 의해서) 비난받을 수밖에 없을 것이다.

77. The Koreans were not only proud of their sports potential; they took pride in having hosted the Olympics safely and successfully. The citizens were willing to put up with traffic and other inconveniences. Good manners were shown by spectators, and visitors from abroad found the host country very friendly.

The Koreans[1019] were not only proud[1020] of their sports potential[1021]; (*but also*) they took pride[1022] **in having hosted**[1023] the Olympics safely and successfully. The citizens were willing[1024] to put up with[1025] traffic[1026] and other inconveniences[1027]. Good

---

1019) **the Koreans** 한국인들 → the+복수고유명사 '민족전체, 가문, 부부'

1020) **proud** [praud] a. 자랑으로 여기는, 영광으로 여기는; (좋은 의미로) 의기양양한; 거만한(haughty), 잘난 체하는(arrogant), 뽐내는; ** **be proud of** ~을 자랑으로 여기다(= take pride in)

1021) **potential** [pouténʃəl] a. 잠재적인; 잠세(潛勢)의, 가능한; 장래 ~의 가능성이 있는; n 잠세(潛勢), 잠재력; 가능성

1022) **pride** [praid] n. 자랑, 자존심, 긍지, 프라이드; 득의, 만족; ** **take(feel, have) (a) pride in** ~을 자랑하다

1023) 완료동명사: 술어동사 시제보다 앞선 시제이다 "~했던 것"; ** **host** [houst] vt. 접대하다, (파티 등)의 주인 역을 하다; ~의 사회를 하다; the host country 주최국

1024) **willing** [wíliŋ] a. (서술적) 기꺼이 ~하는(to do), 꺼리지 않는; (한정적) 자진해서(행)하는, 자발적인

1025) **put up with** ~ 을 참다(= endure)

1026) **inconvenience** [ìnkənví：njəns] n. 불편(한 것), 부자유; 폐(가 되는 일), 성가심

1027) **traffic** [trǽfik] n. 교통(량), (사람·차의) 왕래, 사람의 통행; v. 장사(거래)하다

manners[1028] were shown by spectators[1029], and visitors from abroad found the host[1030] country very friendly[1031].

① **전치사의 목적어로 사용된 동명사** : 모든 전치사들은 그 뒤에 동사를 받고자 할 때 일반적으로 동명사를 통해서 문장을 확대할 수 있지만, 부정사를 받는 경우는 특정한 경우(but, save, except ~을 제외하고)에만 가능하다.

I nave no choice but to laugh at the sight.
나는 이 광경에 웃지 않을 수 없다

He never came to visit except to borrow something.
그는 무엇을 빌리기 위한 경우 아니고는 절대로 오지 않았다.

He has no duties save to eat and sleep.
그는 먹고 자는 것 외에는 아무런 의무가 없다.

78. I remember standing at the rail and watching the distance between myself and Le Havre increase. Hands fell, ceasing to wave, handkerchiefs ceased to flutter, people turned away, they mounted their bicycles or got into their cars and rode off. Soon, Le Havre was nothing but a blur.

I remember standing[1032] at the rail[1033] and watching the distance between myself and Le Havre[1034] increase[1035].

1028) **manner** [mǽnər] n. 방법, 방식; (pl.) 예절, 예의, 법식에 맞는 예법

1029) **spectator** [spékteitər] n. 구경꾼, 관객; 관찰자, 목격자; 방관자; 관찰자

1030) **host** [houst] n. (연회 등의) 주인 (노릇) ** **host country** 주최국; vt. 접대하다, (파티 등)의 주인 역을 하다; ~의 사회를 하다

1031) **friendly** [fréndli] a. 친한, 우호적인; 친절한, 상냥한, 붙임성 있는; ad. 친구처럼, 친절하게

1032) **remember, forget, try + doing (과거의 사실), to do (미래의 사실)**

1033) **rail** [reil] n. (배의)난간; 선로, 철도

Hands fell, **ceasing to wave**, handkerchiefs ceased[1036] to flutter[1037], people turned away, they mounted[1038] their bicycles or got into their cars and rode[1039] off. Soon, Le Havre was nothing but[1040] a blur[1041].

① **나열법** (A and B) : 공통요소들 서로가 긴밀한 관계를 가지고 있음을 나타내는 나열법이다. (→ 70번 참조)

주어+ remember+ standing ~ and watching+ 목적어+ increase ~
타동사 동명사1 동명사2

I remember standing at the rail and watching the distance between myself and Le Havre increase.
나는 난간에 서 있던 것과 나와 Havre 항구 사이의 거리가 멀어지는 것을 지켜보던 것을 기억하고 있다. (watch+ 목적어+ 원형부정사)

② **분사구문(부대상황)** : '부대'라는 말은 '주된 것에 덧붙이는 것'이라는 의미이므로, 부대상황은 주된 상황에 덧붙이는 상황이라는 뜻이다. 종류로는 두 가지가 있는데 동시동작과 연속동작이다. 문맥에 따라 해석하면 된다. 특히 동시동작은 '두 개의 동작이 동시에 발생하는 것'이다. 접속

1034) Le Havre 북프랑스 센강 하구의 항구

1035) **지각동사와 원형부정사** : watch+ 목적어+ increase; ** increase [inkríːs] vi. 늘다, 증대하다, 붇다; 강해지다, 증진하다; 번식하다, 증식하다

1036) **cease** [siːs] vt. (~+명/+ -ing/+ to do) 그만두다(desist), (~하는 것을) 멈추다, 중지하다, 끝내다, (하던 일을) 하지 않게 되다

1037) **flutter** [flʌ́tər] vi. 퍼덕거리다, 날개 치며 날다; (나비 따위가) 훨훨 날다; (깃발 따위가) 펄럭이다

1038) **mount** [maunt] vt. (산·계단 따위를) 오르다(ascend), (무대 따위에) 올라가다; (말 따위에) 타다, 올라타다(앉다), 걸터앉다

1039) **ride** [raid] vi. (말·탈것 따위에) 타다, 타고 가다(on; in; off)

1040) **nothing but (= nothing but/except, nothing else than (but)** "~에 불과한(only), ~밖에 없는(아닌); 다만 ~뿐"

1041) **blur** [bləːr] n. 침침한 곳; 더러움, 얼룩; (도덕적인) 결점, 오점, 오명; (시력·인쇄 따위의) 흐림, 불선명

사를 써야할 두 문장을 분사를 이용하여 한 문장으로 만드는 것이다. (→ 24번 참조)

Hands fell, ceasing to wave, handkerchiefs ceased to flutter ~
= Hands fell, and they ceased to wave, and handkerchiefs ceased to flutter ~
= Hands fell, with them ceasing to wave, and handkerchiefs ceased to flutter ~
(들고 있던) 손을 내렸고 / (동시에) 흔드는 것을 멈추며 / 그리고 손수건의 펄럭임도 멈추었다.

79. It was such astonishing news that Joe did not know what to say. Susan was his little sister, and he could not believe that she was old enough to be anybody's wife. Nor, to tell the truth, could he imagine anybody wanting her for his wife.

It was **such** astonishing[1042] news **that** Joe did not know **what to say**. Susan was his little sister[1043], and he could not believe that she was old **enough to** be anybody's wife. **Nor**, to tell the truth[1044], **could he imagine**[1045] anybody wanting her for his wife.

① **결과부사절 such(so) ~ that** : 결과·정도를 나타내는 부사절을 이끈다. (구어에서는 흔히 that이 생략) "너무나 ~해서 그 결과 -하게 되다"

1042) **astonishing** [əstániʃiŋ] a. (깜짝)놀랄 만한, 놀라운(= amazing); ** **astonishing·ly** ad. 놀랄 만큼; 몹시, 매우; astonishing·ness n.

1043) **sister** [sístər] n. 여자 형제, 언니(누나) 또는 (여)동생; 의붓(배다른) 자매; 처제, 처형, 올케, 형수, 계수

1044) **독립부정사** : **to tell the truth** 사실을 말하면, to begin with 우선, to be brief 간단히 말하면, to be sure 확실히, so to speak 말하자면, strange to say 이상한 얘기지만

1045) **imagine** [imǽdʒin] vt. (~+목/+(that)[절]/+wh.[절]/+목+-ing/+목+(to be)보/+목+as보) 상상하다(conceive), 마음에 그리다; 가정하다

I remember so much (that) I often think I ought to write a book.
생각나는 것이 아주 많아서 책이라도 써야겠다고 가끔 생각한다.

He is such a nice man (that) everybody likes him.
사람이 좋으므로 모든 사람들이 그를 좋아한다.

② **의문사+ to부정사** : that절로 전화시킬 때는 'should 동사원형'을 써야하다. 해석하면 '~해야 한다'라고 당위성을 포함시킨다.

Nobody advises me what to do.
= Nobody advises me what I should do.
내가 무엇을 해야 할지 누구도 충고해 주지 않았다.

③ **enough to do** : (정도) "~할 만큼 충분히 -하다" (= so+ 형용사(부사)+ that+ 주어 + can+ do)

She is smart <u>enough to</u> get good grades in science.
= She is <u>so</u> smart <u>that</u> she can get good grades in science.
그녀는 과학에서 좋은 점수를 받을 수 있을 정도로 충분히 똑똑하다.

④ **도치구문** : 부정어+ (조)동사+ 주어 ~ (* nor라는 접속사는 앞의 부정문을 받아서 다시 부정이 계속되게 하여 "~도 -하지 않다"라고 해석한다.)

You don't like it, <u>nor</u> do I.
너도 그것을 안 좋아하지만 나도 그렇다.

He could <u>not</u> believe that she was old enough to be anybody's wife. <u>Nor</u>, to tell the truth, <u>could he imagine</u> anybody wanting her for his wife.
그는 ~라고 생각할 수 없었다. 또한 그는 ~라고도 상상할 수 없었다.

80. Many years ago the family Bible was a source of entertainment for the American family. Every evening the

members of the family would gather together to hear the father or grandfather read from it. These days TV Guide has replaced the Bible as the book everyone turns to.

Many years ago the family Bible was a source1046) of entertainment1047) for the American family. (*on*) **Every evening** the members of the family would1048) gather1049) together **to hear the father or grandfather read**1050) **from it.** These days TV Guide has replaced1051) the Bible as the book (*that*) everyone turns to1052).

① **대격부사구** : 전치사 뒤에 명사를 받은 후에 "전치사"가 생략되고 명사만 남았지만, 명사로도 부사역할을 대신하고 있기 때문에 "부사(구)대격"또는 "대격부사(구)"라고 한다.

(*On*) Every evening the members of the family would gather together.
매일 밤 가족 모두가 함께 모이곤 했다.

The tsunami attack lasted (for) two hours. 2시간 동안
Please wait (for) a minute. 잠시 동안

1046) **source** [sɔ：rs] n. 근원(origin), 근본, 원인; 수원(지), 원천(fountainhead)(of)

1047) **entertainment** [èntərtéinmənt] n. 위로, 오락; 연예, 여흥; 대접, 환대; (식사에의) 초대; 연회, 주연, 파티

1048) **would** [wud, 약 wəd, əd] aux. v. (과거의 불규칙적인 습관) "~하곤 했다"; ** **used** [ju：zd] vi. (+to do) ~하는 것이 예사였다, 늘 ~했다, ~하는 버릇(습관)이 있었다; 원래는(이전에는, 옛날에는) ~했었다

1049) **gather** [gǽðər] vi. 모이다, 모여들다, 집결하다; vt. 그러모으다, 모으다, 거두어들이다

1050) **read** [ri：d] vi. (+전+명) 음독(낭독)하다; ** **read from (out of) a book** ~ 책을 드문드문 빼먹고 낭독하다, 골라 읽다

1051) **replace** [ripléis] vt. (~+목/+목+as보) ~에 대신하다, ~의 후계자가 되나, ~에 대체하다; 세자리에 놓다, 되돌리다; 복직(복위)시키다; ** **replace ~ as -** : ~을 -로 대체(대신)하다; ** **replace ~ by(with) -** : ~을 -으로 바꾸다, 바꾸어 넣다

1052) **turn** [tə：rn] vi. (~/+전+명/+부) (마음·문제 따위가) 향하다, 향해 가다(move on), 관심(생각)을 향하게 하다(to; towards); 주의를(생각·관심 등을) 다른 데로 돌리다, 옮기다(away; from); ** **turn to** ~을 참조하다

I walked (for) five miles. 5마일까지
I will meet him (on) this Sunday. 이번 주일에
I have breakfast early (in) the morning. 아침에
We solved the problem (in) this way. 이런 방법으로

② **지각동사와 원형부정사** : 문장의 본동사가 지각동사(see watch hear, smell, 등)이고 목적보어로 to부정사를 취할 때 to가 없는 부정사(원형부정사)가 온다.
Every evening the members of the family would gather together <u>to hear the father or grandfather read from it</u>

매일 밤 가족 모두가 함께 모여서, 아버지나 할아버지가 성경에서 (어떤 특정 부분을) 낭독하시는 것을 듣기 위해서

81. You young people often complain that we are too old fashioned. But we don't want you to repeat the same mistakes that we made when we were young. We want you to do what we think best from our own long experience.

You young people often [1053]<u>complain (of)</u> that we are too old fashioned[1054]. But **we don't want**[1055] **you to repeat**[1056] **the same mistakes that** we made when we were young. **We want you to do** what we think best from our own long experience[1057].

1053) **complain** [kəmpléin] vi. (~/+전+명) 불평(한탄)하다, 우는소리하다(of; about)

1054) **fashioned** [fǽʃənd] a. (접미사적) ~풍(식)의, ~형의; old-fashioned 구식의, 낡은; ** **fashion** n. 하는 식(투), 방식 method; (a ~, the ~) ~식, ~류(流), ~풍(風)(manner, mode); 양식, 형, 스타일(style, shape), 만듦새, 됨됨이; 종류; 관습, 습관, 버릇; 유행(vogue), 패션; ** **fashion** vt. vi. 모양 짓다(shape), 형성하다, 만들다 (syn) make; 맞추다, 적합(적응)시키다(fit)

1055) **want** [wɔ(:)nt, wɑnt] vt. (+to do/+목+to do/+목+done/+목+-ing/+목+보/+that[절]) ~하고 싶다; (아무가) ~해 줄 것을 바라다, ~해 주었으면 하다

1056) **repeat** [ripí:t] vt. 되풀이하다, 반복하다, 재차 경험하다

1057) **experience** [ikspíəriəns] n. 경험, 체험, 견문; 경력; 경험 내용(경험으로 얻은 지

① **관계사 that의 특별용법** : 관계대명사의 서행사인 명사 앞에 특정의 수식어들이 있을 경우에는 무조건 that만을 써야하는 경우이다. 즉 선행사의 앞에 최상급 the first, the last, the only, the same, the very, all, any, no 등이 있거나 선행사가 사람+사물 또는 사람+사물일 경우에 관계대명사 that을 쓴다. (→ 45번 참조)

But we don't want you to repeat the same mistakes that we made when we were young.
그러나 우리가 젊었을 때 저지른 똑같은 실수들을 여러분이 되풀이 하는 것을 우리는 원하지 않는다.

② **주어+불완전타동사+to부정사** : 목적보어로 'to부정사'를 취하는 동사들로서 'warn, urge, allow, ask, dare, challenge, advise, mean, intend, order, enable, persuade, have known, lead, give, beg, cause, command, compel, decide, determine, encourage, entreat, force, get, hate, instruct, invite, leave, oblige, permit, prepare, press, remind, request, suffer, teach, tell, 등이 있다.

We don't want you to repeat the same mistakes.
우리는 당신이 똑같은 실수들을 되풀이 하는 것을 원하지 않는다.

We want you to do what we think best from our own long experience.
긴 경험을 통해서 우리가 가장 좋다고 생각하는 것을 당신이 해주기를 원한다.

82. He came back with a yoyo in his hand. He tried to show me how it worked, but he couldn't make it roll back up the string. He tried several times, only to fail. When my turn came, I told him how to work it and showed him some of my tricks. He nodded at my skill.

식·능력·기능); 체험한 사물; (pl.) 경험담; (pl.) 종교적 체험; (속어)마약의 효과; 이상한 일 religious ~s 종교적 체험; vt. 경험(체험)하다

He came back with a yoyo[1058] in his hand. He tried[1059] to show me how it worked[1060], but he couldn't make it roll[1061] back up the string[1062]. He tried several times[1063], **only to fail.** When my turn[1064] came, I told him **how to work it** and showed him some of my tricks[1065]. He nodded[1066] at my skill[1067].

① **부정사 부사용법(결과)** : only(or never) to 동사 = but 주어+ 동사(or never 동사) "그러나 ~하다; 그러나 ~하지 못하다"

He tried several times, only to fail.
= He tried several times, but he failed.
그는 몇 차례 시도했지만 결국 실패했다.

He worked hard only to fail.
= He worked hard, but he failed.
그는 열심히 노력했지만 결국 실패했다.

She grew up to be a pianist.
She grew up, and be a pianist.
그녀는 자라서 피아니스트가 되었다.

1058) **yoyo** [jóujòu] n. 요요(장난감의 일종); (요요처럼) 상하 운동을 거듭하는 것

1059) **try** [trai] vt. (~+목/+-ing) 해보다, 시도하다; (가능한지 어떤지) ~해보다; vi. (~/+전+명/+to do) (~하도록) 노력하다(힘쓰다)

1060) **work** [wəːrk] vi. (기계 따위가) 작동하다, 움직이다

1061) **사역동사 : make+목적어+원형부정사** (he couldn't make it roll back ~)

1062) **string** [striŋ] n. 끈, 줄, 실, 노끈; ** **cord** [kɔːrd] n. (새끼, 끈; 목매는 (밧)줄) 보다 가늘고 ** **thread** ([θred] n. 실, 바느질 실,)보다 굵은 끈

1063) **time** [taim] n. (몇) 번, 회; 배, 곱; ten times a day 하루에 10회

1064) **turn** [təːrn] n. 순번, 차례, 기회

1065) **trick** [trik] n. 묘기, 재주, 곡예; 요술, 기술(奇術); 비결, 요령; 책략, 계교, 속임수

1066) **nod** [nɑd/nɔd] vi. 끄덕이다; 끄덕하고 인사하다; 끄덕여 승낙(명령)하다(to; at); 졸다, 꾸벅꾸벅 졸다; 방심(실수)하다; (식물 따위가) 흔들리다, 너울거리다, 기울다

1067) **skill** [skil] n. 기술, 기능(in; of); 숙련, 노련, 교묘, 능숙함, 솜씨(in; to do)

② **주어+동사+목적어+의문사+to부정사** : 의문사(의문대명사, 의문부사) 및 종속접속사(whether, if)와 to부정사가 결합되어 명사구를 이룬 것이다(show, tell, ask, teach, advise, inform,~).

I told him how to work it.
= I told him how he should work it.
나는 그에게 그것을 어떻게 작동하는지 말해주었다.

He asked me how to use this machine.
= He asked me how I should use this machine.
그는 내게 내가 이 기계를 어떻게 사용하는지 물었다.

83. It is a matter of common knowledge that a man of genius is seldom successful in his own lifetime. He is too much superior to those about him to be quickly understood. The greater the genius, the longer does it take the world to find it out and understand it.

It is a matter[1068] of common knowledge[1069] that a man of genius[1070] is seldom successful[1071] in his own lifetime. He is [1072]too much **superior to**[1073] those about[1074] him to be

1068) **matter** [mǽtər] n. (관심·고찰의) 문제(subject), 일; (특수한) 물질; 물체; vi. (보통 부정·의문) 중요하다, 문제가 되다, 중대한 관계가 있다

1069) **a matter of common knowledge** 잘 알려져 있는 것, 주지의 사실; ** **common knowledge** 주지의 사실, 상식 (cf.) general knowledge

1070) **genius** [dʒíːnjəs, -niəs] n. 천재, 비범한 재능

1071) **successful** [səksésfəl] a. 성공한, 좋은 결과의, 잘된; 번창하는; (시험에) 합격한; 크게 히트한, 출세한, (회합 따위가) 성대한; ** **be successful in** ~에 성공하다

1072) **too ~ to do -** : (결과)너무 -해서 그 결과-하지 못하다; (정도)-할 수 없을 정도로(만큼) 너무~하다

1073) **superior** [səpíəriər, su-] a. (지위·계급) (보다) 위의, 보다 높은, 보다 고위(상위)의, 상급의(to); ** **superior to** ~보다 우수하다; **senior to, junior to, inferior to**

1074) **about** [əbáut] prep. ~의 둘레(주변)에; ~의 주위에(를); ~을 에워싸고

quickly understood. **The greater** the genius (*is*), **the longer** does it take[1075] the world to find it out and understand it.

① **외래어 비교급** : 라틴어(Latin)에서 온 비교급에서는 접속사 "than" 대신에 전치사 "to"를 쓰기 때문에 뒤에 이끌고 오는 문장구조가 다른데 절(Clause)이 아닌 (동)명사가 온다. 예를 들어, superior to ~보다 월등한, inferior to ~보다 열등한, junior to ~보다 손아래인, senior to ~보다 손위인, interior to ~보다 내부의, exterior to ~보다 외부의, anterior to ~보다 앞의, posterior to ~보다 뒤의, major to ~보다 큰, minor to ~보다 작은, preferable to ~보다 더 좋아하는, prior to ~보다 우선인(중요한) 등이 있다.

He is too much superior to those about him to be quickly understood.
= He is so much superior to those about him that he can't be quickly understood.
그는 주변의 사람들보다 너무나도 뛰어나서 빨리 이해를 얻을 수 없는 것이다.

위 문장은 "too ~ to do (너무 ~해서 그 결과 –하지 못하다)"와 외래어 비교급인 "superior to ~ (~ 보다 더 월등한)"가 사용되었다.

She is superior to me in English.
= She is better than I in English.
그녀는 영어실력에 있어서 나보다 더 유능하다.

I prefer studying to playing.
= I prefer to study rather than to play.
나는 노는 것보다 공부하는 것을 더 좋아한다.

② **점층 비교급** : 정도가 점차적으로 증가 또는 감소하고 있음을 표현하는 방법으로서 "비교급+and+비교급 : 점점 더 ~한" 이 있다. 즉 한쪽의

1075) **take** [teik] vt. (it를 주어로 하는 경우가 많음) (시간·노력 따위를) 필요로 하다; ** it takes 사람 시간 to do ~ (사람이 to do하는데 시간이 걸리다) → It takes long the world to find it out and understand it, 세상이 그것을 발견하고 이해하는데 오랜 시간이 걸린다.

정도의 변화에 따라 다른 쪽도 더불어 정도의 변화를 갖게 되는 표현방법으로서 "the+비교급 ~, the+비교급 - : ~하면 할수록 그만큼 더욱 더 -하게 되다" 가 있다.

<u>The greater</u> the genius (is), <u>the longer</u> does it take the world to find it out and understand it.
천재는 (재능이) 뛰어나면 뛰어날수록, 세상 사람들이 그를 발견하고 이해하는데 더욱 시간이 오래 걸린다.

= (원급문장) The genius is <u>great</u>, and it takes <u>long</u> the world to find it out and understand it.
천재는 (대단히) 뛰어난데, 세상 사람들이 천재를 발견하고 이해하는 데는 시간이 오래 걸린다.

The higher we go up, the colder it becomes.
우리가 위로 높이 올라가면 갈수록 기온이 더욱 차가웠다.

The smaller the mind (is), the greater the conceit (is).
마음이 좁으면 좁을수록 자만심은 더욱 커진다.

84. Our civilization is the sum of the knowledge and memories accumulated by the generation that have gone before us. We can only use it if we are able to make contact with ideas of these past generations. The only way to do this is reading.

Our civilization[1076] is the sum[1077] of the knowledge and memories (*which are*) accumulated[1078] by the generation[1079]

1076) **civilization** [sìvəlizéiʃən] n. 문명(文明), 문화; 문명화, 교화, 개화

1077) **sum** [sʌm] n. 총계, 총액, 총수, 합계 (total); 개요, 개략, 대의

1078) **accumulate** [əkjúːmjəlèit] vt. (조금씩) 모으다, (재산 따위를) 축적하다; (악의 따위를) 부풀리다

1079) **generation** [dʒènəréiʃən] n. 세대, 대(代) (대개 부모 나이와 자식 나이의 차에 상당하는 기간; 약 30년); (집합적)한 세대의 사람들; 자손, 일족

that have gone before us. We can only use it if we are able to make contact with[1080] ideas of these past generations[1081]. The only way to do[1082] this is reading[1083].

① **분사의 제한적 용법** : 준동사인 분사는 형용사의 성질로서 가장 많이 사용된다고 볼 수 있는데, 일반 형용사들과 마찬가지로 제한적용법과 서술적용법으로 사용 가능하다. 특히 제한적인 용법으로서 단독으로 명사를 수식할 경우는 앞에 위치하고 다른 어구와 함께 명사를 수식할 경우는 명사 뒤에서 위치시킨다. 이 때 명사와 분사 사이에는 "주격관계대명사와 be동사"가 동시에 생략된 것이다.

~ the knowledge and memories (which are) accumulated by the generation that have gone before us.
우리를 앞서간 전 세대들에 의해서 축적되어진 지식과 기억

There are the broken chairs. 부서진 의자들

Those are the chairs broken by Tom. 톰에 의해 부서진 의자들
= There are the chairs (which are) broken by Tom.

The soldier (who was) wounded in the war was my friend.
= The soldier wounded in the war was my friend.
= The wounded soldier in the war is my friend.
전쟁에서 부상당한 그 친구는 나의 친구입니다.

The girl (who is) singing on the stage] is very pretty.
= The girl singing on the stage] is very pretty.

1080) **make contact with** ~와 접촉하다; ** **take+동사의 명사형 = 명사의 동사 의미**; make contact with = contact with 접촉하다; contact only vi.

1081) **generation** [dʒènəréiʃən] n. 세대, 대(代); 자손, 일족; 산출, 발생, 생식

1082) **부정사 형용사적 용법(제한적용법)** : (동격) The only way to do this is reading. = The only way that we can do this is reading.; ** **this = we are~past generation**

1083) **reading** [ríːdiŋ] n. 읽기, 독서; 낭독; (독서에 의한) 학식, 지식; (의회의) 독회; 읽을거리, 기사; (pl.) 문선; 해석, 견해, (꿈·날씨·정세 등의) 판단; (각본의) 연출

= The singing girl on the stage is very pretty.
무대에서 노래를 부르고 있는 소녀가 매우 예쁘다.

85. Most people have had physical problems which start with a simple toothache. No matter how well one brushes his teeth, sooner or later cavities are formed which later cause tooth decay. Today, scientists are busy experimenting to discover a vaccine that will make people immune to tooth decay. It will take years of study to achieve it.

Most people have had physical[1084] problems which start with a simple toothache[1085]. **No matter how well one brushes[1086] his teeth,** sooner or later[1087] **cavities[1088] are formed which later cause[1089] tooth decay[1090].** Today, scientists are busy experimenting[1091] to discover[1092] a vaccine[1093] that will [1094]make people immune[1095] to tooth decay. It will

---

1084) **physical** [fízikəl] a. 육(신)체의; 물질의, 물질적인(opp. spiritual, mental, moral)

1085) **toothache** [tú : θèik] n. 치통; have a toothache 이가 아프다

1086) **brush** [brʌʃ] vt. ~에 솔질을 하다; 털다; ~을 닦다; (솔·손으로) 털어버리다, 털어내다(away; off); n. 솔, 귀얄; 솔질; a. 솔 같은

1087) **soon(er) or late(r)** 머지않아, 조만간

1088) **cavity** [kǽvəti] n. 구멍(hole), 공동; (해부학)(신체의) 강(腔); (이빨의) 구멍; 충치; (플라스틱 성형시 밀봉하는 금형의) 속빈 틀

1089) **cause** [kɔ : z] vt. ~의 원인이 되다; 일으키다; (~+목/~목+to do)~로 하여금 ─하게 하다; (~+목+목/~목+전+명) (남에게 걱정·폐 따위를) 끼치다

1090) **decay** [dikéi] n. 부패, 부식; 부패한 물질; 충치; 감쇠, 쇠미, 쇠약, 쇠퇴, 노후화; vi. 썩다, 부패(부식)하다; 쇠하다, 감쇠(쇠미, 쇠약, 쇠퇴)하다; vt. 부패(붕괴)시키다; 쇠하게 하다; 충치가 되다

1091) **experiment** [ikspérəmənt] only vi. 실험하다, 시험(시도)하다; ** **be busy ~ing** ~하느라 바쁘다; n. (과학상의)실험; (실지의)시험, 시도(test)

1092) **= in order to discover**

1093) **vaccine** [vǽksi(:)n, væksí(:)n] n. (의학) 각종 전염병의 병원균으로 만든 세균성 제제(製劑)로, 접종용으로 쓰이는 면역 재료

take[1096] years of study to achieve it.

① **양보부사절** : 양보절을 이끄는 접속사들로는 though, although, even if 등이 있는데, 특히 복합관계사(how = no matter how, whoever = no matter who)를 통해서도 가능하다. (→ 93번 참조)

No matter how well one brushes his teeth, ~
= However well one brushes his teeth, ~
사람이 아무리 이를 잘 닦는다할지라도 ~

Whenever you may visit him, you will find him studying.
= No matter when you may visit him, you will find him studying.
당신이 그를 언제 방문한다할지라도 그가 공부하는 모습을 보게 될 것이다.

Whoever may come, she will be welcome.
= No matter who may come, she will be welcome.
누가 온다할지라도 그녀는 환영받게 될 겁니다.

② **선행사와 관계사의 간격** : 관계사의 선행사는 바로 앞에 위치하는 것이 일반적이지만, 때로는 선행사를 수식하는 어구가 있을 때는 관계사가 수식어구 뒤에 위치하는 경우도 있는데 이때는 글의 문맥을 통해서 찾아야한다.

~ sooner or later cavities are formed which later cause tooth decay
= ~ sooner or later cavities which later cause tooth decay are formed
얼마 후에 치아가 썩는 충치가 생길 수도 있다(형성될 수도 있다)

(참고) 선행사와 관계사가 덜어져 있는 경우

1094) **make** [meik] vt. (+목+보/+목+done) (~을 -으로) 하다; ~을 -로 보이게 하다; ~을 -케 하다, ~을 (~에게) 하게 하다; ** **.make+목적어+형용사** (5형식문장)

1095) **immune** [imjú：n] a. (공격·병독 등을) 면한, 면역성의(from; against; to); (과세) 면제한(exempt)(from; to)

1096) **It takes (사람) 시간+to do -** : "(사람)이 -하는데 시간이 필요로 하다"; It costs+(사람)금액+to do - : "(사람)이 -하는데 금액이 필요하다(비용이 들다)"; it 가주어 ~ to do 진주어; it 대명사(앞 문장)

The boy (in the room) who is playing the piano is my brother.
피아노를 연주하고 있는 방안에 있는 그 소년은 나의 형입니다.

Those (helping the patients) that came yesterday are my friends.
어제 와서 환자를 돕고 있는 사람들은 나의 친구들입니다.

The computer (over there) works well (that I repaired yesterday).
= The computer (over there) (that I repaired yesterday) works well.
내가 어제 수리한 저쪽에 있는 컴퓨터는 지금 잘 작동하고 있다.

86. Have you and your friend ever been to a museum together, looked at the same painting, and had different reactions to it? If the painting you looked at was a seascape, you may have liked it because the dark colors and enormous waves reminded you of the wonderful memories you had in your hometown. In contrast, your friend might have had a negative reaction and said that the same things brought fear to his mind as he remembered sailing on a rough sea during a violent storm.

Have you and your friend ever been to[1097] a museum[1098] together, looked at the same painting[1099], and had different reactions[1100] to it? If the painting (*that*) you looked at was a seascape[1101], you may have liked[1102] it because **the dark**

1097) **have been to + 장소명사** : ~에 가본 적이 있다(경험); ~에 갔다 왔다, ~에 다녀 오는 길이다(완료); have gone to+장소명사 ~에 가고 없다(결과); ** **have looked~ (경험), and have had~(경험)**

1098) **museum** [mjuːzíːəm/-zíəm] n. 박물관, 미술관; 기념관

1099) **painting** [péintiŋ] n. 그림, 회화; 유화, 수채화(picture); 그림그리기

1100) **reaction** [riːǽkʃən] n. 반응, 반작용, 반동; 반항, 반발

1101) **seascape** 바다풍경; 바다 그림 〈cf.〉 landscape

colors and enormous[1103] waves reminded[1104] you of the wonderful memories (*that*) you had in your hometown[1105]. [1106]In contrast, your friend **might have had** a negative[1107] reaction and said that **the same things brought**[1108] **fear to his mind** as[1109] he remembered sailing[1110] on a rough[1111] sea during a violent[1112] storm.

① **타동사구** : 타동사구를 형성하는 경우는 여러 가지가 있는데, "자동사+전치사, 타동사+부사, 타동사+목적어+전치사, 자동사+부사+전치사"이다. 이러한 동사구들은 대부분 숙어(idiom)인 경우이다.

The dark colors and enormous waves reminded you of the wonderful memories. (remind ~ of - : ~에게 -을 상기시키다)
검은색과 엄청난 파도가 당신에게 행복한 기억을 상기시켰다.

The same things brought fear to his mind.

1102) **may have + p.p** ~였을지도 모른다 (추측의 과거형)

1103) **enormous** [inɔ́ːrməs] a. 거대한, 막대한, 매우 큰(immense); (고어)극악한

1104) **remind** [rimáind] vt. (~+목/+목+전+명/+목+to do/+목+that[절]/+목+wh.[절]) ~에게 생각나게 하다, ~에게 깨닫게 하다, ~에게 다짐하여 말하다(of); ** **remind ~ of - : ~에게 -를 상기시키다**

1105) **hometown** n. 고향 (도시), 출생지; 주된 거주지

1106) **in contrast** ~반대로; ** **in contrast to(with)** ~와 대비하여, ~와 현저히 달라서

1107) **negative** [négətiv] a. 부정의, 부인(취소)의(opp. affirmative); 거부의, 거절적인; 금지의, 반대의; 소극적인 (opp. positive)

1108) **bring** [briŋ] vt. (~+목/+목+전+명) (상태·현상 따위를) 초래하다, 일으키다(to; into; under); (물건을) 가져 오다, (사람을) 데려오다

1109) **as** conj. (부대상황) ~하고서, ~하면서; (때) ~하고 있을 때, ~하자, ~하는 동안

1110) **remember** [rimémbər] vt. (+to do/+-ing/+that[절]/+목+-ing/+wh.[절]/+wh. to do/+목+as보) 기억하고 있다, 기억해두다; 잊지 않고 ~하다; ~생각해 내다, 상기하다; ** **remember doing 과거 ; to do 미래**

1111) **rough** [rʌf] a. 거친, 거칠거칠한, 껄껄한

1112) **violent** [váiələnt] a. (자연 현상·사람의 행동·감정 따위가) 격렬한, 맹렬한

(bring ~ to - : -에게 ~을 일으키다)
동일한 바다풍경 그림들이 당신의 마음속에 두려움을 떠오르게 했다.

② **조동사(추측)** : 추측을 나타내는 조동사들이 있다. 불확실한 추측은 may be, 단정적인 추측은 must be, 부정적인 추측은 cannot be 등이 있다. 추측의 과거형으로는 각 조동사들 뒤에 완료시제가 온다는 사실이다.

Your friend might have had a negative reaction and said that the same things brought fear to his mind.
당신의 친구는 부정적 반응을 보였을지도 모르며, 그리고 동일한 그림들로 인해서 마음속에 두려움을 떠올렸다고 말했을지도 모른다.

He may be rich. 그는 부자일지도 모른다. (현재)
He may(might) have been rich. 그는 부자였을지도 모른다. (과거)

He must be rich. 그는 부자임에 틀림없다. (현재)
He must have been rich. 그는 부자였음에 틀림없다. (과거)

He cannot be rich. 그는 부자일 리가 없다. (현재)
He cannot have been rich. 그는 부자였을 리가 없다. (과거)

87. Most countries are populated by several distinct ethnic groups, and as many as half of all countries have ever experienced great conflict among such groups. Ethnic differences are the most important source of large-scale conflict within states, and it often causes wars between countries as well.

Most countries are populated[1113] by several[1114] distinct[1115]

1113) **populate** [pápjəlèit/pɔ́p-] vt. ~에 사람을 거주케 하다; ~에 식민하다; ~에 살다, ~의 주민이다 (~에 분포하다)

1114) **several** [sévərəl] a. 여러 가지의; 각각(각자)의, 각기의; 따로따로의; 몇몇의, 몇 개의; 몇 사람(명)의; 몇 번의; (참고) several은 보통 대여섯 정도를 말하며, a few보다 많고 many보다는 적은 일정치 않은 수를 가리킴.

ethnic[1116] groups, and as many as[1117] half of all countries **have ever experienced**[1118] great conflict[1119] among[1120] such groups. Ethnic differences[1121] are the most important source of large-scale[1122] conflict within[1123] states, and it(*conflict*) often causes wars between[1124] countries as well[1125].

① **현재완료시제 (경험)** : 과거의 불특정 시점의 경험에 대해서 말할 때 사용한다. 즉, 과거에서 현재까지의 경험을 나타낸다. 특히 "ever, never, before, once, ~ times, how many times ~?" 등과 함께 사용하는 경우가 많다. (~해본 적이 있다)

~ as many as half of all countries have ever experienced great conflict among such groups.

1115) **distinct** [distíŋkt] a. (~·er; ~·est) 별개의, 다른(separate)(from); 독특한(individual); 뚜렷한, 명백한; 명확한, 틀림없는; 드문, 진귀한.

1116) **ethnic** n. 인종; a. 인종의, 민족의; 민족 특유의; ** **ethnical**은 언어·습관, **racial**은 피부나 눈의 빛깔·골격 등에 관한 경우에 씀.

1117) **as many as ~** : ~와 동수의 (것, 사람); ~이나 되는(no less than); ** **as many as + 수의 명사, as much as+ 양의 명사**

1118) **현재완료시제** : 과거의 어느 때부터 현재에 걸쳐 발생한(발생하고 있는) 동작과 상태를 나타낸다. 해석은 '완료, 결과, 경험, 계속'으로 한다.; ** **have ever experienced** "경험한 적이 있다"

1119) **conflict** [kánflikt/kɔ́n-] n. (의견·사상·이해(利害) 등의) 충돌, 대립, 불일치; (무력에 의한 비교적 장기간의) 싸움, 다툼, 투쟁, 전투; 분쟁

1120) **among** [əmʌ́ŋ] prep. (3명 이상에서) ~의 사이에(서), ~에 둘러(에워)싸여

1121) **difference** [dífərəns] n. (종종 pl.) 의견의 차이; 불화, 다툼; (국제간의) 분쟁; 다름, 차, 상위; 차이(상위)점(between); ⟨cf.⟩ distinction

1122) **large-scale** [lɑ：rdʒ-skeil] a. 대규모의, 대대적인; 대축척(大縮尺)의(지도 등)

1123) **within** [wiðín, wiθ-] prep. ~의 안쪽에(으로), ~의 내부에(로); (기간·거리가) ~이내에; ~의 범위 안에, ~을 할 수 있는 곳에(서

1124) **between** [bitwí：n] prep. (2명 사이에) (공간·시간·수량·위치) ~의 사이에

1125) **as well** ad. 더욱이, 또한, 게다가, 그 위에; 똑같이 잘; (종종 just와 더불어) ~하는 편(것)이 좋다; It would be as well to explain. 설명하는 것(편)이 (무엇보다) 좋을 테지. It would be just as well for you to write (if you wrote) to her. 자네가 그녀에게 편지를 보내는 것이 제일 좋을 게다.

모든 나라의 과반수 정도는 그런 그룹들 사이에서 큰 분쟁을 경험했다.

I have never seen so beautiful sunset.
나는 이제까지 그렇게 아름다운 석양을 본적이 없다.

② **전치사 between과 among 차이점** : among 보통 셋 이상의 것(막연한 것들)사이를 뜻함. between 보통 둘(구체적인 선택이 가능) 사이를 뜻함. 단, 상호 관계를 나타낼 때에는 셋 이상의 것 사이에서도 between을 씀 (peace between three nations, 3국간의 평화)

(참고) amid [əmíd] prep. ~의 한가운데에(사이에), ~에 에워싸여(섞이어); among도 amid도 '둘러싸여'라는 뜻이지만 among은 개체를 중심으로 생각하며, 명사의 복수형 또는 집합명사와 함께 쓰임. amid는 집합체로서 봄.

The conflict often causes wars <u>between</u> countries as well.
그 분쟁은 종종 나라들(나라와 나라) 사이의 전쟁이 되기도 한다.

Which is your favorite color between Red and Blue?
빨강색과 파랑색 중에 어느 색을 좋아하나요?

Which is you favorite color among these colors?
이 (다양한) 색깔들 중에서 어느 색을 좋아하나요?

88. It is worthy ambition to do well whatever one does. This is an ambition nobody should be without. Even in the playground one should have an ambition to play well, to be a good pitcher or catcher, or to excel in whatever part one has to play.

<u>It is worthy[1126] (*of*) ambition[1127] to do</u> well **whatever one**

1126) **worthy** [wə́ːrði] a. (-thi·er; -thi·est) (~에) 어울리는, (~하기에) 족한(of; to be done); 훌륭한, 존경할 만한, 가치 있는; ** **be worthy of** ~받기에 족하다

does. This is an ambition (*that*) nobody should be without[1128]. Even[1129] in the playground[1130] one should have an ambition to play[1131] well, to be a good pitcher[1132] or catcher[1133], or to excel[1134] in **whatever part one has to play.**

① **복합관계대명사 (명사절 유도)** : 명사절(= anything that) 및 양보부사절(= no matter what) 유도한다. 명사절인지 양보부사절인지 구별은 "문장 속에서 위치"를 보고 판단한다. 특히 명사절은 문장에서 위치가 "주어, 보어, 목적어(타동사, 전치사)"이라는 것이다.

It is worthy ambition to do well whatever one does. (타동사 do의 목적어)
자기가 하는 어떤 일이든(일을) 잘 하려는 것은 야심(훌륭한 마음가짐)이다.

Even in the playground one should have an ambition to play well, to be a good pitcher or catcher, or to excel in whatever part one has to play. (전치사 in의 목적어)
사람은 심지어 운동장에서조차도 멋지게 경기를 하여, 볼을 잘 던지거나 받으며, 또는 자신이 해야 할 어떤 역할이든 훌륭하게 해내려는 야심을 가져야만 한다.

1127) **ambition** [æmbíʃən] n. 대망, 야심, 야망(for; to do); 공명심; 큰 뜻, 향상심, (일의) 의욕; 패기, 정력.

1128) **nobody should be without** 아무도 없어서는 안 될; (이중부정 = 긍정) 누구나 가져야하는

1129) **even** [íːvən] ad. (예외적인 일을 강조하여서) ~조차(도), ~라도, ~까지(수식받는 말(이하 이탤릭체 부분)에 강세가 옴); (비교급을 강조하여) 한층 (더); 더욱; (—보다) ~할 정도다; a. (표면·판자 따위가) 평평한; 평탄한, 반반한

1130) **playground** [pléigràund] n. (학교 등의) 운동장; (아이들의) 놀이터, 공원; 휴양지

1131) **play** [plei] vi. 놀다; 장난치다;(기계 따위가) 원활하게 움직이다, 운전하다(work); 게임을 즐기다; (~한) 행동을 하다; (사람이) 연주하다; (~에) 출연하다, (~으로) 연기하다(in); (~의 상대역으로) 연기하다; (연극·영화 따위가) 상연(상영)되고 있다(in; at); (TV에서) 방영되고 있다(on); → vt. n.

1132) **pitcher** n. 던지는 사람; (야구)투수; (귀 모양의 손잡이와 주둥이가 있는)물주전자

1133) **catcher** n. 잡는 사람(도구); (야구)포수

1134) **excel** vi. 뛰어나다, 출중하다, 탁월하다(in, at); vt. (-ll-) (남을) 능가하다, ~보다 낫다, ~보다 탁월하다(in, at)

명사 ambition을 세 개의 부정사(형용사) “to play, to be, or to excel”가 나열법(a, b, or c)에 의해 묶여서 공통적으로 수식하고 있다. 명사와 부정사 속의 동사의 관계는 “동격적인 의미”로 해석한다. → ambition to play, to be, or to excel ~ “경기를 잘하려는, ~가되려는, 또는 ~훌륭하게 해내려는 야심”

89. The telephone was put on a wall on the second floor, where everybody could hear its loud bell. We don't give it much of a welcome. It seems to us rude and offensive, and from the first it made trouble. It rang seldom but it always chose a bad moment, when there was nobody on that floor to answer.

The telephone[1135] was put[1136] on a wall on the second floor[1137], **where everybody could hear its loud bell.** We don't give it much[1138] of a welcome[1139]. It seems to us rude[1140] and offensive[1141], and from the first[1142] it made

---

1135) **telephone** [téləfòun] n. 전화; 전화기; (구어)에서는 phone (생략: tel.)

1136) **was put** ~ 여기서 put은 과거분사이다. put은 현재형, 과거형, 과거분사형이 모두 같다. (put-put-put, cut-cut-cut, shut-shut-shut, cost-cost-cost, hit-hit-hit, let-let-let, set-set-set, quit-quit-quit)

1137) **floor** [flɔːr] n. (건물의) 층(story); 영국에서는 ground floor 1층, first floor 2층, second floor 3층; 마루; 마루방; 지면, 노면; (평탄한) 작업장; (the ~) 회의장, 의원석; (회의장에 있는) 의원, 회원; (의회에서의) 발언권

1138) **much** n., pron. (단수취급) 많은 것, 다량(의 것); a. (셀 수 없는 명사 앞에 붙여서) 다량(多量)의, 많은

1139) **welcome** [wélkəm] n. 환영, 환대; 환영의 인사; vt. (~+목/+목+전+명) 환영하다, 기꺼이 맞이하다(받아들이다); int. (종종 부사 또는 to와 함께) 어서 오십시오

1140) **rude** [ruːd] a. 버릇없는, 무례한(impolite), 실례이(to); 교양이 없는, 야만의; 무무한, 조야한

1141) **offensive** [əfénsiv] a. 불쾌한, 싫은; 마음에 걸리는(to); 무례한, 화가 나는; 모욕적인(to)

1142) **first** [fəːrst] n. 첫째 날; (보통 the ~) 첫째(제1)(의 것)사람)); 최초, 처음; 제1위, 수석; (pl.) 일등품, 일급품; a. (보통 the ~, one's ~) 첫(번)째의, 최초의, 맨 처

trouble[1143]. It rang seldom but it always chose[1144] a bad moment[1145], **when there was nobody on that floor to answer.**

① **관계사의 용법 (계속적인 용법)** : 관계사는 바로 앞에 선행사를 취하는데 그것을 수식하는 방법은 제한적인 용법과 계속적인 용법이다. 특히 제한적인 용법은 선행사와 관련해서 필수적인 정보라고 한다면, 계속적이 용법은 '선행사가 누구인지? 무엇인지? 에 대해서 이미 알고 있는 상황에서 그것에 대한 부가(첨가)적인 정보를 제공하는 역할을 한다.

The telephone was put on a wall on the second floor, **where** everybody could hear its loud bell. (where = and there)
전화기는 2층 벽에 설치되어있는데, 왜냐하면 2층에서 (그곳이라면) 모든 사람들이 큰 전화벨소리를 들을 수 있기 때문이다.

It rang seldom but it always chose a bad moment, **when** there was nobody on that floor to answer. (when = and then)
전화벨소리는 좀처럼 울리지 않았지만 나쁜 상황에서만 울렸는데, (바로 나쁜 상황일 때에) 2층에 전화 받을 사람이 아무도 없었다.

(참고) 일반적으로 관계사가 제한적용법이든 계속적이 용법이든 의미상 차이가 별로 없지만 특정한 경우에는 의미상 차이를 가질 수도 있음을 주의한다.

I have two sons who are doctors. (제한 : 자식이 두 명 이상일 수도 있음)
나는 의사가 된 두 아들이 있다.

I have two sons, who are doctors. (계속 : 자식이 두 명임)
나는 아들이 두 명이 있는데, 그 두 명은 의사이다.

음(먼저)의, 시초의; ** **from the first** 처음부터.

1143) **make trouble** 소란(말썽)을 일으키다; 세상을 시끄럽게 하다

1144) **choose** [tʃuːz] vt. (많은 것 가운데서) 고르다, 선택하다; 선정하다; vi. (~/+전+명) (~에서) 선택하다, 고르다(between; from; out of)

1145) **bad moment** 나쁜 상황; it always choose a ad moment "그것은 항상 나쁜 때를 골랐다. 사정이 좋지 않을 때(받을 사람이 없을 때)"; ** **moment** [móumənt] n. 순간, 찰나, 단시간; 잠깐(사이); (어느 특정한) 때, 기회

90. As the story goes, there once was a severe epidemic in the Russian countryside and many doctors were sent to the towns where the epidemic was at its worst. The peasants in th towns noticed that wherever doctors went, many people were dying. So to reduce the death rate, they killed all the doctors. Were the peasants better off?

As the story goes[1146], [1147]there once was a severe[1148] epidemic[1149] in the Russian countryside and many doctors were sent to the towns where the epidemic was at its worst[1150]. The peasants[1151] in th towns noticed[1152] that **wherever doctors went**, many people were dying[1153]. So [1154]to reduce[1155] the death rate, they killed all the doctors. **Were the peasants** better off[1156]?

1146) **go** [gou] vi. (이야기·글·시·책 따위가) ~이라는 구절(말)로 되어 있다, ~라고 말하고 있다(run); (~/+전+명/+that[절]) 유포되고 있다; 통용하다; ~로서 통하다; (주장 따위로) 사람들에게 먹혀들다, 중시되다; ** **as the saying goes** 속담에도 있듯이 • Thus goes the Bible. 성서에는 그렇게 씌어 있다. •The tune goes like this. 그 곡은 다음과 같이 되어 있다. ** **The story goes that** ~이라는 이야기다(평판이다)

1147) **there+be+명사 ("~가 있다")** : 1형식문장의 변형(도치 구문)으로서 뒤에 있는 명사가 문장의 주어이기 때문에 be 동사는 그 명사의 수에 일치시켜야한다.

1148) **severe** [sivíər, sə-] a. 엄한, 호된, 모진; 엄격한(rigorous), 용서 없는, 통렬한, (벌 따위가) 가혹한(harsh)

1149) **epidemic** [èpədémik] n. 유행병, 전염병; (사상·전염병 따위의) 유행; a. 유행병(전염병)의 (cf.) endemic 풍토병; 유행하고 있는(사상 따위)

1150) **at its worst** (유행병이) 가장 심한 곳으로

1151) **peasant** [pézənt] n. 농부, 소작농, 농군 (cf.) farmer.

1152) **notice** [nóutis] vt. (+명/+that[절]/+wh.[절]/+목+-ing/+목+do) ~을 알아채다(perceive), ~을 인지하다; ~에 주의하다, ~을 유의하다

1153) **die** [dai] vi (p., pp. died; dýing) (~/+전+명) 죽다; (식물이) 말라 죽다

1154) **부정사의 부사적용법 (목적)** : to reduce th death rate = in order to reduce th death rate ~ 사망률을 줄이기 위해서

1155) **reduce** [ridjúːs] vt. (양·액수·정도를) 줄이다; 축소하다(diminish); 한정하다

① **As the story goes** : "사람들이 그러던데, 소문에 의하면" (= It is commonly said or believed)

As the story goes, there once was a severe epidemic in the Russian countryside.
이야기에 따르면, 옛날 러시아 시골에서 심각한 전염병이 돌았다.

② **Wherever doctors went** : 복합관계부사는 문장에서 일반(장소, 시간, 방법)부사절 또는 양보부사절로 사용된다. 양보부사절인 경우에는 "No matter where doctors went"로 전환 시킬 수 있으며, 장소부사절인 경우에는 "At the place where doctors went"로 전환시킬 수 있다.

Wherever doctors went, many people were dying. (장소부사절)
= At the places where doctors went, many people were dying.
의사들이 (진료하러) 가는 곳마다 많은 사람들이 죽어갔다.

Wherever you may go, you are welcomed. (양보부사절)
= No matter where you may go, you are welcomed.
네가 어디로 가든지 간에 너는 환영받는다.

③ **수사의문문** : 문장의 형식은 의문문이나, 대답을 요구하지 않고 강한 긍정 또는 강한 부정의 수사적 효과를 가지는 의문문이다. 특히 긍정의 수사의문문은 강한 부정의 뜻을 내포하고 있고, 부정의 수사 의문문은 강한 긍정의 뜻을 내포하고 있다.

Were the peasants better off?
= The peasants were not better off.
농부들은 더 좋아졌을까? (더 좋아지지 않았다.)

Am I your friend? 내가 네 친구냐? (난, 네 친구가 아니다.)
= I am not your friend.

1156) **be better off** ~ 전보다 살림살이가(형편이) 낫다, 전보다 잘 지내다.

Don't I tell you? 내가 말하지 않았니? (내가 말했다.)
= I told you.
Who knows what will happen tomorrow?
= Nobody knows what will happen tomorrow.
= God (only) knows what will happen tomorrow.
내일 무슨 일이 생길 줄 누가 알겠어? (아무도 모른다.)

Who is there but commits errors? (but commits = that doesn;t commit)
= There's no one but commits errors. (no one who doesn't commit)
세상에 실수하지 않는 사람이 있을까? (누구나 실수를 한다.)

Who doesn't think that life is wonderful?
= Everybody thinks that life is wonderful.
누가 인생이 아름답다고 생각하지 않겠는가? (누구든 아름답다고 생각한다.)

91. Nearly all the sports practised nowadays are competitive. You play to win, and the game has little meaning unless you do your utmost to win. On the village green, where you pick up sides and no feeling of local patriotism is involved, it is possible to play simply for the fun and exercise; but as soon as the question of prestige arises, as soon as you feel that you and some larger unit will be disgraced if you lose, the most savage combative instincts are aroused.

Nearly all the sports (*that are*) practised[1157] nowadays are competitive[1158]. You play [1159]to win, and the game has little meaning unless you do your utmost[1160] to win. On the

1157) **practise, practice** [prǽktis] (영국에서는 -tise) vt. (항상) 행하다, 실행하다; (신앙·이념 등을) 실천하다, 신봉하다; (~+명/+ -ing) 연습하나, 실습하다

1158) **competitive** [kəmpétətiv] a. 경쟁의, 경쟁에 의한; 경쟁적인; (시장이) 자유 경쟁인, 독점적이 아닌, (가격·제품 등이) 경쟁할 수 있는

1159) **부정사의 부사적 용법 (목적)** : ~하기 위해서 (in order to do); to win = in order to win 이기기 위해서, 이길 목적으로

village green[1161], where you pick up sides[1162] and no feeling[1163] of local[1164] patriotism[1165] is involved[1166], **it is possible to play simply for the fun and exercise**[1167]; but as soon as the question of prestige[1168] arises[1169], as soon as you feel that you and some larger unit[1170] will be disgraced[1171] if you lose, the most savage[1172] combative[1173] instincts[1174] are aroused[1175].

1160) **do (try) one's utmost (best)** ~최선을 다하다; ** **utmost** n. (흔히 the ~, one's ~) (능력·노력 따위의) 최대한도, 최고도, 극한, 극도; (the ~) (미국속어) 최고(최상)의 것 He did his utmost to finish on time.; ** **best** n. (the ~, one's ~) 최선, 최상, 전력; 최선의 상태

1161) **green** [gri：n] n. 초원, 풀밭; (공공·공유의) 잔디밭

1162) **pick (one's) side** ~ 경기의 편을 짜다

1163) **feeling** [fí：liŋ] n. 감정, 기분; 촉감, 감촉; 더듬음; 감각, 지각

1164) **local** [lóukəl] a. (특정한) 지방의, 고장의, 지구의; 한 지방 특유의; 좁은 지역에 한정되는; (비유적) 편협한; 의학] 국소의, 국부의; n. 보통(완행) 열차(버스); 지방사람; (신문의) 시내 잡보, 지방 기사; (라디오·TV) (전국 방송이 아닌) 지방 프로그램

1165) **patriotism** [péitriətìzəm/pǽt-] n. 애국심; ** **patriot** [péitriət, -àt/pǽtriət] n. 애국자, 우국지사

1166) **involve** [inválv/-vɔ́lv] vt. (+목+전+명) 연좌(연루)시키다(in); 관련(관계)시키다, 말려들게 하다, 휩쓸리게 하다(in; with); ~에 영향을 끼치다; 말아 넣다, 싸다, 감싸다; 나사 모양으로 말다(감다)

1167) **exercise** [éksərsàiz] n. (신체의) 운동; 체조; (육체적·정신적인) 연습, 실습, 훈련

1168) **prestige** [prestí：dʒ, préstidʒ] n. 위신, 위광(威光), 명성, 신망, 세력

1169) **arise** [əráiz] (arose [əróuz]; arisen [ərízən]) vi. (문제·사건·곤란·기회 등이) 일어나다, 나타나다; 발생하다, 생기다(from; out of)

1170) **unit** [jú：nit] n. 단일체, 한 개, 한 사람, 일단; 단위, 구성(편성) 단위

1171) **disgrace** [disgréis] vt. ~을 망신시키다, 면목을 잃게 하다; 총애를 잃게 하다; (지위에서) 물러나게 하다.

1172) **savage** [sǽvidʒ] a. 야만의, 미개한; 미개인의; 사나운; 잔혹한, 잔인한

1173) **combative** [kəmbǽtiv, kámbətiv] a. 전쟁(싸움)을 좋아하는, 호전적; 투쟁적

1174) **instinct** [ínstiŋkt] n. 본능(natural impulse); 직관, 육감, 직감(for); 천성, 천분

1175) **arouse** [əráuz] vt. (아무를)자극하다, 분기시키다; (홍미·논쟁 등을)환기시키다, 야기하다; (자는 사람을)깨우다

① **분사의 (형용사) 제한적인 용법** : 명사 (주격관계사+ be) 현재분사 (또는 과거분사)+ ~ = 명사+ 현재분사 (또는 과거분사)+ ~

nearly all the sports practised nowadays
= nearly all the sports (that are) practised nowadays
요즘 행해지는 거의 모든 스포츠는

② **부정사의 명사적 용법** : 가주어 it ~ 진주어 to do

It is possible to play simply for the fun and exercise.
= It is possible that we play simply for the fun and exercise.
우리는 단순히 즐거움과 운동을 위해 경기할 수도 있다.

92. Solitude is essential to me and rests my nerves and helps me to branch out. I feel like a tree that is crowded and cannot grow if I have people too much upon me. I never feel dull alone, for it is so exciting when one becomes aware of one's own thoughts growing, but I suppose one needs contact with other people from time to time.

Solitude[1176] is essential[1177] to me and rests[1178] my nerves[1179] and helps me to branch out[1180]. I feel like[1181] a tree that is

1176) **solitude** [sάlitjù：d/sɔ́li-] n. 고독; 외톨이임, 홀로 삶; 외로움; 쓸쓸한 곳; 황야

1177) **essential** [isénʃəl] ɑ. 근본적인, 필수의, 불가결한, 가장 중요한(to; for)

1178) **rest** [rest] vt. 쉬게 하다, 휴식시키다; 휴양시키다; 그대로(사용하지 않고) 놔두다; (~oneself) 쉬다; 안식(安息)시키다

1179) **nerve** [nə：rv] n. 신경; 신경조직, (통속적) 치아의 신경; 용기, 냉정, 담력, 체력, 건전한 신경상태; vt. ~에게 용기를(기운을)북돋우다; (~ oneself)용기를 내다

1180) **branch** [bræntʃ, brɑ：ntʃ] vi. 가지를 내다 [뻗다] (forth; out); vt. 가지를 갈라지게 하다; n. 가지, 분지(分枝); 파생물, 분파; 지맥(支脈); 지류(支流); 지선(支線); 분가(分家); 분관(分館); 지부, 지국, 지점(~office), 출장소; 분과(分科)

1181) **feel like** ~ : 아무래도 ~같다 It ~s like rain. 아무래도 비가 올 것 같다; ~이 요망되다, ~을 하고 싶다(doing) ; ~같은 감촉이 들다; (like를 as if 대용으로 써서) (미

crowded[1182] and cannot grow if I have people too much upon[1183] me. I never feel dull[1184] alone, for it is so exciting[1185] when one becomes aware of[1186] **one's own thoughts growing**, but I **suppose**[1187] (*that*) one needs contact with[1188] other people from time to time[1189].

① **동명사의 의미상의 주어** : 준동사의 일종으로서 동명사는 자체 속에 동사의 성질을 가지고 있기 때문에 의미상의 주어를 취할 수 있는데, 동명사 바로 앞에 소유격(one's) 또는 목적격(one)의 형태로 사용한다. (→ 14번 참조)

I never feel dull alone, for it is so exciting when one becomes

국구어) ~이 된(~인 듯한) 기분이다

1182) **crowd** [kraud] vt. (방·탈것 등에) 빽빽이 들어차다, ~에 밀어닥치다; n. 군중; (사람의) 붐빔, 북적임; (the ~) 민중, 대중; 다수(의 물건), 많음; ** **be crowded ~** 빽빽이 채워져 있다

1183) **upon (= on)** prep. (근접)(장소적으로) ~의 주변에, ~에 접하여(면하여), ~을 따라(끼고), ~의 가에, ~쪽(편)에

1184) **dull** [dʌl] a. (날 따위가) 무딘, 둔한; 둔감한, 우둔한, 투미한, 굼뜬; 활기 없는, 활발치 못한; (시황 따위가) 부진한, 한산한, 침체한(slack); (이야기·책 따위가_ 지루한, 따분한, 재미없는; (아픔 따위가) 무지근한, 격렬하지 않은; (색·소리·빛 따위가) 또렷(산뜻)하지 않은, 흐릿한(dim); (상품·재고품이) 팔리지 않는.; ** **dull** vt. vi. 둔하게(무디게)하다, 무디어(둔해)지다; (고통 따위를) 완화시키다, (고통 따위가)덜 지다; 활발치 못하게 하다(되다); 흐리게 하다, 흐릿해지다; (지능·시력 따위)둔하게 하다

1185) **exciting** [iksáitiŋ] a. 흥분시키는, 자극적인, 몹시 흥취를 자극하는; 오싹오싹(조마조마)하게 하는; 활기찬

1186) **aware** [əwέər] a. (서술적) 깨닫고, 의식하고, 알고(of; that); (~에 대한) 의식(인식)이 있는; ** **become aware of** ~을 깨닫다: ** **be (become) ~ of the danger** 위험을 깨닫다

1187) **suppose** [səpóuz] vt. (+(that)[절])가정하다(assume), 상상하다; 생각하다, 추측하다(guess), 헤아리다

1188) **contact** [kántækt/kɔ́n-] n. 접촉, 서로 닿음; 인접; (종종 pl.) (미국)접근, 교제; 연락, 연결; a. 접촉의; 접촉에 의한; vi. 접촉하다, 연락하다; 교제하다; (통신)교신하다(with); vt. 접촉시키다; 교제시키다; (통신)교신하다; ~와 접촉하다, ~와 연락하다; ~에 다리를 놓다, ~와 아는 사이가 되다; ** **be in (out of) ~ with** ~와 접촉하고 있(않)다; ~와 가까이 하고 있(않)다

1189) **from time to time** ~ 때때로

aware of one's own thoughts growing.
= I never feel dull alone, for it is so exciting when one become aware that one own thoughts are growing.
나는 혼자 있을 때 결코 지루하지 않다. 왜냐하면 사람은 자기 자신의 사고(私考)가 성장하고 있음을 깨닫게 될 때 가장 흥분하기 때문이다.

② 문장의 구조가 복문일 때 주절 안에 있는 주어와 동사를 묶어서 부사구로 전환시켜 해석하면 편리하다.[1190)]

I suppose (*that*) one needs contact with other people from time to time.
내 생각에, 사람은 때때로 다른 사람과 접촉할 필요가 있다.

They think that / she is so cute.
그들의 생각에, 그녀는 귀엽다.

I think / how you describe you and your parents can reveal much about yourself.
내 생각에, / 어떻게 네가 너와 너의 부모님을 묘사하는지가 너 자신에 대해 많은 것을 보여줄 수 있다.

He always insisted that / the students have the ability to solve the difficult problems.
그가 늘 주장하는 것으로서, 학생들은 어려운 문제를 해결 수 있는 능력을 갖추어야 한다.

Recent research suggests that / trusting each other is the key to success.
최근 연구에 의하면(따르면), 서로를 신뢰하는 것이 성공의 열쇠이다.

It is estimated that / most of the students will pass the test.
추정에 의하면, 대부분의 학생들은 시험에 합격할 겁니다.

It is reported that / the boy injured in the accident was taken to

1190) 여인천, 『문법은 문장이다 Grammar is a Sentence』, 215-16.

the hospital.
보도에 의하면, 사고로 부상당한 아이가 병원으로 옮겨졌다.

93. The production of a work of art is not the result of a miracle. It requires preparation. The soil, be it ever so rich, must be fed. By taking thought, by deliberate effort, the artist must enlarge, deepen and diversify his personality.

The production[1191] of a work[1192] of art[1193] is not the result[1194] of a miracle[1195]. It requires[1196] preparation[1197]. The soil[1198], **be it ever so rich**[1199], must be fed[1200]. By taking thought, by deliberate[1201] effort[1202], the artist must enlarge[1203],

---

1191) **production** [prədʌ́kʃən] n. 생산(제작)물; 저작물; 작품; 연구 성과; 생산, 산출; 생산고, 생산량; 제작; 저작

1192) **work** [wəːrk] n. (예술) 작품, 저작; 일, 작업, 노동; 공부, 연구; 노력

1193) **art** [ɑːrt] n. 예술; (집합적으로) 예술작품; ((종종 pl.) 미술; (집합적으로) 미술작품; (특수한) 기술; ** **artist** [ɑ́ːrtist] n. (일반적) 예술가, 미술가; (특히) 화가, 조각가; 예능인; 예술(미술·예능)에 재능이 있는 사람; 책략가; 명인(名人), 명장(名匠).

1194) **result** [rizʌ́lt] n. 결과, 결말, 성과, 성적; vi. (~/+전+명) 결과로서 일어나다, 생기다, 유래하다(from)

1195) **miracle** [mírəkəl] n. 기적; 경이; 불가사의한 물건(일, 사람)

1196) **require** [rikwáiər] vt. (+목/+목+전+명/+목+to do/+that[절]) 요구하다, 명하다, 규정하다(of); vi. (법률 따위가) 요구하다, 명하다

1197) **preparation** [prèpəréiʃən] n. 준비; 예비 조사, 예습((시간); 마음의 태세, 각오.; 조리; (약의) 조제

1198) **soil** [sɔil] n. 토양; 흙, 토질; 땅, 국토, 나라

1199) **rich** [ritʃ] a. 비옥한, 살진, 기름진(rich soil 기름진 땅); 부자의, 부유한; (the ~) (명사적; 복수취급) 부자들; (~이) 많은, (~이) 풍부한(in; with)

1200) **수동태 : be fed** ~ "공급되다" (fed는 feed의 과거·과거분사); ** **feed** [fiːd] (p., pp. fed [fed]) vt. (토지 따위가) ~에게 양식을 공급하다(supply); 수확을 낳다; (사람·동물에게) 음식을(먹이를) 주다, (음식을) 먹이다; (어린애에게) 젖을 먹이다(suckle); (가축에게) 사료를(풀을) 주다, 목장에 방목하다(pasture)

1201) **deliberate [dilíbərit]** a. 생각이 깊은, 신중한; 계획적인, 숙고한 뒤의, 고의의; 침착한, 유유한; ** **deliberate [-líbərèit]** vt. (~+목/+wh. to do/+wh.[절]) 잘 생각하다, 숙고하다; ~을 심의하다

deepen[1204] and diversify[1205] his personality[1206].

① **명령형 양보구문** : ever so (양보절에서) 비록 아무리 (~하더라도)

The soil, be it ever so rich, must be fed.
= The soil, tough it may be rich, must be fed.
= Though it may be rich, the soil, must be fed.
토양이 아무리 비옥할지라도 양분이 공급되어야 한다.

(참고) **양보구문을 만드는 경우들**
▷접속사: though; although, even if, even though; whether~or not; if, when, while, before, granting (granted) (that)
▷전치사 : despite, in spite of, with all, for all, after all
▷복합관계사 : no matter 의문사 S (may) ~
▷최상급 주어로 양보구문을 이끌 수 있다.
▷접속사 as : 형용사/무관사명사 + as + 주어 + may 동사
▷명령형 : 동사원형+ as+ 주어+ 조동사
동사원형+ wh의문사+ 주어+ 동사
Be+ 주어+ ever so+ 형용사
(Be it)+ A or B

Home is home, be it ever so humble.
비록 아무리 초라해도 내 집만 한 곳은 없다.

The greatest scholar cannot know everything.
아무리 위대한 학자라도 모든 것을 알 수 없다.

1202) **effort** [éfərt] n. 노력, 수고, 진력(盡力)

1203) **enlarge** [enlά : rdʒ] vt. 확대(증대)하다, 크게 하다; (건물 등을) 넓히다, (책을) 증보하다; ~의 범위를 넓히다; (마음·견해 따위를) 넓게 하다; (사업 따위를) 확장하다

1204) **deepen** [dí : pn] vt., vi. 깊게 하다, 깊어지다; 진하게 하다, 짙어지다, 어둠(인상 등)이 깊어지다; (목소리를) 굵게(낮게) 하다

1205) **diversify** [divə́ : rsəfài, dai-] vt. 다양화하다, 다채롭게 하다; ~의 단조로움을 깨뜨리다; (투자대상을) 분산시키다; (사업을) 다각화하다

1206) **personality** [pə̀ : rsənǽləti] n. 개성, 성격, 인격, 인물, (특히) 매력 있는 성격

Much I once loved her, I don't love her any more.
내가 한때 그녀를 많이 사랑했지만 더 이상 사랑하지는 않는다.

Woman as she is, she is quite strong.
여자이지만 상당히 힘이 세다.

Try as you may, you cannot go there on time.
아무리 노력해도 너는 제시간에 그곳에 갈 수 없다.

Try what you will, you will not finish the work.
네가 무엇을 시도한다 하더라도 그 일을 끝내지 못할 것이다.

Be it sunny or rainy, I will go home.
날씨가 화창하든 비가오든 간에 나는 집에 갈 것이다.

94. Just as the body is in best condition when each of its organs fulfills its own work in cooperation with the rest, so is the human society in best condition when each individual does his own work in cooperation with the others.

Just as the body[1207] is in best condition[1208] when each[1209] of its organs[1210] fulfills[1211] its own work in cooperation[1212]

1207) **body** [bádi/bɔ́di] n. 신체, 몸, 육체; 시체

1208) **condition** [kəndíʃən] n. 상태; (특히) 건강 상태, (경기자의) 컨디션조건; 필요조건; (pl.) (제)조건, 조목, 조항; 제약; 지위, 신분; (특히) 좋은 신분; 사회적 지위, 처지; (법률학) 조건, 규약, 규정; ** **be in good (bad, poor) condition** 좋은(나쁜) 상태이다, 건강하다(하지 않다); (물건이) 온전하다(손상되다)

1209) **each** [iːtʃ] a. (단수 명사를 수식하여) 각각(각기)의, 각자의, 제각기의, 각 ~ each individual 각각의 개인; ** **each** pron. (흔히, ~ of+(대)명사) 저마다, 각각, (제)각기, 각자 each of its organs 신체의 기관들의 각각(자)

1210) **organ** [ɔ́ːrgən] n. (생물의) 기관(器官), 장기(臟器), (인간의) 발성기관

1211) **fulfill** [fulfíl] vt. (약속·의무 따위를) 이행하다, 다하다, 완수하다; (일을) 완료하다, 성취하다; (기한을) 만료하다, 마치다; (조건에) 적합하다, 맞다; (희망·기대 따위를) 충족시키다; (예언·기원을) 실현시키다

with the rest[1213], so is the human society[1214] in best condition when each individual[1215] does his own work in cooperation with the others[1216].

① **양태부사절 (~처럼, ~같이, ~듯이)** : as +주어+동사~, as if (= as though)+주어+동사~, (just) as+주어+동사~, so+동사+주어("꼭 ~인 것처럼, 그렇게 -하다")

(주의) 양태접속사 as 다음에 도치가 발생하는 경우로서, "대동사(do, does, did)가 사용된 경우이거나 술어가 주어보다 더 긴 경우이다. 특히 be동사인 경우는 앞의 형용사가 중복되어 생략이 된 경우이다.

Just as the body is in best condition ~, so is the human society in best condition.
신체의 각 기관들이 ~에 최고의 컨디션을 유지하는 것과 마찬가지로, 인간 사회는 ~에 최고의 상태가 되는 것이다.

The human society is in best condition ~.
(주어+be+전치사+명사)
→ So is the human society in best condition ~. (도치)
(So+be+주어+전치사+명사)

Just as balanced diets are good for your health, so are balanced

---

1212) **cooperation** [kouɑ̀pəréiʃən/-ɔ̀p-] n. 협력, 협동, 제휴; 협조성; 원조; 협동(작업); ** **in cooperation with** ~와 협력(협동)하여

1213) **rest** [rest] n. (the ~) 나머지, 잔여(殘餘), 여분; (the ~) (복수취급) 잔류자, 그 밖의 사람들(물건); ** **rest** n. 휴식, 휴게, 정양; 안정, 안락; 안심, 평안; 수면; 영면, 죽음; vi. 쉬다, 휴식하다(from)

1214) **society** [səsáiəti] n. 사회, (사회) 집단, 공동체; 세상; (사회의) 층, ~계; (the ~) 사교계; 상류 사회(의 사람들); 사교, 교제; 회, 협회, 단체, 학회, 조합

1215) **individual** [indəvídʒuəl] n. 개인; 개체, 단일체, (물건의) 한 단위; (구어) 사람; a. 개개의, 각개(各個)의; 일개인의, 개인적인; 독특한, 특유의

1216) **other** [ʌ́ðər] pron. (pl. ~s) 〔흔히 복수형으로; one, some, any를 수반할 때에는 단수형도 있음〕 다른(딴) 사람, 다른(딴) 것; 그 밖(이외)의 것; a. (복수명사의 앞, 또는 no, any, some, one, the 따위와 함께) 다른, (그) 밖(이외)의

readings helpful for your mind.
균형 있는 식단이 당신의 건강에 좋은 것처럼 균형 있는 독서도 당신의 정신건강에 도움이 된다.

I like to see movies, as do my friends.
= I like to see movies, as my friends do.
나는 영화 보는 것을 좋아한다. 내 친구들도 마찬가지이다.

She works hard, as does her sisters.
= She works hard, as her brothers does.
그녀는 열심히 공부한다. 그녀의 동생들도 마찬가지이다.

His mother is considerate[1217], as (considerate) is my mother.
그의 어머니는 인정이 많으시다. 나의 어머니도 마찬가지이다.

95. The most beautiful and profound emotion we can experience is the mysterious. It is the source of all true art and science. He to whom this emotion is a stranger, who cannot pause to wonder and stand rapt in awe, is no better than dead; his eyes are closed.

The most beautiful and profound[1218] emotion[1219] (*that*) we can experience[1220] is **the mysterious**[1221]. It is the source[1222] of all true art and science[1223]. He to whom this emotion is

---

1217) **considerate** [kənsídərit] a. 동정심 많은, 인정이 있는, 잘 생각해 주는(of)

1218) **profound** [prəfáund] a. 심오한, 뜻 깊은, 심원한; 깊은, 밑바닥이 깊은; (병 따위가) 뿌리 깊은; (opp. superficial 피상적인, 천박한)

1219) **emotion** [imóuʃən] n. 감동, 감격, 흥분; 감정, (희로애락의) 정

1220) **experience** [ikspíəriəns] vt. 경험(체험)하다; (위험 따위에) 부닥치다; ~을 경험하여 알다; n. 경험, 체험, 견문; 경력; 경험 내용(경험으로 얻은 지식·능력·기능)

1221) **mysterious** [mistíəriəs] a. 신비한, 불가사의한; 원인 불명의, 설명할 수 없는

1222) **source** [sɔ：rs] n. 근원(origin), 근본, 원천, 원인(of); 수원(지), 원천(of)

1223) **science** [sáiəns] n. 과학; (특히) 자연 과학

a stranger[1224], who cannot pause[1225] to wonder[1226] and stand[1227] rapt[1228] in awe[1229], is no better than[1230] dead; his eyes are closed.

① **형용사의 명사화** : the + 형용사 (복수보통명사, 단수명사, 추상명사)

The most beautiful and profound emotion (that) we can experience is the mysterious. (= mysterious thing, mysterious feeling)
우리가 겪을 수 있는 가장 아름답고도 심오한 감정은 신비감이다.

〈복수보통명사화〉

the young (young people 젊은 사람들)
the old (old people 나이든 사람들
the dead (dead people 죽은 사람들)
the poor (poor people 가난한 사람들)
the rich (rich people 부유한 사람들)
the brave (brave people 용감한 사람들)
the weak (weak people 약한 사람들)
the injured (injured people 부상자들)
the unemployed (unemployed people 실직자들)

1224) **stranger** [stréindʒər] n. 낯선 것; 모르는(낯선) 사람

1225) **pause** [pɔ：z] vi. (+전+명/+to do) 잠시 멈추다, 한숨 돌리다

1226) **wonder** [wʌ́ndər] vi. (~/+전+명/+to do) 놀라다, 경탄하다(at); n. 불가사의, 경이, 놀라움, 경탄

1227) **stand** [stænd] vi. (+보/+done/+전+명) (어떤 상태)이다, ~의 관계(순위, 입장)에 있다; vi. (~/+보/+전+명/+-ing/+done) 서다, (계속해서) 서 있다; ** **stand (be) in awe** (of) ~(을) 두려워(경외)하다.

1228) **rapt** [ræpt] a. 골몰(몰두)한(in), (생각 따위에) 정신이 팔린(in); 열중하여 정신이 없는, 그지없이 기쁜, 황홀한; ** **be (stand) rapt in** ~에 몰두하다 ** **stand (be) in awe** (of) ~(을) 두려워(경외)하다

1229) **awe** [ɔ：] n. 경외, 두려움; ** **stand (be) in awe** (of) ~(을)두려워(경외)하다.

1230) **no better than** (= only) ~나 매한가지, ~에 지나지 않다; ~와 마찬가지로 좋지 않다; ** **not better than** ~보다 낫지 않다, 기껏 해봤자 ~에 불과하다

〈단수명사화〉
the deceased (the deceased man 고인)
the accused (the accused man 피고)

〈추상명사화〉
the mystical (the mystical thing 신비한 것)
the supernatural (the supernatural thing 초자연적인 것)
the real (the real thing 실제적인 것)
the good (the good thing, goodness 좋은 것, 선善)
the evil (the evil thing 악한 것)
the inevitable (the inevitable thing 필연적인 것)
the unknown (the unknown thing 미지의 것)
the beautiful (the beautiful thing, beauty 아름다운 것, 미美)
the sublime (the sublime thing 숭고한 것)
the rational (the rational thing 이성적인 것)
the wrong (the wrong thing 잘못된 것)
the true (the true thing, the truth 진실한 것, 진리)

② **구문분석** : 관계사 whom, who가 형용사절을 유도하여 대명사 he를 수식하고 있고, 주어 he에 대한 동사는 is 이다.

He (to whom this emotion is a stranger, who cannot pause to wonder and who cannot stand rapt in awe), is no better than dead.
이러한 감정이 낯선 것이고, 잠시 동안이라도 멈추어서 감탄하지도 못하고, 경외심으로 가득 차 넋을 놓고 서 있을 수 없는 (그런) 사람은 죽은 것이나 다름없다.

96. There are many who have been heroes in the most common lives; those who have given up the dearest plans, or the most attractive pleasures for the sake of those who were dependent on them. It is as heroic to give up one's pleasure for the sick at home, as to go to serve in a hospital.

There are many[1231] who have been heroes[1232] in the most

common[1233] lives[1234]; those who have given[1235] up the dearest[1236] plans, or the most attractive[1237] pleasures[1238] for the sake[1239] of those who were dependent[1240] on them. [1241]It is [1242]as heroic to give up one's pleasure for the sick[1243] at home, as to go to serve[1244] in a hospital[1245].

1231) **many** [méni] n., pron. (흔히 there are ~ 복수취급) (막연히) 많은 사람들

1232) **hero** [híːrou, híər-] n. (pl. ~es) 영웅; 위인, 이상적인 인물

1233) **common** [kámən/kɔ́m-] a. 보통의, 일반적인, 평범한, 흔히 있는, 자주 일어나는

1234) **lives** [laivz] n. (life의 복수형) 생명; 생존, 삶, 생(生); ** **live** [liv] vi. (~/+전+명/+to do) 살다, 살아 있다, 생존하다; 오래 살다

1235) **give** [giv] vt. vi. ~(을) 주다; ** **give up** **(vt.+부)** (환자 등을) 단념(포기)하다, (연인·친구)와 손을(관계를) 끊다; (신앙 등을) 버리다, (술·놀이 따위를) 그만두다, 끊다(smoking), (직업 따위를) 그만두다, (시도(試圖)를) 포기하다(doing); (자리 등을) 양보하다, (영토 등을) 내주다, (죄인 따위를) 넘겨주다(to); (~에) 전심(몰두)하다; (평생을) 바치다; (감정·일 따위에 몸을) 맡기다(to despair, painting, etc.); (흔히 수동태)~을 주로 (~에) 배당하다(to); (비밀 등을) 밝히다; (공범자의 이름을) 자백하다(to); (~ oneself up로) (경찰에) 자수하다; (집·차 등을) 처분하다; (회복·도착 등의 가망이 없다고) ~의 일을 단념하다; ** **give up (vi.+부)** 그만두다, 포기하다, 단념하다

1236) **dear** [diər] a. 귀중한, 소중한(to); 친애하는, 친한 사이의, 사랑하는, 귀여운; (주로 英) 비싼, 고가의; n. 친애하는 사람, 귀여운 사람; 애인; ad. 귀여워하여

1237) **attractive** [ətrǽktiv] a. 사람의 마음을 끄는; 매력적인, 애교 있는; (의견·조건 등이) 관심을 끄는; (비유적) 재미있는

1238) **pleasure** [pléʒər] n. 기쁨, 즐거움(enjoyment); 쾌감, 만족(satisfaction)

1239) **sake** [seik] n. 위함, 이익; 목적; 원인, 이유; ** **for the sake of (= for sake's ~)** ~을 위해; ~을 봐서

1240) **dependent** [dipéndənt] a. 의지하고 있는, 의존하는; 도움을 받고(신세를 지고) 있는(on, upon); 종속관계의, 예속적인; ~나름의, ~에 의한(on, upon)

1241) **가주어와 진주어 : It ~ to do -**

1242) **비교구문 : as ~ as - ("-처럼 ~한")**

1243) **the+형용사 (명사화)** : the sick = sick people 아픈 사람들, 병든 사람들

1244) **serve** [səːrv] vt. (신·사람 등을) 섬기다, ~에 봉사하다; ~을 위해 진력하다, ~을 위해 일하다; (손님의) 시중을 들다; (손님의) 주문을 받다, (손님을) 응대하다

1245) **hospital** [háspitl/hɔ́s-] n. (종합)병원; ** **clinic** [klínik] n.(외래 환자의) 진료소, 진찰실; (대학 등의) 부속 병원; 개인(전문) 병원

① **There+ be동사+ 명사** : "~가 있다" : There + be + (a, an, some, no, many, any, much, little, another, two,~) 불특정의 명사(주어) / Here + be + (the, that, this, one's) 특정의 명사(주어)

There are many (who have been heroes in the most common lives).
가장 평범한 사람들 가운데에 영웅이었던 사람들이 많다.

There is a book (on the able). (책상 위에) 책이 있다.
There are many books (on the table). (책상 위에) 많은 책들이 있다.

Here is the book. 여기에 그 책이 있다.
Here are the books (that) you are looking for.
네가 찾고 있는 책들이 여기에 있다.

(참고) There (Here)+ be+ 명사+ (형용사) (장소부사구) "~가(이) 있다"
= 명사+ be+ 형용사 (장소부사구)

There are many boys absent today.
= Many boys are absent today.
오늘 많은 아이들이 결석입니다.

There is a man waiting to see you.
= A man is waiting to see you.
어느 분이 당신을 마나기 위해 기다리고 있다.

There was little sugar left in the pot.
= Little sugar was left in the pot.
단지(그릇) 안에 설탕이 거의 남아있지 않았다.

② **There+ 자동사(vi)+ 명사 주어 (+ 부사구)**

일반적으로 '존재, 발생, 출현'의 의미를 가진 동사들인 'arise, arrive, begin, burst, come, develop, remain, rise, sit, stand, start, emerge, enter, exist, hang, lie, live, run, result, follow, grow, occur, fall, reach. appear to be, seem to be, happen to be, used to be,~'가 쓰인다.

There followed a long period of peace.
장기간의 평화시기가 뒤따랐다.

There entered a strange woman.
어떤 낯선 사람이 들어왔다.

There remains only for me to apologize.
내가 사과하는 것만이 남아있다.

There seems to be no need to worry about it.
그것에 대해 걱정할 필요가 없는 것처럼 보인다.

There stands our church on the hill.
언덕위에 우리 교회가 위치해 있다.

There appeared (seemed) to be some difficulty in fixing a date.
일자를 정하는데 약간의 어려움이 있는 것처럼 보였다.

There once lived a wise king in the country.
옛날에 그 나라에 지혜로운 왕이 살았다.

There comes a time when you have to make a choice.
선택해야할 시간이 오고 있다.

③ **비교구문 as (형용사, 부사) ~ as** - : - (와) 마찬가지로 ~ 하다

It is as heroic to give up one's pleasure for the sick at home, as (*it is heroic*) to go to serve in a hospital.
병원에서 봉사하는 것이 영웅적인 행동인 것만큼이나 집에서 아픈 사람을 돌보기 위해서 자신의 즐거움을 포기하는 것도 마찬가지로 영웅적인 행동이다.

전체구조는 가주어 it가 두 개의 진주어 to give up ~, to go ~를 취하고 있는 문장이다. 그리고 두 개의 진주어를 비교구문 as ~ as - 로 연결하고 있다.

97. My husband is a born shopper. He loves to look at things and to touch them. He likes to compare prices between the same items in different stores. He would never think of buying anything without looking around in several different stores. On the other hand, I regard shopping as boring and unpleasant. If I like something and I can afford it, I buy it instantly. I never look around for a good sale or a better deal.

My husband is a born[1246] shopper[1247]. He loves to look at things and to touch them. He likes to compare[1248] prices[1249] between the same items[1250] in different stores. He would **never** think of buying anything **without** looking around in several[1251] different stores. On the other hand[1252], I regard[1253]

1246) **born** [bɔ：rn] a. 타고난, 선천적인; ** **bear** [bɛər] (bore, born) vt. (아이를) 낳다; 나르다; 자세를 취하다; (표정을) 품다; (표정·모습·자취 따위를) 몸에 지니다

1247) **shopper** [ʃɑpər/ʃɔpər] n. (물건)사는 손님; 대리 구매업자; ** **shop** [ʃɑp/ʃɔp] vi. 물건을 사다, 쇼핑하다(at); vt. (미국구어) (가게)에서 사다; (물건을) 사다; (영국속어) 밀고하다, 찌르다; 교도소에 넣다(imprison); (미국속어) 해직하다

1248) **compare** [kəmpέər] vt. 비교하다, 견주다, 대조하다(with); 비유하다, 비기다(to)

1249) **price** [prais] n. 가격, 대가(代價); 값, 시세, 물가, 시가(市價)

1250) **item** [áitəm, -tem] n. 항목, 조목, 조항, 품목, 세목; (신문 따위의) 기사, 한 항목

1251) **several** [sévərəl] a. 각각(각자)의, 각기의; 여러 가지의; 따로따로의; 몇몇의, 몇 개의; 몇 사람(명)의; 몇 번의 -- 보통 대여섯 정도를 말하며, a few보다 많고 many 보다는 적은 일정치 않은 수를 가리킨다.

1252) **hand** [hænd] n. (교섭 따위에서의) 입장; 수단, 수법; 힘, 작용; 영향력; (오른쪽·왼쪽 따위의) 쪽, 측, 편, 방향; 방면; ** **on (the) one hand** 한편으로(에서)는; **on the other hand** 또 (다른) 한편으로는, 이와 반대로; ** **hand** vt. 건네(넘겨)주다, 수교하다, 주다(to)

1253) **regard** [rigɑ́：rd] vt. (+ 목 + as 보) ~을 (-로) 생각하다(여기다); vi. 주목(유의)하다; 응시하다; n. 주목, 주의; 고려

shopping[1254] as boring[1255] and unpleasant[1256]. If I like something and I can afford[1257] it, I buy it instantly[1258]. I never look around for a good sale[1259] or a better deal[1260].

① **이중부정 (= 강한 긍정의미)** : never ~ without+명사(대명사, 동명사), never ~ but+주어+동사 - "~할 때마다 반드시 -한다, ~가 반드시 있어야 -한다, ~ 할 때면 항상 -한다"

He would never think of buying anything without looking around in several different stores.
그는 어떤 물건을 사려고 할 때마다 항상 여러 다른 가게들을 둘러본다.
(그는 여러 가게들을 둘러보지 않고는 어떤 물건을 (한번에) 구입한 적이 없다.)

I cannot meet her without thinking of my mother.
= I cannot meet her but I think of my mother.
= Whenever I meet her, I think of my mother.
= When I meet her, I always think of my mother.
그녀를 만날 때마다, 나는 나의 어머니를 생각한다.
(나는 나의 어머니를 생각하지 않으면서 그녀를 만나는 일이 없다.)

98. To write or even to speak English is not a science but an art. There are no reliable rules: there is only the

---

1254) **shopping** [ʃápiŋ/ʃɔ́p-] n. 쇼핑, 물건사기, 장보기; ** **shop** [ʃap/ʃɔp] vi. 물건을 사다, 쇼핑하다(at)

1255) **boring** [bɔ́ːriŋ] a. 지루한, 따분한; ** **bore** [bɔːr] vt. 지루하게(따분하게, 싫증나게) 하다, 곤란하게 하다(with)

1256) **unpleasant** [ʌnplézənt] a. 불쾌한, 기분 나쁜, 싫은; 심술궂은, 불친절한(to; with); ** **pleasant** [pléznt] a. (사물이) 즐거운, 기분 좋은, 유쾌한

1257) **afford** [əfɔ́ːrd] vt. ~을 살(지급할, 소유할) 돈이 있다, ~의 여유가 있다, ~을 참을 여유가 있다; (+to do) ~할 여유가 있다, ~할 수 있다

1258) **instantly** [ínstəntli] ad. 당장에, 즉각, 즉시(immediately)

1259) **sale** [seil] n. 특매; 염가 매출, 재고 정리 판매(처분)

1260) **deal** [diːl] n. (상업상의) 거래; 관계; 타협; ** **deal** n. 분량(quantity), 다량; 정도; 액(額); 많은(양), 상당량; 다량의(of); ** **deal** vt. 분배하다, 나누(어주)다

general principle that concrete words are better than abstract ones, and that the shortest way of saying anything is always the best. Mere correctness is no guarantee whatever of good writing.

To write or even[1261] to speak English is **not** a science **but** an art. There are no reliable[1262] rules[1263]: there is only the general[1264] principle[1265] that concrete[1266] words are better than abstract[1267] ones[1268], and that the shortest way of saying anything is always the best (*way*). Mere[1269] correctness[1270] is no guarantee[1271] whatever[1272] of good writing[1273].

① **상관접속사구** : not A but B "A가 아니라 B이다" (→ 18번 참조)

1261) **even** [íːvən] ad. (예외적인 일을 강조하여서) ~조차(도), ~라도, ~까지

1262) **reliable** [riláiəbəl] a. 의지가 되는, 믿음직한; 확실한, 신뢰성 있는; ** **rely** [rilái] vi. 의지하다, 신뢰하다(on, upon)

1263) **rule** [ruːl] n. 규칙, 규정; 법칙; 통례, 관례, 습관; 주의; ** **rule** vt. 다스리다, 통치(관리)하다; vi. 통치(지배)하다

1264) **general** [dʒénərəl] a. 일반의, 보통의, 특수하지 않은, 특정(전문)이 아닌, 한 부분에 국한되지 않은; 잡다한

1265) **principle** [prínsəpəl] n. 원칙, 원리, (물리·자연의) 법칙; ** **principal** [prínsəpəl] n. 장(長), 장관; 사장; 교장; 회장

1266) **concrete** [kánkriːt] a. 구체적인, 유형의, 실재하는; 현실의, 실제의, 명확한

1267) **abstract** [æbstrǽkt] a. 추상적인, 관념상의; 이론적인; 이상적인; 관념적인

1268) **부정대명사 one** : ones = words

1269) **mere** [miər] a. 단순한, ~에 불과한, 단지(다만, 그저) ~에 지나지 않는

1270) **correctness** [kəréktnes] n. 정확함; 방정, 단정

1271) **guarantee** [gæ̀rəntíː] n. 보증(security); 담보(물); 보증서; 보증인, 인수인

1272) **whatever** [hwɑtévər] a. (no, any 따위가 있는 부정적인 문장 중에서) 조금의 ~도 (없는) There is no doubt whatever. 전연 의심할 여지가 없다.

1273) **writing** [ráitiŋ] n. 쓰기, 씀, 집필, 저술

To write or even to speak English is not a science but an art.
영어를 쓰고 심지어 말하는 것은 과학이 아니라 예술인 것이다.

② **that 동격절** : 추상명사(사실, 증거, 생각, 정보, 의심, 가능성, 충고, 제안, 주장, 요구, 결론, 등등) 뒤에서 that 명사절이 앞의 명사의 의미를 보충해주는 구조이다. (또한 명사 ability, attempt, desire, failure, need, willingness, chance, opportunity, capacity, effort 뒤에 to부정사가 형용사적 용법으로서 앞의 명사와 동격관계를 이룰 수 있다. 이 때 부정사는 목적, 의무, 필요, 부연설명을 나타내는 역할을 한다.)

There is only the general principle that concrete words are better than abstract ones, and that the shortest way of saying anything is always the best.
다만 추상적인 낱말보다는 구체적인 낱말이 좋다는 일반적인 원칙, 그리고 어떤 말을 할 때 가급적 짧게 말하는 것이 최고의 방법이라는 일반적인 원칙만 있을 뿐이다.

the general principle that concrete words are ~, and that the shortest way of saying anything is ~ → 두개의 that 동격절이 명사 principle을 수식하고 있는 구조이다.

I know the fact that he studies hard. (동격, 접속사 that)
나는 그가 열심히 공부한다는 사실을 알고 있다.

Some animals gained the ability to communicate with people. (동격, 부정사)
= Some animals gained the ability for(in) communicating with people.
몇몇 동물들은 사람과 대화랄 수 있는 능력을 가지고 있기도 하다.

99. English is the most used international language largely because of the influence of the United States in world affairs. The importance of a language is extremely dependent upon the importance of the people who speak it. People all over the world speak English and freer communication between people is made possible because of an increasing

knowledge of it.

English[1274] is the most used[1275] international[1276] language[1277] largely[1278] because[1279] of the influence[1280] of the United States in world affairs[1281]. The importance of a language is extremely[1282] dependent[1283] upon the importance of the people who speak it. People all over[1284] the world speak English and freer[1285] communication[1286] between people **is made possible** because of an increasing[1287] knowledge[1288] of it.

① 5형식문장의 수동태 전환 :

1274) **English** [íŋgliʃ] n. (관사 없이) 영어 (the English language); a. 영국의; 영국 사람의; 영어의

1275) **use** [juːz] vt. 쓰다, 사용(이용)하다; (권총 등을) 들이대다; 소비하다; 습관적으로 쓰다 → used a. 사용되는; ** **used** [juːzd] a. 써서 낡은, 중고의; 다 쓴; 지친; ** **used** [juːst, (to의 앞) juːst] a. (술어적 형식으로) ~에 익숙하여(to)

1276) **international** [ìntərnǽʃənəl] a. 국제(상)의, 국제적인, 만국의

1277) **language** [lǽŋgwidʒ] n. 언어, 말; 어법, 어투, 말씨; 문체

1278) **largely** [lάːrdʒli] ad. 대규모로, 광범위하게; 크게, 충분히(much); 주로(mainly)

1279) **because of** ~한(의) 이유로, ~때문에(owing to)

1280) **influence** [ínfluəns] n. 영향(력), 작용; 감화(력); vt. ~에게 영향을 미치다.

1281) **affair** [əfέər] n. (pl.) (일상의) 업무, 용무, 직무, 사무; 일, 용건; (세상을 떠들썩하게 하는) 사건; 생긴 일(event)

1282) **extremely** [ikstríːmli] ad. 아주, 대단히, 몹시; 극단(적)으로, 극도로

1283) **dependent** [dipéndənt] a. 의지하고 있는, 의존하는(on, upon)

1284) **all over** 온~에, 온통, 전면에; 완전히; 다 끝나; ** **all over the world** 전 세계에

1285) **free** [friː] a. (freer [fríːər]; freest [fríːist]) a. 자유로운; 속박 없는

1286) **communication** [kəmjùːnəkéiʃən] n. 의사소통; 왕래, 연락, 교제; 전달, 통신

1287) **increasing** [inkríːsiŋ] a. 점점 증가(증대)하는; ** **increase** [inkríːs]vi. 늘다, 증대하다; vt. (수·양 따위를) 늘리다, 불리다, 증대(확대)하다

1288) **knowledge** [nάlidʒ/nɔ́l-] n. 지식; 학식, 학문; 인식; 이해

주어+불완전타동사+목적어+목적격보어(명사, 형용사, 분사, 부정사)
→ 목적어+be+동사의 과거분사+목적격보어(+by+주어)

People all over the world speak English and freer communication between people is made possible because of an increasing knowledge of it.
전 세계 사람들이 영어를 사용하고 있는데, 그러한 사실은 (영어에 대한 지식이 점점 증가함으로 인해서) 타 민족들 사이에 더 자유로운 의사소통이 가능하게 만들었다.

= **It** makes freer communication between people possible because of an increasing knowledge of it **that** people all over the world speak English.
전 세계 사람들이 영어를 사용하고 있다는 사실은 (영어에 대한 지식이 점점 증가함으로 인해서) 타 민족들 사이에 더 자유로운 의사소통이 가능하게 만들었다.

→ Freer communication between people is made possible because of an increasing knowledge of it (by **it**).
영어에 대한 지식이 점점 증가함으로 인해서 타 민족들 사이에 더 자유로운 의사소통이 가능하게 되었다.

We called the man a fool. (목적보어 : 명사)
= The man was called a fool by us.
우리는 그 사람을 바보라고 불렀다.
(그 사람은 바보로 불려졌다.)

He made me happy. (목적보어 : 형용사)
= I was made happy by him.
그는 나를 행복하게 해주었다.

He asked us to push his car. (목적보어 : to 부정사)
= We were asked to push his car by him.
그는 우리에게 자신의 자동차를 밀어 달라고 요청했다.

Parents made him help his friends.. (목적보어 : 원형부정사)
= He was made to help his friends.
부모들은 그에게 친구들을 도와주라고 했다.

We saw him working hard. (목적보어 : 현재분사)
= He was seen working hard by us.
우리는 그가 열심히 공부하는 것을 보았다.

We found the boy injured in the woods. (목적보어 : 과거분사) find
= The boy was found injured.
우리는 그 아이가 숲속에서 부상당한 것을 알았다.
(그 아이가 숲속에서 부상당했음을 알았다.)

100. If, when you are young, you buy what you do not want, when you are old you may have to sell what you can badly spare. We ought to live while we are young so that we may be free from debt and pecuniary anxieties when we are old.

If, when you are young, you buy what you do not want, when you are old you **may have to** sell what you can badly[1289] spare[1290]. We ought to[1291] live **while** we are young **so that** we may be free[1292] from debt[1293] and

1289) **badly** [bǽdli] ad. 대단히, 몹시(greatly) (want, need 따위와 함께); 나쁘게 (wrongly), 호되게; 서투르게(poorly), 졸렬하게

1290) **spare** [spɛər] vt. (아까워서) 사용치 않다; 아끼다; (특수한 목적으로) 잡아두다; ** **spare** vt. (여유가 있어서) 떼어 두다; (충분해서) 나누어 주다, 빌려 주다; (시간 따위를) 할애하다 I have no time to spare. 한가한 시간이 없다. Can you spare me a few moments? 잠깐 뵐 수 있겠습니까?; ** **spare** n. 여분(의 것); 예비품

1291) **ought** [ɔ：t] aux. v. (항상 **to**가 붙은 부정사를 수반하며, 과거를 나타내려면 보통 완료형부정사를 함께 씀)(의무·당연·적당·필요를 나타내어) ~해야만 하다, ~하는 것이 당연하다, ~하는 편이 좋다; (가망·당연한 결과를 나타내어) ~하기로 되어 있다, (틀림없이) ~할 것이다, ~임에 틀림없다

pecuniary[1294] anxieties[1295] **when** we are old.

① **조동사 may, have to** : 조동사 may는 "허가(~해도 좋다), 불확실한 추측(~일지도 모르다), 기원(~하소서)"로 사용되고, 그리고 조동사 must는 의무 및 당위성(~해야 한다 have to), 강한 추측(~임에 틀림없다), 금지(must not), 불필요(do not have to)로 사용된다. 그런데 may have to는 "의무 및 당연+불확실한 추측"이므로 "~을 해야 할지도 모른다" 라고 해석한다.

When you are old you may have to sell what you can badly spare.
네가 늙었을 때 몹시 아끼던 것을 팔아야 할지도 모른다.

② **목적부사절** : - so that 주어 can(may, will) 동사 ~ (= - in order that 주어 can(will, may) 동사 ~) "~ 하도록, ~ 하기 위해서" (= in order to 동사, so a to 동사, to 동사)

We ought to live while we are young so that we may be free from debt and pecuniary anxieties when we are old.
= We ought to live while (we are) young so as to be free from debt and pecuniary anxieties when (we are) old.
젊었을 때, 나이가 들어서 빚이라든가 금전상의 근심으로부터 시달리지 않도록 (검소한) 생활을 해야 한다.

③ **접속사 when, while, as** : 동시에 일어나는 행위나 상황을 말할 때 사용된다는 공통점을 가지고 있다. 그러나 동시에 길게 진행되거나 진행되었음을 말하고자 할 때는 while을 사용하고, 두 가지 상황들이 함께 진전해나가거나 변화하고 있음을 말할 때는 as를 사용한다.

1292) **free** [fri：] a. 자유로운; 속박 없는; 해방돼 있는, 면제된; 시달리지 않는, 면한; ** **free** vt. (+목+전+명) (~로부터) 자유롭게 하다, 해방하다(from); (곤란 등에서) 구하다(deliver)

1293) **debt** [det] n. 빚, 부채, 채무; (남에게) 신세짐, 의리, 은혜

1294) **pecuniary** [pikjú：nièri/-njəri] a. 금전(상)의, 재정상의; 벌금을 물려야 할

1295) **anxiety** [æŋzáiəti] n. 걱정, 근심, 불안(misgiving)(about); 걱정거리; 염원, 열망(eagerness) (for; about; to do)

We ought to live while we are young so that we may be free from debt and pecuniary anxieties when we are old.
젊었을 때(젊을 동안에), 나이가 들어서 빚이라든가 금전상의 근심으로부터 시달리지 않도록 (검소한) 생활을 해야 한다.

While she was reading a book on the sofa, I was cooking in the kitchen.
그녀가 소파에서 책을 읽고 있는 동안에 나는 부엌에서 요리하고 있었다.

As it grew darker, it became colder.
어두워짐에 따라서 더욱 추워졌다.

101. A perfect knowledge of a few writers and a few subjects is more valuable than a superficial one of a great many. In one's reading, great writers of the past must be given the most attention. Of course, it is both natural and necessary to be familiar with those of the present, for it is among them that we are likely to find friends who have our own anxieties and requirements.

A perfect[1296] knowledge of a few[1297] writers[1298] and a few subjects[1299] is more valuable than a superficial[1300] one[1301] of a great many[1302] (*is valuable*). In one's reading[1303],

---

1296) **perfect** [pə́ːrfikt] a. 완전한, 더할 나위 없는, 결점이 없는, 이상적인

1297) **a few** pron. (a를 붙이지 않는 부정적인 용법) (수가) 소수(조금)(밖에 없다); 극히 ~밖에 안 되는 것(사람)

1298) **writer** [ráitər] n. 작가, 문필가; 저자, 필자; ** **author** [ɔ́ːθər] n. 저자, 작가, 저술가; 창조자, 창시자

1299) **subject** [sʌ́bdʒikt] n. 주제, 문제, 제목, 연제, 화제; 국민; 신하, 신(臣); 학과, 과목; (문법) 주어, 주부(主部)

1300) **superficial** [sùːpərfíʃəl] a. 표면(상)의, 외면의; (상처 따위가) 표면에 있는; 외견상의; 피상적인, 천박한

great writers of the past must be given the most attention[1304]. Of course, [1305]it is [1306]both natural[1307] and necessary to be familiar with[1308] those[1309] of the present[1310], for **it is among them that**[1311] we are likely to[1312] find friends who have our own anxieties[1313] and requirements[1314].

① **부정대명사** one : 앞에 쓰인 단수(복수)보통명사의 반복을 피하기 위해서 단수보통명사는 one으로 받고 복수보통명사는 ones로 받는다.

A perfect knowledge of a few writers and a few subjects is more valuable than a superficial one of a great many (*is valuable*).
(one = knowledge)

1301) **one = knowledge**

1302) **a great many** 대단히 많은; ** **many** n. , pron. (흔히 there are ~; 복수취급) (막연히) 많은 사람들; 많은 것(사람); (the ~) (복수취급) 대중, 서민; (소수에 대한) 다수; a. (more [mɔːr]; most [moust]) (복수명사 앞에 쓰이어) 많은, 다수의, 여러

1303) **in ~ing** : (in doing의 형식으로) ~한 점에서, ~하므로, ~하면서

1304) **attention** [əténʃən] n. 주의, 유의; 주의력; 배려, 고려; 손질; 돌봄

1305) **It is natural to do ~; It is natural(이성적 판단의 형용사necessary, important) that +주어 should do~**

1306) **상관접속사** : both ~ and - : ~도 -도 (양쪽 모두)

1307) **natural** [nætʃərəl] a. 당연한, 지당한; (논리상) 자연스러운

1308) **familiar** [fəmíljər] a. 친(밀)한, 가까운(with); ** **be familiar with** ~을 잘 알고 있다, ~와 친숙하다

1309) **those = great writers**

1310) **present** [prézənt] a. (보통 서술적) 있는, 출석하고 있는; 지금의, 오늘날의, 현재의, 현(現)~ ; n. (종종 the ~) 현재, 오늘날; n. 선물; ** 보통 **present**는 친한 사람끼리의 선물; **gift**는 보통 개인 [단체] 에 대한 정식 선물

1311) **강조구문** : it is ~ that; ** **among them** = those(great writers) of the present

1312) **be likely to do** ~ 하기 쉽다; ~할 것 같은, ~듯한(to do); ** **likely** [láikli] a. ~할 것 같은, ~듯한(to do)

1313) **anxiety** [æŋzáiəti] n. 걱정, 근심, 불안(misgiving)(about); 걱정거리

1314) **requirement** [rikwáiərmənt] n. 요구, 필요; 필요조건, 자격(for)

소수의 작가와 소수의 주제에 대한 완벽한 지식은 다수의 작가와 주제에 대한 표면적인 지식보다 가치가 있다.

I think her best novels are her early ones. (ones = novels)
그녀의 최고의 소설은 초창기 것들이라고 생각한다.

Elephants' ears are larger than those of humans. (those = ears)
코끼리의 귀는 인간의 귀보다 더 크다.

The cost of living in Korea is higher than that of Vietnam. (that = cost)
한국의 생활비는 베트남의 생활비보다 더 높다.

② it ~ that **강조구문** : "~한 것은 바로 -이다"

<u>It is among them that</u> we are likely to find friends who have our own anxieties and requirements. (them = writers of the present)
→ We are likely to find friends who have our own anxieties and requirements among them.
바로 (현대의 위대한) 작가들 중에서 우리들은 우리 자신과 같은 걱정과 요구를 갖고 있는 친구들을 발견하기 쉽다.

102. One of the most dangerous things in life is the power of human desire. Many of us have not learned to limit our desires to what we expect to achieve. We dream impossible dreams, when they are not only frustrated, but we also feel disappointed and explode in anger.

One of the most dangerous[1315] things in life is the power of human desire[1316]. Many[1317] of us have not learned[1318]

1315) **dangerous** [déindʒərəs] a. 위험한, 위태로운; (방언) 위독한

1316) **desire** [dizáiər] n. 욕구; 원망, 욕망(to do; for); 식욕; 정욕; 요망, 요구

1317) **many** [méni] n., pron. 많은 것(사람); a. (복수명사 앞에 쓰이어) 많은, 다수의

1318) **learn** [lə : rn] vt. (~+[목]/+(wh.) to do) ~을 배우다, 익히다, 가르침을 받다; 공

to limit[1319] our desires to what we expect[1320] to achieve[1321]. We **dream**[1322] impossible[1323] **dreams**, when they are [1324] **not only** frustrated[1325], **but** we **also** feel disappointed[1326] and explode[1327] in anger[1328].

① **동족목적어** : 원래 동사가 자동사이여서 목적어를 취할 수 없으며, 만약 목적어를 취하고자 할 때는 전치사를 동반해서 취하는 것이 문법적인 것이다. 그러나 동사와 같은 어원의 목적어와 유사한 뜻을 지닌 목적어(명사)를 동족목적어라 한다. 동사와 동형 또는 같은 어원인 동사들로는 "dream, die, live, laugh, sleep, sigh" 등이 있다.

We dream impossible dreams.
우리는 불가능한 꿈을 꾼다.

He died a glorious death.

부하다, 연습하다

1319) **limit** [límit] vt. 제한(한정)하다; (어떤 수량 등으로) 제한하다(to)

1320) **expect** [ikspékt] vt. (+to do) 기대(예기, 예상)하다; 기다리다; ~할 작정이다

1321) **achieve** [ətʃíːv] vt. (일·목적)을 이루다, 성취하다, (어려운 일)을 완수하다

1322) **dream** [driːm] vt. (동족목적어를 수반해) ~한 꿈을 꾸다, 몽상하다; 꿈꾸다

1323) **impossible** [impásəbəl/-pós-] a. 불가능한, ~할 수 없는, ~하기 어려운(for; to; to do; of)

1324) **상관접속사** : not only ~ but also - (= - as well as ~) ~뿐만 아니라 -도

1325) **frustrated** [frʌ́streitid] a. 실망한, 욕구 불만의; 좌절된; ** **frustrate** [frʌ́streit] vt. (적 따위를) 쳐부수다, 꺾다; (계획 따위를) 헛되게 하다, 실패하게 하다; (사람을) 실망시키다; (심리학)~에 욕구 불만을 일으키게 하다.

1326) **disappointed** [dìsəpɔ́intid] a. 실망한(about; in; with); 낙담한(at doing; to do); (계획·희망이) 수포로 돌아간, 기대에 어긋난; ** **disappoint** [dìsəpɔ́int] vt. 실망시키다, 낙담시키다, ~의 기대에 어긋나게 하다; ~의 실현을 방해하다; (계획 따위를) 좌절시키다(upset)

1327) **explode** [iksplóud] vi. 폭발하다, 작렬하다; 파열하다; (사람이) 분격하다, 호통 치다; (감정이) 격발하다 《with》 vt. 폭발시키다, 파열시키다; (학설·사상 따위를) 논파하다; (미신 등을) 타파하다

1328) **anger** [ǽŋgər] n. 노염, 성, 화; (참고) anger 가장 일반적인 말로 개인의 이기적인 노염을 말함. fury 광기에 가까운 노염. rage 자제심을 잃을 정도의 격노.

그는 명예롭게 죽다.

He lived a happy life.
그는 행복한 삶을 살았다.

He laughed a bitter laugh (at a bitter laugh).
그는 슨 웃음을 지었다.

He dreamed a happy dream (of a happy dream).
그는 행복한 꿈을 꾸었다.

② **상관접속사구** : not only ~ but also - (= - as well as ~) "~뿐만 아니라 -도 또한"

They are not only frustrated, but we also feel disappointed and explode in anger.
우리는 좌절할 때뿐만 아니라 또한 실망하여 화가 나서 폭발하기도 한다.

103. He was the commander. It seemed that he was intelligent. Having asked only a few questions, he understood my situation and freed me, but added, "Please leave this area as soon as possible, because I cant't guarantee your life."

He was the commander[1329]. **It seemed that**[1330] he was intelligent[1331]. **Having asked only a few**[1332] **questions**, he understood my situation[1333] and freed[1334] me, but added[1335]

1329) **commander** [kəmǽndər, -mɑ́ːnd-] n. 지휘관, 사령관; 명령자; 지휘자, 지도자

1330) **It seems that ~ (= It appeared that ~)** ~인 것 같다 (추측)

1331) **intelligent** [intélədʒənt] a. 지적인, 지성을 갖춘, 지능이 있는, 이해력이 뛰어난, 영리한; (컴퓨터) 지적인, 정보 처리 기능이 있는

1332) **few** [fjuː] a. n. pron. **** few+** 셀 수 있는 명사 (거의 ~없는); ** **a few+** 셀 수 있는 명사 (조금 ~있는);** **little+** 셀 수 없는 명사 (거의 ~없는); ** **a little+** 셀 수 없는 명사 (조금 ~있는)

(*that*), "Please leave this area as soon as possible[1336], because I cant't guarantee[1337] your life[1338]."

① **it seems that ~** : 가주어 it와 진주어 that 명사절로 이루어진 문장이며, 자주 사용되는 동사들로는 "seem, appear, happen, chance, follow" 등이 있다.

It seemed that he was intelligent.
그는 지적인 사람처럼 보였다.

It doesn't matter whether she start now or later.
그녀가 시작하는 것이 지금이든 나중이든 간에 중요한 문제가 아니다.

It remains (for us) to apply the law to the fact.
(우리가) 그 사실에 대해 법을 적용하는 것만이 남아있다.

② **분사구문** : 부사절을 부사구로 전환시켜서 복문을 단문으로 만든 것이다.

Having asked only a few questions, he understood my situation.
= After he ha asked only a few questions, he understood my situation.
단지 두세 가지의 질문을 한 후에, 그는 나의 상황을 이해했다.

104. The Senate on Wednesday rejected a constitutional

1333) **situation** [sìtʃuéiʃən] n. 사정(circumstances); 위치, 장소, 소재(place); 환경; 입장; 정세, 형세, 상태, 사태

1334) **free** [friː] (p., pp. freed; freeing) vt. (~로부터) 자유롭게 하다, 해방하다(from); (곤란 등에서) 구하다(deliver); a. ɑ. (freer [fríːər]; freest [fríːist]) 자유로운; 속박 없는 ad. 자유롭게; 무료로

1335) **add** [æd] vt. (+thɑt[절]) 부언(부기)하다, 덧붙여 말하다; 더하다, 가산하다; 증가(추가)하다(to; in); vi. 덧셈하다; 늘다, 붇다(to)

1336) **as 형용사 또는 부사 as possible (= as possible one can)** 가능한 한 ~

1337) **guarantee** [gæ̀rəntíː] vt 보장(하다), 보증(하다); n. 보증(security); 담보(물); 보증서; 보증인, 인수인

1338) **life** [laif] n. (pl. lives [laivz]) n. 생명; 생존, 삶, 생(生)

amendment to ban gay marriage, embarrassing President Bush and Republicans who hoped to use the measure to energize conservative voters on Election Day.

The Senate[1339] on Wednesday rejected[1340] a constitutional[1341] amendment[1342] to ban[1343] gay[1344] marriage, **embarrassing**[1345] President Bush and Republicans[1346] who hoped[1347] to use the measure[1348] to energize[1349] conservative[1350] voters[1351] on Election[1352] Day.

1339) **senate** [sénət] n. (S-) (미국·캐나다·프랑스 등의) 상원 (cf.) congress; (고대 로마·그리스의) 원로원; 입법부, 의회; (Cambridge 대학 등의) 평의원회, 이사회

1340) **reject** [ridʒékt] vt. (요구·제의 등을) 거절하다, 사절하다, 각하하다 refuse

1341) **constitutional** [kɑ̀nstətjúːʃənəl/kɔ̀n-] a. 헌법의, 합헌(合憲)의; 입헌적인

1342) **amendment** n. (법안 등의) 수정(안), 보정, 개정; 변경, 개선, 교정(矯正), 개심; ** **amend** [əménd] vt. (의안 등을) 수정하다, 개정하다, 정정하다

1343) **ban** [bæn] vt. 금(지)하다

1344) **gay** [gei] a. (∸·er; ∸·est) 명랑한(merry), 즐거운, 쾌활한; (방언)건강한. (cf.)lively; 화려한(bright); (완곡어)방탕한, 음탕한; 들뜬; (구어)동성애(자)의, 게이의, 호모의; n. (구어)동성애자, 게이

1345) **embarrass** [imbǽrəs, em-] vt. 당혹(당황)하게 하다, 난처케 하다, 쩔쩔매게 하다; vi. 당황하다, 쩔쩔매다

1346) **republican** [ripʌ́blikən] a. 공화 정체의; 공화국의; 공화주의의; (R-) (미국) 공화당의; 군서(群棲)하는(새 따위). n. 공화주의자; (R-) (미국) 공화당원.

1347) **hope** vt. (+(that)[절]/+to do) 바라다, 기대하다; (구어) (바람직한 방향으로) 생각하다; ** **wish** vt. (+to do/+목+to do/+(that)[절]/+목+(to be)보)~하고 싶다(고 생각하다); (아무에게) ~해 주기를 바라다

1348) **measure** n. (보통 pl.) 수단, 방책; 조처; 한도, 한계, 정도; 표준; 법안(bill), 법령

1349) **energize** [énərdʒàiz] vt. 정력을 [에너지를] 주입하다, 활기를 돋우다

1350) **conservative** [kənsə́ːrvətiv] a. 보수적인, 보수주의의; 전통적인; 케케묵은

1351) **voter** [vóutər] n. 투표자, 선거인; 유권자; ** **vote** [vout] n. 투표, 표결, 투표수; ** **vote** vi. 투표하다(for; in favor of; against; on); vt. (+to do/+that[절]) 투표하여 결정하다, 가결(표결)하다

1352) **election** [ilékʃən] n. 선거; 선정; 선임

① **분사구문 (부대상황)** : 부대상황으로서 아래에서는 연속동작을 나타낸다. "~했고, 그리고 ~했다" (→ 24번 참조)

The Senate on Wednesday rejected a constitutional amendment ~, embarrassing President Bush ~.
= The Senate on Wednesday rejected a constitutional amendment ~, and embarrassed President Bush ~.
수요일에 상원은 ~을 거부했으며, 그것은 ~을 당황시켰다.

② **명사+ to부정사** : to부정사가 형용사 성질로서 앞의 명사를 후치 수식할 수 있다. 명사와 부정사 속의 동사와 의미적인 관계는 "소유, 주술, 목적, 동격, 등"이 있다.

a constitutional amendment to ban gay marriage (동격관계)
= a constitutional amendment that they should bad gay marriage
동성결혼을 반대하는 헌법 수정안

105. I was ever of opinion, that the honest man who married and brought up a large family, did more service than he who continued single and only talked of population.

I was ever[1353] of opinion[1354], that[1355] the honest[1356] man who married and brought up[1357] a large[1358] family, did **more**[1359]

1353) **ever** ad. (긍정문에 쓰이어서) 언제나; 늘; 항상; (의문문에서) 일찍이; 이제(지금)까지; 언젠가 (전에); 도대체; (조건문에서) ~(하는) 일이 있으면(있다고 하더라도); 언젠가; 어쨌든; (부정문에서) 이제까지 (한 번도 ~않다); 결코(~않다)

1354) **opinion** [əpínjən] n. 의견, 견해(view); (보통 pl.) 지론, 소신; 일반적인 생각, 여론; 전문적인 의견, 인정, 감

1355) **be of (the) ~ that 절** : (= It is one's opinion that~; One's opinion is that~) ~라고 믿다 (생각하다), ~이라는 의견이다; (영국에서는 주로 the를 생략함)

1356) **honest** [ɑ́nist/ɔ́n-] a. 성실한, 정직한, 숨김(이) 없는, 공정(公正)한, 훌륭한

1357) **bring** [briŋ] only vt. (물건을) 가져 오다, (사람을) 데려오다; ~하도록 하다, (+목+to do) [흔히 부정문·의문문] ~할 마음이 생기게 하다; ** **bring up (vt+ad) ~** : 양육(부양)하다; 기르다, 가르치다; (논거·화제 등을) 내놓다; 토하다, 토해 내다; 직면(대결)시키다(against); (재판에) 출두시키다, 기소하다

service[1360] **than** he who continued[1361] single[1362] and only talked[1363] of population[1364] (*did service*).

① **주어+be of** (the) **opinion that 주어+동사 ~** : (= It is one's opinion that~; One's opinion is that~) ~라고 믿다 (생각하다), ~이라는 의견이다; (영국에서는 주로 the를 생략함)

I was ever of (the) opinion, that the honest man ~.
나는 성실한 사람이 ~이라고 생각한다.

Most teachers are of the opinion that children also learn through interaction, by listening to others and discussing ideas with them.
대부분의 선생님들은 아이들이 다른 사람들에게 들음으로써, 그들과 함께 생각을 나눔으로서 상호작용을 통해서 배울 수 있다는 의견을 가지고 있다.

② **비교구문** : 비교급을 만들 때 일반적으로 부사로서 more 뒤에 형용사 또는 부사가 오지만, 형용사로서 more 뒤에는 명사가 올 수도 있다.

1358) **large** [lɑ：rdʒ] ɑ. (정도·규모·범위 등이) 큰, 넓은, 광범위한 a large crowd 대군중 large powers 광범위한 권한 large farmers 대농; (공간적으로) 큰, 넓은(spacious)

1359) **more** [mɔ：r] ɑ. (many 또는 much의 비교급) (수·양 등이) 더 많은, 더 큰, 더욱 훌륭한; (지위 따위) 한층 높은; ɑd. (much의 비교급) 보다 많이, 더욱 크게

1360) **service** [sə́：rvis] n. (종종 pl.) 봉사, 수고, 공헌, 이바지; 돌봄, 조력; 도움, 유익, 유용; 편의, 은혜

1361) **continue** [kəntínju：] vi. (+[보]) 여전히~이다; 계속~하다; vt. (~+[목]/+ -ing/+ to do) 계속하다, 지속(持續)하다

1362) **continue** vi. (+[보]) 여전히 ~이다; 계속 ~하다; vt. (~+[목]/+ -ing/+ to do) 계속하다, 지속(持續)하다; (~+[목]/+[목]+[전]+[명]/+ thɑt[절]) (중단 후 다시) 계속하다, 속행하다; ** **single** [síŋgəl] ɑ. 독신(혼자)의, 외로운, 고독한; 단 하나의, 단 한 개의, 단지 홀로의; 1인용의; 한 가족용의; 외톨로 서 있는

1363) **talk** [tɔ：k] vi. 말하다; 지껄이다; (~와) 이야기하다(to; with; on); 강연하다(on; to); ~ 에 관하여 이야기하다, ~의 소문을 이야기하다, ~할 생각이라고 말하다(of)

1364) **population** [pὰpjəléiʃən/pɔ̀p-] n. 인구, 주민수; (the ~) 주민; (한 지역의) 전주민, 특정 계급의 사람들

The honest man who married and brought up a large family, did more service than he who continued single and only talked of population (*did service*). "~ 보다 더 많은 공헌"

He has more books than his friend (has books).
그는 친구다 더 많은 책들을 가지고 있다.

106. Children learned about their world through their sensory experiences. A young girl may spend ten long minutes watching a leaf carried down a sidewalk by a gentle breeze. She may try to catch it with her hands so that she can examine it through touch. But just as she gets close enough to touch the leaf, it may blow away. Now, the child is more curious than ever.

Children[1365] learned about their world through[1366] their sensory[1367] experiences. A young girl may **spend** ten long minutes (*in*) **watching** a leaf[1368] carried[1369] down a sidewalk[1370] by a gentle[1371] breeze[1372]. She may try to catch it with her hands **so that**[1373] she can examine[1374] it through touch[1375].

1365) **children** [tʃíldrən] n. (child의 복수) 아이들; ** **child** [tʃaild] n. 아이; 사내(계집) 아이, 어린이, 아동; 유아; 자식, 아들, 딸

1366) **through** [θru :] prep. (수단·매체) ~에 의하여, ~을 통하여, ~으로; ~덕택으로

1367) **sensory** [sénsəri] a. 지각(9감각)(상)의; 지각 기관의, 감각 중추의

1368) **leaf** [li : f] n. (pl. leaves [li : vz]) 잎, 나뭇잎, 풀잎

1369) **carry** [kǽri] vt. ~의 위치를 옮기다, (비유적) 나르다, 옮기다; ** **carry down** 가지고 내리다; 집어내리다; (보통 수동태) (사상 따위를) 후세에 전하다(남기다)

1370) **sidewalk** [sáidwɔ̀ : k] n. (미국) (특히 포장된) 보도, 인도 (영국, pavement)

1371) **gentle** [dʒéntl] a. 부드러운, 조용한; (기질·성격 음성이) 온화한(moderate), 점잖은, 상냥한(mild), 친절한; 품위 있는

1372) **breeze** [bri : z] n. 산들바람, 미풍

1373) **목적부사절** : (so) that+주어+may+do~ (= in order to do, so as to do, to do) "~하기 위해서"

But just as[1376] she gets[1377] close[1378] enough to[1379] touch the leaf, it may blow[1380] away. Now, the child is more curious[1381] than ever[1382].

① spend + 목적어(시간) + (in) 동사ing ~ : 동명사 앞에 전치사가 생략되어 자주 사용된다. ("~를 -하는데 소비하다, 사용하다, 쓰다")

A young girl may spend ten long minutes (in) watching a leaf carried down a sidewalk by a gentle breeze.
[watch+목적어+done (do, doing) ~rk -하는 것을 지켜보다]
소녀는 한 장의 나뭇잎이 미풍에 날려서 보도위에 떨어지는 것을 보며 10분 동안이나 보낼지도 모른다.

② so that 구문 : so that은 "목적(in order that, in order to, so as to), 결과(therefore, and so), 조건(if only, so long as)" 부사절을 이끌며, so ~ that은 "결과, 정도" 부사절을 이끈다.

1374) **examine** [igzǽmin] vt. 시험(검사)하다; 조사(심사)하다(inspect, investigate); 고찰(검토, 음미)하다; (의학) 진찰하다, 검진하다; (법률학)신문(심문)하다; 심리하다

1375) **touch** [tʌtʃ] n. 접촉, 만지기, 스치기; 가볍게 때리기(누르기); 교섭, 연락, 교제, 접촉; 편지 왕래; 이해; 공감; 촉각, 감촉, 촉감

1376) **(just) as+주어+동사~** (= when) "(막) ~할 때"

1377) **get** [get] vi. (+보/+done) ~이 되다(변화·추이); ~되다(수동); vt. 얻다, 입수하다, 획득하다(obtain); 사다; 받다, 타다(gain, win); 벌다(earn); 예약하다

1378) **close [klous]** a. (시간·공간·정도가) 가까운(near), 접근한(to); (관계가) 밀접한, 친밀한(intimate)(to); ad. 밀접하여, 곁에, 바로 옆에; ** **close [klouz]** vt. (눈을) 감다, (문·가게 따위를) 닫다(shut); (우산을) 접다; (책을) 덮다; (통로·입구·구멍 따위를) 막다, 차단하다, 메우다; (가게·사무소를) 폐쇄하다, 휴업하다; vi. (문 따위가) 닫히다; (꽃이) 오므라들다; (상처가) 아물다; (사무소 따위가) 폐쇄되다, 폐점하다; (극장이) 휴관하다(on, upon); n. 끝, 종결, 결말; 끝맺음; (우편의) 마감

1379) **enough to do** ~ "~할 만큼" (부정사의 부사적용법, 정도의 의미)

1380) **blow** [blou] vi. (it를 주어로 하여) 바람이 불다; (바람이) 불다; vt. ~을 불다, 불어대다, 불어 보내다; ** **blow away** (불어) 날려버리다, 날리다, 흩뜨리다; 사살하다; 압도하다(stun)

1381) **curious** [kjúəriəs] a. 호기심 있는, 사물을 알고 싶어 하는

1382) **than ever** (= ~than the child was ever curious before)

She may try to catch it with her hands so that she can examine it through touch.
= She may try to catch it with her hands in order to examine it through touch. (= so as to examine, to examine)
그녀는 그것을 만져서 확인하기 위해서 양손으로 그것을 잡으려 할지도 모른다.

107. A ban on hunting dolphins 30 years ago may have had a positive impact down the line, but researchers found that excessive use of water for agriculture, the spilling of pesticides and other industrial chemicals into the Indus River as well as poor water conservation practices had reduced the dolphins' habitats. The remaining dolphins still live within the endangered area.

A ban[1383] on **hunting**[1384] dolphins[1385] 30 years ago **may have had** a positive[1386] impact[1387] down the line[1388], but researchers[1389] found that excessive[1390] use of water for agriculture[1391], the spilling[1392] of pesticides[1393] and other

1383) **ban** [bæn] n. 금지, 금지령, 금제(on); (여론의) 무언의 압박, 반대(on)

1384) **전치사+동명사 ~** : on hunting ~

1385) **dolphin** [dálfin, dɔ́(:)l-] n. (동물) 돌고래

1386) **positive** [pázətiv/pɔ́z-] a. 긍정적인; 확신하는, 자신 있는; 단정적인, 명확한, 의문의 여지가 없는; 확실한, 확언한, 단호한

1387) **impact** [ímpækt] n. 영향(력); 충돌(collision); 충격, 쇼크(on, upon; against)

1388) **line** [lain] n. (종종 pl.) 방침, 주의; 경향, 방향; (전투의) 전선

1389) **researcher** [risə́:rtʃə:r] n. 연구(조사)원; ** **research** n. (보통 pl.) (학술) 연구, 조사, 탐구, 탐색; vi. 연구하다, 조사하다(into); vt. ~을 연구하다, 조사하다

1390) **excessive** [iksésiv] a. 지나친, 심한, 엄청난; 무절제한; 과도한, 과대한, 과다한

1391) **agriculture** [ǽgrikʌ̀ltʃər] n. 농업(넓은 뜻으로는 임업·목축을 포함); 농경; 농예

1392) **spill** [spil] n. (액체·가루 따위를) 엎지르다, 흩뜨리다, (피를) 흘리다(shed)

1393) **pesticide** [péstəsàid] n. 농약(살충제·살균제·제초제 따위)

industrial[1394] chemicals[1395] into the Indus River[1396] as well as[1397] poor[1398] water conservation[1399] practices[1400] had reduced[1401] the dolphins' habitats[1402]. The **remaining**[1403] dolphins still live within the **endangered**[1404] area.

① **전치사+동명사, 동명사의 관용적 표현** (on -ing "~하자마자") : 전치사 뒤에 동명사가 사용된 경우에 있어서, 단순히 전치사의 목적어로 동명사가 사용된 것인지 또는 관용적인 표현(전치사+동명사)으로 사용된 것이지 문맥을 통해서 판단해야 한다.

A ban on hunting dolphins 30 years ago
30년 전의 돌고래 사냥에 대한 금지법

② **may have+과거분사** : 조동사를 통해서 추측의 의미를 나타내는 "may, must"는 과거시제를 나타내고자 할 때 조동사 뒤에 완료시제가 온다.

A ban on hunting dolphins 30 years ago may have had a positive

---

1394) **industrial** [indʌ́striəl] a. 산업(상)의, 산업용의; 공업(상)의, 공업용의

1395) **chemical** [kémikəl] n. (종종 pl.) 화학제품(약품); a. 화학의, 화학상의; 화학용의; 화학 약품에 의한; 화학적인

1396) **Indus** [índəs] n. (the ~) 인도 북서부의 강

1397) **as well as** ~뿐 만아니라 - 도 (not only ~ but also -)

1398) **poor** [puər] a. (아무의 활동·작품 따위가) 서투른, 어설픈; 무능한; 형편없는

1399) **conservation** [kànsəːrvéiʃən/kɔ̀n-] n. (자연·자원의) 보호, 관리; 보존, 유지

1400) **practice** [prǽktis] n. 시행; 실행, 실시, 실제; (실지에서 얻은) 경험

1401) **reduce** [ridjúːs] vt. (양·액수·정도를) 줄이다; 축소하다(diminish); 한정하다

1402) **habitat** [hǽbətæ̀t] n. (생태)(생물의) 서식 장소(환경); (특히 동식물의)서식지, 생육지, 번식지, (식물의) 자생지(自生地), 산지, (표본의) 채집지; (농림)입지; 거주지, 주소; 본래 있어야 할 곳

1403) **remain** [riméin] only vi. 남다, 남아 있다; 없어지지 않고 있다(in; on; to; of); 살아남다; 머무르다; (+보/+-ing/+done/+전+명) ~한 대로이다, 여전히 ~이다; ** **remain** n. (보통 pl.) 잔존물; 잔액; 유물, 유적

1404) **endanger** [endéindʒər] only vt. 위태롭게 하다, 위험에 빠뜨리다; ** **endangered** [endéindʒərd] a. (동식물이) 절멸 위기에 처한

impact down the line.
30년 전의 돌고래 사냥 금지는 (그러한 방침 하에서) 긍정적인 효과를 가졌을지도 모른다.

▷may 불확실한 추측
현재시제 : may 동사원형 ~ (~일지도 모른다)
과거시제 : may have +pp. (~이였을지도 모른다)

▷must 단정적인 추측
현재시제 : must 동사원형 ~ (~임에 틀림없다)
과거시제 : must have +pp. (~이였음에 틀림없다)

▷can't 부정적인 추측
현재시제 : can't 동사원형 ~ (~일리가 없다)
과거시제 : can't have +pp. (~이였을 리가 없다)

③ **분사의 형용사(제한적 용법)** : 준동사로서 분사는 명사를 앞에서 또는 수식어구를 동반할 때는 명사 뒤에서 꾸며준다. 이때 뒤에서 꾸며주는 경우는 "~명사(주격관계대명사+be) 분사+~"생략형이다.

The remaining dolphins still live within the endangered area.
= The dolphins remains still living within the endangered area.
고래들은 위험성이 있는 지역에 여전히 살아 남아있다.

The remaining dolphins still live within the endangered area.
= The remaining dolphins still live within the area which are endangered.
(살아) 남아있는 고래들은 위험해진(절멸위기에 처해있는) 지역에 살고 있다.

108. If we knew what a man really admires, we might form some guess as to what sort of a man he is, or at least as to what sort of a man he is likely to be. This, of course, applies only to moral qualities; since a very plain person, for example, may admire beauty, and a weak person may

admire strength, all the more for not possessing it.

If we knew what a man really admires[1405], we might form[1406] some guess[1407] **as to** what sort[1408] of a man he is, or at least[1409] **as to** what sort of a man he is likely[1410] to be. This, of course, applies[1411] only to moral[1412] qualities[1413]; since a very plain[1414] person, for example, may admire beauty[1415], and a weak person may admire strength,[1416] all the more,[1417] **for not possessing it.**

① **준동사의 부정** : 준동사의 부정은 바로 그 앞에 부정어 not 또는 never를 놓는다. (→ 13번 참조)

1405) **admire** [ædmáiər, əd-] vt. (~을) 감복(찬탄)하다, 칭찬하다, 사모하다

1406) **form** [fɔ：rm] vt. (의견·사상 따위를) 형성하다, 품다(conceive); (의심을) 품다, 느끼다; 형성하다(shape); vi. 모양을 이루다, 생기다

1407) **guess** [ges] n. 추측, 추정; 억측; vt. (+that[절]/+목+to be보/+목+to do/+wh. to do/+wh.[절]) 추측하다, 추정하다, 미루어 헤아리다; (어림)짐작으로 말하다

1408) **sort** [sɔ：rt] n. 종류(kind), 부류(of); 성질, 품질(quality)

1409) **at least** 어쨌든, 어떻든, 좌우간; ** **at (the) least** : (= at the (very) least) (보통 수사 앞에 쓰이어) 적어도, 하다못해, 그런대로; ** **least** [li：st] a. (little의 최상급) 가장 작은; 가장 적은; (중요성·가치·지위가) 가장 적은(낮은)

1410) **likely** [láikli] a. ~할 것 같은, ~듯한(to do); 있음직한, 가능하다고 생각되는; 정말 같은; ad. (종종 very, quite, most와 함께) 아마, 십중팔구

1411) **apply** [əplái] vi. 꼭 들어맞다, 적합하다, 적용되다(to); vt. 적용하다, 응용하다, 이용하다; (규칙을) 적용(발효)시키다(to)

1412) **moral** [mɔ́(：)rəl, mάr-] a. 도덕(상)의, 윤리(상)의, 도덕(윤리)에 관한; ** **moral quality** 덕성; ** **moral virtue** (미)덕; (종교에 의하지 않고 달할 수 있는) 자연 도덕

1413) **quality** [kwάləti/kwɔ́l-] n. 성질, 특성, 속성(attribute), 자질; 질, 품질

1414) **plain** [plein] a. (얼굴이) 예쁘지(아름답지) 않은; 분명한, 명백한; 솔직한, 꾸밈(숨김, 거짓) 없는; 보통의, 교양이 없는; 검소한, 간소한, 수수한, 소박한

1415) **beauty** [bjú：ti] n. 미인; 아름다운 것, 훌륭한 것; 아름다움, 미; 미모

1416) **strength** [streŋkθ] n. 세기, 힘; 체력, 근력; 정신력, 지력; 도의심, 용기

1417) **all the more** 더욱 더, 한결 더

A weak person may admire strength, all the more, for not possessing it. "그것(힘)을 가지고 있지 않아서"
몸이 약한 사람은 힘을 가지고 있지 않아서 더욱 더 힘을 찬양할지도 모른다.

② **as to 용법** : 전치사구로서 문장 앞에 써서 "~은 어떠냐 하면, ~로 말한다면, ~에 관해서는(= as for)"로, 그리고 문장 안에 써서 "~에 관해서; ~에 따라"로 해석한다.

We might form some guess as to what sort of a man he is, or at least as to what sort of a man he is likely to be.
우리들은 그 사람이 어떤 종류의 인물에 관해서, 또는 적어도 그 사람이 앞으로 어떤 인물이 될 가능성이 있는가에 관해서, 어느 정도 짐작을 할 수 있다.

109. We should be the last persons on earth to approve the belief that a manual labourer who is educated is fitted for something better than manual labour. It is not so much what a man has to do that degrades him as what he is in habit and association.

We should be **the last persons** on earth[1418] **to approve**[1419] the belief[1420] that a manual[1421] labourer[1422] who is educated[1423] is fitted[1424] for something better than[1425] manual labour. It

---

1418) **on earth** 절대로, 조금도, 전혀(부정어의 뒤에 씀); 지상에(서), 이 세상의(에); (강조) (의문사와 같이 씀)(도)대체; 세계에서

1419) **approve** [əprúːv] vt. (좋다고) 시인하다, 찬성하다; 승인하다, 허가(인가)하다

1420) **belief** [bilíːf, bə-] n. (or a ~) 확신; 신념, 소신; 신뢰, 신용; 신앙(in)

1421) **manual** [mǽnjuəl] a. 육체를 쓰는, 인력의; 손의; 손으로 하는(움직이는); 손으로 만드는, 수세공의; (책 따위가) 소형의; 편람(便覽)의

1422) **labourer** [léibərəːr] n. 노동자, 근로자; ** **labor** (영국, labour) [léibər] n. 노동, 근로; (집합적) 노동자, (특히) 육체노동자; 노동(근로) 계급

1423) **educate** [édʒukèit] vt. (사람을) 교육하다, 훈육하다; 육성하다

is **not so much** what a man has to do that degrades[1426] him **as** what he is in habit[1427] and association[1428].

① **the last ~ [to do, (that)절, wh-절]** : 절대로 ~할 것 같지 않은, ~이라고 도저히 생각되지 않는(most unlikely), (~하는 데) 가장 부적당한, 가장 바람직하지 않은

We should be <u>the last persons on earth to approve</u> the belief that ~
우리는 ~이라는 신념을 절대로 시인해서는 안 된다.
(우리는 ~이라는 신념을 시인하는 사람이 되어서는 안 된다.)

He is the last person to betray others
(= who would betray others).
그는 절대로 남을 배반할 사람이 아니다.

Raw meat is the last thing I want to eat.
날고기는 도저히 먹고 싶지 않다.

Golf is the last sport I wanna do.
골프는 마음에 하나도 끌리지 않는 개임이다.

② **not so much A as B** : "A라기보다는 B인" (→ 63번 참조)
= not A so much as B

1424) **fit** [fit] (+목+전+명/+목+to do) ~에게 자격(능력)을 주다(for), ~할 수 있게 하다; ~에게(입학) 준비를 시키다(for); a. (-tt-) (꼭)맞는, 알맞은, 적당한(suitable); 어울리는, 적합한, 안성맞춤의(for; to do)

1425) **better than ~** 보다 더 잘; ** **better** ad. (well의 비교급) 보다 좋게(낫게); 보다 잘; ** **better** a. (good의 비교급) ~보다 좋은, ~보다 나은 (양자 중에서)

1426) **degrade** [digréid] vt. ~의 지위를 낮추다, 격하하다, 좌천시키다; 강등시키다; ~의 품성을 떨어뜨리다, 타락시키다; ** **grade** [greid] vt. 등급(격)을 매기다

1427) **habit** [hǽbit] n. 습관, 버릇, 습성(custom); (참고) habit 개인적인 습관, 버릇; custom 단체·지역 사회의 습관

1428) **association** [əsòusiéiʃən, -ʃi-] n. 교제, 친밀(한 관계)(with); 연합, 관련, 결합, 합동, 제휴(with)

It is not so much what a man has to do that degrades him as what he is in habit and association. (It ~ that 강조구문)

what a man has to do ~ 사람이 어떤 일에 종사하고 있나
what he is in habit and association ~ 습관이나 교제상에서 어떤 사람인가

사람의 품위를 깎아 내리는 것은 바로 그 사람이 어떤 일에 종사하고 있는가가 아니라 습관이라든가 교제상으로 그 사람이 어떤 인간이냐 하는 점이다.

His plan is not so much ambitious as plain.
그의 계획은 야심차다 라기 보다는 평범하다.

They are not so much lovers as friends.
그들은 연인이라기보다는 친구다.

110. Success often bears within itself the seed of destruction, for it may very well cut the author off from the material that was its occasion. He enters a new world. He is made much of. He must be almost super-human if he is not captivated by the notice taken of him by the great.

Success[1429] often bears[1430] within itself the seed[1431] of destruction[1432], for it may very well cut[1433] the author[1434] off from the material[1435] that was its occasion[1436]. He

---

1429) **success** [səksés] n. 성공, 성취; 좋은 결과

1430) **bear** [bɛər] vt. (표정·모습·자취 따위를) 몸에 지니다; (악의·애정 따위를) (마음에) 품다, 지니다; (아이를) 낳다; (열매) 맺다; (꽃이) 피다; vi. 지탱하다, 버티다; 견디다, 참다(with); n. 곰; 난폭한 사람; 음침한 사내

1431) **seed** [siːd] n. (pl. ~s, ~) 씨(앗), 종자, 열매

1432) **destruction** [distrʌ́kʃən] n. 파괴; 분쇄; 파멸, 멸망; 파멸의 원인

1433) **cut** [kʌt] vt. 절단하다, 잘라내다(away; off; from; out of)

1434) **author** [ɔ́ːθər] n. 저자, 작가, 저술가; 창조자, 창시자; (A-) 조물주(God)

1435) **material** [mətíəriəl] n. (종종 pl.) 재료; (양복의)감; 요소, 제재(題材), 자료(data)a.

enters a new world. He is made much of[1437]. He must be almost super-human if he is not captivated[1438] by the notice[1439] (*that is*) taken[1440] of **him by the great**[1441].

① **타동사구의 수동태, 분사의 제한적 용법** : 타동사구(자동사+전치사 laugh at, 자동사+부사+전치사 look up to, 타동사+목적어+전치사 take care of, 타동사+부사 give up) 또한 단어 형태의 타동사들처럼 하나의 단어처럼 취급해서 수동태로 전환시킨다.

He is not captivated by the notice (*that is*) taken of him by the great.
= He is not captivated by the notice, and it(notice) is taken of him by the great.
그는 위대한 사람들에 의해 쏟아지는 주목에 (매혹되어) 사로잡히지 않았다.

He is not captivated by the notice (*that*) the great take of him.
= He is not captivated by the notice, and the great take notice of him.
그는 위대한 사람들이 그에게 주목하는 보내는 주목에 (매혹되어) 사로잡히지 않았다.

He laughed at her. (자동사+전치사)
→ She was laughed at by him.
그녀는 그에 조롱받았다(당했다).
He took care of the boy. (타동사+명사+전치사)

물질의, 물질에 관한(physical); 구체적인, 유형의; 육체상의(적인)(corporeal); 감각적인, 관능적인

1436) **occasion** [əkéiʒən] n. (직접적인) 이유, 근거; 유인(誘因), 원인(of; for, to do); (특정한) 경우, 때(on); (~할) 기회, 호기(好機)(for; to do), 알맞은 때

1437) **make much of** ~을 중(요)시하다 → People make much of him. (능동태)

1438) **captivate** [kǽptəvèit] vt. ~의 넋을 빼앗다, 현혹시키다, 뇌쇄(매혹)하다(charm)

1439) **notice** [nóutis] n. 주목; 인지; 주의; 후대; 통지, 통고

1440) **take** [teik] vt. (눈길·관심을) 끌다(attract); (보통 수동태) 마음을 끌다(빼앗다, 황홀하게 하다); ** **take notice of** ~ (사람·사물에) 주목(주의)하다, 알아차리다, 주의를 기울이다; (좋게 또는 나쁘게) 받아들이다, 이해하다, ~라고 생각(간주)하다, 믿다

1441) **the great = great people** 위대한 사람들 (the+형용사, 형용사의 명사화)

→ The boy was taken care of by him.
그 소년은 그에게 관심(돌봄)을 받았다.

He spoke well of her. (자동사+ 부사+ 전치사)
→ She was spoken well of by him.
그녀는 칭찬받았다.

111. I prefer, however great my faults, to be myself. And even if I were to wish to become the second anybody that would plainly be impossible, for a man, unlike history, is, however humble or however great, never repeated.

I prefer[1442], **however great**[1443] **my faults**[1444] (*may be*), to be myself. And even if[1445] I **were to** wish to become the second anybody that would plainly[1446] be impossible, for a man, unlike[1447] history, is, **however humble**[1448] **or however great** (*he may be*), never repeated[1449].

1442) **prefer** [prifə́ : r] only vt. (-rr-) (+to do/+목+to do/목+done/+-ing/+that[절]) (오히려) ~을 좋아하다, 차라리 ~을 택하다

1443) **great** [greit] a. 위대한, 탁월한; (사상 등이) 심오한, 숭고한; 거대한, 광대한; 중대한, 중요한; 대단한, 심한; 고도의, 극도의; (수·양 따위가) 많은, 큰, 최대의; 오래된

1444) **fault** [fɔ : lt] n. 결점, 결함, 단점, 흠(defect); 과실, 잘못(mistake), 허물, 실책(in; of); (보통 one's ~, the ~) (과실의) 책임, 죄(과)(culpability)

1445) **even if ~** (= even though) 비록 ~할지라도, 비록 ~라(고) 하더라도; (even은 종종 생략됨)

1446) **plainly** [pleinli] ad. 명백히; 솔직히; 검소하게, 수수하게; ** **plain** a. 솔직한, 꾸밈(숨김, 거짓) 없는; 분명한, 명백한; 똑똑히 보이는; 평이한, 간단한, 알기 쉬운

1447) **unlike** [ʌnláik] prep. ~와 달라서, ~을 닮지 않고; ~답지 않게, ~에게 어울리지 않게; a. 닮지(같지) 않은, 다른

1448) **humble** [hʌ́mbəl] a. (신분 등이) 천한, 비천한; 시시한, 변변찮은; 작은; 겸손한, 겸허한, 조심성 있는

1449) **repeat** [ripí : t] vt. 되풀이하다, 반복하다, 재차 경험하다; (~+목/+that[절]) 되풀이해 말하다; 흉내 내어 말하다, 복창하다; 다시 이수하다

① **양보부사절** : 복합관계사 (how = no matter how, whoever = no matter who)를 통해서 가능하다. 특히 however는 문장 속에 있는 형용사 또는 부사와 함께 문두로 나간다. (→ 93번 참조)

I prefer, however great my faults (may be), to be myself.
= No matter how great my faults (may be), I prefer to be myself.
나의 결점이 아무리 크다 할지라도, 나는 나 자신이 되고 싶다.

A man, unlike history, is, however humble or however great (he may be), never repeated.
= However humble (he may be) or however great (he may be), a man, unlike history, is be never repeated,
(재현되는) 역사와 다르게 인간은 아무리 천하든 간에 또는 위대하든지 간에 (어느 누구도) 결코 재현되지 않는다.

② **부정사의 형용사 성질 (서술적 용법) "Be to 용법"** : 불완전자동사 "be"동사 뒤에 주격보어로서 부정사의 형용사성질(서술적 용법)이 사용된 경우이다. 해석할 때 "be to 동사"에서 'be to'를 묶어서 "예정, 운명, 가능, 조건, 의무"로 해석하면 된다. 각 해석에 다른 특징적으로 수반되는 수식어구들로 구분할 수는 있으나 문맥에 다라 적절하게 해석하는 것이 좋다.

Even if I were to wish to become the second anybody, that would plainly be impossible. (조건 : ~이라면)
= Even if I intended to wish to become the second anybody, that would plainly be impossible.
설사 내가 제 2의 누눈가가 되고 싶다할지라도 그것은 분명히 불가능한 일이다.

He is to finish the work tomorrow. (예정)
= He will(is going to) finish the work tomorrow.
그는 내일 그 일을 마무리할겁니다.

He was to solve the problem easily. (가능)
= He could solve the problem easily.

그는 그 문제를 쉽게 풀 수 있었다.

We are to work together. (의무)
= We must work together.
우리는 함께 협력해야 합니다.

They were never to meet again. (운명)
= They were destined never to meet again.
그들은 다시는 만나지 못할 운명이었다.

112. There is this remarkable difference between men and animals; that the latter are governed by nothing but their instinct and have a very little, or hardly any, perception of past or future: but the former are endowed with reason to perceive the causes of things and understand the relation of cause to effect and effect to cause.

There is this remarkable[1450)] difference[1451)] between[1452)] men and animals; [1453)]that **the latter**[1454)] are governed[1455)] by nothing but[1456)] their instinct[1457)] and have a very little[1458)], or hardly[1459)]

1450) **remarkable** [rimɑ́ːrkəbəl] a. 현저한; 주목할 만한, 남다른, 훌륭한, 놀랄 만한

1451) **difference** [dífərəns] n. 차이(상위)점 (between), 다름, 차, 상위; ** **distinction** [distíŋkʃən] n. 구별, 차별; 대조, 대비

1452) **between ~ and ~** : ~와 ~사이에

1453) **that 동격절** : ~ difference that the latter are -; but the former are - ("~라는 차이점")

1454) **latter** [lǽtər] a. (the ~) (종종 대명사적) (속어) (둘 중의) 후자(의); 뒤쪽(나중 쪽)의, 뒤(나중)의, 후반의, 끝의, 말(末)의; ** **later** [léitər] a. (late의 비교급) 더 늦은, 더 뒤(나중)의

1455) **govern** [gʌ́vərn] vt. (결의·행동 따위를) 좌우하다(sway); (운명 따위를) 결정하다 (determine); (국가·국민 등을) 통치하다, 다스리다(rule), 지배하다

1456) **nothing but (= except)** ~에 불과한(only), 다만 ~뿐; ~밖에 없는(아닌)

1457) **instinct** [ínstiŋkt] n. 본능(natural impulse); 직관, 육감, 직감; 천성, 천분

any[1460], perception[1461] of past or future: but **the former**[1462] are endowed[1463] with reason[1464] to perceive[1465] the causes[1466] of things and understand the relation[1467] of cause to effect[1468] and effect to cause.

① **전자(前者) ~ 후자(後者)** : the latter (this, the one) ~ the former (that, the other)

There is this remarkable difference between men and animals; that the latter are ~: but the former are ~.
인간과 동물 사이에는 다음과 같은 현저한 차이가 있다. 즉, 후자(동물)는 ~이지만, 전자(인간)는 ~이다.

the latter 후자 = 동물 animals
the former 전자 = 인간 men

1458) **little** [lítl] (less; least) a. (a를 붙이지 않고 부정적으로) 조금(소량)밖에 없는, 거의 없는; (a를 붙여 긍정적으로) 조금은(있는); 소량(의), 조금(의), 얼마쯤(의); ** **little** ad. (a를 붙여 긍정적으로) (종종 비교급의 형용사·부사와 함께) 조금(은), 다소는, 좀; (a 없이 부정적으로) 거의 ~않다; 좀처럼 ~않다 (흔히 very가 따름); → ** **a very little** 극히 ~조금밖에

1459) **hardly** [hɑ́ːrdli] ad. 조금도(전혀, 거의) ~아니다(않다); 도저히 ~않다

1460) **any** [éni] a. (부정문) 조금(하나)도 (~없다(않다)); 어떤(어느)~도, 아무(~)도;

1461) **perception** [pərsépʃən] n. 인식; 지각(작용); 지각력; 견해; (v.) perceive

1462) **former** [fɔ́ːrmər] a. (the ~) (종종 대명사적) (양자 중) 전자(의); (시간적으로) 전의, 앞의(earlier); 이전의(previous), 기왕의

1463) **endow** [endáu] vt. (보통 수동태로) 타고난 (재능이) 있다(with); (능력·자질 등을) ~에게 주다, ~에게 부여하다(with)

1464) **reason** [ríːzən] n. 이성, 지성; 추리력; 판단력; 이유(cause), 까닭, 변명, 동기

1465) **perceive** [pərsíːv] vt. (오관으로) 인식하다, 지각(知覺)하다, 감지하다; ~을 눈치채다; 이해하다, 파악하다

1466) **cause** [kɔːz] n. 원인(〈 opp. effect 결과); 이유(reason); 까닭, 근거, 동기

1467) **relation** [riléiʃən] n. 관계, 관련

1468) **effect** [ifékt] n. 결과(consequence, result); ** **cause and effect** 원인과 결과

Autumn brings pears and grapes with it. These are juicier than those.
가을은 배와 포도를 가져다준다. 후자(포도)는 전자(배)보다 더 수분이 더 많다.

They keep horses and cattle ; the one for riding and the other for food.
그들은 말과 가축을 기른다. 전자(말)는 타기 위한 것이고 후자(가축)는 음식을 위한 것이다.

② **동격절과 동격어의 간격 (명사+(수식어구 도는 절)+that 주어+동사 ~)** : 동격어에 대한 동격절은 바로 뒤에 있는 것이 일반적이지만, 동격어를 수식하는 어구와 절이 있는 경우에는 간격이 발생할 수도 있다.

There is this remarkable <u>difference</u> (between men and animals); <u>that the latter are ~ : but the former are ~</u>.
인간과 동물 사이에는 다음과 같은 현저한 차이가 있다. 즉, 후자(동물)는 ~이지만, 전자(인간)는 ~라는 차이가 있다.

113. Could we know all the vicissitudes of our fortunes, life would be too full of hope and fear, exultation or disappointment, to afford us a single hour of true serenity.

Could we know all the vicissitudes1469) of our fortunes1470), life **would** be **too** full1471) of hope and fear1472), exultation1473) or disappointment1474), **to** afford1475) us a single1476) hour of

1469) **vicissitude** [visísətjù : d] n. 변화, 변천; (고어·시어) 순환, 교체; (pl.) 흥망, 성쇠

1470) **fortune** [fɔ́ : rtʃən] n. 운명, 숙명; 운, 우연; 재산, 부, (종종 pl.) 큰 재산

1471) **full** [ful] a. 가득 찬, 가득한(of); 가득 채워진, 충만한; (사람의) 가슴이 벅찬, 머릿속이 꽉 찬, 열중한; 배부른

1472) **fear** [fiər] n. 불안(anxiety); 근심, 걱정; 두려움, 무서움, 공포

1473) **exultation** [ègzʌltéiʃən, èksʌl-] n. 환희, 몹시 기뻐함, 광희(狂喜)

1474) **disappointment** [dìsəpɔ́intmənt] n. 실망, 기대에 어긋남; 실망시키는 것, 생각보다 시시한 일(것, 사람)

1475) **afford** [əfɔ́ : rd] vt. (+목+목) 주다, 제공하다, 산출하다, 낳다; (종종 can, be able to와 함께) ~의 여유가 있다

true[1477] serenity[1478].

① **가정법의 도치** :접속사 if로 시작하는 가정법에서 접속사 if를 생략하고 할 때 주어와 동사의 어순이 도치된다.

(참고) 가정법과거 (현재의 사실을 반대로 가정할 때) : If+주어+동사의 과거형, 주어+would+동사원형 ~ "~ 한다면 -할 텐데"

if절의 일반 동사는 과거형이 오는데, be동사 일 때는 인칭·수에 관계없이 were를 쓴다. 그리고 주절의 조동사는 일반적으로 would를 쓰지만, 의미에 따라 could나 might를 쓰기도 한다.

Could we know all the vicissitudes of our fortunes, life would be too full of hope and fear. exultation or disappointment. (가정법과거)
= If we could know all the vicissitudes of our fortunes, life would be too full of hope and fear. exultation or disappointment. (직설법 전환)
만약 우리가 자기 운명의 변천의 모든 것을 알 수 있다면, 인생은 희망과 불안, 환희나 실망으로 가득 차게 될 것이다.

② **too ~ to do (= so ~ that 주어 cannot 동사)** : 결과 부사구(부사절) "너무 ~해서 그 결과 -하지 못하다"

Life would be too full of hope and fear, exultation or disappointment, to afford us a single hour of true serenity.
= Life would be so full of hope and fear, exultation or disappointment that it cannot afford us a single hour of true serenity.
인생은 희망과 불안, 환희와 실망으로 가득차서 그 결과 인생은 우리에게 단 한 시간의 진정한 평온도 주지 못할 것이다.

114. The great use of a school education is not so much

1476) single [síŋgəl] a. 단 하나의, 단 한 개의, 단지 홀로의

1477) true [tru：] a. 진정한, 가짜가 아닌, 진짜의, 순수한; 정말의, 진실한

1478) serenity [sirénəti] n. (인격·인생 등의) 평온, 차분함; 침착, 태연; (자연·바다·하늘 등의) 고요함; 평온; 청명, 화창함

to teach you things as to teach you the art of learning; so that you may apply that art in after life for yourselves, on any matter to which you choose to turn your mind.

The great[1479] use[1480] of a school education[1481] is **not so much** to teach you things **as** to teach you the art[1482] of learning[1483]; **so that** you may apply[1484] that art in after[1485] life for yourselves[1486], on any matter[1487] **to which** you choose[1488] to **turn your mind.**

① **not so (much) A as B** : B처럼 그렇게 (많이) A하지는 않다, A가 아니라 B이다 (→ 63번 참조)

The great use of a school education is not so much to teach you things as to teach you the art of learning.
학교 교육의 큰 효용은 사물들(여러 가지 사항들)에 대해서 너에게 가르치는 것에 있는 것이 아니라 너에게 (여러 가지 사항들에 대해서) 배움의 기술을 가르치는 것에 있다.

1479) **great** [greit] a. 중대한, 중요한; 중심이 되는; 주된; 성대한; 큰, 거대한, 광대한

1480) **use** [juːs] n. 효용, 효과; 용도, 사용 목적; 사용, 행사, 이용(법); ** **use** [juːz] vt. 쓰다, 사용(이용)하다

1481) **education** [èdʒukéiʃən] n. 교육, 훈육, 훈도; 양성; 지식

1482) **art** [ɑːrt] n. (특수한) 기술; 예술; (종종 pl.) 미술

1483) **learning** [lə́ːrniŋ] n. 배움; 학문, 학식(學識) (knowledge), 지식; (터득한) 기능; 박식(scholarship); (심리학) 학습

1484) **apply** [əplái] vt. 적용하다, 응용하다, 이용하다; (규칙을) 적용(발효)시키다(to)

1485) **after** [ǽftər, ɑ́ːf-] a. (시간적·공간적으로) 뒤의, 나중의, 후방의

1486) **재귀대명사의 관용적인 표현** : for oneself 혼자 힘으로, 스스로; by oneself 홀로, of itself 저절로, in itself 본래; help oneself to ~을 마음껏 먹다, enjoy oneself ~즐기다

1487) **matter** [mǽtər] n. (관심·고찰의) 문제(subject), 일(work); 물질, 물체

1488) **choose** [tʃuːz] vt. (+to do) (~하는 편이 좋다고) 결정하다; (~하려고) 결심하다; (많은 것 가운데서) 고르다, 선택하다; 선정하다

② **목적부사절** : so that 주어 may 동사 ~ (= in order that 절, in order to 동사) "~하기 위해서, ~할 목적으로"

~ so that you may apply that art in after life for yourselves
후년에 이르러 네가 자기 힘으로 그 기술을 응용할 수 있도록 하기 위해서

③ **관계사와 전치사** : turn one's mind to : ~에 마음을 돌리다

on any matter to which you choose to turn your mind.
= on th matter (*which*) you choose to turn your mind to.
네가 하고자 마음먹는 일의 어떤 것에 대해서도

115. We call dangerous those whose minds are constituted differently from ours, and immoral those who do not accept our own morality.

We call **dangerous**[1489] those whose minds are constituted[1490] differently[1491] from ours[1492], and **immoral**[1493] those who do not accept[1494] our own morality[1495].

① **문장의 균형** : 문장의 균형 (묵직하고 지루한 어구는 문미로 놓는다는 원리에 입각해서)을 위해서 사용된 도치의 경우에는 기본적인 문장구조의 틀을 벗어나기도 한다.

We call dangerous those whose minds are constituted differently

---

1489) **dangerous** [déindʒərəs] a. 위험한, 위태로운; (방언) 위독한

1490) **constitute** [kánstətjùːt/kɔ́n-] vt. 구성하다, 조직하다; ~의 구성 요소가 되다

1491) **differently** [dífərəntli] ad. 다르게, 같지 않게; 그렇지 않게, 달리(otherwise)

1492) **소유대명사 (= one's 명사)** : ours = our minds

1493) **immoral** [imɔ́(ː)rəl, imár-] a. 부도덕한; 행실 나쁜; 음란한, 외설한

1494) **accept** [æksépt] vt. 받아들이다, 수납하다; 용인(인정)하다, 믿다

1495) **morality** [mɔ(ː)rǽləti, mər-] n. 도덕(성), 도의(성); (개인 또는 특정 사회의) 덕성, 윤리성

from ours, and immoral those who do not accept our own morality.
(= We call those whose minds are constituted differently from ours dangerous, and we call those who do not accept our own morality immoral.)
우리는 우리와 다른 마음을 가지고 있는 사람들을 위험하다고 생각하고, 그리고 우리의 도덕성을 받아들이지 않는 사람들을 비도덕적이라고 생각한다.

The time came when I met her in the park.
(= The time when I met her in the park came.)
내가 그녀를 공원에서 만나야할 시간이 드디어 다가왔다.

② **관계대명사 해석방법** : 선행사 뒤따르는 관계사절(형용사절)을 원래의 중문으로 되돌려서 해석하는 방법이 있다.

We call dangerous those whose minds are constituted differently from ours, and immoral those who do not accept our own morality.
우리가 위험하다고 말하는 사람들이 있는데, 그들의 마음은 우리의 마음과 다르다. 그리고 우리가 비도덕적이라고 말하는 사람들이 있는데, 그들은 우리의 도덕성을 받아들이지 않는다.

I know the man who is studying in the library. (주격 who)
= I know the man, and he is studying in the library.
나는 그 사람을 알고 있는데, 그는 도서관에서 공부하고 있다.
(나는 도서관에서 공부하고 있는 그 사람을 알고 있다.)

I know the man whom they like very much. (목적격 whom)
= I know the man, and him the like very much.
나는 그 사람을 알고 있는데, 그를 사람들이 매우 좋아한다.
(나는 사람들이 매우 좋아하는 그 사람을 알고 있다.)

I know the man whose mother is very considerate.(소유격 whose)

= I know the man, and his mother is very considerate.
나는 그 사람을 알고 있는데, 그의 어머니는 대단히 인정이 많으시다.

I know the man whose mother they like very much.
= I know the man, and his mother they like very much.
나는 그 사람을 알고 있는데, 그의 어머니를 사람들은 매우 좋아한다.

116. No man is so foolish but he may give another good counsel sometimes; and no man is so wise but he may easily err, if he will take no other's counsel but his own. But very few men are wise by their own counsel, or learned by their own teaching. For he that was only taught by himself had a fool to his master.

No man is **so** foolish[1496] **but** he may give another[1497] good counsel[1498] sometimes; and **no** man is **so** wise[1499] **but** he may easily[1500] err[1501], if he will take no other's counsel but[1502] his own[1503]. But very few[1504] men are wise by their own counsel, or learned[1505] by their own teaching[1506]. For he that was only taught[1507] by himself had a fool[1508] to[1509] his

---

1496) **foolish** [fúːliʃ] a. 미련한, 어리석은; 바보 같은(ridiculous); 우스운

1497) **another** [ənʌ́ðər] pron. 또 다른 한 개(의 것), 또 다른 한 사람

1498) **counsel** [káunsəl] n. 조언, 권고, 충언; (고어) 의도, 목적; 사려, 분별

1499) **wise** [waiz] a. 사려(분별) 있는; 슬기로운, 현명한, 총명한, 지혜로운; 박식한

1500) **easily** [íːzəli] ad. (may를 수반) 자칫하면, 아무래도 (~할 것 같다)

1501) **err** [əːr, ɛər] only vi. 잘못(실수)하다, 틀리다; 그르치다; 도덕(종교의 신조)에 어긋나다, 죄를 범하다; 정도(正道)에서 벗어나다, 헤매다(from)

1502) **but** [bʌt] prep. (보통 no one, nobody, none, nothing, anything, all, every one, who 따위 의문의 뒤에 와서) ~외엔(외의), ~을 제외하고(제외한)(= except)

1503) **own** [oun] pron. (독립하여) (one's ~) ~자신의 것, ~자신의 소유물(입장, 책임); a. (소유를 강조하여) (남의 것이 아니라) 자기 자신의; → **his own = his own counsel**

1504) **few** [fjuː] a. (a가 붙지 않는 부정적 용법) 거의 없는; 조금(소수)밖에 없는; (흔히 한정용법에서) 극히 소수의

1505) **learn** [ləːrn] vt. ~을 터득하다(배우다), 익히다, 가르침을 받다; 공부하다, 연습하다

1506) **teaching** [tíːtʃiŋ] n. 학문; 교육, 수업, 교수, 훈육; 가르침; (종종 pl.) 교훈

master[1510].

① **no (or not) ~ so A but B** : 아무리 A해도 B할 수 있다, 너무 A해서 B 못 할 정도는 아니다, B 못할 정도로 A하지 않다

No man is so foolish but he may give another good counsel sometimes.
아무리 바보라 할지라도 이따금 다른 사람에게 좋은 조언할 수도 있다.

No man is so wise but he may easily err.
아무리 지혜롭다 하리라도 자칫하면 실수할 수도 있다.

No one is so busy but has time to read the newspaper.
= No one is so busy that he cannot have time to read the newspaper.
= No one is too busy to have time to read the newspaper.
아무리 바빠도 신문 일을 시간은 있다.
(너무 바빠서 신문 일을 시간이 없을 정도는 아니다.)
(신문 읽을 시간이 없을 정도로 바쁘지는 않다.)

② **but 용법** : but은 주로 "접속사, 전치사, 부사, 명사"로 사용된다.

He will take no other's counsel but his own.
그는 자기 자신의 조언(지혜) 이외에 타인의 조언(지혜)을 빌리지 않을 것이다.

▷(등위접속사) (앞의 문장·어구와 반대 또는 대조의 뜻을 갖는 대등 관계의 문장·어구를 이끌어서) "그러나, 하지만, 그렇지만"
He is poor but he is cheerful.
그는 가난하지만 명랑하다.
Summer is hot, but winter is cold.
여름은 덥다, 그러나 겨울은 춥다.

1507) **teach** [tiːtʃ] vt. (학과·학급을) 가르치다, 교수하다, 교육하다, 훈육하다

1508) **fool** [fuːl] n. 바보, 어리석은 사람

1509) **to** [《tuː] prep. (고어) (자격) ~로(서) (as, for) He takes her(a woman(to wife 그는 그녀(여자)를 아내로 맞이하다.

1510) **master** [mǽstər, mɑ́ːstər] n. (영국) 선생, 교사(school master); 대가, 명수, 거장(expert)

I did not go, but stayed at home.
가지 않고 집에 있었다.

▷(종속접속사) (주절이 부정문일 때) "~않고는(—안 하다), ~하기만 하면 반드시(—하다)"
It never rains but it pours.
비가 오기만 하면 반드시 억수같이 퍼 붓는다.
I never pass there but I think of you.
나는 그 곳을 지나갈 때면 늘 자네를 생각하네.

▷(관계대명사) (부정문 속의 말을 선행사로) (that~not) "~하지 않는 (바의)"
There is no rule but has some exceptions. (= that does not have)
예외 없는 규칙은 없다.
There is no mother but loves her children.
자신의 자녀들을 사랑하지 않는 그러한 어머니는 없다.

▷(전치사) (보통 no one, nobody, none, nothing, anything, all, every one, who 따위 의문의 뒤에 와서) "~외엔(외의), ~을 제외하고 (제외한)(except)"
All but her were drowned.
그녀를 제외하고는 모두 익사했다.
There was no one left but me.
남은 것은 나뿐이었다.
He is nothing but a student.
그는 학생에 지나지 않는다. (nothing but = only)
Nothing remains but to die.
죽음 외에는 길이 없다.

▷(부사) "단지, 다만, 그저 ~일 뿐(only); ~에 지나지 않는"
He is but a child.
그는 그저 어린애에 불과하다.
It is but a question of money.
그것은 단자 도에 관한 문제이다.
Tom I but a boy but can play hi role.

톰은 단지 어린아이지만 자신의 역할을 할 수 있다.

▷(명사) "예외, 반대, 이의(異議)"
Eat what you are served, no buts about it.
이러쿵저러쿵 하지 말고 주는 대로 먹기나 해라.
It is a big but.
그것은 커다란 의문이다.

117. Always be patient. We know that if children are fractious it is in nine cases out of ten because they are suffering; men and women are but grown-up children in this respect, as in others. In most cases, if we knew all the circumstances, if we knew what they were feeling, we should be sorry for, and not angry with, people who are cross.

Always **be patient**[1511]. We know that if children are fractious[1512] it is in nine cases **out of** ten[1513] because they are suffering[1514]; men and women are **but** grown-up[1515] children in this respect[1516], as in others. In most cases, if we knew all the circumstances[1517], if we knew what they were feeling, we should be sorry[1518] for, and not angry[1519]

1511) **patient** [péiʃənt] a. 인내심이 강한, 끈기 좋은(있는)(with); 잘 견디는, 근면한, 부지런한; (~에) 견딜 수 있는(of); n. (의사 측에서 말하는) 병자, 환자

1512) **fractious** [frǽkʃəs] a. 까다로운; 성마른, 성 잘 내는; 다루기 힘든

1513) **out of** [áutəv] prep. (어떤 수에서의 선택) ~에서, ~중(에서); one out of many 많은 것 가운데서 하나, **(in) nine (cases) out of ten** 십중팔구

1514) **suffer** [sʌ́fər] vi. 아프다; 앓다, 병들다(from); 괴로워하다, 고민하다, 고생하다; 상처 입다(for; from)

1515) **grown-up** [gróunʌ̀p] a. 성장한, 성숙한; 어른다운; 어른을 위한

1516) **respect** [rispékt] n. 점, 개소, 세목 **in this respect** 이 점에서; 존경, 경의(敬意)(for); (pl.) 인사, 안부를 전함

1517) **circumstance** [sə́ːrkəmstæ̀ns/-stəns] n. (보통 pl.) 상황, 환경; 주위의 사정

1518) **sorry** [sári, sɔ́ːri] a. 가엾은, 딱한; 슬픈, 유감스러운(about; for; to do; that)

with, people who are cross[1520].

① **명령문** : 직접명령문(2인칭 명령문)은 주어인 "you"가 생략된 "동사원형(vi, vt ~)"로 시작하고, 간접명령문(1인칭과 3인칭의 명령문)은 주어인 "you"가 생략된 동사원형 "let+목적어+동사원형~"으로 시작 한다.

Always be patient. 언제나 인내하시오.

Close the door. 문을 닫으시오.
Be quiet. 조용히 하시오.
Don't (Never) open the window. 창문을 열지 마시오.

Let me go home. 나를 집에 가게 해 주세요.
Let him go home. 그를 집에 가게 해 주세요.
Don't let him go home. 그가 집에 가게 하지 마세요.

특정대상을 가리킬 때는 주어를 생략하지 않는다.
You go first! (네가 먼저 가시오!)

② **out of** : prep. "안에서 밖으로 나가는 모습을 연상"

▷(운동·위치) ~의 안에서 밖으로, ~의 밖으로; ~의 밖에서, ~에서 떨어져
He came out of the room 방에서 나오다.
▷(어떤 수에서의 선택) ~에서, ~중(에서)
(in) nine (cases) out of ten 십중팔구
▷(범위) ~의 범위 밖에(범위를 넘어), ~이 미치지 않는 곳에
The plane was out of sight. 비행기는 보이지 않게 되었다.
▷(상태) ~에서 떠나, ~을(에서) 벗어나; ~이 없어; ~을 잃고
I think he is out of control
그는 구제불능이야.
out of danger 위험을 벗어나

1519) **angry** [æŋgri] a. 성난, 화를 낸(about; at; with)

1520) **cross** [krɔ：s/krɔs] a. 까다로운; 찌무룩한; 성마른, 암상스런, 짓궂은(with); 십자형, 열십자 기호; 십자가; (the C-) (예수가 처형된) 십자가

▷(일시적으로) ~이 없어져(떨어져), ~이 부족하여(달리어)
We're out of tea. 홍차가 떨어졌다.
▷(동기·원인) ~에서(으로), ~때문에
out of curiosity 호기심으로
▷(재료를 나타내어) ~(으)로
wine made out of grapes 포도로 만들어진 술
▷(기원·출처·출신) ~에서, ~로부터(의); ~(으)로
a passage out of Shakespeare 셰익스피어 작품에서 인용한 일 절

③ **but (부사)** : 부사로서 "단지, 다만, 그저 ~일 뿐(only); ~에 지나지 않는" (→ 116번 참조)

Men and women are <u>but</u> grown-up children in this respect, as in others. 어른들도 이 점에 있어서는 다른 점에 있어서도 마찬가지이지만, 다 큰 어린애에 지나지 않는다.

118. It is most conducive to health to let one meal digest before we take another; it might be equally beneficial not to take up another book, perhaps not to pass to another page, till we have by reflection securely made that our own which we have just been reading.

It[1521] is most conducive[1522] to health to [1523]<u>let one meal[1524] digest</u>[1525] before we take another[1526]; it might be equally[1527]

1521) **가주어 it ~ 진주어** to let

1522) **conducive** [kəndjúːsiv] a. 도움이 되는, 이바지하는, 공헌하는(to)

1523) **사역동사(let, make, have)+목적어+원형동사** : "let one meal digest~"

1524) **meal** [miːl] n. 식사; 식사 시간; 한 끼(분)

1525) **digest** [didʒést, dai-] vi. 소화되다, 삭다; 음식을 소화하다; vt. ~을 소화하다, ~을 삭이다; ~의 뜻을 잘 음미하다, 이해(납득)하다; 숙고하다(think over)

1526) **another** [ənʌ́ðər] pron. 또 다른 한 개(의 것), 또 다른 한 사람; 다른 물건, 별개의 것, 다른(딴) 사람; a. 다른 하나의, 또 하나(한 사람)의(one more)

1527) **equally** [íːkwəli] ad. (앞 문장과 대립관념을 나타내는 문중에서) 동시에, 또.; 같

beneficial[1528] **not to** take up[1529] another book, perhaps **not to pass** to another page, till[1530] we have by reflection[1531] securely[1532] made **that** our own[1533] **which we have just been reading.**

① **부정사의 부정** : 준동사의 부정원칙에 따라서 바로 앞에 부정 "not, never"를 놓아서 부정사 안에 동사의 의미를 부정적 의미로 바꾼다. (→ 13번 참조)

It might be equally beneficial not to take up another book, perhaps not to pass to another page. (가주어~진주어)
다른 책을 채택하지 않는 것이, 아마도 다른 쪽수로 넘어가지 않는 것이 또한 유익할 것이다.

② **현재완료진행시제** : 과거에 시작된 일이 현재까지 계속 진행되고 있을 때 쓰이며, '(계속해서) ~해 오고 있다' 의 의미이다.

We have by reflection securely made that our own which we have just been reading.
우리들이 지금까지 읽어 온 것을 묵상해서 확실하게 자기의 것이 되게 하다.

It has been raining all day.
하루 종일 비가 내리고 있다.

게, 동등하게; 평등하게

1528) **beneficial** [bènəfíʃəl] a. 유익한, 이익을 가져오는(to)

1529) **take up** 집어 올리다, 손에 쥐다, 주워 올리다; (화제·주제 따위로) 채택하다; (시간·장소 따위를) 잡다, 차지하다, (마음·주의 등을) 끌다

1530) **till** [til] conj. (시간적)] ~할 때까지; (부정어와 함께) ~할 때까지 (~않다); ~하여 비로소 ~하다 I won't start till he returns. 그가 돌아올 때까지 나는 출발하지 않겠다.; prep. (시간적) ~까지

1531) **reflection** [riflékʃən] n. 반성, 숙고, 심사, 회상; 반사

1532) **securely** [sikjúərli] ad. 확실히 surely, 확신하고, 단단히; (고어) 안심하고.

1533) **own** [oun] pron. (독립하여) (one's ~) ~자신의 것, ~자신의 소유물(입장, 책임), 자신의 가족; a. (주로 소유형용사 다음에 쓰임) (소유를 강조하여) (남의 것이 아니라) 자기 자신의

We have been working for two hours.
우리는 두 시간 동안 일하고 있다.

③ **문장의 균형** : 문장의 균형 (묵직하고 지루한 어구는 문미로 놓는다는 원리에 입각해서)을 위해서 사용된 도치의 경우에는 기본적인 문장 구조의 틀을 벗어나기도 한다. (→ 115번 참조)

We have by reflection securely made that our own which we have just been reading.
= We have by reflection securely made that which we have just been reading our own.
우리들이 지금까지 읽어 온 것 ~

119. We cannot know too much about the language we speak every day of our lives. Most of us, it is true, can get along fairly well without knowing very much about our language and without even taking the trouble to open a volume of "The Oxford English Dictionary." But knowledge is power. The power of rightly chosen words is very great, whether those words are intended to inform, to amuse, or to move.

We **cannot** know **too much** about the language (*that*) we speak (*for*) every day of our lives[1534]. Most of us, **it is true** (*that*), can get along[1535] fairly[1536] well without knowing very much about our language and without even taking the trouble[1537] to open a volume[1538] of "The Oxford English

---

1534) **lives** [laivz] n. (life의 복수형) 생명; 생존, 삶, 생(生)

1535) **get along** 살아가다, 해 나가다; 진척하다, (일 따위를) 진행시키다(with a task); 사이좋게 해 나가다, 좋은 관계에 있다(with); (때가) 지나다, 늦어지다

1536) **fairly** [fέərli] ad. (정도를 나타내어) 꽤, 어지간히, 상당히

Dictionary." But knowledge is power. The power of rightly[1539] chosen[1540] words is very great, whether those words are intended[1541] to inform[1542], to amuse[1543], or to move[1544].

① **cannot ~ too much** : (= cannot ~ enough) "아무리 ~해도 지나치지 않다"

We cannot know too much about the language (*that*) we speak (*for*) every day of our lives.
우리는 일생동안 매일같이 사용하는 언어에 관해서 아무리 많은 것을 알고 있다 하더라도 그것으로 충분하다고는 말할 수 없다.

People cannot be too much careful of our health.
= People cannot are careful enough of our health.
건강은 아무리 주의해도 지나치지 않다.

② **주절삽입** : 주절 삽입으로 자주 사용되는 것들로 " It seems, It seems to me, I believe, I suppose, I think, I hear, I suggest"등이 있다. (→ 11번 참조)

Most of us, it is true, can get along fairly well without knowing very much about our language. (주절삽입)
= It is true that most of us can get along fairly well without

1537) **trouble** [trʌ́bəl] n. 수고, 노고; 고생, 근심, 걱정, 고생; ** **take the trouble to do** 노고를 아끼지 않고 ~하다

1538) **volume** [válju:m/vɔ́l-] n. 책, 서적; (책의) 권(卷)

1539) **rightly** [ráitli] ad. 적절히; 올바르게, 정당하게

1540) **chosen** [tʃóuzn] a. (choose의 과거분사) a. 선발된; 정선된; 특별히 좋아진; (the ~) (명사적으로) 선택된 사람들; 신에게 선발된

1541) **intend** [inténd] vt. (+to do/+목+to do/+that[절]) 의도(기도)하다, 고의로 하다

1542) **inform** [infɔ́:rm] vt. ~에게 알리다, ~에게 고(告)하다; vi. 정보를(지식을) 주다; ~에게 보고(통지)하다

1543) **amuse** [əmjú:z] vt. 즐겁게 하다, 재미나게 하다; ~의 기분을 풀게 하다, 웃기다

1544) **move** [mu:v] vt. 감동(흥분)시키다, ~의 마음을 움직이다, 자극하다

knowing very much about our language.
대부분의 사람들은 국어에 관해서 많은 것을 알지 못하더라도 충분히 살아갈 수는 있다는 것은 사실이다.

Tom, it seems, is over fifty.
= It seems that Tom is over fifty.
톰은 50살이 넘은 것처럼 보인다.

He has a book which I think would be very useful to you.
= He has a book. I think (that) it would be very useful to you.
내가 생각하기에 그는 너에게 매우 유용하게 될 책을 가지고 있다.

120. The more carefully nature has been studied, the more widely has order been found to prevail, while what seemed disorder has proved to be nothing but complexity; until, at present, no one is so foolish as to believe that there are any real accidents, in the sense of events which have no cause.

The more[1545] carefully[1546] nature[1547] has been studied[1548], **the more** widely[1549] has order been found[1550] to prevail[1551], while what seemed disorder[1552] has proved[1553] to be <u>nothing</u>

1545) **more** [mɔ：r] ad. (much의 비교급) 보다 많이, 더욱 크게; 더욱, 그 위에; a. (many 또는 much의 비교급) (수·양 등이) 더 많은, 더 큰, 더욱 훌륭한; (지위 따위) 한층 높은

1546) **carefully** [kέərfəli] ad. 주의 깊게; 면밀히, 신중히, 정성들여; (금전에 대해) 검소하게, 규모 있게

1547) **nature** [néitʃər] n. (대)자연, 천지만물, 자연(현상); 자연계; 자연의 힘(법칙)

1548) **study** [stʌ́di] vt. 연구하다, 고찰(검토)하다; (면밀히) 조사하다; 숙독하다

1549) **widely** [wáidli] ad. 광범위하게; 널리; 먼 곳에; 크게, 대단히

1550) **find** [faind] vt. (p., pp. found) (연구·조사·계산하여) 찾아내다; (해답 등을) 알아내다; (~인지를) 조사하다, 생각해내다; 조사하다, 발견하다; (우연히) 찾아내다, (~임을) 발견하다; (~되어 있음을) 발견하다

1551) **prevail** [privéil] vi. 널리 보급되다, 유행하다; 이기다, 극복하다(over; against)

1552) **disorder** [disɔ́：rdər] n. 무질서, 어지러움, 혼란

but[1554] complexity[1555]; until, at present[1556], **no** one is **so** foolish[1557] **as** to believe that there are any real accidents[1558], in the sense[1559] of events[1560] which have no cause[1561].

① **점층비교법** : the more 형용사(부사) ~ 주어+동사 -, the more 형용사(부사)+동사+주어 - "~하면 할수록 더욱 -하다"

The more carefully nature has been studied, the more widely has order been found to prevail.
자연은 주의 깊게 연구하면 할수록 더욱 더 광범위하게 질서가 존재하는 것이 분명해졌다.

Nature has been studied carefully.
자연은 주의 깊게 연구되고 있다.
Order has widely been found to prevail.
질서가 광범위하게 존재하는 것이 분명해졌다(발견된다).

② **no (or not) ~ so - as -** : -만큼 -하지 않다; No other ~ so - as -(-보다 -한 것은 아무것도 없다); Nothing ~ so - as-(-보다 -한 것은 아무것도 없다); Not so ~ as to 동사(-할 만큼 그렇게 - 하지 않다)

1553) **prove** [pruːv] vi. (+to be)보/+to do) ~임을 알다, ~이 되다 (turn out); vt. (목+보/+목+(to be)보/+that[절]/+wh.[절]) 증명하다, 입증(立證)하다

1554) **nothing but** (except) 다만 ~뿐 ; ~에 불과한(only), ~밖에 없는(아닌)

1555) **complexity** [kəmpléksəti] n. 복잡한 것(일); 복잡성, 착잡

1556) **present** [prézənt] n. (종종 the ~) 현재, 오늘날 **at present** 오늘날(현재)에; a. (보통 서술적) 있는, 출석하고 있는; n. 선물; vt. 선물하다, 증정하다, 바치다; ~에게 주다(to; with)

1557) **foolish** [fúːliʃ] a. 미련한, 어리석은; 바보 같은(ridiculous)

1558) **accident** [ǽksidənt] n. 우연(성); 우연한 일(사태, 기회); (돌발) 사고, 재난; 재해, 상해; (참고) **accident** 뜻하지 않은 사건(사고), **event** (기억에 남을) 대사건, 예상된 사건(행사), **incident** 우연히 일어난 사건(부수적인 작은 사건), **occurrence** 발생(일어난 일)

1559) **sense** [sens] n. 의미, 뜻; (여러 사람의) 의향, 의견; 여론; 시각·청각·촉각 따위의) 감각, 오감(五感)의 하나, 관능

1560) **event** [ivént] n. 결과(outcome); 경과(result); 사건, 대사건, 사변

1561) **cause** [kɔːz] n. 원인(reason); (opp. effect 결과)

No one is so foolish as to believe that there are any real accidents.
어떠한 사람도 진정한 우발사건이 존재한다고 믿을 만큼 어리석지 않다.

No legacy[1562] is so rich as honesty.
정직만큼 풍요로운 유산은 없다. (William Shakespeare)

121. To think of the future in relation to the present is essential to civilization. The commonest workman in a civilized country does this. Instead of spending all the money he earns as fast as he earns it, he will, if an intelligent man, save a large part of it as a provision against future want.

To think of the future[1563] in relation to[1564] the present[1565] is essential[1566] to civilization[1567]. **The commonest**[1568] **workman** in a civilized[1569] country does this. Instead of[1570] spending all the money (*that*) he earns[1571] as fast as[1572] he earns it, he will, if (*he is*) an intelligent[1573] man, save[1574] a large

---

1562) **legacy** [légəsi] n. 유산; 이어(물려)받은 것

1563) **future** [fjú : tʃər] n. 미래, 장래, 장차; (the F-) 내세

1564) **relation** [riléiʃən] n. 관계, 관련; ** **in (with) relation to** ~에 관하여

1565) **present** [prézənt] n. (종종 the ~) 현재, 오늘날

1566) **essential** [isénʃəl] ɑ. 근본적인, 필수의, 불가결한, 가장 중요한(to; for)

1567) **civilization** [sivəlizéiʃən] n. 문명(文明), 문화

1568) **common** [kámən/kɔ́m-] ɑ 평범한, 보통의, 일반적인, 흔히 있는, 자주 일어나는

1569) **civilized** [sívəlàizd] ɑ. 문명화된, 개화된; 예의 바른, 교양이 높은; ** **civilize** [sívəlàiz] vt. 문명화하다; (야만인을) 교화하다(enlighten); 세련되게 하다

1570) **instead** [instéd] ɑd. 그 대신에, 그보다도; ** **instead of** (전치사적) ~의 대신으로, ~하지 않고, ~하기는커녕

1571) **earn** [ə : rn] only vt. (생활비를) 벌다; 명성 등을) 획득하다, (지위 등을) 얻다; (비난 등을) 받다(for)

1572) **비교구문** : as 형용사(부사) as "~마큼 -하게" ** **as fast as** ~만큼 빠르게

part of it as a provision[1575] against[1576] future want[1577].

① **최상급 주어에 의한 양보적 의미** : "아무리 ~일지라도, ~조차도(= even)" (→ 93번 참조)

The commonest workman in a civilized country does this.
= Though he is a common workman in a civilized country, he should do this.
문명국에서는 아무리 평범한 노동자라 할지라도 이것(장래)을 생각한다.

The wisest man may sometimes make a mistake.
= Though he is the wisest man, he may sometimes make a mistake.
가장 현명한 사람이라 할지라도 때때로 실수를 한다.

The best teacher in the world cannot give an education to all students.
세상에서 아무리 훌륭한 선생이라 할지라도 모든 학생을 다 가르칠 수는 없다.

The fastest rocket could not reach the sun in one day.
아무리 빠른 로켓이라 하더라도 단 하루에 태양에 도달 할 수는 없다.

122. Let your words be few, especially when your superiors are present, lest you rob yourselves of the opportunity that you might otherwise have had to gain knowledge, wisdom, and experience, by hearing those whom you silence by your impertinent talking.

1573) **intelligent** [intélədʒənt] a. 영리한; 지적인, 지성을 갖춘, 지능이 있는, 이해력이 뛰어난

1574) **save** [seiv] vt. 모으다, 저축하다; 떼어(남겨) 두다; 절약하다, 아끼다, 쓰지 않고 때우다; (위험 따위에서) 구하다, 건지다(from)

1575) **provision** [prəvíʒən] n. 예비, 준비, 설비(for; against)

1576) **against** [əgénst, əgéinst] prep. ~에 대비하여; ~을 향하여, ~에 대해서, ~에 부딪치어; ~에 반대하여, ~에 적대하여, ~에 거슬러

1577) **want** [wɔ(:)nt, wɑnt] n. 결핍, 부족(of); 필요, 소용; (보통 pl.) 필요물; 원하는 것; 욕구, 욕망; vt. ~을 원하다; vi. 바라다, 원하다

Let your words[1578] **be few**[1579], especially when your superior s[1580] are present[1581], **lest** you (*should*) rob[1582] yourselves of the opportunity[1583] that you might otherwise[1584] have had to gain[1585] knowledge[1586], wisdom[1587], and experience[1588], by hearing those whom you silence[1589] by your impertinent[1590] talking[1591].

① **간접명령문** : 1인칭, 3인칭 명령문으로서 "let+목적어(1,3인칭)+동사원형 ~" 특정구문을 사용한다. (→ 117번 참조)

Let your words be few. 말(수)은 적게 하시오.

1578) **word** [wəːrd] n. 말, 낱말; 이야기, 한 마디 말; 짧은 담화; (one's ~, the ~) 약속, 서언, 언질

1579) **few** [fjuː] n., pron. (복수취급) (a를 붙이지 않는 부정적인 용법) (수가) 소수(조금)(밖에 없다); 극히 ~밖에 안 되는 것(사람); a. (셀 수 있는 명사에 붙어) (a가 붙지 않는 부정적 용법) 거의 없는; 조금(소수)밖에 없는

1580) **superior** [səpíəriər, su-] n. 윗사람, 좌상, 상관, 선배; 뛰어난 사람, 상수, 우월한 사람; a. (지위·계급 등이) (보다) 위의, 보다 높은, 보다 고위(상위)의, 상급의 (to)

1581) **present** [prézənt] a. (보통 서술적) 있는, 출석하고 있는; (opp. absent 결석한)

1582) **rob** [rɑb/rɔb] vt. (-bb-) ~빼앗다; ~에서 훔치다, ~에게서 강탈(약탈)하다 (of); (권리 등을) 잃게 하다 (of)

1583) **opportunity** [àpərtjúːnəti/ɔ̀pər-] n. 기회, 호기; 행운; 가망; → ** **opportunity that 주어+동사 ~ "~할 기회" (동격절)**

1584) **otherwise** [ʌ́ðərwàiz] ad. (종종 명령법·가정법 과거 따위를 수반하여) 만약 그렇지 않으면; 딴 방법으로, 그렇지는 않고

1585) **gain** [gein] vt. (노력하여) 얻다, 획득하다, (상·승리 등을) 쟁취하다

1586) **knowledge** [nálidʒ/nɔ́l-] n. 지식; 학식, 학문; 숙지; 견문; 인식; 이해; 경험

1587) **wisdom** [wízdəm] n. 현명함, 지혜, 슬기로움; 분별; 학문, 지식

1588) **experience** [ikspíəriəns] n, 경험, 체험, 견문; 경력; only vt. 경험(체험)하다

1589) **silence** [sáiləns] vt. 침묵시키다, 잠잠하게 하다, 억누르다, 가라앉히다(repress)

1590) **impertinent** [impə́ːrtənənt] a. 건방진, 뻔뻔스러운; 버릇없는; 절하지 않은

1591) **talking** n. 담화, 토론; 잡담, 수다; a. 말을 하는; 표정이 있는; 수다스러운

Let me use your pen. 제가 당신의 펜을 사용하게 해 주세요.
Let's start the meeting 회의를 시작하자.
Let's not go there. 거기에 가지 말자.
Don't let's think about it. 그것에 대해 생각하지 말자.

② **목적부사절** : lest+주어+should 동사~; so that+주어+may not 동사~; for fear that 주어+should 동사~ "~하지 않도록, ~하지 않기 위해서"

lest you (*should*) rob yourselves of the opportunity
= so that you may not rob yourselves of the opportunity
기회를 잃지 않도록, 기회를 잃지 않기 위해서

123. Our life is not short, but we make it so. Just as great wealth is scattered in a moment when it comes into the hands of a bad owner, while wealth, however small, if it is entrusted to a good keeper, increases by use, so our life is long enough for him who uses it properly.

Our life is [1592]not short, but we make it so. **Just as** great wealth[1593] is scattered[1594] in a moment[1595] when it comes into the hands of a bad owner[1596], while[1597] wealth, **however small** (*wealth may be*), if it is entrusted[1598] to a good keeper[1599], increases[1600] by use[1601], **so** our life is

---

1592) **not ~ but -** : ~가 아니라 -이다

1593) **wealth** [welθ] n. 부(富), 재산(riches)

1594) **scatter** [skǽtər] vt. 뿔뿔이 흩어버리다(disperse), 쫓아버리다(dispel); 흩뿌리다

1595) **moment** [móumənt] n. 순간, 찰나, 단시간; 잠깐(사이)

1596) **owner** [óunər] n. 임자, 소유(권)자

1597) **while** [hwail] conj. (대조를 나타내어) 그런데, 반면에, 한편(으로는); (양보의 종속절을 이끌어) ~라고는 하나, ~하면서도, ~하지만, ~라고(는) 해도(although)

1598) **entrust** [entrʌ́st] only vt. 맡기다, 기탁(위탁)하다, 위임하다 (to)

long enough for him who uses it properly1602).

① **양태부사절 (~처럼, ~같이, ~듯이)** : (just) as+주어+동사~, so+주어+동사~ ("꼭 ~인 것처럼, 그렇게 -하다") (→ 94번 참조)

Just as great wealth is ~, so our life is ~.
마치 많은 재산이 ~ 듯이 그렇게 우리의 삶도 ~ 이다.

As a man lives, so he dies.
생이 있듯이 죽음이 있다.

Just as spring must turn to fall, so must we all grow old.
봄이 가을이 되듯이 우리는 모두 늙는다.
Just as he suffered so must you.
그가 고생했듯이 너도 고생하게 된다.

② **양보부사절** : 복합관계부사(however~)를 통해서 양보부사절(no matter how~)을 이끌 수 있다. (→ 93번 참조)

However small (*wealth may be*), if it is entrusted to a good keeper, wealth increases by use.
아무리 작은 재산도 그것을 잘 관리하는 자의 손에 맡겨지면 사용함에 따라 불어난다.

124. Some people read for instruction, which is praiseworthy, and some for pleasure, which is innocent, but not a few read from habit, and I suppose that this is neither innocent nor

---

1599) **keeper** [kíːpər] n. 관리인, 보관자; (상점 따위의) 경영자; 파수꾼, 간수, 수위

1600) **increase** [inkríːs] vi. 늘다, 증내하다, 붇다; 강해지다, 증진하다

1601) **use** [juːs] n. 사용, 행사, 이용(법); (식품 등의) 소비; ** **use** [juːz] vt. 쓰다, 사용(이용)하다

1602) **properly** [prápərli/prɔ́p-] ad. 적당하게, 온당하게, 원활히, 알맞게; 당연히, 정당하게; 똑바로, 올바르게, 정확히; 완전하게; 훌륭하게, 단정히, 예의 바르게

praiseworthy. Of that lamentable company am I. I never venture to go far without a sufficiency of reading matter.

Some people read for instruction[1603], which is praiseworthy[1604], and some for pleasure[1605], which is innocent[1606], but **not a few** (*of people*)[1607] read from habit[1608], and I suppose[1609] that this is neither innocent nor praiseworthy. **Of that lamentable**[1610] **company**[1611] **am I.** I [1612]**never** venture[1613] to go far **without** a sufficiency[1614] of reading[1615] matter[1616].

① **도치구문** : be동사 뒤에 수식어구가 길기도 해서 문의 균형을 위해

1603) **instruction** [instrʌ́kʃən] n. 교훈(lesson), 가르침; 훈련, 교수, 교육(education); (pl.) 지시, 지령, 훈령(directions), 명령(to do; that); (보통 pl.) (제품 따위의) 사용법

1604) **praiseworthy** [préizwə̀ : rði] a. 칭찬할 만한, 기특한, 갸륵한(praisable)

1605) **pleasure** [pléʒər] n. 기쁨, 즐거움(enjoyment); 쾌감, 만족(satisfaction)

1606) **innocent** [ínəsnt] a. 순진한, 천진난만한; (머리가) 단순한; 무구한, 청정한, 순결한; (법률적으로) 결백한, 무죄의(of)

1607) **not a few** 적지 않은, 상당수의; 상당수(of); ** **few** n., pron. (복수취급) (a를 붙이지 않는 부정적인 용법) (수가) 소수(조금)(밖에 없다); 극히 ~밖에 안 되는 것(사람); Not a few (of the) members were present. 상당수의 회원이 참석했다. (구어) 꽤, 상당히 That news interested me not a few. 그 소식에 꽤 흥미를 느꼈다.

1608) **habit** [hǽbit] n. 습관, 버릇, 습성(custom)

1609) **suppose** [səpóuz] vt. (+목+to do/+목+(to be)보/+(that)[절]) 추측하다(guess), 헤아리다, 생각하다; (+(that)[절]) 가정하다(assume), 상상하다

1610) **lamentable** [lǽməntəbəl, ləmént-] a. 슬퍼(통탄)할; 가엾은; (경멸적)비참(빈약)한

1611) **company** [kʌ́mpəni] n. 떼, 일단(의 사람들), 모인 사람들; (사교적인) 회합; 단체, 협회; (배우의) 일행, 극단; 회사, 상사, 상회, 조합(guild)

1612) **이중부정(강한 긍정)** : **never ~ without –** : 반드시 ~하다

1613) **venture** [véntʃər] vt. (~+목/+to do) 위험을 무릅쓰고 ~하다, 과감히 ~해보다, 감행하다(brave)

1614) **sufficiency** [səfíʃənsi] n. 충분한 수량(역량); 충분(한 상태)

1615) **reading** [rí : diŋ] a. 독서하는, 책을 즐기는; 독서의, 읽기 위한; n. 읽기, 독서

1616) **matter** [mǽtər] n. ~물(物) (인쇄·출판·우편 등의); 물질; (관심·고찰의) 문제(subject), 일

서, 또한 수식어구를 강조하기 위해서 앞으로 도치시킨다.

Of that lamentable company am I.
= I am of that lamentable company.
바로 그러한 가엾은 무리 가운데 나는 속해있다.

② **not a few 용법** : (숙어) "적지 않은, 상당수의; 상당수(of)"

(참고) **few** n., pron. (복수취급) (a를 붙이지 않는 부정적인 용법) (수가) 소수(조금)(밖에 없다); 극히 ~밖에 안 되는 것(사람); few 거의 없음, a few 약간은 있음, not a few 약간 있음은 아님(약간정도는 아님); (구어) 꽤, 상당히

Not a few (of the) members were present.
적지 않은 회원들(상당수의 회원이) 참석했다.

That news interested me not a few.
그 소식에 꽤 흥미를 느꼈다.

③ **이중부정** : never ~ without+명사(대명사, 동명사), never ~ but+주어+동사 - "~할 때마다 반드시 -한다, ~가 반드시 있어야 -한다, ~할 때면 항상 -한다"

I never venture[1617] to go far without a sufficiency of reading matter.
나는 멀리 출타하는 경우에는 반드시 많은 읽을거리를 가지고 간다.

It never rains but it pours heavily(in torrents, cats and dogs).
= It never rains that it doesn't pour.
= when it rains, it always pours.
= Every time it rains, it pours.
= whenever it rains, it. pours.
비만 내릴 내년 항상 퍼붓듯이 내린다.
(비가 내리면 언제나 억수같이 쏟아진다.)

1617) **venture** (~+to do) 위험을 무릅쓰고 ~하다, 과감히 ~해보다, 감행하다(brave)

125. How pleasant it would be each day to think today I have done something that will tend to render future generations more happy. The very thought would make this hour sweeter.

How pleasant[1618] it would be each day **to think** today (*that*) I have done something that will tend[1619] to render[1620] future generations[1621] more happy. The very thought[1622] would make[1623] this hour sweeter[1624].

① **감탄문** : how+ 형용사(부사)+ 주어+ 동사! what (a) 형용사+ 명사+ 주어+ 동사! “정말로 ~하구나!”

How pleasant it would be each day to think today (that) ~
~라고 생각하는 것은 매일 얼마나 즐거울 것인가!

How fast the car is! 자동차가 얼마나 빠른지!
How beautiful she is! 얼마나 아름다운지!

What a smart friend he is! 네 친구가 얼마나 똑똑한지!
What big pants they are! 바지가 얼마나 크던지!

1618) **pleasant** [pléznt] a. (사물이) 즐거운, 기분 좋은, 유쾌한; 호감이 가는, 상냥한

1619) **tend** [tend] vi. (+전+명/+to do) 이바지하다, 공헌하다, 도움이 되다; (+전+명/+to do) 경향이 있다(to; toward); ~하기(가) 쉽다

1620) **render** [réndər] vt. (+목+보) ~로 만들다, ~이 되게 하다 (make)

1621) **generation** [dʒènəréiʃən] n. 세대, 대(代) (대개 부모 나이와 자식 나이의 차에 상당하는 기간; 약 30년); 자손, 일족; 산출, 발생, 생식

1622) **thought** [θɔ：t] n. 생각하기, 사색, 사고

1623) **make** [meik] vt. (+목+보/+목+done/+목+전+명) ~을 ―케 하다, ~을 (~에게) 하게 하다; (~을 ―으로) 하다; ~을 ―로 보이게 하다

1624) **sweet** [swi：t] a. 즐거운, 기분 좋은; 감미로운, 유쾌한; 단, 달콤한, 당분이 있는

② **가주어 it ~진주어 to do** : to 부정사의 명사적 용법이 문장의 주어로 사용된 것을 가주어 it을 사용하고 to 부정사는 진주어로 문장 뒤로 뺀 구조이다.

How pleasant it would be each day to think today (*that*) I have ~.
→ it = to think today (that) I have done something ~.
~라고 생각하는 것은 매일 얼마나 즐거울 것인가!

126. The greatest lesson for us to keep in mind when a life-storming breaks, is that, no matter how violent, it is only temporary, and that, behind the clouds, the sun is always shining.

The greatest lesson[1625] for us to keep[1626] in mind when a life-storming[1627] breaks[1628], is that, no matter how violent[1629] (*it may be*), it is only temporary[1630], and that, behind the clouds[1631], the sun is always shining[1632].

① **부정사의 의미상 주어** : 준동사 경우에는 바로 앞에 "for(of)+ 명사"

1625) **lesson** [lésn] n. 교훈, 훈계, 질책; 본때; 학과, 과업, 수업, 연습; 수업 시간; (pl.) (일련의 계통이 서 있는) 교수, 과정

1626) **keep** [ki : p] vt. 간직하다, 간수하다, 가지(고 있)다, 유지(보유)하다; ** **keep(bear) ~ in mind** ~을 명심하다; 마음에 새기다; ~을 외고 있다; ** **keep(have) one's ~ on** ~에 유의하다, ~에 전념하다

1627) **life-storming** n. 인생의 폭풍; ** **storm** [stɔ : rm] n. 폭풍(우), 모진 비바람; 큰 비, 세찬 비(눈); (기상) 폭풍; (탄알의) 빗발; (우레 같은) 박수, 빗발치는 비난; 격정

1628) **break** [breik] vi. 돌발하다, 갑자기 시작되다, 나타(일어)나다; (날이) 새다; 싹이 나다, 움이 트다, (꽃망울이) 봉오리지다; vt. 깨뜨리다, 쪼개다, 부수다; n. 갈라진 틈, 깨진 곳; 파괴; 새벽(~ of day); 중단, 중지, 끊김

1629) **violent** [váiələnt] a. (자연 현상·사람의 행동·감정 따위가) 격렬한, 맹렬한

1630) **temporary** [témpərèri/-rəri] a. 일시의, 잠깐 동안의, 순간의, 덧없는 (opp. lasting, permanent); 임시의, 당장의, 임시변통의

1631) **cloud** [klaud] n. 구름; (pl.) 하늘

1632) **shine** [ʃain] vi. 빛나다, 번쩍이다, 비치다; (흥분·기쁨으로 얼굴이) 밝(아지)다

형태로 놓는다.

The greatest lesson for us to keep in mind is ~
= The greatest lesson that we should keep in mind is ~
우리가 마음속에 명심해야 할 가장 위대한 교훈은

② **부정사의 형용사(제한적 용법)** : 부정사의 형용사(제한적용법)은 제한하는 명사와 여러 가지의 관계를 가지는데, 여기서는 타동사의 목적관계이다. (→ 60번 참조)

부정사 "to keep in mind"는 형용사 성질(제한적 용법)로서 타동사 "keep"의 목적어는 앞의 명사 "lesson"이다.

~ 명사+ to+ 타동사 = ~ 명사+ that+ 주어+ 타동사
~ lesson to keep in mind = ~ lesson that we should keep in mind

The greatest lesson is that it is only temporary, and that the sun is always shining.
We should keep the greatest lesson in mind.
→ The greatest lesson that we should keep in mind is that is only temporary, and that the sun is always shining.

③ **양보부사절에서 생략** : 양보부사절 속에 주어가 주절의 주어와 일치하고 다음에 be동사가 사용될 때는 "주어+ be동사"를 동시에 생략할 수 있다.

No matter how violent (*it may be*), a life-storming is only temporary. (= However violent (it may be), ~)
아무리 인생의 폭풍이 맹렬할지라도 그것은 일시적인 것이다.

127. Life, to be deep and strong, must be touched and tempered by sadness, as sunlight is sweetest when softened by shadows; as music, to be melodious, must have a minor chord in it.

Life, **to be deep and strong**, must be touched[1633] and tempered[1634] by **sadness**[1635], as[1636] sunlight is sweetest[1637] when (*it is*) softened[1638] by shadows[1639]; as music, **to be melodious**[1640], must have a minor[1641] chord[1642] in it.

① **부정사의 부사적용법** : 목적의미(~하기 위해서), 조건(~이라면)

(in order) to be deep and strong
(인생이) 깊고 강해지기 위해서 (목적)
(인생이)깊고 강해지려면 (조건)

(in order) to be melodious
(음악이) 선율적이 되기 위해서 (목적)
(음악이) 선율적이려면 (조건)

② **최상급 앞에 정관사 the를 생략하는 경우** : 부사의 최상급 앞에 the는 일반적으로 생략하며, 형용사의 최상급 앞에 the를 생략하는 경우는

1633) **touch** [tʌtʃ] vt. (무엇이) ~에 닿다, 접촉하다; ~와 경계를 접하다, ~에 연하다

1634) **temper** [témpər] vt. (적당히) 섞다, 조합(調合)하다; 조화시키다, 조절하다(to; with); 부드럽게 하다, 진정시키다, 누르다, 경감하다; n. 기질, 성질; 기분; 침착, 평정

1635) **sadness** [sǽdnis] n. 슬픔, 비애 (syn. sorrow); 슬픈 모양(안색)

1636) **as** [æz, əz] conj. (양태) (—이 ~한(하는) 것과 같이, ~대로, (~와) 마찬가지로

1637) **sweet** [swi：t] a. 온화한; 감미로운, 유쾌한, 즐거운, 기분 좋은; (음의) 가락이 고운, 듣기 좋은; 상냥(다정)한, 친절한; 맛좋은, 맛있는; 향기로운, 방향이 있는

1638) **soften** [sɔ́(：)fən, sɑ́fən] vt. (소리·빛깔을) 부드럽게(수수하게) 하다; 부드럽게(연하게) 하다; ~의 마음을 누그러지게 하다; (나)약하게 하다

1639) **shadow** [ʃǽdou] n. 그림자, 투영(投影); 그늘; 햇빛이 닿지 않는 곳, 그늘; 어둠; (pl.) 저녁의 어둠, 컴컴함; 검은 부분; v. 어둡게 하다, 그늘지게 하다.

1640) **melodious** [məlóudiəs] a. 선율이 아름다운, 곡조가 좋은(sweet-sounding), 음악적인(musical)

1641) **minor** [máinər] a. (음악) 단음계의, 단조의; 보다 작은, 작은 쪽의; 보다 적은 쪽의(smaller, lesser); (비교적) 중요치 않은; 이류의; 심각하지 않은

1642) **chord** [kɔ：rd] n. (음악) 화음, 화현(和絃); 조음; (악기의) 현, 줄

"동일(물)대상을 비교할 때" 이다.

Sunlight is sweetest when it is softened by shadows.
햇빛은 그늘에 의해서 부드러워질 때 가장 달콤하다.

He runs the (the) fastest in the world.
그는 세상에서 가장 빨리 달린다.

She is most beautiful when she laughs.
그녀는 웃을 때 가장 아름답다.

The lake is deepest at this point.
그 호수는 이 지점에서 가장 깊다.

③ **수동태** : "(조동사) be+과거분사"

Life must be touched and tempered by sadness.
인생은 슬픔에 의해서 접촉되고 섞여야 한다.
인생은 슬픔과 접촉하고 슬픔에 섞여야 한다.

Sunlight is softened by shadows.
햇빛은 그늘에 의해서 부드러워진다.

128. The right to think, to speak our minds, and to publish our thoughts, implies that we possess a certain amount of knowledge.

The right[1643] to think, to speak our minds, and to publish[1644] our thoughts, implies[1645] that we possess[1646] a certain[1647]

1643) **right** [rait] n. 권리; 올바름, 정의, 공정; 정확함; (pl.) 진상, 실황; 올바른 상태; 옳은 해석; (흔히 pl.) (주주의 신주 인수) 우선권; 판권, 상연(소유)권; 오른쪽, 우측

1644) **publish** [pʌ́bliʃ] vt. 발표(공표)하다, 피로하다; (약혼 등을) 발표하다; (법률 등을) 공포하다; (책 따위를) 출판하다

1645) **imply** [implái] vt. 함축하다, 넌지시 비추다, 암시하다(suggest); 의미하다(mean)

amount[1648] of knowledge[1649].

① **동격관계** : "right, kindness, folly, opportunity, fortune, attempt, desire, need, promise, chance to 부정사"일 경우에는 앞의 명사와 부정사가 의미상의 동격관계를 이룬다. (→ 60번 참조)

~ 명사+to부정사 = ~ 명사 that 주어+동사~

The right to think, to speak our minds, and to publish our thoughts
= The right that we think, the right that we speak our minds, the right that we publish our thoughts
생각하는 권리, 생각을 말하는 권리, 사상을 발표하는 권리

129. Shakespeare did not write his plays to be read but to be played. Therefore, the best way to know him is to see one or more of his plays on the stage or the screen.

Shakespeare[1650] did not write his plays[1651] **to be read** but to **be played**. Therefore[1652], the best way to know him is to see one or more[1653] of his plays on the stage[1654] or the

---

1646) **possess** [pəzés] vt. 소유하다, 가지고 있다(own)(재산·소유물로서); (자격·능력을) 지니다, 갖추다(have); (마음·감정 등을) 억제하다; (~ oneself) 자제하다, 인내하다

1647) **certain** [sə́ːrtən] a. (명사 앞에 붙여) (어떤) 일정한, 어떤 정해진(definite); (서술적) (아무가) 확신하는, 자신하는(sure)

1648) **amount** [əmáunt] n. 양, 액(額); (the ~) 총계, 총액

1649) **knowledge** [nálidʒ/nɔ́l-] n. 지식; 학식, 학문; 숙지; 인식; 이해; 경험; 보도, 소식

1650) **Shakespeare** [ʃéikspiər] n. (William ~) 셰익스피어(영국의 시인·극작가; 1564-1616); 대표적인 작품은 4대 비극으로 "햄릿, 오셀로, 리어왕, 맥베드"가 있다.

1651) **play** [plei] n. 연극; 각본, 희곡(drama); 놀이; 장난; 경기; vt. (연극을) 상연하다(perform); (배역을) 맡아 하다, ~으로 분장하다; (본분·역할 따위를) 다하다(in)

1652) **therefore** [ðɛ́ərfɔ̀ːr] ad., conj. 그런 까닭에, 따라서; 그 결과로, 그로 말미암아

1653) **more** [mɔːr] n., pron. 보다 많은 수(양, 정도 따위); 그 이상의 것(일, 사람)

1654) **stage** [steidʒ] n. 스테이지, 무대, 연단, 마루; (the)극(문학), 연극(계); (발달 따위의) 단계

screen[1655].

① **수동태 부정사** : 부정사 또한 일반(정형) 동사와 마찬가지로 능동태와 수동태로 만들 수 있다.

단순능동태부정사 to break ~을 깨다
단순능동태부정사 to have broken

단순수동태부정사 to be broken ~에 의해 깨지다
완료수동태부정사 to have been broken

Shakespeare did not write his plays to be read but to be played.
셰익스피어는 자신의 희곡이 읽혀지기 위해서 쓰지 않았고, 상여되기 위해서 썼다.

I want you to play the piano.
나는 네가 피아노 연주하기를 원한다.

I want the piano to be played by you.
나는 피아노가 너에 의해 연주되기를 원한다.

I want her to make him happy.
나는 그녀가 그를 행복하게 해주기를 원한다.

I want him to be made happy by her.
나는 그가 그녀에 의해서 행복해지기를 원한다.

② **부정사의 명사적 용법** : "주어, 보어, 목적어" 위치에 사용한다.

The best way to know him is to see one or more of his plays on the stage or the screen.
그을 이해하는 최고의 방법은 무대 또는 스크린에서 하나 혹은 더 많은 그의 작품을 보는 것이다.

1655) **screen** [skri : n] n. 스크린; (영화의) 영사막; (the ~) (집합적) 영화(계); (텔레비전·전파 탐지기의) 영상면(面); (컴퓨터) 화면, 스크린

Her plan is to master English in this year.
그녀의 계획은 영어를 올해에 정복하는 것이다.

My dream is to travel around the world.
내 꿈은 세계를 여행하는 것이다.

130. The mistakes of ignorant people trying to talk or write above their understanding have been games for the satirist all through literature.

The mistakes of ignorant people (*who are*) **trying**[1656] **to talk or write** above[1657] **their understanding**[1658] have been games[1659] for the satirist[1660] all through[1661] literature[1662].

① **분사의 제한적용법** : 명사+분사 ~ = 명사 (주격관계대명사+be) 현재분사 또는 고가분사 ~

Ignorant people (*who are*) trying to talk or write above their understanding
(= Ignorant people trying to talk ~)
자신이 알지도 못하는 일까지 지껄이고 쓰려고 애쓰는 무지한 사람들

1656) **try** [trai] vi. (~/+전+명/+ to do) (~하도록) 노력하다(힘쓰다)(for)

1657) **over** prep. (수량·정도·시간) ~을 넘어서, ~이상, ~보다 많이(more than)

1658) **understanding** [ʌ̀ndərstǽndiŋ] n. 이해; 깨달음, 납득; 지식, 식별; 이해력, 지력(知力), 예지; 사려, 분별; (개인적인) 견해, 해석; 의사소통, (의견·감정 따위의) 일치; ** **over one's understanding** 알지도 못하는, 이해도 못하는

1659) **game** [geim] n. 유희, 오락, 장난; 놀이(게임) 도구, 장난감; (종종 pl.) 속임수, 수법; 책략, 계략(trick)

1660) **satirist** [sǽtərist] n. 풍자시(문) 작자; 풍자가, 빈정대는 사람; ** **satire** [sǽtaiər] n. 풍자(on, upon); 풍자 문학; 풍자시(문); 빈정거림, 신랄한 비꼼

1661) **all through** ~동안 줄곧, 내내; ** **all through the night** 밤새, 밤을 새워; ** **all through one's life** 요람에서 무덤까지

1662) **literature** [lítərətʃər, -tʃùər] n. 문학, 문예; 문학 연구; 작가 생활, 저술; 문헌; 조사(연구) 보고서, 논문

② **동명사의 준동사 역할 및 완전명사화 차이** : "동사ing" 형태에서 동사의 성질에 따라서 뒤에 "보어 또는 목적어 또는 수식어구" 등이 오면 준동사이고, "동사ing"가 관사(a, an, the; one's) 또는 복수형(-es)를 취하면 완전명사화 된 것이다.

Ignorant people are trying to talk or write above their understanding. (전치사+ 명사)
무지한 사람들은 자신이 잘 알지도 못하는 일까지 말하고 쓰려고 한다.

He has an excellent understanding. (완전명사화)
그는 탁월한 이해력을 가지고 있다.

I have a chance of understanding the theory. (준동사)
나는 그 이론을 이해할 수 있는 기회를 가졌다.

The elevators of this building looks very clean. (완전명사화)
이건물의 승강기는 매우 깨끗해 보인다.

My dream of building a white house on the hill has come true. (준동사)
언덕위에 하얀 집을 짓는 꿈이 이루어졌다.

131. Modern man, inclosed by four walls and chained to an indoor job, realizes that he is shortening his days. He needs exercises, and he knows it; but when he asks for guidance he receives so much conflicting advice that he is afraid to accept any of it lest he should make bad matters worse.

Modern man, (*who is*) **inclosed**[1663] **by four walls and** (*who is*) **chained**[1664] **to an indoor**[1665] **job**, realizes[1666] that he is

1663) **inclose** [inklóuz] vt. (= enclose [enklóuz]) vt. 둘러싸다, 에워싸다, ~에 울을 하다 (syn. surround); (상자 따위에) 넣다; (틀에) 끼워 넣다, 뚜껑을 하다

shortening[1667] his days. He needs exercises[1668], and he knows it; but when he asks[1669] for guidance[1670] he receives[1671] **so** much conflicting[1672] advice **that** he is afraid[1673] to accept[1674] any[1675] of it **lest**[1676] he **should** make bad matters[1677] worse[1678].

① **분사의 형용사(제한용법)** : 분사는 형용사성질로서 제한 및 서술용법으로 사용가능한데, 특히 제한할 때 단독수식은 명사 앞에서 다른 어구를 동반하여 수식은 명사 뒤에서 수식한다.

1664) **chain** [tʃein] vt. (~에) 묶다(down; to); 속박(구속)하다, 감금하다; 사슬로 매다(up; down); 사슬을 걸다

1665) **indoor** [índɔ̀ : r] a. 실내의, 옥내의 (opp. outdoor 실외의); ** **indoors** [indɔ́ : ad. 실내에(에서, 로), 옥내에(에서, 로)

1666) **realize** [rí : əlàiz] vt. (+that[절]/wh.[절]) 실감하다, (생생하게)깨닫다; (소망·계획 따위를) 실현하다, 현실화하다

1667) **shorten** [ʃɔ́ : rtn] vt. 짧게 하다, ~의 치수를 줄이다; 적게 하다, 덜다(lessen), 삭감하다; 생략하다(abbreviate); 빼앗다.

1668) **exercise** [éksərsàiz] n. (신체의) 운동; 체조; (육체적·정신적인) 연습, 실습, 훈련, 수련; 연습 문제, 과제; (pl.) (학위신청에 필요한) 수업과정; (pl.) (군대의) 교련

1669) **ask** [æsk, ɑ : sk] vi. 요구(청구)하다, 요청하다; 면회(면담)를 청하다(for); 묻다, 질문하다(about)

1670) **guidance** [gáidns] n. 지도, 학생(학습)지도; 안내, 인도; 지휘, 지시; 본보기, 지침

1671) **receive** [risí : v] vt. (제안 등을) 수리하다, 들어주다, 응하다; 받다, 수령하다

1672) **conflicting** a. 서로 싸우는; 충돌하는, 일치하지 않는; ** **conflict** [kənflíkt] only vi. 투쟁하다(with), 다투다; 충돌하다, 모순되다, 양립하지 않다(with0

1673) **afraid** [əfréid] a. (서술적) 두려워하는, 무서워하는(of); (~하기를) 겁내는, (겁이 나) ~못하는; (~할) 용기가 없는(of doing; to do); (흔히 that을 생략한 명사절을 수반) ~을 섭섭하게(유감스럽게) 생각하는, (유감이지만) ~라고 생각하는

1674) **accept** [æksépt] vt. (초대·제안·구혼 따위를) 수락하다, (~에) 응하다; 받아들이다

1675) **any** [éni, əni] pron. (부정의 평서문에서) 아무(어느) 것도, 아무도; 조금도

1676) **lest** [lest] conj. ~하지 않도록, ~하면 안 되므로(for fear that~); (fear, afraid 등의 뒤에서) ~은 아닐까 하고, ~하지나 않을까 하여

1677) **matter** [mǽtər] n. (관심·고찰의) 문제(subject), 일; (논의·저술 따위의) 내용(substance); 제재(題材), 주제; 물질, (특수한) 물질; 물체

1678) **worse** [wə : rs] a. (bad, ill의 비교급) 보다 나쁜; (병이) 악화된; opp. better)

Modern man, (who is) inclosed by four walls and (who is) chained to an indoor job, realizes that he is shortening his days.
현대인은, 네 벽에 둘러 쌓여있고 방안 일에 묶여있는데, 자신이 자기의 생명을 단축시키고 있다는 사실을 알고 있다.

② **결과부사절** : so ~ that+주어+동사 - "너무 ~해서 그 결과 -하다"

When he asks for guidance, he receives so much conflicting advice that he is afraid to accept any of it.
그가 지도를 요청하게 될 때, 그는 너무나 많은 상반되는 충고들을 받음으로 해서 그는 그 것들 중에서 어느 것을 받아들여야 하는지 두려워하고 있다.

③ 목적부사절 : **lest+주어+0should+동사~** (= in order that 주어 +should not 동사~, so that+주어+should not 동사~) "~하지 않도록, ~하지 않기 위해서"

~ lest he should make bad matters worse
그는 나쁜 상황을 더욱 나쁘게 만들지 않기 위해서 (않도록)

132. I want to make the future be better than the past. I don't want it contaminated by the mistakes and errors with which history is filled. We should all be concerned about the future because that is where we will spend the remainder of our lives.

I want to make the future be better than the past. **I don't want it contaminated by the mistakes and errors** with which history is filled. We should all be concerned about the future because that is where we will spend the remainder of our lives.

① **분사의 서술적 용법** : 분사는 형용사 성질로서 서술적인 용법으로서

보어에 사용될 수 있다. 즉, 불완전 동사 뒤에서 앞에 있는 주어나 목적어에 대한 추가정보를 제공해주는 역할을 한다. 이때 주어와 주격보어 또는 목적어와 목적보어의 관계에서 과거분사는 수동적적 의미로 현재분사는 능동적 의미로 해석한다.

I don't want the future contaminated by the mistakes and errors.
나는 미래가 실수들과 과오들에 의해서 오염되는 것을 원치 않는다.

He felt exhausted after a hard work.
그는 힘든 일 후에 지쳐있음을 느꼈다.

He looks shocked.
그는 충격을 받은 것처럼 보인다.

The book looks so interesting.
그 책은 매우 흥미로워 보인다.

He heard his name called.
그는 자신의 이름이 불려지는 것을 들었다.

He saw the leaves fallen on the street.
그는 길 위에 잎들이 떨어져 있음을 보았다.

He saw her crossing the bridge.
그는 그녀가 다리를 건너가고 있는 것을 보았다.

② **관계사와 전치사** : ~명사+ (목적격관계사)+ 주어+ be+ 과거분사+ 전치사 = ~명사+ 전치사+ 목적격관계사+ 주어+ be+ 과거분사

the mistakes and errors (which) history is filled with.
= the mistakes and errors with which history is filled.
역사에 가득 채워져 있는 실수들과 과오들
많은 실수들과 과오들, 역사는 그것들로 가득 채워져 있는

133. Questions of education are frequently discussed as if they bore no relation to the social system in which and for which the education is carried on. This is one of the commonest reasons for the unsatisfactoriness of the answers.

Questions[1679] of education[1680] are frequently[1681] discussed as if[1682] they bore[1683] no relation to the social system **in which and for which the education is carried**[1684] **on.** This is one of the commonest[1685] reasons[1686] for the unsatisfactoriness[1687] of the answers[1688].

① **관계사와 타동사(부사)** : 형용사절 속에 타동사구인 "타동사+부사" 뒤에 부사구로서 "전치사+대명사"가 있는 경우이다.

1679) **question** [kwéstʃən] n. (해결할) 문제; (~로 정해질) 문제(problem), 현안; 질문, 심문, 물음(〈opp. answer); (문법) 의문문; 의심, 의문

1680) **education** [èdʒukéiʃən] n. 교육, 훈육, 훈도; 양성; 지식, 학력, 교양, 소양, 덕성

1681) **frequently** [fríːkwəntli] ad. 종종, 때때로, 빈번히(often)

1682) **as if** (as if절에서는 가정법을 쓰나 구어에서는 직설법도 씀) 마치 ~처럼(같이); (as if to do로) 마치 ~하는 것처럼(~하듯이); (It seems (looks) as if ~) ~처럼(같이)(보이다, 생각되다)

1683) **bear no relation to (= be out of all relation to)** ~와 전혀 어울리지 않다; ** **bear** [bɛər] vt. (bore [bɔːr]; borne, born [bɔːrn]) vt. (표정·모습·자취 따위를) 몸에 지니다; (무기) 지니다, 갖고 있다.; (악의·애정 따위를) (마음에) 품다, 지니다; ** **bore** [bɔːr] vt. (구멍을) 뚫다; ~에 구멍을 내다; (우물·터널 따위를) 뚫다, 파다

1684) **carry** [kǽri] vt. 운반하다, 나르다; 이끌다; ** carry on (vt.+부) 계속하다, (~을) 계속해 나가다; 진행시키다; (일·대화 따위를) 행하다; (어려움 장애를 무릅쓰고) 꾸준히 해나가다; (사업 따위를) 경영하다, (회의 등을) 열다; ** **carry on (vi.+부)** 속행하다, 유지되다; 계속하다(with)

1685) **common** [kámən/kɔ́m-] a. 보통의, 일반적인, 평범한, 흔히 있는, 자주 일어나는

1686) **reason** [ríːzən] n. 이유(cause), 까닭, 변명, 동기

1687) **unsatisfactoriness** n. 불만족; ** **unsatisfactory** a. 마음에 차지 않는, 만족스럽지 못한, 불충분한(inadequate); ** **satisfactory** [sæ̀tisfǽktəri] a. 만족한, 더할 나위 없는; 납득이 가는; ** **satisfactoriness** 만족

1688) **answer** [ǽnsər, ɑ́ːn-] n. (문제의) 해답; (곤란한 사태에 대한) 해결(책), 대책; (질문·편지·요구 등에 대한) 대답, 회답, (응)답(to) 〈cf.〉 reply, response

~명사+ 관계사+ 타동사+ 부사+ 목적어+ 전치사+ 대명사
= ~명사+ 전치사+ 대명사+ 관계사+ 타동사+ 부사+ 목적어

Questions of education are frequently discussed as if they bore no relation to the social system in which and for which the education is carried on.
~ 사회조직, 그것 속에서 그리고 그것을 위해서 교육은 행해지고 있다

= Questions of education are frequently discussed as if they bore no relation to the social system, and the education is carried on in it, and the education is carried on for it.
마치 교육문제들이 사회조직과 아무런 관련이 없는 것처럼 논의되고 있는데, 그 속에서 교육이 행해지며 그리고 그것을 목적으로 교육이 행해지고 있다.

= ~ the social system, in it and for it the education is carried on
~ 사회조직, 그것 속에서 그리고 그것을 목적으로 교육이 행해지고 있다

134. The test of a great book is whether we want to read it only one or more than once. Any really great book we want to read the second time even more than we wanted to read it the first time; and every additional time that e read it we find new meanings and new beauties in it.

The test of a great book is whether we want to read it only one or more than once. **Any really great book we want to read (*for*) the second time[1689] even[1690] more than we wanted to read it (*for*) the first time**; and every additional[1691] time

---

1689) **time** [taim] n. 순번, 차례(turn); 시기, 기회, 때; (관사 없이) (과거·현재·미래로 계속되는) 시간, 때; 시일, 세월, 시간의 경과; (a, some) 기간, 동안, 잠시; (the) (한정된) 시간, 기간, 기일

1690) **even** [íːvən] ad. (비교급을 강조하여) 한층 (더); 더욱; (—보다) ~할 정도다; (예외적인 일을 강조하여서) ~조차(도), ~라도, ~까지

that we read it we find new meanings[1692] and new beauties in it.

① **도치법(목적어 도치, 강조용법)** : 목적어를 강조하기 위해서 문장의 맨 앞으로 보냈다.

Any really great book we want to read the second time even more than we wanted to read it the first time.
= We want to read any really great book the second time even more than we wanted to read it the first time.
참으로 좋은 책을, 우리는 처음에 읽고 싶기 보다는 두 번째에 한층 더 읽고 싶어진다.

② **시간접속사구** : 구(phrase) 형태의 접속사들을 말한다. "as if 마치~인 것처럼, even if 설령~일지라도, even though 비록~일지라도, in that ~하니까, in order that ~하도록, according as ~에 따라서, in case ~의 경우에, next time 다음에~할 때, by the time ~할 때 쯤, every time that(when) ~할 때마다" 등이 있다.

Every additional time that we read it, we find new meanings and new beauties in it. (= every time that, at every time when, whenever)
양서를 읽는 횟수가 더해질 때마다, 우리는 그 책 속에서 새로운 의미와 새로운 아름다움을 발견한다.

135. While the animal, obedient to its instinct, goes quietly about its business, man, being endowed with reason and imagination, wastes half his time and energy in doing things that are completely idiotic.

While[1693] the animal, (***being***) obedient[1694] to its instinct[1695],

---

1691) **additional** [ədíʃənəl] a. 부가의(적), 추가의; 특별한

1692) **meaning** [míːniŋ] n. (말 따위의) 의미, 뜻(sense), 취지; 의의, 중요성; 의도, 목적(purport); 효력, 효능; a. 의미 있는 듯한; (합성어) ~할 생각인(작정인)

goes[1696] quietly about its business, man, **being endowed[1697] with reason[1698] and imagination[1699]**, wastes[1700] half his time and energy[1701] in doing things that are completely[1702] idiotic[1703].

① **일반 형용사의 제한적 용법** : 일반 형용사들도 뒤에 다른 어구를 동반하게 되면 명사를 후치 수식한다. 물론 그 앞에는 "주격관계대명사+be"가 동시 생략된 것이다.

the animal, obedient to its instinct
= the animal, who is obedient to its instinct
= the animal, being obedient to its instinct
자신의 본능에 충실한 동물

man, being endowed with rason and imagination.
= man, who is endowed with rason and imagination.
이성과 상상력을 지닌 인간

She has a basket full of apples.

1693) **while** [hwail] conj. (대조를 나타내어) 그런데, 한편(으로는); (양보의 종속절을 이끌어) ~라고는 하나, ~하면서도, ~하지만, ~라고(는) 해도(although)

1694) **obedient** [oubí：diənt] a. 순종하는, 유순한, 고분고분한, 말 잘 듣는(to)

1695) **instinct** [ínstiŋkt] n. 본능(natural impulse); 직관, 육감, 직감(for); 천성, 천분

1696) **go about** (vi.+전) 열심히 (일 따위를) 하다, (일·문제 따위)에 달라붙다; 힘쓰다(to do); 끊임없이 ~하다(doing); ~에 착수하다(doing); ** **go about** (vi.+부) 돌아다니다, 외출하다; 교제하다(with); (소문·이야기 등이) 퍼지다

1697) **endow** [endáu] vt. (능력·자질 등을) ~에게 주다, ~에게 부여하다(with); (수동태로) 타고난 (재능이) 있다(with); ** **be endowed with** ~을 타고나다, ~주어져있다

1698) **reason** [rí：zən] n. 이성, 지성; 추리력; 판단력; 이유(cause), 까닭, 변명, 동기

1699) **imagination** [imæ̀dʒənéiʃən] n. 상상(력), 창작력, 구상력(構想力)

1700) **waste** [weist] vt. 헛되이 하다, 낭비하다 (syn. spend)

1701) **energy** [énərdʒi] n. 정력, 활기, 원기; (말·동작 따위의) 힘

1702) **completely** ad. 완전히, 철저히, 완벽하게, 전혀, 전부; (미국속어)(강조적) 매우, 굉장하게, 무지무지하게

1703) **idiotic(al)** [ìdiátik/-ɔ́t-], [-əl] a. 백치의; 천치의 (= foolish, silly)

= She has a basket which is full of apples.
그녀는 사과가 가득 찬 바구니를 갖고 있다.

This is the book useful for children.
= This is the book which is useful for children.
이것은 아이들에게 유용한 책이다.

136. One who has overcome one difficulty is ready to meet the next with confidence. See how much such a person has gained. In after life, while others are hesitating what to do, or whether to do anything, he accomplishes what he undertakes.

One who has overcome[1704] one difficulty[1705] is ready[1706] to meet[1707] the next (*one*) **with confidence**[1708]. See how much such a person has gained. In after[1709] life, while others are hesitating[1710] what to do, or whether to do anything, he accomplishes[1711] what he undertakes[1712].

1704) **overcome** [òuvərkʌ́m] vt. (-came; -come) ~에 이겨내다, 극복하다; 정복하다; (수동태) 압도하다, (정신적·육체적으로) 지게 하다; vi. 이기다, 정복하다

1705) **difficulty** [dífikʌ̀lti, -kəl-] n. 곤란; 어려움; 고생; 수고; (pl.) 어려운 일; 곤경

1706) **ready** [rédi] a. (언제든지 ~할) 채비를 갖춘(to do); 언제든지(기꺼이) ~하는(to do); 준비가 된(for); 각오가 되어 있는(for)

1707) **meet** [mi : t] vt. (적·곤란 따위에) 맞서다, ~에 대처하다, ~에 대항하다; (운명·죽음 따위에) 직면하다, 겪다; 조우하다

1708) **confidence** [kánfidəns/kɔ́n-] n. (남에 대한) 신용, 신뢰

1709) **after** [ǽftər, á : f-] a. (시간적·공간적으로) 뒤의, 나중의, 후방의 in after years 후년에, after ages 후세

1710) **hesitate** [hézətèit] vi. (~+to do/+전+명/+wh. to do) 주저하다, 망설이다, 결단을 못 내리다; (to do) ~할 마음이 나지(내키지) 않다

1711) **accomplish** [əkámpliʃ/əkɔ́m-] vt. 이루다, 성취하다, 완성하다; (목적을) 달성하다

1712) **undertake** [ʌ̀ndərtéik] vt. 기도하다, 착수하다; 떠맡다, ~의 책임을 지다; (~할) 의무를 지다, 약속하다; 보증하다

① **전치사+추상명사 : 형용사구, 부사구**

One who has overcome one difficulty is ready to meet the next (*one*) with confidence. (= confidently ad. 자신 있게, 자신만만하게, 확신을 갖고, 대담하게)
한 가지 어려움을 극복한 사람은 다음의 어려움을 자신 있게 맞이할 준비가 되어있다.

of beauty = beautiful 아름다운
of interest = interesting 흥미 있는
of consequence = consequential 중요한, 결과로서 일어나는
of significance = significant 중요한
of moment = momentous 중요한
of importance = important 중요한
of courage = courageous 용기 있는
of wealth = wealthy 부유한
of virtue = virtuous 덕이 있는

with kindness = kindly 친절하게
with success = successfully 성공적으로
on purpose = purposely 의도적으로
to perfection = perfectly 완벽하게
without doubt = doubtlessly 의심도 없이
in surprise = surprisingly 놀랍게도
in earnest = earnestly 진지하게
by luck = luckily 다행이, 운 좋게

② **의문사(Wh-) 명사구** : 의문사+to부정사 = 의문사+주어+should 동사

Others are hesitating what to do, or whether to do anything.
= Others are hesitating what they should do, or whether they should do anything.
다른 사람들은 자신들이 무엇을 할 것인가 또는 자신들이 어떤 일을 할

까 말까 망설이고 있다.

137. I have never taken a course in writing. I learned to write naturally and on my own. I did not succeed by accident; I succeeded by patient hard work. Skillful use of words doe not make a good book. Too many authors are more concerned with the style of their writing than with the characters they are writing about. (Earnest Hemingway: *Advice to a Youngman*)

I have never taken a course in writing. I learned[1713] to write naturally[1714] and **on my own.** I did not succeed by accident[1715]; I succeeded by patient hard work[1716]. Skillful[1717] use of words doe not make a good book. Too many authors[1718] are more concerned[1719] with the style[1720] of their writing than with the characters[1721] (*whom*) they are writing about.

① on one's own[1722] : 혼자 힘으로, 자기 힘으로, 스스로; 자기 재량

1713) **learn** [lə：rn] vt. (~+to do) ~할 수 있게 되다; (~+(wh.) to do) ~을 배우다, 익히다, 가르침을 받다; 공부하다, 연습하다

1714) **naturally** [nǽtʃərəli] ɑd. 있는 그대로, 꾸밈없이; 무리 없이

1715) **accident** [ǽksidənt] n. 우연(성); 우연한 일(사태, 기회); (돌발) 사고, 재난; 재해, 상해; ** **by accident** (= accidently) 우연히

1716) **patient** [péiʃənt] ɑ. 인내심이 강한, 끈기 좋은(있는); ** **by patient hard work = by working hard and patiently** 참을성 있게 열심히 일해서

1717) **skillful** [skílfəl] ɑ. 교묘한, 능숙(능란)한, 숙련된(ɑt; in; of); 훌륭한

1718) **author** [ɔ́：θər] n. 저자, 작가, 저술가; (저자의) 저작(물), 작품; 창조자, 창시자

1719) **concerned** ɑ. 걱정하는, 염려하는; 걱정스러운(ɑbout; over); ** **concern** [kənsə́：rn] vt. (수동태, ~ oneself) 관심을 갖다, 염려하다, 걱정하다(ɑbout; for; over)

1720) **style** [stail] n. 문체; 필체; 말씨, 어조; 독자적인 표현법; (문예·예술 따위의) 유파, 양식, 체(體), ~류(流); 사는 법

1721) **character** [kǽriktər] n. (소설의) 등장인물, (연극의) 역(role); 특색, 개성; 인격, 성격, 기질, 품성

(책임)으로; 자신의 생각으로, 자진하여; 단독으로, 혼자; ** **of one's own** 자기 자신의; 독특한

형용사적으로 명사를 앞에서 수식하여 강조하거나 "one's own+명사", 그리고 명사적으로 전치사 of 뒤에 사용되어서 "some(a, an, any, no, such …)+명사+of one's own", 관용적인 용법으로 "of one's own ~ing 직접 ~한"으로 사용되다.

I learned to write naturally and on my own.
나는 꾸밈없이 그리고 나 자신의 힘으로 글쓰기를 배웠다.

I can manage on my own.
나는 나 혼자 힘으로 할 수 있다.

I can stand on my own legs.
나는 나 자신의 다리로 설 수 있다.

I kept studying on my own while she was sleeping.
나는 그녀가 잠자고 있는 동안에 호자서 계속 공부했다.

I want to have a car of my own.
나는 나 자신만의 자동차를 가지고 싶다.

② **무생물주어 해석** : 부사구로 전환시켜 해석할 수 있다.

Skillful use of words doe not make a good book.
= As they use skillful words well, they cannot make a good book.
교교한 말을 구사한다고 해서, 좋은 책이 만들어지지는 것은 아니다.

The knowledge of her return made me happy.
= Because she returned, I was happy.
그녀가 돌아왔기 때문에, 나는 행복했다.

1722) **own** [oun] a. (주로 소유형용사 다음에 쓰임) (소유를 강조하여) (남의 것이 아니라) 자기 자신의; pron. (독립하여) (one's ~) ~자신의 것, ~자신의 소유물(입장, 책임), 자신의 가족; v. (법적 권리로) 소유하다; 소지하다, 갖고 있다

Horror made me dumb.
= Because I was horrified, I couldn't say a word.
두려웠기 때문에, 나는 한마디도 말할 수 없었다.

138. No sooner had word spread that the white doctor had arrived, than he was surrounded with natives suffering from various kinds of diseases.

No sooner had word spread[1723] that the white doctor had arrived, **than** he was surrounded with natives suffering from various kinds of diseases.

① **no sooner ~ than** - : (과거완료시제~과거동사시제) "~하자마자 -하다" (단, barely, hardly, scarcely 뒤에는 than이 아닌 when, before를 사용한다.)

No sooner *had* **word** *spread* **that the white doctor had arrived**, than he *was* surrounded with natives suffering from various kinds of diseases.
= Word *had* no sooner *spread* that the white doctor had arrived than he *was* surrounded with natives suffering from various kinds of diseases.
= As soon as word *spread* that the white doctor had arrived, he *was* surrounded with natives suffering from various kinds of diseases.
백인 의사가 도착했다는 말이 퍼지자마자 그는 갖가지 질병으로 고생하는 원주민들에게 둘러싸였다.

No sooner had I called her than she appeared in front of me.
= No sooner had I called her then she appeared in front of me.
= As soon as I called her, she appeared in front of me.
내가 그녀를 부르자마자 곧바로 내 앞에 나타났다.

1723) **spread** [spred] vi. (명성·소문·유행·불 따위가) 퍼지다, 번지다, 전해지다; vt. (p., pp. ~) vt. (소문·보도 따위를) 퍼뜨리다, 유포하다

She had no sooner seen me than she burst into cry.
= No sooner had seen she me than she burst into cry.
= Scarcely had seen she me when she burst into cry.
= As she saw me, she burst into cry.
그녀는 나를 보자 울음을 터뜨렸다.

② **동격절** : that절은 앞의 명사 word를 꾸며주는 동격절이다.

Word that the white doctor had arrived had spread.
백인의사가 도착했다는 말이 퍼졌다.

139. I used to think I knew him very well, and yet when I remember and reflect it seems to me that I know exceedingly little about him. And yet again, I am certain that of the two people in the world with whom I was best acquainted he was one.

I used[1724] to think I knew him very well, and yet when I remember and reflect[1725] it seems to me that I know exceedingly[1726] little about him. And yet again[1727], I **am certain**[1728] that of the two people in the world with whom I was best acquainted[1729]

1724) **used** [juːst] vi. (**+to do**) ~하는 것이 예사였다, 늘 ~했다, ~하는 버릇(습관)이 있었다; 원래는(이전에는, 옛날에는) ~했었다; ** **used** [juːst, (to의 앞)] a. (술어적인 형식으로) ~에 익숙하여(to); **be used to+명사** ~에 익숙하다

1725) **reflect** [riflékt] vi. 돌이켜 생각하다, 반성하다, 곰곰이 생각하여 보다, 회고하다(on, upon); vt. (빛·소리·열 따위를) 반사하다; 반성하다, 숙고하다

1726) **exceedingly** [iksíːdiŋli] ad. 대단히, 매우, 몹시

1727) **and (but) yet** 그럼에도, 그런데도, (~) 했음에도, 그러나; ** **yct again** 또다시; ** **and yet** 그럼에도 불구하고, 그런데

1728) **certain** [sə́ːrtən] a. (서술적) (아무가) 확신하는, 자신하는(sure); ** **be certain (of) that 절** ~을 확신하다; I am certain of his honesty. = I am certain (that) he is honest. 그의 성실함을 확신하고 있다.

1729) **acquainted** [əkwéintid] a. ~을 아는, ~와 아는 사이인(with); ~에 밝은, 정통한

he was one.

① **도치법(강조)** : "of"이하의 형용사구를 강조하기 위해서 문장의 맨 앞으로 보냈다.

I am certain that he was **one** of the two people in the world with whom I was best acquainted.
나는 그가 내가 이 세상에서 가장 친했던 두 사람 중의 한 사람이었다고 확신한다.

= I am certain that of the two people in the world with whom I was best acquainted he was **one**.
나는 그가 이 세상에서 가장 친했던 두 사람 중에서 한 사람이었다고 확신하다.

② **형용사의 제한용법과 서술용법에 다른 의미 차이** : 일반적으로 형용사들은 제한용법 일 때 또는 서술용법 일 때 의미상의 차이가 없지만, 특정의 형용사들에 한해서는 의미가 다른 경우가 있다.

I am certain that of the two people in the world with whom I was best acquainted he was one.
나는 그가 이 세상에서 가장 친했던 두 사람 중에서 한 사람이었다고 확신하다.

the late Mr. Tom (고(故)~, 돌아가신~, 사망한~)
The student was late for school. (늦은, 지각한)

ill news (= bad) (나쁜~)
The boy is ill. (=sick) (병든, 아픈)

a certain man (어떤~)
It is certain (that) the he will come. (분명한, 확신하는)

(with); ** **be(get, become) acquainted with** ~을 알(고 있)다, 정통하(고 있)다; ~와 아는 사이이다(가 되다); ** **acquaint** [əkwéint] vt. (~에게) 숙지(정통)시키다, 알리다, 고하다; 〔~ oneself〕 (~에) 익숙하다, 정통하다(with); (~에게 ~을) 알려 주다(with); (주로 美) (~을) 소개하다, 친분을 맺어 주다(with)

the present king (현재의~)
The king was present. (참석한, 출석하고 있는)

a fond look (다정한~, 애정 어린~)
She is very fond of telling a lie. (좋아하는)

my right hand (오는 쪽의~)
It is right to think so. (올바른, 옳은, 당연한)

140. The first great lesson a young man should learn is that he knows nothing, and that he is of but very little value. The next thing for him to learn is that the world cares nothing for him, that no man ever truly admires and esteems him; — that, in short, he must take of himself. He will not be noticed until he becomes noticeable and he will not become noticeable until he does something to prove that he has a value in society.

The first great lesson[1730] (*that*) a young man should[1731] learn is **that** he knows nothing, **and that** he is of but[1732] very little value[1733]. The next thing for him to learn is **that** the world cares nothing for him, **that** no man ever truly admires and esteems[1734] him, — **that**, in short, he must take care of[1735] himself. He will **not** be noticed[1736] **until** he becomes

---

1730) **lesson** [lésn] n. 교훈, 훈계, 질책; 본때; 학과, 과업, 수업, 연습; 수업 시간; (교과서 중의) 과(課); (한번) 가르치기, 배우기; 가르치는(배우는) 양(量); (pl.) (일련의 계통이 서 있는) 교수

1731) **should** aux. (말하는 이의 강한 의향·결의를 나타내어) ~할 테다(하겠다); (모든 인칭에서; 의무·당연) ~하여야 한다(할 것이다), ~하는 것이 당연하다(좋다)

1732) **but** ad. 단지, 다만, 그저~일 뿐(only); ~에 지나지 않는; 그저~만이라도, 적어도

1733) **of little value** (= not valuable) 조금의 가치밖에 없는 ** **of value** (= valuable) 값어치 있는; ** **invaluably** ad. 값을 헤아릴 수 없는, 평가할 수 없는, 매우 귀중한(priceless)

1734) **esteem** [istíːm] vt. 존경하다(respect), 존중하다

noticeable[1737] and he will **not** become noticeable **until** he does something to prove[1738] that he has a value in society.

① **not ~ until -** : - 까지 ~ 하지 않다, ~ 이 되어 비로소 (- 하다), ~하자 (해서야) -하다

He will not be noticed until he becomes noticeable.
그는 주목을 받게 되어서야 비로소 그는 주목할 만한 사람이 될 것이다.

He will not become noticeable until he does something to prove that he has a value in society.
그는 주목할 만한 사람이 되어서야 비로소 그는 사회에 값어치가 있다는 것을 입증할 무엇을 하게 된다.

He did not arrive there until the sun set.
= Not until the sun set did he arrive there. (부사절 도치)
= It was not until the sun set that he arrived there. (강조구문)
그가 그곳에 도착하자 태양이 지고 있었다.

② **부정사의 형용사(제한용법)**

The next thing for him to learn ~ (부정사 형용사의 제한적용법)
= The next thing that he should learn ~
그가 배워야할 다음 것은 ~ (for him은 부정사의 의미상의 주어)

He does something to prove that he has a value in society.

1735) **care** [kεər] n. 걱정, 근심; ** **take care of** ~ ~을 돌보다, ~을 보살피다; ~에 조심하다; (구어) ~을 처리(해결)하다; (속어) ~을 제거하다, 죽이다.

1736) **notice** [nóutis] vt. ~주목하다, ~을 알아채다(perceive), ~을 인지하다; ~에 주의하다, ~을 유의하다

1737) **noticeable** [nóutisəbəl] a. 눈에 띄는, 이목을 끄는; 두드러진; 주목할 만한

1738) **prove** [pruːv] vt. (~d; ~d, prov·en [prúːvən]) (~+목/+목+전+명/+목+보/+목+(to be)보/+that[절]/+wh.[절]) 증명하다, 입증(立證)하다; (~ oneself) 자기가 ~임을 증명하다

= He does something that he should prove that he has a value in society.
그는 자신이 사회에 값어치가 있다는 것을 입증할 무언가를 한다.

③ **접속사 "that"의 용법**

The first great lesson is that he knows nothing, and that he is of but very little value.
불완전자동사 "is"의 주격보어로 접속사 "that"로 이끌어진 두 개의 명사절이 "등위접속사 "and"를 통해서 계속 연결되고 있다.

The next thing for him to learn is that the world cares nothing for him, that no man ever truly admires and esteems him; — that, in short, he must take of himself.
불완전자동사 "is"의 주격보어로 접속사 "that"로 이끌어진 세 개의 명사절이 "등위접속사 "and"를 통해서 계속 연결되고 있다.

141. One of the most important steps ever taken by primitive man in his unconscious efforts to escape from barbarism was the discovery of the wheel. It took man a long time to discover that rolling produced less friction than sliding, and even then he had no idea of the mechanical principle involved. Nor was the discoverer urged on by visions of luxury and ease.
(연세대 대학원)

One of the most important steps ever (*which had been*) **taken**[1739] **by primitive**[1740] **man in his unconscious**[1741] **efforts to escape**[1742]

1739) **take** (노력하여) 획득하다, 벌다, 손에 넣다; (상을) 타다; (시합에) 이기다; 받다, 받아들이다(accept), (대가·보수 등을) 얻다

1740) **primitive** [prímətiv] n. 원시인; 소박한 사람; a.원시의, 원시시대의, 태고의; 원시적인, 소박한, 미발달의, 유치한; 야만의, 야성적인; 구식의; 본원적인, 근본의; 원색의 ~ colors 원색; .원어의 a ~ word 본원어

1741) **unconscious** [ʌnkánʃəs/-kɔ́n-] a. 무의식의, 부지중의; 모르는, 깨닫지(알아채지) 못하는(of); 의식 불명의, 인사불성의

1742) **escape** [iskéip] vi. 달아나다, 탈출(도망)하다(from; out of); (액체·가스 따위가)

from **barbarism**[1743] was the discovery of the wheel[1744]. It took[1745] man a long time to discover that rolling[1746] produced[1747] less friction[1748] than sliding[1749] (*produced friction*), and even then he had no idea of the mechanical[1750] principle[1751] **involved**[1752]. Nor was the discoverer urged[1753] on[1754] by visions[1755] of luxury[1756] and ease[1757].

새다; (한숨 따위가) 무심코 나오다; (재배식물이) 야생으로 돌아가다; (기억 따위가) 사라지다, 흐려지다(from)

1743) **barbarism** [báːrbərizəm] n. 야만, 미개, 무지; 조야(粗野); 포학, 만행; 무무한 행동(말투)

1744) **wheel** [hwiːl] n. 수레바퀴; (pl.)(미국속어) 자동차; 바퀴 달린(비슷한) 기구(기계); 물레바퀴(spinning ~); (자동차의) 핸들; (미국구어) 자전거, 삼륜차; 회전하는 움직임; 회전

1745) **take** (it를 주어로 하는 경우가 많음) (시간·노력 따위를) 필요로 하다, 힘이 들다; (용적·넓이를) 차지하다, (시간이) 걸리다

1746) **rolling** [róuliŋ] ; n. 구르기, 굴리기; 회전; a. 구르는; 회전하는; (눈알이) 두리번거리는; (세월 등이) 되돌아오는; 옆질하는, 비틀거리는; 놀치는; (토지가) 기복이 있는

1747) **produce** [prədjúːs] vt. 일으키다, 나게 하다; 산출하다, 생기게 하다, 낳다, (열매를) 맺다; 생산하다, 제작하다

1748) **friction** [fríkʃən] n. (두 물체의) 마찰; 알력(軋轢), 불화

1749) **sliding** n. 미끄러짐, 활주; 이동; (야구)슬라이딩; a. 미끄러지는; 이동하는, 변화하는; 불확실한, 부정(不定)의

1750) **mechanical** [məkǽnikəl] a. 기계(상)의; 공구의; 기계로 조작하는; 기계적인, 자동적인, 무의식의, 무감정한

1751) **principle** [prínsəpəl] n. 원리, 원칙, (물리·자연의) 법칙; 근본 방침, 주의; ** **principal** [prínsəpəl] a. 주요한; 제1의; 중요한; n. 장(長), 장관; 사장; 교장; 회장 a lady ~ 여교장; 주동자; 본인; 주역

1752) **involve** [inválv/-vɔ́lv] vt. 말아 넣다, 싸다, 감싸다; 나사 모양으로 말다(감다); 연좌(연루)시키다(in); 관련(관계)시키다, 말려들게 하다, 휩쓸리게 하다(in; with); ~에 영향을 끼치다; ** **involved** a. 뒤얽힌, 복잡한; 혼란한; (재정적으로) 곤란한 처지인

1753) **urge** [əːrdʒ] vt. (일을) 강력히 추진하다; (~을) 부지런히(세게) 움직이다; ** **(vt+ad.)** ~을 추진하다(on); 설복(설득)하다, 열심히 권하다; vi. 주장(요구, 반대 등)을 역설하다; 자극(추진력)으로 작용하다

1754) **on** ad. (동작의 계속)계속해서, 쉴 사이 없이, 끊이지 않고; (동작의 방향)(공간적·시간적으로) 앞(쪽)(전방)으로, 이쪽으로, 향하여; (시간이) 진행되어

1755) **vision** [víʒən] n. 선견(先見), 통찰력; 시력(각); (보이지 않는 것을 마음속에 그리는) 상상력

1756) **luxury** [lʌ́kʃəri] n. 사치, 호사; (종종 pl.) 사치품, 고급품; 즐거움, 쾌락, 유쾌, 향

① **분사의 형용사(제한용법)** : 명사 뒤에서 후치수식 경우

One of the most important steps (*that had been*) ever taken by primitive man in his unconscious efforts to escape from barbarism was the discovery of the wheel.
원시인에 의해서 야만 상태에서 탈피하려는 무의식적인 노력에서 취해졌던 가장 중요한 조치 중의 하나는 바로 수레바퀴의 발견이다.

② **부정어 Nor 용법** : 접속사 nor는 앞의 부정문을 받아서 다시 부정이 계속됨을 나타내어 "~도 –하지 않다"로 해석하거나, "neither"와 상관적으로 사용되어 "~도 또한 –않다"라고 해석한다. 그리고 긍정문 뒤에 또는 문장 첫머리에서 "그리고 ~않다(and not)"로 해석하는 경우도 있다.

He had no idea of the mechanical principle involved. Nor was the discoverer urged on by visions of luxury and ease.
= He had no idea of the mechanical principle involved. The discoverer was not urged on by visions of luxury and ease, either.
그는 그것과 관련된 기계적 원리는 알지 못했다. 또한 발견자는 사치나 안락 같은 것을 내다보는 견해로 해서 계속해서 (발전시킬 수 있도록?) 요청(권고)받은 것도 아니었다.

You don't like it, nor do I.
너도 그것을 안 좋아하지만 나도 그렇다.

I said that I had not seen it, nor had I.
그것을 못 보았다고 했는데, 실제로 보지 못했다.

I have neither money nor job.
돈도 직업도 없다.

락; a. 사치(호화)스러운; 고급의

1757) **ease** [iːz] n. 안락, 편안; 경제적으로 걱정이 없음; 여유 a life of ~ 안락한 생활; 평정(平靜), 안심; 한가, 태평; 홀가분함; 편함, 편안함, (아픔이) 가심, 경감(relief)(from pain); 용이, 쉬움

The tale is long, nor have I heard it out.
그 이야기는 길어서 끝까지 들은 적이 없다.

③ It takes+사람+시간+to부정사 ~, It takes 시간 for+사람+to 부정사 ~ : "사람이 ~하는데 오랜 시간이 걸리다"

It took man a long time to discover that ~
사람이 ~을 발견하는데 오랜 시간이 걸렸다.

It took several months to get used to the work.
그 일에 적응하는데 여러 달이 걸렸다.

It takes (me) two hours for me to get there.
(내가) 그 곳에 도착하는데 두 시간이 걸린다.

④ less ~ than - : "-보다 덜 ~하다"

Rolling produced less friction than sliding (*produced friction*).
굴러가는 것이 미끄러져가는 것보다 마찰이 덜 일으킨다.

⑤ "involved"는 과거분사로서 "분사구문"으로, 또는 "형용사의 제한적인 용법"으로 앞의 명사를 수식하는 것으로 보는 경우이다.

He had no idea of the mechanical principle as it was involved.
= (*being*) involved
그것과 관련된 것으로서

He had no idea of the mechanical principle (*which was*) involved.
그것과 관련된

142. Life is very complicated, and it's art's business to simplify it. The artist must find the common denominator, that which is similar among all of us, and draw upon that to

produce a work which not only unites us but also separates us. Each of us must be able to see something different in the work, although the underlying thing we grasp in it is the same. (고려대 대학원)

Life is very complicated[1758], and it's art's business to simplify[1759] it. The artist must find the common denominator[1760], that[1761] which is similar[1762] among all of us, and draw[1763] upon that to produce a work which not only unites[1764] us but also separates[1765] us. Each of us must be able to see something different in the work, although the underlying[1766] thing (*that*) we grasp[1767] in it[1768] is the same[1769].

1758) **complicate** [kámplikèit/kɔ́m-] vt. 복잡하게(까다롭게) 하다; (수동태) (병상을) 악화하다; 끌어들이다, 말려들게 하다; ** **complicate**[kámplikkit] a. 복잡한, 성가신

1759) **simplify** [símpləfài] vt. 단순화하다, 단일화하다; 간단(평이)하게 하다; 수수(소박, 담박)하게 하다

1760) **denominator** [dinámənèitər/-nɔ́m-] n. (수학)분모 a common ~공분모; (비유적) 공통 특징, (기호·의견 등의) 일반 수준, 표준.

1761) denominator와 that 동격관계

1762) **similar** [símələr] a. 유사한, 비슷한, 닮은, 같은(to)

1763) **draw** [drɔ：] vt. 끌다, 당기다, 끌어당기다; 끌어당겨서 ~하다; ** draw upon (vt.+副) (~하도록) 격려하다(to do); (기대감 따위가) ~에게 행동을 계속하게 하다; ** draw upon(vi.+副) (근원을) ~에 의존하다, ~에 의하여 얻다; ~을 이용하다; ~에게 요구하다

1764) **unite** [ju：náit] vt. 결합하다, 하나로 묶다, 합하다, 접합하다; 합병하다

1765) **separate** [sépərèit] vt. 잘라서 떼어 놓다, 분리하다, 가르다; (사람을) 떼어(갈라) 놓다, 별거시키다, 불화하게 하다

1766) **underlying** a. 밑(바닥)에 있는; 기초가 되는, 근원적인(fundamental); (법률학)제1의, 우선하는(prior)

1767) **grasp** [græsp, grɑ：sp] vt. 붙잡다(grip), 움켜쥐다; (몸·옷의 일부를) 움켜잡다; 끌어안다; 납득하다, 이해(파악)하다

1768) it = a work

1769) **same** pron. (the ~)동일한(같은) 것(일); a. (보통 the ~) 같은, 마찬가지의; (opp) different)

① **that 동격절** : 접속사 that는 명사 the denominator와 동격관계이다.

The artist must find the common denominator, that which is similar among all of us.
예술가는 공통분모, 즉 우리들 사이의 유사한 점을 발견해내야 한다.

② **동사구 "draw upon"** : "draw on" (vt.+뷔) ~을 꾀어 들이다, (~하도록) 격려하다(to do); (장갑·양말 따위를) 끼다, 신다; (기대감 따위가) ~에게 행동을 계속하게 하다; (일을) 일으키다, 야기하다; (어음을) ~앞으로 발행하다; "draw on" (vi.+전) (근원을) ~에 의존하다, ~에 의하여 얻다; ~을 이용하다; ~에게 요구하다; ~에 가까워지다, ~이 다가오다

The artist draw upon that to produce a work which not only unites us but also separates us. (that = the common denominator)
예술가는 우리들을 결합시킬 뿐만 아니라 분리시키기도 하는 작품을 만들도록 / 공통분모를 발견해야 한다.

The artist draw upon that / to produce a work which not only unites us but also separates us. (that = the common denominator)
예술가는 그것에 의존해서 / (그런 후에) 그는 우리들을 결합시킬 뿐만 아니라 분리시키기도 하는 작품을 만들어내야 한다.

③ **not only ~ but also -** : "~뿐만 아니라 -도 또한 (-하다)"

a work which not only unites us but also separates us.
우리들을 결합시킬 뿐만 아니라 분리시키기도 하는 작품

143. People fear cancer because it is often fatal, but they also fear it because it can cause acute pain. Tumors, as they grow, press against sensitive nerves and organs, and a cancer, if it metastasizes, may reach pain-sensitive areas in other parts of the body. Up to 90 percent of terminally ill cancer patients suffer substantial pain before they die. As a result, cancer specialists are now looking almost as

hard for better ways to combat physical and psychological sufferings as they are for a cure of the disease itself. More effective methods of pain control have grown out of a better understanding of the neurological mechanisms of pain. (서울대 대학원 의예과)

People fear cancer[1770] because it is often fatal[1771], but they also fear it because it can cause acute[1772] pain. Tumors[1773], as they grow, press against[1774] sensitive[1775] nerves[1776] and organs[1777], and a cancer, if it metastasizes[1778], may reach[1779] pain-sensitive areas in other parts of the body. **Up to**[1780] **90 percent of terminally**[1781] **ill cancer patients**[1782] suffer[1783] substantial[1784]

1770) **cancer** [kǽnsər] n. (의학) 암; 암종

1771) **fatal** [féitl] a. 치명적인(to), 생명에 관계되는; 사활을 결단하는(to)

1772) **acute** [əkjúːt] a. 모진, 살을 에는 듯한(아픔·괴로움 등); 심각한(사태 등); 날카로운, 뾰족한; 민감한; 빈틈없는; 혜안의, 명민한

1773) **tumor** [tjúːmər] n. 종창, 종기; (의학)종양; 돌출부

1774) **against** [əgénst] prep. ~을 향하여, ~에 대해서, ~에 부딪치어; ~와 마주 대하여; ~에 대비(對比)하여; ~에 기대어서; ~에 반대하여, ~에 적대하여, ~에 거슬러

1775) **sensitive** [sénsətiv] a. 민감한, 예민한, 과민한; 느끼기 쉬운; 감수성이 강한; 신경과민의, 화를 잘 내는

1776) **nerve** [nəːrv] n. 신경; 용기, 냉정, 담력, 체력, 건전한 신경상태

1777) **organ** [ɔ́ːrgən] n. (생물의) 기관(器官), 장기; 오르간, (특히) 파이프 오르간

1778) **metastasize** [mətǽstəsàiz] vi. (의학) 전이(轉移)하다.

1779) **reach** [riːtʃ] vt. ~에 도착하다, ~에 도달하다, ~에 이르다; (적용 범위 등이) ~에까지 이르다(미치다)

1780) **up to** (시간·공간적으로) (최고) ~까지, ~에 이르기까지; Up to four passengers may ride in a taxi. 택시에는 네 사람까지(는) 탈 수 있다.

1781) **terminally** ad. 치명적으로; 종말에; 말단에; 정기에; 학기말에; terminal a. (의학) (치명적인 병이) 말기의, (환자가) 말기증상의; 가망이 없는, 불치의; 치명적인

1782) **patient** [péiʃənt] n. (의사측에서) 병자, 환자; a. 인내심이 강한, 끈기 좋은(있는)

1783) **suffer** [sʌ́fər] vt. (고통·변화 따위를) 경험하다, 입다, 받다

pain before they die. As a result, cancer specialists[1785] are now looking almost **as** hard **for** better ways to combat[1786] physical and psychological[1787] sufferings **as** they are (*looking hard*) **for** a cure of the disease[1788] itself. More effective methods of pain control have grown[1789] out of[1790] a better understanding of the neurological[1791] mechanisms[1792] of pain.

① **as ~ as -** : "- 와 같은 정도로, - 만큼 ~ 같은 정도로, -와 마찬가지로"

Cancer specialists **are** now **looking** almost as hard **for** better ways to combat physical and psychological sufferings as they **are** (***looking*** *hard*) **for** a cure of the disease itself.
오늘날 암전문가들이 질병 그 자체의 치료방법을 열심히 찾고 있는 만큼이나 그들은 신체적이고 심리적인 고통을 퇴치할 보다 좋은 방법을 찾고 있다.

② **부정사의 형용사(동격관계)** : 명사+ to부정사 = 명사+ that 명사절

better ways to combat physical and psychological sufferings
신체적이고 심리적인 고통을 퇴치할 보다 좋은 방법들

③ **up to 용법** : up이라는 부사("위로")와 전치사 to("~까지")가 결합된

1784) **substantial** [səbstǽnʃəl] a.(양·정도 따위가) 상당한, 꽤 많은, 다대한, 대폭적인

1785) **specialist** 전문가; (학문·연구의) 전공자; (학문·과학 따위의) 전문지식인; 전문의

1786) **combat** [kámbæt, kʌ́m-] vt. ~와 싸우다, ~을 상대로 항쟁하다

1787) **psychological** [sàikəládʒikəl] a. 심리학(상)의, 심리학적인; 정신적인

1788) **disease** [dizíːz] n. 병, 질병

1789) **grow out of** ~에서 생기다(기인하다); (습관 따위)를 벗어버리다(탈피하다); (커서) ~을 못 입게 되다

1790) **out of** (기원·출처·출신) ~에서, ~로부터(의); ~(으)로

1791) **neurology** [njuərálədʒi/-rɔ́l-] n. 신경(병)학; ** **neurological** [njùərəládʒikəl] a. 신경학상의

1792) **mechanism** [mékənìzəm] n. 체계; 기계(장치), 기구, 구조, 구성, 장치

것이다. "(시간·공간적으로) (최고) ~까지, ~에 이르기까지"

Up to 90 percent of terminally ill cancer patients suffer substantial pain before they die.
치명적인 암환자의 90%이상이 죽기 전에 고통을 겪는다.

We can't wait for up to 20 minutes. (최대 ~까지)
우리는 20분까지 기다릴 수 없다.

He is not up to his job. (~을 할 수 있는, ~능력이 잇는)
그는 그 일을 (감당)할 수 없다.

Do you want to stop here? It's up to you. (~에 달려있는, ~의 책임이다)
여기서 멈추고 싶으세요? 당신에게 달렸습니다.

144. In every human being, no matter how successful he may be, there are still enormous undiscovered possibilities. It is the man you are capable of making, not the man you have become, that is most important to you. You cannot afford to carry this enormous asset to your grave unused. Why not plan to bring out this enormous residue, these great unused resources, this locked-up ability which has never come out of you? You know it is there. You instinctively feel it.

In every human being[1793], no matter how[1794] successful[1795] he may be, there are still enormous[1796] undiscovered[1797] possibilities[1798].

1793) **human** [hjúːmən] n. 인간 (human being); (the ~) 인류; ** **man** 성별에 관계없이 '사람'을 의미하지만, 대명사로는 he를 씀. 인간이 아니고 남성 일반을 표시할 때는 원칙적으로 men이 쓰임

1794) **no matter how ~** (= however) 비록 무엇이 ~ 한다 하더라도

1795) **successful** [səksésfəl] a. 성공한, 좋은 결과의, 잘된; 번창하는 연면한; ** **successive** [səksésiv] a. 잇따른, 계속되는, 연속하는; 상속(계승)의

1796) **enormous** [inɔ́ːrməs] a. 거대한, 막대한, 매우 큰(immense); (고어)극악한

It is the man you are capable[1799] of making, not the man you have become, **that is most important to you.** You cannot afford[1800] to carry this enormous asset[1801] to your grave[1802] **unused**[1803]. Why not[1804] plan[1805] to bring[1806] out this enormous residue[1807], these great unused resources[1808], this locked-up[1809] ability which has never come[1810] out of you? You know it is there. You instinctively[1811] feel it.

① There(Here)+ be+ 명사(+ 부사, 형용사, 분사) : There + be + (a, an, some, no, many, any, much, little, another, two, etc.) 불특정의 주어(n), Here + be + (the, that, this, one's) 특정의 주어(n)

1797) **undiscovered** a. 발견되지 않은, 찾아내지 못한; 미지의

1798) **possibility** [pàsəbíləti/pɔ̀s-] n. 가능성, 실현성, 있을 [일어날] 수 있음

1799) **capable** [kéipəbəl] a. (~할) 능력이 있는(of doing); 유능한, 역량 있는(able)(for)

1800) **afford** [əfɔ́ : rd] vt. (~+ to do) ~ 할 여유가 있다, ~할 수 있다

1801) **asset** [ǽset] n. 유용한 자질; 자산, 재산; 가치를 지닌 것; 이점, 미점, 자랑(거리)

1802) **grave** [greiv] n. 무덤, 분묘, 묘혈; 묘비; (종종 the ~) 죽음, 종말, 파멸

1803) **unused** a. [ʌnjú : zd] a. 쓰지 않는, 사용하지 않는(물건·방 따위); 쓴 적이 없는, 신품인; ** **unused** (to가 오면) 익숙지 않은, 경험이 없는, 손익지 않은(to)

1804) **why not ~?** (상대의 부정의 말에 반론하여) 왜 (어째서) 안 되는가(하지 않은가), 괜찮지 않은가?

1805) **plan** [plæn] vt. (+ to do) 마음먹다, ~할 작정이다

1806) **bring out** v. (~에서) 꺼내다(of); (색·성질 등을) 나타내다; (뜻을) 분명히 하다; 발표하다; (능력 따위를) 발휘하다; (배우를) 세상에 내놓다; 출판하다; (딸을) 사교계에 내보내다; 상연하다; (노동자에게) 파업을 시키다; (날씨 따위가 꽃을) 피게 하다

1807) **reside** [rézidjù :] n. 나머지; 찌꺼기; (법률)잔여재산

1808) **resource** [rí : sɔ : rs] n. (보통 pl.) 자원; 물자; 재원(~ of money), 자력

1809) **locked-up** a. 잠재적인; ** **lock up** (문·창에) 자물쇠를 잠그다, 문단속하다; 폐쇄하다; 감금하다, 가두다; (돈·비밀 따위를) 거두어 넣다

1810) **come out of** ~밖으로 끌어내다; ~에서 나오다; (병·곤경 등에서) 벗어나다; ~에서 발(發)하다

1811) **instinctively** ad. 본능적으로, 직감적으로; ** **instinctive** [instíŋktiv] a. 본능적인, 직감(직관)적인; 천성의

There are still enormous undiscovered possibilities.
아직도 엄청난 미발견의 가능성들이 있다.

There is a big table in the room.
방에는 큰 탁자가 하나 있다.

There used to be an easier way.
예전에는 더 쉬운 방법이 있었는데.

There must be something wrong.
분명 잘못된 게 있을 거다.

There haven't been any mistakes so far?
지금까지는 아무런 실수도 없었습니다.

Here are the books (that) you are looking for.
여기에 당신이 찾고 있는 책들이 있다.

There is a man waiting to see you.
= A man is waiting to see you.
너를 만나려는 사람이 기다리고 있다.

There was little sugar left in the pot.
= Little sugar is left in the pot.
단지에 설탕이 거의 남아있지 않다.

There are many boys absent today.
= Many boys are absent today.
오늘 많은 아이들이 결석했다.

② It~that 강조구문

It is the man you are capable of making, not the man you have

become, that is most important to you. (주어강조)
= The man you are capable of making, not the man you have become is most important to you.
당신에게 가장 중요한 것은 당신이 이미 되어버린 인간이 아니라 당신이 앞으로 될 가능성이 있는 인간이다.

③ **수동태 분사구문** : 부사절을 분사를 이용해서 부사구로 전환시킨 것이 분사구문이다. 특히 부사절 속의 동사가 수동태인 경우에 분사구문으로 전환될 때 과거분사 앞에 "having been, being"이 생략된다.[1812]

You cannot afford to carry this enormous asset to your grave unused.
(= as it is unused = being unused = unused)
당신이 이 엄청난 자질을 써 보지도 않은 채로 무덤으로 가져갈 수는 없다.

145. Each stage of life is a preparation for the next as well as a complete life in itself. Childhood and youth are too precious to be sacrificed to the present convenience of adults or the later requirements of adult life, but, if they are lived only for their own sake, later life will become miserably poor and bitter regret will be in store. A balance between what is due to the present and what is due to the future is seldom easy and always of main importance.

Each[1813] stage of life is a preparation[1814] for the next as well as[1815] a complete life in itself[1816]. Childhood[1817] and youth[1818]

1812) **"unused"**가 형용사의 제한적 용법으로서 명사인 **"grave"**를 후치 수식하는 "~ grave (which is) unused"로 볼 수도 있지만, **"unused"**는 분사구문으로 보는 것이 바람직하다.

1813) **each** [iːtʃ] a. (단수 명사를 수식하여) 각각 [각기] 의, 각자의, 제각기의, 각 … ; ** **each** [iːtʃ] pron. (흔히, ~ of+(대)명사) 저마다, 각각, (제)각기, 각자; ad. 각기; 각각; 한 개에 대해

1814) **preparation** [prèpəréiʃən] n. 준비(for); 예비조사, 예습; ,마음의 태세, 각오

are **too** precious **to be** sacrificed[1819] to the present convenience[1820] of adults[1821] or the later requirements[1822] of adult life, but, if they are lived only for their own sake[1823], later life will become miserably[1824] poor[1825] and bitter[1826] regret[1827] will be in store[1828]. A balance[1829] between **what is due to**[1830] **the present**[1831] and **what is due to the future**[1832] is seldom easy

---

1815) **well** [wel] ad. 똑같이 잘; ** **as well as** ~와 마찬가지로(같을 정도로) 잘; ~와 동시에; ~와 마찬가지로; ~뿐만 아니라 ~도, ~은 물론

1816) **in itself** 그 자체로, 본래는, 본질적으로(는)

1817) **childhood** [tʃáildhùd] n. 어린 시절, 유년 시절; (발달의) 초기 단계

1818) **youth** [ju：θ] n. (pl.~s) 청년시절, 청춘기; 초기의 시대; 젊음, 원기; 혈기

1819) **sacrifice** [sǽkrəfàis] vt. (+o+prep.+o)단념(포기)하다(for; to); 희생하다, 제물로 바치다; She sacrificed her life to save the child. He sacrificed a sheep to a god.

1820) **convenience** [kənví：njəns] n. 형편이 좋은 기회, 유리(편리)한 사정; 편리, 편의; (개인적인 편리한) 형편, 편익

1821) **adult** [ədʌ́lt, ǽdʌlt] n. 성인, 어른(grown-up); (법률학) 성년자: (법) 신체나 지능이 완전히 발달하여 법적 권력을 행사할 수 있는 나이. 만 20세 이상. ↔미성년

1822) **requirement** [rikwáiərmənt] n. 요구, 필요; 필요물; 필요조건, 자격(for)

1823) **for their own sake** 그들 자신을 위하여; ** **sake** [seik] n. 위함, 이익; 목적; 원인, 이유

1824) **miserably** ad. 비참할 정도로 ** **miserable** [mízərəbəl] a. 불쌍한, 비참한, 가련한(pitiable); 슬픈; 초라한, 볼품없는, 빈약한, 궁핍한.

1825) **poor** [puər] a. 빈약(초라)한; 가난한; 부족한, 불충분한, (~이) 없는(in)

1826) **bitter** [bítər] a. 견디기 어려운, 괴로운, 쓰라린; 쓴(opp. sweet), (맥주가) 씁쓰레한(opp. mild); 모진, 살을 에는 (듯한); 호된, 가차(용서) 없는, 신랄한, 냉혹한

1827) **regret** [rigrét] n. (행위·실패 등에 대한) 유감; 후회

1828) **be in store** ~다가오다; ** **in store** 저축(준비)하여 ** **store** [stɔ：r] n. 저축, 저장, 비축; (지식 등의) 축적

1829) **balance** [bǽləns] n. 균형을 잡는 것; 균형점; 평균, 균형; (마음·몸의) 안정, (마음의) 평정

1830) **due** [dju：] a. (to do) ~할 예정인, ~하기로 되어 있는; (to+명사) ~에 기인하는, ~의 탓으로 돌려야 할; ** **be due to do** ~할 예정이다; ** **be due to+명사** ~에 기인하다, ~의 탓으로 돌리다; ** **due to** ~때문에, ~로 인하여(because of)

1831) **present** [prézənt] n. (종종 the ~) 현재, 오늘날

1832) **future** [fjú：tʃər] n. 미래, 장래, 장차; (the F-) 내세; 장래성, 앞날

and always <u>of main importance</u>[1833].

① too ~ to do : "너무 ~해서 구결과 -하지 못하다"

Childhood and youth are <u>too</u> precious <u>to be sacrificed</u> to[1834] the present convenience of adults or the later requirements of adult life.
유년 시대나 청춘 시대는 너무나도 귀중한 시기이므로 현재 성인들의 편의만을 위하여 또는 장차 성인생활의 필요성에 부응하여 희생되어질 수는 없다.

② **의문사+ to부정사** : 명사구로서 "주어, 보어, 목적어"로 사용한다.

A balance between <u>what is due to the present</u> and <u>what is due to the future</u> is seldom easy and always of main importance.
현재 (살고 있는 시기)에 기인하는 것과 미래(의 단계)에 기인하는 것 사이의 균형(을 취하는 일)은 결코 용이하지는 않으나 항상 중요한 것이다.

(참고) due to ~에 기인하는(부정적인 이유), ~때문에; because of ~ 때문에(긍정적인 또는 부정적인 이유); owing to ~ 때문에, ~덕분에, ~탓으로 돌려야 할

He couldn't eat because of his broken jaws.
그는 부러진 턱 때문에 먹을 수가 없었다.

The train was delayed because of bad weather.
날씨가 좋지 않아서 열차가 연착되었다.

His death was due to an accident.
그의 죽음은 사고에 의한 것이었다.

He failed due to carelessness.

1833) **of importance** (= important) 중요한

1834) (능동태) They <u>sacrifice</u> childhood and youth <u>to</u> the present convenience of adults or the later requirements of adult life.

그는 부주의 때문에 실패했다.

Owing to my lack of study, I failed the examination.
나는 공부를 하지 않았기 때문에 그 시험에 떨어졌다

The mistake was not owing to carelessness.
그 오류는 부주의 탓은 아니었다.

Owing to my persistence, the contract has successfully started.
나의 끈기 덕분에 그 계약은 훌륭하게 시작하게 되었다.

146. People are always ready to consider themselves persons of culture, on the strength of one proficiency, when they are not only lacking in others, but blind to those they lack. An artist of any kind, even a very great artist, is not for this reason alone a man of culture: artists are not only often insensitive to other arts than those which they practise, but sometimes have very bad manners or meagre intellectual gifts. The person who contribute to culture, however important his contribution may be, is not always a culture person.

People are always ready[1835] to consider themselves persons of culture[1836], on the strength[1837] of one proficiency[1838], when[1839] they are not only lacking[1840] in others, but blind[1841] to those

---

1835) **ready** [rédi] a. (언제든지 ~할) 채비를 갖춘(to do); 준비가 된(for); 언제든지(기꺼이) ~하는(to do); 각오가 되어 있는(for); 금방이라도 ~할 것 같은(to do)

1836) **culture** [kʌ́ltʃər] n. 문화, 정신문명; 교양; 수양; 교화; 훈육; 재배; 양식; 경작

1837) **on the strength of ~** 을 의지하여, ~의 힘(도움)으로, ~을 근거(이유)로: ** **strength** [streŋkθ] n. 강한 점, 장점, 이점; (의론 따위의) 효과, 설늑력

1838) **proficiency** [prəfíʃənsi] n. 숙달, 연달(練達), 능숙(skill) (in)

1839) **when** [hwen] ad. conj. ad. (주절과 상반하는 내용의 부사절을 이끌어) ~하는데, ~한(인)데도 (though); (종속접속사) (at the time, at which 따위에 상당) ~할 때에, ~하니(하자, 하면); ~하므로, ~을 생각하면(since, considering that); ~하면 (if)

(*that*) they lack. An artist of any kind[1842], **even** a very great artist, is not for this reason[1843] alone a man of culture: artists are not only often insensitive[1844] to **other** arts **than** those which they practise[1845], but sometimes have very bad manners[1846] or meagre[1847] intellectual gifts[1848]. The person who contribute[1849] to culture, **however important his contribution may be**, is not always a culture person.

① **other than ~** : ~이외의(로), ~을 제외한(하고), ~과 달리(다른)

Artists are not only often insensitive to other arts than those which they practise, but sometimes have very bad manners or meagre intellectual gifts.
예술가들은 자기가 종사하고 있는 예술 이외의 예술에 대해서는 흔히 무감각할 뿐만 아니라, 이따금 예절이 매우 나쁘고 혹은 지적인 재능도 빈약하다.

He doesn't eat out at all, other than at Mcdonalds.

1840) **lack** [læk] vi. 결핍하다, 모자라다(in; for)

1841) **blind** [blaind] a. (결점·미점·이해 따위를) 보는 눈이 없는; 몰이해한(to);

1842) **kind** [kaind] n. 종류(class, sort, variety) (of); a. 친절한, 상냥(다정)한, 인정 있는, 동정심이 많은(to)

1843) **for this reason alone** ~ 단 한 가지 이유로: ** **reason** [ríːzən] n. 이유(cause), 까닭, 변명, 동기; ** **alone** a. (명사·대명사 뒤에서) 다만 ~뿐, ~일 뿐(only)

1844) **insensitive** [insénsətiv] a. 감각이 둔한, 무감각한, 감수성이 없는(to); 무신경한, 남의 기분을 모르는; 영향을 받지 않는; (물질이 광선 따위에) 반응하지 않는

1845) **practise** (= practice [prǽktis]) vt. (법률·의술 따위를) 업으로 하다; ~에 종사하다; 행하다, (항상) 행하다; (신앙·이념 등을) 실천하다, 신봉하다; 연습하다, 실습하다; 훈련하다, ~에게 가르치다; n. 실행, 실시, 실제; (실지에서 얻은) 경험; 실습(exercise), 연습

1846) **manner** [mǽnər] n. (pl.) 예절, 예의, 법식에 맞는 예법; 방법, 방식

1847) **meagre** [míːgər] a. 빈약한(poor); 야윈(thin); 불충분한(scanty), 무미건조한

1848) **gift** [gift] n. (타고난) 재능, 적성(talent); 선물, 선사품; 은혜

1849) **contribute** [kəntríbjuːt] vt. (금품 따위를) 기부하다, 기증하다(to; for); vi. (+전+명) 기부를 하다(to)

그는 맥도날드에서만 외식을 한다.

I have no other dictionary than this.
이것 외에 다른 사전은 없다.

He is other than honest. (other than = not)
그는 정직하지는 않다.

② "**even**"은 부사로서 예외적인 일을 강조하여서 "비록 ~일지라도, ~조차(도), ~라도, ~까지"로 해석하고, 복합관계부사인 "**however**"는 양보부사절을 이끌고 있다.

An artist of any kind, even a very great artist, is not for this reason alone a man of culture.
어떤 종류의 예술가도, 비록 매우 위대한 예술가일지라도, 그 이유 하나만으로 교양인이라고는 할 수 없다.

The person who contribute to culture, however important his contribution may be, is not always a culture person.
문화에 공헌하는 사람이 비록 그 공헌이 중요할지라도 반드시 교양인은 아니다.

147. The tensions of family life can never be fully understood by parent or by child. Both crave for love, on their own terms, and give either too much or too little, The possessive mother, demanding, searching, possibly does more damage to daughter or son than the indifferent one, whose thoughts are turned away from child and directed to some other things; nevertheless in both cases seeds are sown of doubt, of insecurity, and the child who cannot rush to his or her mother in moments of stress, telling all, will look elsewhere for comfort.

The tensions[1850] of family life can never be fully understood

1850) **tension** [ténʃən] n. (정신적인) 긴장, 흥분; 노력; 팽팽함; 켕김

by parent or by child. Both crave[1851] for love, on their own terms[1852], and give either too much or too little, The possessive[1853] mother, **demanding**[1854], **searching**[1855], possibly[1856] does more damage[1857] to daughter or son than the indifferent[1858] one, **whose thoughts are turned**[1859] **away from child and** (*are*) **directed**[1860] **to some other things**; nevertheless[1861] in both cases **seeds**[1862] are sown[1863] **of doubt**[1864], **of insecurity**[1865], and the child who cannot rush[1866] to his or her mother in moments[1867] of stress[1868], **telling all**, will look elsewhere for comfort[1869].

1851) **crave** [kreiv] vi. 간절히 원하다(for); 갈망 [열망] 하다(for; after)

1852) **term** [təːrm] n. (pl.)(계약·지불·요금 등의) 조건(of); 약정, 협정, 협약, 동의; 요구액; 값; 요금, 임금(for); (pl.) (친한) 사이, (교제) 관계; ** **on one's own ~s** 자기 생각대로, 자기 방식으로

1853) **possessive** [pəzésiv] a. 독점의, 소유의; 소유욕이 강한

1854) **demand** [dimǽnd, -máːnd] vi. vt. 요구하다; 묻다

1855) **search** [səːrtʃ] vi. 꼬치꼬치 캐묻다, 조사하다, 파헤치다(through; into); vt. (장소를) 찾다, 뒤지다, 탐색하다, 수색하다

1856) **possibly** [pásəbəli/pɔ́s-] ad. 어쩌면, 혹은, 아마(perhaps, maybe)

1857) **damage** [dǽmidʒ] n. 손해, 피해, 손상(injury)

1858) **indifferent** [indífərənt] a. 무관심한, 마음에 두지 않는, 냉담한(to)

1859) **turn away** (vi.+㊇) 외면하다, 돌보지 않다(from); 떠나다

1860) **direct** [dirékt, dai-] vt. (주의·노력·발걸음·시선 등을 어떤 방향으로) 돌리다, 향하게 하다(against; at; to; toward)

1861) **nevertheless** [nèvərðəlés] ad. 그렇지만(yet), 그럼에도 불구하고 → 해석생략?

1862) **seed** [siːd] n. (pl. ~s, ~) 씨(앗), 종자, 열매

1863) **sow** [sou] vt. (씨를) 뿌리다(in0; (땅에) 파종(播種)하다(with)

1864) **doubt** [daut] n. 의심, 의혹, 회의, 불신

1865) **insecurity** [ìnsikjúəriti] n. 불안전(안정), 위험성, 불확실; 불안, 근심; 불안한 것

1866) **rush** [rʌʃ] vi. 급하게(무모하게) 행동하다, 덤비다(to; into); 달려들다(on, at)

1867) **moment** [móumənt] n. 순간, 찰나, 단시간; 잠깐(사이); (어느 특정한) 때, 기회; (pl.)시기; 경우; (보통 the ~) 현재, 지금; ** **in moments of** danger 유사시에

1868) **stress** [stres] n. 압박, 강제; 모진 시련, 곤경; (정신적인) 긴장; 노력, 분투

① **분사구문** : 부사절(이유, 조건, 양보, 조건, 시간, 부대상황)을 분사를 이용해 부사구로 만들어진 것이 분사구문이기 때문에, 분사구문의 해석도 문맥에 따라서 "이유, 조건, 양보, 조건, 시간, 부대상황" 중의 하나로 한다.

The possessive mother, <u>demanding, searching</u>[1870], possibly does more damage to daughter or son than the indifferent one.
= <u>because she demands and because she is searching</u>
그녀는 끊임없이 지나치게 요구하거나 꼬치꼬치 따지기 때문에

② **관계대명의 소유격 해석** : 관계대명사의 소유격을 해석할 때는 임의적으로 "계속적 용법"으로 해석하는 것이 편리하다.

~ the indifferent mother, <u>whose thoughts</u> are turned away from child and (*are*) directed to some other things. (주어위치 : ~은)
~ 무관심한 어머니, 그녀의 생각은 자식에게서 외면되어있고 어떤 다른 일에 시선이 집중되어져 있다
~ 자녀에게 외면되어있고 어떤 다른 일에 시선이 집중되어져 있는 어머니

I know the boy <u>whose sister</u> is so pretty. (주어위치: ~은)
= I know the boy, and his sister is so pretty.
나는 그 소년을 알고 있는데, 그의 여동생은 매우 귀엽다.

The man <u>whose dogs</u> I am looking after is in Seoul. (목적어 위치 : ~을)
= The man, and his dogs I am looking after, is in Seoul.
= The man, and I am looking after his dogs, is in Seoul.
그 남자, 그의 개를 돌보고 있는데, 지금 서울에 있다.

③ **명사와 형용사구의 수식관계** : 일반적으로 형용사구 또는 형용사절은 명사를 수식할 경우에 후치 수식하는 것이 원칙이다. 그러나 이따금 명

1869) **comfort** [kʌ́mfərt] n. 위로, 위안; 안락, 편함

1870) **= who is demanding and searching** (끊임없이 요구를 하거나 꼬치꼬치 따지는)
→ 형용사절에서 "주격관계사+ be"rk 생략된 것으로도 분석 가능하다.

사와 형용사구 또는 형용사절이 문의 균형을 위해서 떨어져있을 때가 있음에 주의한다.

In both cases seeds are sown of doubt, of insecurity.
= In both cases seeds of doubt, of insecurity are sown.
어느 모친의 경우에도 의혹과 불안의 종자가 (자녀의 마음속에) 뿌려지게 된다.

The time has come when we all will meet together.
= The time when we all will meet together has come.
우리 모두가 함께 만날 때가 왔다.

④ **분사구문** : (→ 24범 참조)

The child who cannot rush to his or her mother in moments of stress, telling all, will look elsewhere for comfort.
= The child (who cannot rush to his or her mother in moments of stress, and he or she cannot tell all,) will look elsewhere for comfort.
아이는 괴롭고 어려운 시기에 모친에게 달려가 모두 털어놓을 수 없게 되어 딴 곳에서 위안을 찾는다.
(괴롭고 어려운 시기에 모친에게 달려가 모두 털어놓을 수 없는 아이는 딴 곳에서 위안을 찾는다.)

148. The majority of young people who have had everything handed to them at an early age take comfort for granted and look on an effortless life as the highest good. They live in a ready-made world and expect water to flow out of faucets, houses to be built, streets to be paved and kept clean, food to appear on the table, without assistance or attention. It is vicarious way of living that is offered to our young people.

The majority[1871] of young people who have had everything

1871) **majority** [mədʒɔ́(:)rəti, -dʒár-] n. (단·복수취급) 대부분, 대다수

handed[1872] to them at an early age take[1873] comfort for granted[1874] and look[1875] on an effortless[1876] life as the highest good[1877]. They live in a ready-made[1878] world and (*they*) expect[1879] water **to flow**[1880] out of faucets[1881], (*they expect*) houses **to be built**, (*they expect*) streets **to be paved**[1882] **and kept clean**, (*they expect*) food **to appear on the table**, without assistance[1883] or attention[1884]. **It is vicarious[1885] way of living that is offered[1886] to our young people.**

1872) **hand** [hænd] vt. 건네(넘겨)주다, 수교하다, 주다(to); (편지 따위로) 보내다

1873) **take** [teik] vt. (좋게 또는 나쁘게) 받아들이다, 이해하다, ~라고 생각(간주)하다, 믿다; ** **take ~ for -** ~을 -로 잘못 알다, ~라고 생각하다

1874) **grant** [grænt, grɑ：nt] vt.주다, 수여하다, 부여하다(bestow); (면허 등을) 교부하다; (허가를) 주다(to); 승낙하다, 허가하다(allow); 인정하다; (의론·주장·진실성 등을) 승인하다, 시인하다(admit), 진실을 인정하다; 가정하다, 가령 ~이라고 하다

1875) **look on** vt. 간주하다, 여기다, 생각하다(as); 방관하다, 구경하다; (책 따위를) 함께 보다(with); ~에 면하고 있다; ~을 (바라)보다; ** **look on ~ as -** "~를 -라고 생각하다"

1876) **effortless** [éfərtles] a. 노력하지 않은, 애쓴 흔적이 없는(문장·연기); 힘들이지 않은; 쉬운(easy)

1877) **good** [gud] n. 행복; 선, 미덕; 이익, 이(利)(advantage); 소용, 효용, 가치

1878) **réad·y-máde** [-méid] a. (옷 따위가) 기성품의; 기성품을 파는; 꼭 알맞은; (사상·의견 따위가) 진부한, 제 것이 아닌, 빌려 온, 개성이 없는; n. 기성품

1879) **expect** [ikspékt] vt. (~+to do/+목+to do/+that[절])기대(예기, 예상)하다, 생각하다; 기다리다; ~할 작정이다

1880) **flow** [flou] vi. 흐르다(stream); 흘러나오다; (세월이) 물 흐르듯 지나가다, 흘러가다; vt. 흘리다, 물을 쏟다; 물을 대다; ~에 범람케 하다

1881) **faucet** [fɔ́：sit] n. (미국)(수도·통 따위의) 주둥이(곡지)

1882) **pave** [peiv] vt. (도로를) 포장하다(with); (비유적) ~을 덮다(with)

1883) **assistance** [əsístəns] n. 원조, 도움, 조력

1884) **attention** [əténʃən] n. 돌봄, 손질, 관심, 주의, 유의; 주의력; 배려, 고려

1885) **vicarious** [vaikέəriəs, vi-] a. 대리의; 대리를 하는; 대신하는; (아무의) 몸이 되어 느끼는; (의학) 대상(代償)의

1886) **offer** [ɔ́(：)fər, áf-] vt. ~을 권하다, 제공하다

① **생략** : 반복을 피하기 위해서 사용된 경우이다.

"주어와 동사(they expect)"의 반복을 피하기 위해서 목적보어인 to부정사만을 연속적으로 이어가고 있다.

They live in a ready-made world and expect water to flow out of faucets, houses to be built, streets to be paved and kept clean, food to appear on the table, without assistance or attention.

They expect water to flow out of faucets without assistance or attention.
그들은 물은 수도꼭지만 틀면 저절로 나오는 것으로 생각하고

They expect houses to be built without assistance or attention.
그들은 집은 저절로 세워지는 것으로 생각하고

They expect streets to be paved and kept clean without assistance or attention.
그들은 도로는 포장되어 깨끗하게 저절로 유지되지는 것으로 생각한다.

They expect food to appear on the table without assistance or attention.
그들은 음식은 식탁에 저절로 차려지는 것으로 생각한다.

② It~that **강조구문**

It is vicarious way of living that is offered to our young people.
= Vicarious way of living is offered to our young people. (주어강조)
우리 젊은이들에게 제공된 것은 바로 자신의 생활이 아니고 타인의 생활인 것이다.

③ **take ~ for -** "~을-로 생각하다(착각하다); **take ~ for granted** "~을 당연한 것으로 생각하다"; **look on ~ as - (= see ~ as -, regard ~ as -, consider ~ as -, think of ~ as -)** "~을 -로 생각(간주)하다"

The majority of young people (who have had everything handed to them at an early age) take comfort for granted and look on an effortless life as the highest good.

어릴 때 원하는 모든 것을 받으며 자라 온 젊은이들의 대다수는 안락한 생활을 당연한 것으로 생각하며, 그리고 노력 없는 생활을 최고의 행복이라 간주한다.

④ **"have"동사 용법** : 불완전타동사로서 목적보어로 "현재분사, 과거분사, 원형부정사"를 받을 수 있다.

The majority of young people who <u>have had everything handed[1887] to them at an early age</u> take comfort for granted.
어릴 때 (원하는) 모든 것이 자신들에게 주어질 것으로 (생각하는) 젊은이들의 대다수는 안락한 생활을 당연한 것으로 생각한다.

▷ 주어+have+목적어+현재분사(doing) : (~을 -하게) 해 두다, (아무에게 ~하도록) 하다
They had me laughing.
그들은 내가 미소 짓게 했다.

▷ 주어+have+목적어+과거분사(done) : (~을 -하게) 하다, (~을 -) 시키다
I had a letter written for me.
편지 한 통을 대필해 받았다.

▷ 주어+have+목적어+과거분사(done) : (~을 -) 당하다
She had her wallet stolen.
그녀는 돈지갑을 소매치기 당했다.

▷ 주어+have+목적어+과거분사(done) : (~을 -) 해버리다
He had little money left in her purse.
그는 지갑에는 돈이 조금밖엔 남아 있지 않았다.

▷ 주어+have+목적어+원형부정사(do) : (아무에게 ~) 하게 하다, (~)시키다
They have him come early. 그들은 그에게 일찍 오게 했다.

▷ 주어+have+목적어+현재분사(doing) : (~이 -하는 것을) 용납하다, 참다
I won't have his being so rude.

1887) **hand** [hænd] vt. 건네(넘겨)주다, 수교하다, 주다(to); (편지 따위로) 보내다

그가 그렇게 무례한 태도로 나오는 것을 용납할 수 없다.

▷ 주어+have+목적어+과거분사(done) : (~이 –당하는 것을) 용납(용인] 하다, 참다
We won't have her bullied.
그녀가 괴롭힘을 당하는 것은 용납 않겠다.

▷ 주어+have+목적어+원형부정사(do) : (~이 –하는 것을) 용납하다, 참다
I won't have him talk to me like that.
그가 나에게 저렇게 말하는 것을 용납할 수는 없다.

149. I have always wondered at the passion many people have to meet the celebrated. The prestige you acquire by being able to tell your friends that you know famous men proves only that you are yourself of small account. The celebrated develop a technique to deal with the persons they come across. They show the world a mask, often an impressive one, but take care to conceal their real selves. They play the part that is expected from them, and with practice learn to play it very well, but you are stupid if you think that this public performance of theirs corresponds with the man within.

I have always wondered[1888] at the passion[1889] (*that*) many people have to meet the celebrated[1890]. The prestige[1891] (*that*) you acquire[1892] by being able to tell your friends that you know

---

1888) **wonder** [wʌ́ndər] vi. (+전+명/+to do) 놀라다, 경탄하다(at); vt. (+(that)[절]) ~을 이상하게 여기다, ~이라니 놀랍다; ** **wonder at** ~을 보고 놀라다(= feel surprised at)

1889) **passion** [pǽʃən] n. 열정; 격정; (어떤 일에 대한) 열, 열심, 열중(for)

1890) **the celebrated** (= celebrated people, the famous) 유명 인사들; ** **celebrate** [séləbrèit] vt. 세상에 알리다, 공표하다; (식을 올려) 경축하다; (의식·제전을) 거행하다; (용사·훈공 따위를) 찬양하다(praise), 기리다

1891) **prestige** [prestíːdʒ, préstidʒ] n. 명성(fame); 위신, 신망, 세력

1892) **acquire** [əkwáiər] vt. (비판·평판 등을) 받다, 초래하다; 손에 넣다, 획득하다; (버

famous men proves1893) only that you are yourself of small account1894). The celebrated develop a technique1895) to deal1896) with the persons (*whom*) they come across1897). They show the world a mask, often an impressive1898) one, but take care1899) to conceal1900) their real selves1901). They play1902) the part that is expected1903) from them, and with practice1904) learn1905) to play it very well, but you are stupid1906) if you think that **this public performance**1907) **of theirs** corresponds1908)

릇·기호·학문 따위를) 얻다, 배우다, 몸에 익히다, 습득하다(obtain)

1893) **prove** [pru : v] vt. (+(to be)보/+ that[절]/+ wh.[절]) 증명하다, 입증하다

1894) **of+추상명사 = 형용사화** : of small account 하찮은(= little important); ** **account** [əkáunt] n. 가치, 중요성(importance); 이익, 유익; 계산(서), 셈; 청구서

1895) **technique** [tekní : k] n. (전문) 기술(학문·과학연구 따위의); (예술상의) 수법, 기법, 기교; 수완, 솜씨, 역

1896) **deal** [di : l] vi. 다루다, 처리하다, 관계하다(with); ** **deal with** ~을 다루다

1897) **come across (vt+전치사)** 우연히 ~을 만나다; (사람·물건을) 뜻밖에 만나다, 우연히 발견하다; (생각 따위가) ~에 떠오르다; ~을 건너오다; ** **come across (vi.+부사)** (말·소리가) 전해지다, 이해되다; ~라는) 인상을 주다(as)

1898) **impressive** [imprésiv] a. 인상에 남는, 인상적인, 감동을 주는

1899) **take care to do** ~ 하는데 주의하다; ** **take care of** ~ 을 돌보다, ~을 보살피다; ~에 조심하다; (구어) ~을 처리(해결)하다; (속어) ~을 제거하다, 죽이다

1900) **conceal** [kənsí : l] vt. ~을 숨기다; ~을 비밀로 하다(hide)

1901) **self** [self] n. (pl. selves [selvz]) n. 자기, 저, 자신, (철학)자아, 나; (이기심으로서의) 자기; ** **real self** 실재, 실체, 본질

1902) **play the part** 역할을 하다; ** **play(act) a part** 역(할)을 하다(in); ** **play one's part** 맡은 바를 다하다, 본분을 다하다; ** **play the part of** ~의 역을 맡아 하다

1903) **expect** [ikspékt] vt. 기대(예기, 예상)하다; 기다리다; ~할 작정이다

1904) **practice** [prǽktis] n.프실습(exercise), 연습; 훈련; (실지에서 얻은) 경험; 수완

1905) **learn** vt. (~+ to do) ~할 줄 알다, ~하게 되다; ~할 수 있게 되다

1906) **stupid** [stjú : pid] a. 어리석은, 우둔한, 바보 같은

1907) **public performance** 공공연한 연기, 공공연한 재주; ** **performance** [pərfɔ́ : rməns] n. 연기, 연극, 공연; 실행, 수행, 이행, 성취; 일, 작업; 행위, 동작

1908) **correspond** [kɔ̀ : rəspánd, kàr-/kɔ̀rəspɔ́nd] only vi. 부합(일치)하다, 조화하다

with the man within[1909].

① **문장 유형분석**

▷I have always wondered at the passion 【(*that*) *many people have*】 to meet the celebrated.

"many people have"은 앞에 관계대명사 목적격인 "that"이 생략되었으며 선행사인 "passion"을 수식하여 "많은 사람들이 가지고 있는"으로 해석한다. 그리고 "to meet the celebrated"는 부정사의 형용사 성질(제한용법)로서 앞의 명사 "passion"과 동격관계이기 때문에 " 유명 인사들을 만나고자 하는 열정(열망)"으로 해석한다.

사람들이 가지고 있는 것으로서, 유명 인사들을 만나고 싶어 하는 열정을 보고서 언제나 놀랬다.

▷The prestige 【(*that*) *you acquire by being able to tell your friends that you know famous men*】 proves only that you are yourself of small account.

문장의 주어는 "the prestige"이고 본동사인 "prove"는 타동사로 뒤에 "that 명사절"을 취하고 있다. "you acquire"는 앞에 관계대명사의 목적격인 "that"이 생략되었으며 선행사인 "the prestige"를 수식하여 "당신이 얻게 되는"으로 해석한다. 그리고 "acquire" 동사를 도와주는 부사구 "by being able to tell ~"이 뒤따르고 있는데, 특히 수여동사인 "tell"은 뒤에 직접목적어로 "that 명사절"을 취하고 있다.

그 특권, 네가 친구들에게 네가 유명인들을 알고 있다고 말할 수 있음으로 해서 얻게 되는, 단지 너 자신이 하찮은 사람이라는 것을 증명할 뿐이다.

(to; with); 교신하다, 서신 왕래를 하다(with)

1909) **within** [wiðín, wiθ-] ad. 안에(으로); 안쪽에; 내부(옥내)에; 마음속으로; prep. ~안쪽에(으로), ~의 내부에(로); n. 내부, 실내; ** **the man within** 내부의 인간성, 숨은 인간성

② **이중소유격** : (→ 75번 참조)

this public performance of theirs
그들의 이러한 공공연한 연기(재주)

③ 사람들이 유명 인사들을 몹시도 만나고 싶어 하는 것을 보고서 나는 언제나 놀랬다. 당신이 친구들에게 유명한 사람들을 많이 알고 있다고 말할 수 있음으로 해서 얻게 되는 명성이란 고작 당신 자신은 하찮은 인물이라는 것을 증명해줄 뿐이다. 유명 인사들은 우연히 만나는 사람들을 다루는 솜씨를 개발한다. 그들은 세상에 가면을 보이는데, 종종 인상적인 가면을 보인다. 그렇지만 자신들의 참된 자아를 감추도록 주의한다. 그들은 자신들에게서 기대하는(상상되는) 역할을 하며 훈련하여 그 역할을 아주 잘 할 줄 안다. 그렇지만 당신이 그들의 이러한 공공연한 연기(재주)가 숨은 인간성과 부합된다고 생각한다면 당신은 바보다.

150. When I come to judge others it is not by ourselves as we really are that we judge them, but by an image that we have formed of ourselves from which we have left out everything that offends our vanity or would discredit us in the eyes of the world. To take a trivial instance, how scornful we are when we catch someone out telling a lie; but who can say that he has never told not one, but a hundred?

When I come[1910] to judge[1911] others it is **not** by ourselves [1912]as we really are that we judge them, **but** by an image[1913] that we have formed[1914] of ourselves from which we have

1910) **come** vi. (+to do) ~하게 되다, ~하기에 이르다; vt. 하다, 행하다, 성취하다

1911) **judge** [dʒʌdʒ] vt. 판단하다, 비판(비난)하나; (사건·사람을) 판가름하다, 재판하다, ~에 판결을 내리다

1912) **as we really are** 우리들의 실제 그대로, 우리의 있는 모습 그대로

1913) **image** [ímidʒ] n. 형상; (시각·거울 따위에 비친) 상(像), 모습, 모양, 꼴

left[1915] out everything that offends[1916] our vanity[1917] or would discredit[1918] us in the eyes of the world[1919]. To take a trivial instance[1920], how scornful[1921] we are when we catch[1922] someone out telling a lie; but **who can say that he has never told** not one[1923], but **a hundred?**

① 문장 유형분석

When I come to judge others,
우리가 타인들을 비판하게 될 때,

it is not **by ourselves** (as we really are) that we judge them, but **by an image** (that we have formed of ourselves) (from which we have left out everything that offends our vanity or would discredit us in the eyes of the world).

It ~ that 강조구문에서 부사구 "by ourselves, by an image"를 강조하고 있다. "our selves"를 부사절 "as we really are"가 부가설명해주고 있고, "an image"는 두 개의 형용사절인 "that we have formed of

1914) **form** [fɔ：rm] vt. 형성하다(shape); 구성하다, 조직하다

1915) **leave out** ~을 무시하다, 제외시키다 (= neglect, pass over)

1916) **offend** [əfénd] vt. (감각적으로) 불쾌하게 하다, ~에 거스르다; 성나게 하다; 기분을 상하게 하다

1917) **vanity** [vǽnəti] n. 자만심, 허영심 (= empty pride, conceit); 덧없음, 무상함; 허무; 공허, 헛됨, 무익

1918) **discredit** [diskrédit] vt. ~의 신용을 떨어뜨리다, ~의 평판을 나쁘게 하다; 믿지 않다, 의심하다; ~의 신용을 해치다

1919) **in the eyes of the world** 세상 사람들이 보는 앞에서

1920) **take a trivial instance** 사소한 예를 들자면; ** **trivial** [tríviəl] a. 하찮은, 대단치 않은; 평범한, 일상의, 사소한

1921) **scornful** [skɔ́：rnfəl] a. 경멸하는, 비웃는

1922) **catch out** (vt.+부사) (아무의) 잘못(거짓)을 간파하다; ~ out a person in a lie 아무의 거짓말을 알아채다

1923) **one** = **a lie**

ourselves"와 "from which we have left out everything"에 의해서 부가설명이 되고 있다. 그리고 "everything"이라는 명사를 관계형용사절인 "that offends our vanity or would discredit us in the eyes of the world"가 부가설명 해주고 있다.

▷ We judge other not by ourselves (~) but by an image (~).
우리는 타인들을 있는 그대로의 우리자신이 아니라 자신에 의해 (임의적으로?) 만들어진 모습(형상)으로 비판하려 한다.

▷ (강조구문) It is not by ourselves (~) but by an image (~) that we judge them.
바로 있는 그대로의 우리자신이 아니라 자신에 의해 (임의적으로?) 만들어진 모습(형상)으로 우리는 타인들을 비판하려 한다.

▷ ~ an image that we have formed of ourselves
= ~ an image, and we have formed an image of ourselves
우리 자신이 만든 모습

▷ ~ an image from which we have left out everything
우리 자신이 만든 모습, 그 모습에서 모든 것들(?)을 제외시켰다

▷ ~ everything that offends our vanity or would discredit us in the eyes of the world
우리의 자만심을 해치고, 또한 세상 사람들의 눈앞에서 우리의 신용을 떨어뜨릴 온갖 것들을

② **수사의문문** : (→ 90번 참조)

Who can say that he has never told not one, but a hundred?
어느 누구가 단 한마디의 거짓말이 아니라 백 마디의 거짓말을 결코 한 적이 없다고 말할 수 있겠는가? (~ 누구든 거짓말을 한다.)

9. 지문 해석

1. 어떤 한 개인에 대한 예리하고 재치 있는 비평은 나중에 후회하는 원인이 되는 수가 많다. 우리들은 비교적 재미는 있으나 자칫하면 약간의 냉담한 말을 하기 쉬우며, 그렇게 되면 말한 것을 후회하게 된다. 그러한 말이 입 밖에 나오자마자 우리들은 그렇게 말하지 말았어야 했다고 남몰래 생각하는 것이다.

2. 일은 사회적 만족감과 교유관계를 제공하며, 또한 소송의뢰인, 고객이나 학생들과도 교제를 할 수 있게 한다. 일은 우리에게 자신이 필요하며 인정받는 사람으로 느끼게 하고, 또한 인간이 자랑스럽게 여기는 지위를 제공하기도 한다.

3. 빈곤이 언제나 불만을 야기 시키는 것은 아니며, 또한 불만의 정도가 빈곤의 정도에 정비례하는 것도 아니다. 환경이 매우 개선되어 이상적인 상태가 거의 손에 닿을 듯 가까이 있다고 여겨질 때 우리는 가장 불만족하는 듯하다.

4. 잊어버릴 수 있다는 것은 참으로 행복한 일이다. 기억하는 것이 필요한 만큼 잊어버리는 것도 필요한 것이다. 나는 지금 불행한 기억을 잊어버리는 것에 대해 이야기하는 게 아니다. 오히려 당면한 목적에 관계가 없는 것을 잊어버리는 것에 대해 이야기하고 있다.

5. 문명의 질을 알아내는 가장 좋은 방법은 그 여가를 살피는 것이다. 어떤 나라의 국민이 필요에 의해서 부득이 어떤 것을 해야만 하는 경우에 행하는 일이 아니고, 무엇이든지 하고 싶은 것을 선택해서 할 수 있을 경우에 행하는 일이 그 국민생활의 기준이다. 인간이 즐기기 위해 자발적으로 행하는 것(관심을 갖는 것), 즉 오락이나 그 대상을 주의해서 보면 그 사람에 대해 여러 가지를 알 수 있게 된다. 이와 같은 것은 나라에 대해서도 마찬가지이다.

6. 여성은 평균적으로 근육의 발달이 남성만큼 좋지 않지만 질병에 잘 걸리지 않는다는 것이 의학적으로 증명되어 있다. 뿐만 아니라 여성은

사소한 병이라도 빈번히 그것을 호소하지만, 남성보다 오래 산다.

7. 우리가 비극에 대해 느끼는 기쁨은 어느 정도는 그 밑바닥에 깔린 동정의 기쁨이다. 보통 생활에서 우리가 어떤 비극의 목격자가 되었을 때는 동정의 기쁨을 느끼지 않는다. 그것은 동료의 고통을 매우 예민하게 느끼기 때문이다.

8. 어린이들은 어떤 즐거운 일에 열중하고 있지 않는 한, 부모가 오면 기뻐하고, 떠나면 섭섭해 한다. 어린이들은 육체적으로나 정신적으로나 어떤 문제가 발생했을 때 부모의 도움을 기대한다. 어린이들은 그들의 배후에 있는 부모의 보호에 의지하고 있기 때문에 감히 모험적이 되는 것이다.

9. 인간은 이성의 동물이라고, 적어도 나는 그렇게 들어왔다. 오랜 생애를 통해 나는 이설을 뒷받침할 만한 증거를 열심히 찾아왔다. 그러나 3 대륙에 걸쳐 있는 많은 나라들에서 (그것을) 찾아 다녔으나 불행이도 나는 찾을 수가 없었다. 오히려 나는 이 세계가 끊임없이 광란 속에 빠져 들어 가는 것을 보아 왔다.

10. 우리들 자신의 죄가 다른 사람의 죄보다 훨씬 가벼워 보이는 것은 얼핏 보기에 기묘한 일이다. 나는 그 이유가 우리 자신이 우리의 허물이 일어나게 된 환경을 모두 알고 있기 때문이며, 다른 사람의 죄에 대해 변명할 수 없는 것과는 달리 우리 자신의 경우에 대해서는 변명을 하게 되기 때문이다.

11. 내가 생각하기에 가장 흔한 종류의 건망증은 편지를 부치는 일에서 생긴다. 그것은 너무나 흔한 일이어서 그 결과로 나는 집을 떠나는 방문객에게도 안심하고 중요한 편지를 우송해달라고 시킬 마음이 내키지 않는다. 나는 그의 기억력을 거의 믿을 수 없어서 그 결과로 나는 그 사람에게 편지를 건네기 전에 (잊지 않고 넣는다는) 맹세를 하게 한다.

12. 경쟁은 우리가 사회에 대해 생각하는 방식과 우리 자신의 개인적 경제적 삶을 살아가는 방식에 큰 영향을 미쳤다. 아래 세 가지 경쟁을 고려하는 것은 그것에 대한 우리의 생각을 조직화 하는데 도움이 될 것

이다.

13. 바른 일을 한다는 것이 의사나 재판관에게 중요한 것과 마찬가지로 남녀 신문기자에게도 중요하다. 해야만 하는 것과 해서는 안 되는 것에 대한 리스트는 없지만, 인간의 지성 mind와 감정 heart가 옳은 것과 잘못된 것을 식별한다. 정보제공자가 자신이 어디에서 정보를 얻었는지 말하지 말라고 부탁하면 신문기자는 그가 정보를 어디에서 얻었는지 말하지 않을 것이다. 심지어 말하지 않았기 때문에(밝히지 않아서) 투옥된 보도기자들도 있다.

14. 요즘은 아버지가 가정에서 장사나 그 밖의 다른 일에 종사하는 경우는 드물며, 아이들이 아버지를 일하는 곳에서 보는 일은 설령 있다고 해도 아주 드물다. 그러므로 남자아이들이 아버지의 일을 이어받도록 훈련되는 일은 거의 없으며, 여러 고장(마을)에서 그들은 상당히 자유롭게 일을 선택한다. 여자아이들도 마찬가지이다.

15. 아버지가 성공하기 위하여 (완전히 녹초가 될 때까지) 열심히 일하고 있는 동안, 가정 내의 권위는 어머니에게 넘어간다. 작은 야만인들(아이들)을 교화시켜야 하는 것은 바로 어머니이다. 그들이 시간대로 취침하고 스쿨버스에 늦지 않게 일어나도록 주장(잔소리)하는 것도 바로 어머니이다. 그리고 교사와 상담하고 PTA 회의에 참가하고 의사와 약속을 잡는 것도 바로 어머니이다.

16. 철학은 다른 연구들처럼 지식에 초점을 맞추고 있다. 그것이 추구하는 지식은 과학과 수학에 통일과 체계를 주는 지식의 종류이다. 그러나 몇몇 사람들은 철학과 그것들(과학과 수학)을 별개의 것으로 생각한다.

17. 영국에서는 차(茶)가 여러 가지 기능을 갖고 있다. 물론 차는 아침식사 때 마신다. 그리고 모든 사무실이나 공장에서는 오전과 오후에 tea break라고 불리는 10분간의 휴식이 있다. 그러나 차는 이것 외에 두 가지 주된 다른 기능을 갖고 있다. 하나는 사교적인 기능이며, 또 하나(나머지)는 약효가 있다고 평가하는 것이다.

18. 일반적으로 부모들과 아이들의 관계는 본질적으로는 가르치는 것을 기초로 하고 있다. 우리들 대부분은 이것을 잊고 있다. 그것이 애정을 기초로 한다고 생각하는 사람도 있는가 하면 통제를 기초로 한다고 생각하는 사람도 있다. 그러나 아이에게 그가 수용할 수 있을 만큼의 애정을 주고도 세상에 직면하기에 부적당한 바보로 만들어버리기도 한다. 한편 아이들을 통제하는 가장 좋고 확실한 방법은 당신이 실시하고자 하는 규칙들은 설명하는 것이다.

19. 과학은 좋은 것이지만 그것은 그 자체가 목적은 아니다. 그것은 목적을 위한 수단이며, 그 목적이란 인류의 진보이다. 과학자들이 항상 주장하는 것처럼 어떠한 과학적 발견에서 (그 자체는) 선도 악도 아니다. 그것(과학)을 유익한 것으로 만드느냐 위험한 것으로 마드느냐는 그것이 어떻게 이용되는가에 달려있다.

20. 함께 사는 많은 암탉들은 눈 깜작할 사이에 명확한 사회적 질서를 확립한다. 이 질서는 몇 쌍의 암탉들이 처음 만났을 때 정해진다. 그들은 싸워서 한편이 이기든가 그렇지 않으면 싸울 것까지도 없이 (싸울 필요도 없이) 한쪽이 다른 한쪽보다 우위를 점한다. 왜냐하면 후자(다른 새)가 수동적으로 복종하기 때문에 그렇게 해서 육체적 승리든 정신적 승리든 어느 한쪽이 생기는 것이다.

21. 언어는 역사를 통해 변화해왔고 사라져왔다. 진보에 따라서 그 변화는 불가피하다. 사람들이 자기 모국어의 중요성에 대한 강한 감정을 가지고 있기 때문에, 아마도 우리는 가까운 미래에 세계 공용어를 가지게 될 것 같지는 않다. 그러나 확실한 것은, 몇몇 사람들이 그것을 좋아든 않든 간에, 영어 단어들이 지속적으로 어디에서나 사용 될 것이라는 것이다.

22. 유교원리의 기본원리는 개인 유대관계 속에서만 도덕적인 삶이 가능하다는 것이다. 일반 대중에게 지금까지 가장 중요한 관계는 가족이다. 가족관계는 매우 중요해서 유교에서 강조되는 [1924]5개의 기본

1924) (참고) 오륜: 부자유친(父子有親), 군신유의(君臣有義), 부부유별(夫婦有別), 장유유서(長幼有序), 붕우유신(朋友有信). 모두 인간관계와 인간이 자신의 지위에서 지켜야 할 역할과 윤리적 의무 등을 강조하는 내용이다. 삼강: 군위신강(君爲臣綱), 부위자강(父爲子綱), 부위부강(夫爲婦綱). '군위신강'은 임금과 신하 사이에 지켜야 할 강령, '부

인관관계들 중 3개가 그것에 기초를 두고 있다.

23. 수소가 연료로 이용될 때 만들어지는 유일한 제품(유일한 최종 생성물)은 물이다. 그럼으로 수소의 이용은 대부분의 미래의 높은 에너지 수요를 충족할 깨끗하고 풍부한 에너지 자원을 제공한다. 유일한 약점은 수소가 석탄, 석유 그리고 천연가스와 같은 다른 에너지 자원보다 여전히 더 비싸다는 것이다. 그래서 많은 과학자들은 수소가 값싸게 이용될 수 있도록 하기 위해서 비용을 줄이는 방법을 연구하려고 노력한다.

24. 그 소년이 물에 빠지는 것을 본 사람은 아무도 없었다. 그는 발버둥쳐서 다시 한 번 물 위로 떠올라서는 하늘을 보았다. 소년은 절망감과 두려움을 느끼면서, 수면위로 머리를 내밀려고 안간힘을 쓰면서 힘들어했다.

25. 우리는 어머니를 행복하게 하고 싶었다. 그래서 우리는 어머니에게 휴가를 드리기 위해서 요리나 그 밖의 일을 했다(대신했다). 마샤는 아침식사를 준비했다. 토스트는 태웠고 커피는 너무 진했다. 그러나 최선을 다했으므로 모두가 마샤를 칭찬했다. 어머니는 신문을 읽으며 앉아계셨다. 어머니는 때때로 신문에서 눈을 들어서 우리들이 일하는 것을 지켜보셨다.

26. 아버지는 우리가 아침식사 때 정확하게 내려오는 것을 중요하게 여기셨다. 물론 나는 늦지 않으려고 노력했지만 일찍 일어난다는 것은(습관은) 나에게 무척 벅찬 일이었다. 마지막 순간에라도 간신히 방에서 빠져나올 수 있다면 그것으로 나는 만족했다.

27. 우리 대부분은 매일 소금을 사용한다. 우리는 음식의 맛을 더 좋게 하기 위해서 소금을 사용한다. 우리는 소금에 대하여 생각하는 것이 없다(무의식적으로 사용한다). 거기에 있으니까 사용하는 것이다. 그러나 소금이 그렇게 흔하지 않던 시대가 있었다. 고대에는 소금이 사치품으로 단지 부자들만의 것이었다.

위자강'은 아버지와 자식 사이에 지켜야 할 강령, '부위부강'은 부부 사이에 지켜야 할 강령을 의미한다.

28. 유기체의 특성은 신체의 구성성분을 포함하는 정보인 DNA에 의해 결정되어진다. DNA는 어떻게 개개의 세포들이 만들어 지는지를 결정하는 유전자 코드를 제공한다. 그러므로 이 연구가 잘되어진다면 가까운 미래에 생명의 비밀은 밝혀질 것이다.

29. 어느 날 어서는 용감하게도 로날드에게 "나에게 (테니스) 치는 방법을 가르쳐주시겠어요?" 라고 말했다. 로날드는 어서의 손에 라켓을 들게 하고서 그에게 그것을 바르게 쥐는 방법을 가르쳤다. 그리고 나서 몇 피트 떨어져 서더니 그는 어서에게 공을 던지기 시작했다.

30. 올림픽 경기에서 가장 힘든 일 중에 하나는 표를 사지 않은 사람들을 지켜내는(입장하지 못하게) 것이다. 모든 사람들은 게임을 보기를 원하고 많은 사람들은 돈을 지불하지 않고 경기장에 들어가려고 시도한다. 몇몇 사람들은 경기를 보기 위해서 운동복을 입고 운동선수인 체 한다.

31. 제 생애에 처음으로 영어 소설을 다 읽었습니다. 언제나 사전을 찾아야만 했지만 이제부터는 영어 실력을 개선하기 위하여 가능한 많은 영어 책을 읽고 싶습니다. 내가 읽을 수 있을 정도로 쉬운 다른 책들이 있으면 저에게 좀 보내주시기 바랍니다.

32. 오늘날 우리는 여성이 남성과 동등하게 선거권을 갖고 있는 것을 당연하게 생각한다. 여성은 자기들이 번 것을 소유할 수 있다. 기혼자든 독신자든 여성은 자신의 재산을 소유해도 된다. 그러나 이러한 권리는 여성의 자유를 위한 많은 활동가의 용감한 분투에 의해 획득된 것이다.

33. 전 세계 수백만 명의 꿈은 많은 돈을 가지는 것이다. 그들은 복권을 사고 그들의 돈 문제가 끝나면 무슨 일이 벌어질지를 상상한다. 그러나 행운의 복권당첨자들에게 무슨 일이 벌어졌는지를 안다면 복권에 당첨되는 것이 불행한 것이라 여길 것이다. 그들의 이야기는 대개 우울하다.

34. 그 반은 연극 Peter Pan을 연습하고 있었다. 후크 선장 역할을 하고 있었던 랄프는 갈수록 무대 공포가 심해졌다. 그는 선생님에게, 이제 이 역할이 흥미가 없다고 말했다. 선생님은 "내가 보기에 네가 연극에서

(말) 해야만 하는 어떤 대사들이 마음에 안 드는 것 같아 보이니, 네 마음에 들도록 바꾸어 보아라."라고 말씀하셨다. 랄프는 자기를 비하하는 하나의 어구와 소녀를 부를 때의 'my beauty'라는 말을 생략했다.

35. 한국이 전 세계에서 가장 전산화된 사회들 중에 하나라는 것은 당연하다. 절반이상의 인구가 인터넷에 접근하고 나라 전역에서 25,000개 이상의 pc방이 하루 24시간동안 개방되어 있다. 초고속 인터넷 서비스를 이용할 수 있는 사람의 수에 관한한 세계 최고의 나라이다.

36. 지나간 일을 후회해도 소용없다. 물레방아는 지금 그것을 빠져나가고 있는 물에 의해서만 돌아간다. 어제 물레방아를 돌린 물은 지금 물레방아를 돌리는데 사용할 수 없다. 시간의 흐름은 물레방아를 빠져나가는 물의 흐름에 비유할 수 있다. 우리는 지나가버린 시간을 사용할 수 없다. 그러므로 우리는 너무 늦기 전에 우리의 기회를 이용해야만 한다.

37. 개를 훈련시키려면 개보다 현명해야한다고 흔히 말한다. 개는 영리한 동물인데, 개를 좋아하는 대부분의 사람들은 이 사실을 모르고 있다. 대부분의 애견가들이 범하는 공통적인 큰 실수는 개의 기분을 알려고 하지 않고 단지 명령에 복종시키려고만 한다는 것이다.

38. 어느 누구도 자신이 속해있는 사회라는 조직체에서 자신을 분리시킬 수 없다. 우리는 생활에 필요한 것들과 생활을 쾌적하게 하는 것들을 모두 사람의 노동에 간접적으로 의존하고 있다. 우리가 무언가를 그 대가를 주지 않고 삶을 즐긴다는 것은 불가능하다.

39. 치과에 가 본적이 있나요? 당신이 이를 뽑기 위해서 치과에 가면 마취제를 줄 것이고 그러면 당신은 고통을 느끼지 않게 된다. 그러나 만약 당신이 100년 전에 치과에 갔다면 의사는 마취제 없이 이를 뽑았을 것이고, 이것은 매우 고통스러웠을 것이다.

40. 자연 생태계에서 생명의 사이클은 재생할 수 있는 자원의 사용으로 지속된다. 예를 들어, 지구의 물의 양은 한정되어 있다. 이 물은 오염물질을 제거하는 자연적인 과정을 통해 깨끗해진다. 그러나 인간들은 재생 불가능한 자원들을 다 써버리고 있다. 자원의 과도한 사용은 다양한 문

제를 초래한다. 만약 인간이 자연적인 방법으로 자원을 사용한다면 이 행성(지구)은 영원히 깨끗할 것이다.

41. 몇몇 단어들은 새로운 것에 이름을 붙이기 위해 만들어진다. 당신의 할머니의 어머니가 어렸을 때에는, 영화가 아직 발명되지 않았기 때문에 'movie'라는 단어를 결코 알지 못했다. 그리고 당신의 할머니도 소녀시절에는 'nylon'이라는 말을 몰랐다. 아무도 아직 이 매우 유용한 것을 만들어내지 않았기 때문이다.

42. 언어학습에서 과학적인 진행과정은 듣기로 시작해서 말하기를 다음에 하는 것이다. 그리고 나서(그런 후에) 읽기를 하는 것이고, 마지막으로 쓰기를 하는 것이다. 이것은 바로 아이가 모국어를 배우는 순서이다. 하지만 대부분의 어른들에 대한 대부분의 전통적인 언어교습 방법들은 거의 이 과정을 완전히 역행한다.

43. 아이들은 말할 수 있게 되기 훨씬 전부터 세계를 탐험하는 즐거움(을 알고 있음)은 아주 분명하다. 그들은 자기 시간의 거의 전부를 그것으로 보낸다. 내가 지금 아이들의 직관을 평하고 있는 것은 아니라, (그들이 즐기는) 그것이 예술가(화가)의 직관과 같다는 것이다.

44. 스위스와 알프스는 커다란 새로운 관심의 중심이 되었다. 등산은 수천 명의 관심을 불러 일으켰다. 등산은 위험했고 앞으로도 항상 위험할 것이다. 등산가의 양식(분별력)과 충분한 지식 외에는 아무것도 위험으로부터 보호할 수 없다. 그는 등산가가 할 수 있는 것과 할 수 없는 것을 알아야 한다.

45. 비록 약초 영양보조제가 천연 구성성분만을 포함하고 있을지라도, 보고서에 의하면 이런 제품 중에 몇몇은 잠재적인 알레르기 유발물질이나 당신을 아프게 할 수도 있는 화학물질을 포함하고 있다. 그리고 그것들은 제품의 라벨에 표시되어 있지 않다. 당뇨병이나 고혈압문제를 가지고 있는 사람들을 포함한 몇몇 사람들은 약초 영양보조제를 복용할 때 특히 주의해야 한다.

46. 그때 이름이 Damon인 젊은이가 말했는데, 그는 "오 왕이시여! 저를

제 친구인 Pythias 대신 감옥에 가두시고, 그를 그의 고향에 보내어 그의 부모와 친구들에게 작별인사를 하게 해주십시오. 저는 그가 약속을 지키리라는 것을 압니다. 그러나 만약 그가 돌아오지 않는다면 제가 그를 대신하여 죽겠습니다."라고 간청했다.

47. 톰은 기술자이다. 그는 자전거를 만드는 공장에서 일한다. 1년 전부터 이 공장에서 일하고 있다. 공장에 오기 전 그는 런던 대학에서 기술자가 되기 위해 공부했다. 그는 일을 잘하고 있으며, 언젠가는 큰 공장의 경영자가 될 것이다. 적어도 그는 그렇게 되기를 바란다.

48. 6월의 마지막 시험을 앞 둔 채로, 지금 영국의 도서관은 아침부터 저녁까지 학생들로 붐비고 있다. 그들 대부분은 오랜 시간 동안 저력을 집중하여 공부한다. 그러나 그중에는 항상, 팔베개를 한 채로 낮잠을 자는 학생들도 있다.

49. 그는 영어를 매우 잘하며 게다가 사물에 대한 넓은 견해를 가지고 있다. 그는 주어진 어떤 일에도 열심히 몰두한다. 그는 자신의 신조를 갖고 있지만, 타인의 의견에도 귀를 기울이고자 하며 자신의 사고를 개선하고 싶어 한다. 모든 것을 고려해볼 때 그가 그 일에 가장 적합하다.

50. 그는 지휘관이었다. 지적인 사람 같았다. 그는 단지 두세 가지의 질문을 하고는 나의 상황을 이해했고 나를 풀어주었는데, "나는 당신의 생명을 보장할 수 없으니, 가능한 한 빨리 이 지역을 떠나시오"라고 덧붙였다.

51. 내 어린 시절의 가장 소중한 추억들 중에서, 아버지가 아끼는 흔들의자 주위에 우리 단란한 가족 모두가 모여서 주간지에 실린 최근의 모험 이야기를 열심히 듣던 추억이 있다.

52. 슬프게도 아버지는 화요일에 세상을 떠났습니다. 아버지는 나를 몹시 사랑하고 있었습니다. 그리고 여러 해 동안이나 내가 아버지를 만나러 더블린으로 가지 않았던 것이 지금 나의 슬픔과 후회를 한결 더해줍니다. 나는 아버지에게 내가 그를 만나러 온다는 환강을 끊임없이 품게 했던 것입니다.

53. 등대에서 방문객을 맞이하는 것보다 더 기쁜 일은 없다. 확실히 악의를 품고 멀리 떨어져서 고립된 등대를 찾아갈 사람은 아무도 없다. 설사 그런 의도가 있다 하더라도 이는 그 사람이 반드시 받게 되어 있는 무한한 환대 앞에서는 사라져 버릴 것이 틀림없다.

54. 소년시설에 나는 부친을 약간 무서워했다. 건전한 학생이 무엇을 좋아해야 하느냐 하는 부친의 생각과 내 생각이 일치하지 않았기 때문이다. 그는 어린 시절의 어려움 때문에 성격이 매우 특이하게 형성되었다. 그의 몰아붙이는 야심은 만약에 그의 아버지가 살아 있었더라면 그렇게 했으리라 생각되는 일을 자신이 하고 싶다는 것이었다. 또한 아주 어렸을 때 잃은 아버지의 상을 스스로 만들어, 그것에 고무 되었다. 그 상은 실제보다 약간 컸다.

55. 민주주의는 자유나 과학이나 진보와 마찬가지로 아주 익숙해있는 말이기 때문에 아무도 그 말의 뜻을 물으려고 하지 않는 단어이다.

56. 나는 상당히 좋은 수입을 얻는 것이 매우 중요하다는 것을 알고 있지만, 사람은 수입의 좋고 나쁨을 떠나 자기에게 가장 적합한 직업에 종사하는 것이 보다 더 중요하다.

57. 사람의 최대의 능력이 어디에 있느냐 하는 것은 그의 최대의 흥미가 무엇이냐를 조사해보면 알 수 있다. 이를테면 독서를 할 때 너의 마음속에 생생하게 남아있어서 너에게 정말로 흥미를 불러일으키는 것들이 당신의 재능이 어디에 있느냐에 대한 아이디어를 제공한다.

58. 인류의 장래는 바로 당신의 생각과 행동에 달려있다. 그러나 당신의 선생이나 스승은 실제로 당신이 어떻게 생각하고 어떻게 행동하면 좋은가를 가르쳐주지 않는다.

59. 영국에서는 미국이나 한국의 가정에서와는 달리, 아이들이 제멋대로 행동하는 것이 허락되지 않는다. 유년시절에도 아이들은 타인의 권리를 존중하고, 너무 떠들지 않도록, 그리고 자기 본위가 되지 않도록 가르침을 받는다.

60. 학생이 능숙하게 의사전달을 하도록 가르치는 데 실패한 것은 대부분 우리들의 교육의 실패에 원인이 있다고 생각해야 한다고 나는 여기고 있다.

61. 사상은 자유롭다고 일반적으로 일컬어지고 있다. 사람은 자기가 생각하는 것을 숨기고 있는 한, 무엇을 선택을 하던 간에 그것을 생각하는 것에 절대로 방해받는 일이 없다. 인간의 마음의 작용은 오직 경험의 범위와 상상력에 의해 제한되어질 뿐이다.

62. 사람이 다른 사람의 정신을 진정으로 인정하고 감탄하면 할수록, 그는 그것을 모방하려고 하지는 않는다는 것을 일반적으로 깨닫게 될 것이다. 즉, 그는 그 정신에는 너무나 깊어서 다루기 힘든 부분이 있어서 (그 결과) 모방할 수 없는 무엇이가가 있다는 것을 의식하게 될 것이다.

63. 도서실이 매우 크다고 하더라도 만약에 정리되어 있지 않다면, 작아도 잘 정돈된 도서실만큼은 쓸모가 없다. 마찬가지로 사람이 굉장히 풍부한 지식을 갖고 있더라도 (그가) 스스로 깊이 생각하여 그 지식을 체계화해 가지 않는다면, 철저하게 생각을 한 훨씬 적은 지식보다 그 가치는 매우 적은 것이다.

64. 아기는 규칙을 전혀 모르다. 아기는 자기 자신에게 즐거운 것처럼 보이는 것만을 찾는다. 아기는 아기 자신에 대해 또는 주위 사람들이나 사물에 대해 해롭다고 생각되는 일만은 하지 못하도록 강제로 저지당한다. 그러나 곧 잘 훈련받는 어린이의 경우는 규칙을 지키기 시작하고, 그가 살아있는 한 결코 거기에서 벗어날 수 없게 된다.

65. 사람에게 결점이 있다고 해서, 그가 창출한 것이나 후원한 것과 관계하던 모든 것이 가치가 없는 것이라고 결론을 내릴 수는 없는 것이다. 그와 마찬가지로 사람이 칭찬할 말이 없을 정도로 훌륭한 사람이라고 해서, 그의 모든 생각이 너무나 훌륭해서 (그 결과) 검토할 만한 것이 없을 것이라고 결론을 내릴 수는 없는 것이다.

66. 사람들은 하려고 마음만 먹으면 정신의 집중력을 얻을 수 있다는

것도 모르고, 자기에게는 집중력이 부족하다고 불평한다. 그리고 집중력이 없으면 — 즉, 두뇌에 해야 할 일을 지시하고 복종을 지속시킬 힘이 없으면 — 진정한 의미의 생활은 불가능하다. 마인드 컨트롤은 충실한 생활을 위한 첫 번째 요건이다.

67. 교육을 받은 사람의 하나의 특징은 모든 것을 다 알 수 없는 사실에 대해 마음 편하고 지적으로 생활할 수 있다는 점이다. 그는 교육받지 못한 사람과 마찬가지로 주어진 문제에 관해 모르는 경우도 있다는 사실을 조금도 수치로 생각하지 않는다. 왜냐하면 만약에 정말 필요하다면 해답을 얻을 수단을 얼마든지 갖고 있기 때문이다.

68. 18세기 말엽까지는 정신병이 마귀가 들렸기 때문에 일어난다는 이론이 있었다. 환자가 느끼는 모든 괴로움은 마귀도 역시 느끼므로 (그 결과, 그래서) 가장 좋은 치료법은 악마가 환자를 떠나기로 결심할 만큼 심하게 환자를 괴롭히는 것이라고 추론되었다. 정신병자는 이 이론에 따라서 지독하게 구타당했다.

69. 현재 문명이 가장 발달된 나라들에서는 언론의 자유는 당연한 일로 생각되어, 아주 단순한 일처럼 보인다. 우리들은 언로론 자유란 것에 매우 익숙해있기 때문에 그것을 천부적인 권리라고 생각하고 있다. 그러나 이 권리는 아주 최근에야 비로소 획득된 것으로, 그것에 도달하기 위해서 엄청난 피의 대가를 지불해야 했던 것이다.

70. 독서에 관해 사람이 다른 사람에게 줄 수 있는 가장 좋은 조언은 아무에게서도 조언을 받지 말고 자기 자신의 기호에 따라 자기가 흥미있어 하는 책을 읽으라는 것이다.

71. 독서는 습관이다. 일단 그 습관을 들이면 결코 잃어버리지 않는다. 그러나 세면이나 호흡처럼 일상생활의 일부로 만들기 위해서는 어린 시절에 어떻게 해서든지 독서에 접촉해야 한다.

72. 만약에 책이 없다면, 즉 인간의 가장 심원한 사상, 그의 고상한 업적의 기록이 없다면 각 세대의 사람들은 구전(口傳)의 불충분한 도움만을 빌어서 과거의 사실들을 혼자 힘으로 재발견해야 할 것이다.

73. 학습의 목적은 사람이 그의 지갑 속에 화폐를 갖고 있듯이 지식을 소유하는 것이 아니라 지식을 자기 자신의 일부로 만든다는 것, 즉 우리가 먹는 음식이 생명을 주는 혈액으로 바뀌듯이 지식을 사상으로 전환하는 것이다.

74. 유아가 사물의 이름들을 말하고 배울 때 보이는 열의는 언어 발달의 한 중요한 특징이다. 어린이들은 사물의 이름 부르기에 광적이다. 이는 '이름 사냥'이라고 불릴 만하 가치가 있다. 왜냐하면 그들이 이름을 배우는 것이 기계적으로나 마지못해서가 아니라 열광적으로 이루지기 때문이다.

75. 모든 사람은 누구나 다 자신들에 대한 최고의 비평가이다. 어떤 책에 대해 학자들이 무엇이라고 말하든 아무리 만장일치로 그 책을 칭찬하든 그 책이 당신에게 어떤 흥미를 주지 못한다면 당신과는 상관이 없는 것이다. 비평가들도 종종 실수를 저지른다는 것을 잊지 마라. 비평의 역사는 비평가들 중 가장 유명한 사람들이 저지른 실수투성이며, 당신은 당신이 읽는 책이 당신에게 가치에 대해 최종의 판단자이다.

76. 약속을 하기 전에 두 번 생각해라. 만약 네가 어떤 일을 할 것이라고 말하고 그것을 무시한다면 너는 거짓말을 하게 되는 것이다. 네 친구들은 네 말에 신임을 잃을 것이다. 다시 말하면 너는 비난을 피할 수가 없을 것이다.

77. 한국인이 단지 그들의 스포츠 잠재력에만 자부심을 느낀 것은 아니었다. 그들은 올림픽을 안전하고 성공적으로 치렀던 것을 자랑으로 여겼다. 시민들은 교통과 그 밖의 불편한 일들을 기꺼이 참았다. 훌륭한 예절들이 관중에 의해 드러나 보였고, 해외에서 온 방문객들은 주최국이 매우 친절함을 알게 되었다.

78. 나는 (배의) 난간에 서서, 나와 Havre 항구 사이의 거리가 멀어지는 것을 보고 있던 일을 기억한다. 흔드는 것을 멈추며 손을 내렸고, 손수건의 펄럭임도 그쳤으며, 사람들은 이쪽을 등지고 자전거나 자동차를 타고 가버렸다. 이내 Havre 항구는 그저 침침한 곳에 지나지 않게 되었

다.

79. 그것은 너무나도 놀라운 소식이었으므로 Joe는 뭐라고 말해야 할지 몰랐다. Susan은 그의 여동생으로, 그는 그녀가 어떤 남자의 아내가 될 만큼의 나이라고는 생각할 수 없었다. 사실을 말하면, 그는 누군가가 그녀를 그의 아내로 삼고 싶어 하리라고 상상도 하지 못했다.

80. 옛날에 가정용 성경은 미국인 가정의 오락의 원천이었다. 매일 밤 가족 모두가 아버지나 할아버지가 성경의 어떤 부분을 낭독하는 것을 듣기 위해 모이곤 했다. 요즘은 TV 안내서가 누구나 참조하는 책으로서 성경을 대신하고 있다.

81. 젊은 당신들은 우리가 너무 진부하다고 종종 불평을 한다. 그러나 우리가 젊었을 때 저지른 똑같은 실수들을 여러분이 되풀이 하는 것을 우리는 원하지 않는다. 우리는 우리들의 긴 경험으로 볼 때, 가장 좋다고 생각하는 것을 당신들이 해주기를 원한다.

82. 그는 요요(장난감)을 손에 들고 돌아왔다. 나에게 어떻게 움직이는지 보이려고 했지만, 끈 위로 되감을 수 없었다. 몇 차례 시도했지만 결국 실패했다. 내 차례가 되었을 때, 나는 어떻게 작동하는가를 그에게 말해주었고 몇 가지 재주를 보여 주었다. 그는 나의 기술에 고개를 끄덕였다.

83. 천재가 살아있는 동안에 성공하는(이름을 떨치는) 경우가 좀처럼 없다는 것은 잘 아는 사실입니다. 그는 주변의 사람들보다 너무나도 뛰어나서 빨리 이해를 얻을 수 없는 것이다. 비범하고 재능이 뛰어나면 뛰어날수록, 세상 사람들이 그것을 발견하고 이해하는 데에 시간이 오래 걸린다.

84. 우리 문명은 우리를 앞서간 전 세대들이 축적해 놓은 지식과 기억의 총합이다. 우리는 이 지나간 세대들과 접촉을 할 수 있을 때에만 이 문화를 이용할 수가 있다. 이것을 하는 유일한 방법은 독서이다.

85. 부분의 사람들은 간단한 치통으로 시작된 육체문제를 가져본 적이

있다. 아무리 잘 양치질을 할지라도, 얼마 후에 치아가 썩는 충치가 형성될 것이다. 오늘날 과학자들은 사람들이 충치에 면역을 가질 백신을 발견하기 위해 실험을 바쁘게 하고 있다. 그러나 그것을 성취하는 데는 수년간의 연구가 걸릴 것이다.

86. 너와 네 친구는 함께 박물관에 가서, 똑 같은 그림을 보고, 그것에 대해 다른 의견(반응)을 가져본 적이 있는가? 만약 네가 본 그림이 바다풍경이라면 검은색과 엄청난 파도는 당신의 고향에서 가졌던 행복한 기억을 상기시키기 때문에 당신은 그것을 좋아했을 것이다. 반대로, 당신의 친구는 폭풍우 치는 동안에 거친 바다를 항해했던 것을 기억하고서, 그것(바다풍경 그림)이 마음속에 두려움을 떠오르게 한다고 하면서 부정적 반응을 보였을지도 모른다.

87. 대부분의 나라들은 몇몇 (다른) 인종 그룹에 의해 분포되어 있다. 그리고 모든 나라의 과반수 정도는 그런 그룹사이의 큰 분쟁을 경험했다. 인종차이는 주states 범위내의 대규모 분쟁의 중요한 원천이고, 그 분쟁은 종종 나라들 사이의 전쟁이 되기도 한다.

88. 자기가 하는 어떤 일이든(일을) 잘 하려는 것은 야심(훌륭한 마음가짐)이다. 이것은 누구나 가져야하는 야심이다. 운동장에서도 멋지게 경기를 하여, 볼을 잘 던지거나 받으며, 자신이 해야 할 어떤 역할이든 훌륭하게 해내려는 야심을 가져야만 한다.

89. 전화는 2층 벽에 붙어져 있었다. (거기라면) 누구나 큰 벨 소리를 들을 수 있으니까. 우리들은 전화를 그다지 환영하지 않았다. 그것은 우리들에게 무례하고 불쾌하게 생각되었으며, 처음부터 소동을 일으켰다. 그것은 좀처럼 울리지 않았는데, 사정이 좋지 않을 때, 즉 그 층에 받을 사람이 아무도 없을 때 항상 울리는 것이었다.

90. 이야기에 다르면, 옛날 러시아의 시골에 심각한 전염병이 돌았다. 그리고 많은 의사들이 전염병이 가장 심한 지역으로 보내졌다. 마을의 농부들은 의사들이 가는 곳마다 많은 사람들이 죽어가는 것을 목격했다. 그래서 사망률을 줄이기 위해 그들은 의사들을 죽여 버렸다. 농부들은 더 좋아졌을까?

91. 오늘날 행해지는 거의 모든 스포츠는 경쟁적이다. 사람은 이기기 위해 전력을 다하지 않는다면 경기는 거의 무의미하다. 시골의 잔디밭에서 아무런 향토색도 없이 어느 한 편에 속한다면 우리는 단순히 즐거움과 운동을 위해 경기할 수도 있다. 그러나 명예문제가 발생하거나 패했을 경우에 자신과 단체에 불명예가 된다는 느낌이 들자마자 가장 야만스러운 투쟁본능이 머리를 쳐들게 된다.

92. 고독은 나에게 매우 소중한 것으로, 신경에 안정을 주고, 가지를 뻗치는데 도움을 준다. 나는 주위에 사람들이 너무 많으면 빽빽이 심어져 있어서 성장할 수 없는 나무와 같이 느낀다. 나는 혼자 있더라도 절대로 지루하지 않다. 왜냐하면, 사람이 자기 자신의 사고들이 자라는 것을 깨닫게 될 때에는 매우 흥분하기 때문이다. 그러나 사람은 때때로 다른 사람과 접촉할 필요가 있다고 생각한다.

93. 예술 작품은 기적의 결과로 나오는 것이 아니다. 그것은 준비가 필요한 것이다. 토양이 아무리 비옥할지라도 양분이 공급되어야 한다. 심사숙고함으로써, 또한 신중한 노력을 기울임으로써, 예술가는 그의 개성을 넓히고 깊이 있게 하며, 다양화시켜야 한다.

94. 신체의 각 기관들이 그 나름대로의 일을 나머지 것들과 협력하여 수행할 때 최고의 컨디션을 유지하는 것과 마찬가지로, 인간 사회는 개개인이 다른 사람들과 협력하여 자기의 일을 수행할 때에 최고의 상태가 되는 것이다.

95. 우리가 겪을 수 있는 가장 아름답고도 심오한 감정은 신비감이다. 그것은 모든 진실 된 예술과 과학의 근원인 것이다. 이러한 감정이 낯선 것이고, 잠시 동안이라도 멈추어서 감탄하거나 경외심으로 가득 차 넋을 놓고 서 있을 수 없는 사람은 죽은 것이나 다름없다. 그의 눈은 닫혀있는 것이다.

96. 가장 평범한 사람들 가운데에 영웅이었던 사람들이 많다. 즉 자신들에게 의존하고 있는 사람들을 위해 가장 좋아하는 계획이나 최고로 맘에 드는 즐거움마저도 포기했던 사람들이 있었던 것이다. 병원에서 봉사

하는 것이 영웅적인 행동인 것만큼이나 집에서 아픈 사람을 돌보기 위해서 자신의 즐거움을 포기하는 것도 마찬가지로 영웅적인 행동이다.

97. 나의 남편은 선천적으로 시장을 잘 보는 사람이다. 그는 물건을 바라보며 만져보는 것을 좋아한다. 그는 여러 가게에서 똑같은 물건의 가격을 비교하는 것도 좋아한다. 그는 어떤 물건을 사려고 할 때마다 여러 가게를 둘러본다. 반면에 나는 장보기를 지루하고 불유쾌한 것으로 여긴다. 만일 내가 어떤 물건을 좋아하고 살 돈이 있으면, 나는 즉시 사버린다. 나는 싼 값에 사거나 좋은 물건을 사기 위해 둘러보는 일이 없다.

98. 영어를 쓰고 심지어 말하는 것은 과학이 아니라 예술인 것이다. 신뢰할만한 규칙이 없는 것이다. 다만 추상적인 낱말보다는 구체적인 낱말이 좋다는 일반적인 원칙, 그리고 어떤 말을 할 때 가급적 짧게 말하는 것이 최고의 방법이라는 일반적인 원칙만 있을 뿐이다. 단순히 정확하다는 것이 훌륭한 작문이라는 것에 대한 그 어떤 보장도 될 수 없다.

99. 대체로 미국이 세계에서 행사하고 있는 영향력 때문에 영어가 가장 많이 쓰이는 국제어인 것이다. 한 언어의 중요성은 그것을 사용하는 사람들의 중요성에 극도로 좌우된다. 전 세계 사람들이 영어를 사용하고 있으며, 영어에 대한 지식이 점점 증가함으로 인해서 타 민족들 사이에 더 자유로운 의사소통이 가능해졌다.

100. 젊었을 때 필요하지도 않은 물건을 사면, 나이가 많아졌을 때 없어서는 안 될 물건을 팔아야 할지도 모른다. (그래서) 젊었을 때, 나이가 들어서 빚이라든가 금전상의 근심으로부터 시달리지 않도록 (검소한) 생활을 해야 한다.

101. 소수의 작가와 소수의 주제에 대한 완벽한 지식은 다수의 작가와 주제에 대한 표면적인 지식보다 가치가 있다. 독서에 있어 과거의 위대한 작가에 가장 많은 주의를 기울여야 한다. 물론 현대의 위대한 작가들을 잘 안다는 것은 당연한 것이며 필요한 것이기도 하다. 왜냐하면 우리들 자신과 같은 걱정과 요구를 갖는 친구들을 바로 그들 중에서 발견하기 쉽기 때문이다.

102. 인생에서 가장 위험 것 중에 하나는 인간 욕망의 힘이다. 많은 우리들은 성취를 기대하는 것에 대한 욕망을 제한하는 것에 대해 배워오지 않았다. 우리는 좌절할 때뿐만 아니라 실망하여 화가 나서 폭발할 때도 불가능한 꿈을 꾼다.

103. 그는 지휘관이었다. 지적인 사람 같았다. 그는 단지 두세 가지의 질문을 한 후에 나의 상황을 이해했고, 나를 풀어주었는데, “나는 당시의 생명을 보장할 수 없으니, 가능한 한 빨리 이 지역을 떠나시오”라고 덧 붙였다.

104. 수요일에 상원은 동성 결혼을 금지에 대한 헌법 수정안을 거부했으며, 그것은 선거에서 보수주의 투표자에게 힘을 주는 수단으로 사용하려고 했던 부시 대통령과 공화당을 당황시켰다.

105. 나는 결혼해서 많은 가족을 부양하는 성실한 사람이 독신 생활을 하며 인구문제만 논하는 사람보다 많은 공헌을 한다고 늘 생각하였다.

106. 아이들은 그들의 감각적 경험을 통하여 자신들의 세계에 대하여 배운다. 소녀는 한 장의 나뭇잎이 미풍에 날려서 보도위에 떨어지는 것을 보며 10분 동안이나 보낼지도 모른다. 그녀는 그것을 만져서 확인하기 위해서 양손으로 그것을 잡으려 할지도 모른다. 그러나 그 나뭇잎에 막 손이 닿을 만큼 다가갔을 때 나뭇잎은 날아갈지도 모른다. 그 때 그 아이는 지금 이상으로 호기심이 커진다.

107. 30년 전의 돌고래 사냥 금지는 긍정적인 효과를 가졌을지도 모른다. 그러나 조사가들은 형편없는 수질 보존 시행분만 아니라 과도한 농업용수 사용, 농약과 다른 화학물질의 인더스 강 유입은 돌고래의 서식지를 감소시켰다는 것을 밝혀냈다. (살아) 남은 돌고래들은 여전히 위험성이 있는 지역에 살고 있다.

108. 사람이 어떤 것을 진심으로 찬양하는가를 알고 있으면, 우리들은 그 사람이 어떤 종류의 인물인가, 또는 적어도 그 사람이 앞으로 어떤 인물이 될 가능성이 있는가에 관해서 어느 정도 짐작을 할 수 있을 것이다. 물론 이 말은 덕성에 관해서만 적용이 된다. 왜냐하면, 예를 들어

서 얼굴이 몹시 못생긴 사람은 미(美)를 가지고 있지 않아서 더욱 더 미를 찬양할 것이고, 몸이 약한 사람은 힘을 가지고 있지 않아서 더욱 더 힘을 찬양할 것이기 때문이다.

109. 교육을 받은 육체노동자는 (보통의) 육체노동보다도 더 좋은 일을 해야 격에 어울린다고 하는 신념을 우리들은 절대로 시인해서는 안 된다. 사람의 품위를 깎아 내리는 것은 바로 그 사람이 어떤 일에 종사하고 있는가가 아니라 습관이라든가 교제상으로 그 사람이 어떤 인간이냐 하는 점이다.

110. 성공은 그 속에 파괴의 씨를 내포하고 있는 일이 가끔 있다. 왜냐하면 성공은 작가를 성공의 직접적인 원인이 되게 한 재료로부터 대개 분리시키기 때문이다. 그 작가는 새로운 세계에 들어간다. 그는 세상 사람들한테 훌륭한 사람이라고 존경을 받는다. 그가 만일 위대한 사람들이 그에게 쏟는 주목에 매혹되어 사로잡히지 않는다면 초인적인 인간임에 틀림없다.

111. 나의 결점이 아무리 크다 할지라도 나는 나 자신이 되고 싶다. 그리고 설사 내가 제 2의 누눈가가 되고 싶다할지라도 그것은 분명히 불가능한 일이다. 왜냐하면 인간은 역사와 달라서 제아무리 천한 사람이라도 또한 제아무리 위대한 사람이라도 결코 재현되는 것이 아니기 때문이다.

112. 인간과 동물 사이에는 다음과 같은 현저한 차이가 있다. 즉, 동물은 본능에 의해서만 지배되고 과거나 미래에 대한 인식은 극히 조금밖에 지니고 있지 않다. 아니 전적이라고 할 만큼 지니고 있지 않다. 그러나 인간은 사물의 원인을 인식하고 결과에 대한 원인과 원인에 대한 결과를 이해하는 이성을 날 때부터 갖추고 있다.

113. 우리가 자기 운명의 변천의 모든 것을 알 수 있다면, 인생은 희망과 불안, 환희나 실망으로 가득차서, 그 결과 우리들에게 단 한 시간의 진정한 평온도 주지 못할 것이다.

114. 학교 교육의 큰 효용은 사물들(여러 가지 사항들)에 대해서 너에게

가르치는 것에 있는 것이 아니라 너에게 (여러 가지 사항들에 대해서) 공부하는 기술을 가르치는 것에 있다. 이것은 후년에 이르러 네가 하고자 마음먹는 일의 어떤 것에 대해서도, 자기 힘으로 그 기술을 응용할 수 있도록 하기 위해서이다.

115. 우리는 우리와 다른 마음을 가지고 있는 사람들을 위험하다고 생각하고, 그리고 우리의 도덕성을 받아들이지 않는 사람들을 비도덕적이라고 생각한다.

116. 아무리 바보라 할지라도 이따금 다른 사람에게 좋은 조언(지혜)할 수도 있고, 또한 아무리 사려분별이 있는 사람이라도 자기 자신의 조언(지혜) 이외에 남의 조언(지혜)을 빌리지 않으면, 자칫하면 잘못을 저지르기 마련이다. 그러나 자기만의 조언(지혜)으로 사려분별이 생긴 사람도 드물고, 또한 자기만의 학문으로 터득한(사물에 밝아진) 사람도 극히 드물다. 왜냐하면 혼자 힘으로 학문을 한 사람은 바보를 자기 선생으로 삼은 것이 되기 때문이다.

117. 언제나 인내하시오. 어린애가 성을 잘 낸다면 (어린애가 보챈다면) 십중팔구는 몸에 고통이 있기 때문이라는 것을 우리들은 잘 알고 있다. 어른들도 이 점에 있어서는 다른 점에 있어서도 마찬가지이지만, 다 큰 어린애에 지나지 않는다. 대개의 경우 우리들이 모든 사정을 안다면, 그들이 어떠한 기분인가를 안다면, 까다로운 사람들에 대해서 불쌍한 생각이 들기는 하지만 화가 나는 일은 없다.

118. 한 번 식사를 하면 그것이 소화될 때까지 다음 식사를 하지 않는 것이 가장 건강에 좋은 것이다. 이와 마찬가지로 우리들이 지금까지 읽어 온 것을 묵상해서 확실하게 자기의 것이 될 때까지는 다른 책에 아니라 다른 페이지에 넘어가지 않도록 하는 것이 유익하다.

119. 우리는 일생동안 매일같이 사용하는 언어에 관해서 아무리 많은 것을 알고 있다 하더라도 그것으로 충분하다고는 말할 수 없다. 과연 대부분의 사람들은 국어에 관해서 많은 것을 알지 못하더라도, 또한 일부러 한 권의 '옥스퍼드영어사전'을 펼쳐 보지 않더라도 충분히 살아갈 수는 있다. 그러나 지식은 힘이다. 적절하게 선택된 말의 힘은 그것이 사

람에게 지식을 주기 위해서든 사람을 즐겁게 하기 위해서든, 또는 사람을 감동시키기 위해서든 간에, 대단히 크다.

120. 자연은 주의 깊게 연구하면 할수록 더욱 더 광범위하게 질서가 존재하는 것이 분명해졌다. 그리고 무질서하게 보인 일도 복잡한 것에 지나지 않는다는 것이 판명되었다. 그래서 마침내 오늘날에는 원인이 없는 결과라는 의미로서의 진정한 우발사건이 존재한다고 믿을 만큼 어리석은 사람은 없다.

121. 현재와 관련해서 장래를 생각한다는 것은 문명에 있어 필요 불가결의 것이다. 문명국에서는 아무리 평범한 노동자라도 장래의 일을 생각한다. 똑똑한 사람이라면 돈을 벌자마자 이것을 다 써버리지 않고 장래의 필요에 대비하는 준비금으로서 번 돈의 대부분을 저축한다.

122. 말수는 적게 하시오. 윗사람이 있을 때는 특히 그렇게 하시오. 버릇없이 애기를 함으로써 당신의 입을 열지 못하게 한 그 사람들의 애기를 들어서 지식, 지혜, 경험을 그렇게 하지 않았더라면 얻을 수 있는 기회를 스스로 잃어버리는 일이 없도록 하시오.

123. 우리의 인생이 짧은 것이 아니고 우리가 짧게 만든다. 마치 아무리 많은 재산도 그것을 잘 간수할 줄 모른 자의 손에 들어가는 순간 없어지고 말지만, 반면에 아무리 작은 재산도 그것을 잘 관리하는 자의 손에 맡겨지면 사용함에 따라 불어나듯이, 우리의 인생도 꼭 마찬가지로 그것을 적절히 영위하는 자에게는 충분하게 긴 것이다.

124. 무언가 지식을 얻으려고 독서를 하는 사람이 있는데 그것은 칭찬할 만한 일이며, 쾌락을 위하여 독서를 하는 사람도 있는데 그것은 순진한 행위라 할 수 있다. 그러나 습관에 의해서 독서를 하는 사람들이 적지 않게 있는데 이것은 순진한 행위도 아니며 칭찬할 만한 것도 아니라고 나는 생각한다. 나는 바로 그러한 가엾은 무리 가운데 속한다. 나는 멀리 출타하는 경우에는 반드시 많은 읽을거리를 가지고 가니까 말이다.

125. 만약에 오늘 내가 후세의 사람들을 더욱 행복하게 하는데 이바지할 어떤 일을 해 놓았다고 생각한다면 매일 얼마나 즐거울까. 바로 그러

한 생각을 가질 수 있다면 지금의 이 시간이 더욱 더 즐거울 것이다.

126. 인생의 폭풍이 일어날 때 우리가 마음속에 명심해야 할 가장 위대한 교훈은 아무리 인생의 폭풍이 맹렬할지라도 그것은 다만 일시적인 것이며, 구름 뒤에 태양이 항상 비치고 있다는 것이다.

127. 인생은, 깊고 강해지려면, 슬픔과 접촉하고 그리고 슬픔이 섞여야 한다. 그것은 마치 햇빛이 그늘에 의해 부드러워질 때 가장 온화해지고, 마치 음악이, 선율적이려면, 그 안에 단조음이 있어야 하는 것과 같다.

128. 생각하는 권리, 우리의 생각을 말하는 권리, 우리의 사상을 발표하는 권리는 우리들이 어느 정도의 지식을 소유하고 있다는 것을 의미한다.

129. 셰익스피어는 그의 희곡이 읽혀지기 위해 쓰지 않고, 상연되기 위해 썼다. 따라서 그을 이해하는 최고의 방법은 무대 또는 스크린에서 하나 혹은 더 많은 그의 작품을 보는 것이다.

130. 자신이 알지도 못하는 일까지 지껄이고 쓰려고 애쓰는 무지한 사람들이 저지르는 잘못은 모든 문학을 통해서 풍자가에게 놀림거리가 되어왔다.

131. 네 벽에 둘러 쌓여있고 방안 일에 묶여있는 현대인은 자신이 자기의 생명을 단축시키고 있다는 사실을 알고 있다. 그에게는 운동이 필요하며 다는 것을 알고 있다. 그러나 그가 지도를 요청하게 될 때 너무도 많은 상반되는 충고들을 받음으로 해서 그는 그 것들 중에서 나쁜 상황을 더욱 나쁘게 만들지 않기 위해서 어느 것을 받아들여야 하는지 두려워하고 있다.

132. 나는 미래를 과거보다 더 나아지게 만들고 싶다. 나는 미래가 역사에 가득 채워져 있는 실수들과 과오들에 의해서 오염되는 것을 원치 않는다. 우리 모두는 미래에 대하여 관심을 가져야 한다. 왜냐하면 거기가 바로 우리의 남은여생을 보낼 곳이기 때문이다.

133. 교육에 관한 문제들이 종종 마치 그것들이 교육이 행해지고 있고 또한 그것을 목적으로 삼고 있는 사회조직과 아무런 관계도 없는 것처럼 논의되고 있다. 이것이 가장 만족스럽지 못한데 대한 가장 보편적인 이유들 중의 하나이다.

134. 양서의 척도는 그 책을 한 번밖에 읽고 싶지 않은가, 아니면 몇 번이고 읽고 싶은 가에 있다. 참으로 좋은 책을, 우리는 처음에 읽고 싶기보다는 두 번째에 한층 더 읽고 싶어진다. 그리고 읽는 횟수가 더해질 때마다 우리는 그 책 속에서 새로운 의미와 새로운 아름다움을 발견하는 것이다.

135. 동물은 본능에 충실하므로 조용히 자기가 할 일을 하지만, 인간은 이성과 상상력을 지닌 까닭에 그의 시간과 정력의 반을 아주 어리석은 일을 하면서 보낸다.

136. 한 가지 어려움을 극복한 사람은 다음의 어려움을 자신 있게 맞이할 준비가 되어있다. 그런 사람이 얼마나 많은 것을 얻었는가를 보라. 나중에 다른 사람들이 무엇을 할 것인가 또는 어떤 일을 할까 말까 망설이는 동안에 그는 자기가 착수한 것을 성취한다.

137. 나는 작문 강의를 한 번도 들어 본 일이 없다. 나는 꾸밈없이, 나 자신의 힘으로 글쓰기를 배웠다. 나는 우연히 성공한 것은 결코 아니다. 나는 참을성 있게 열심히 공부해서 성공한 것이다. 말을 교묘하게 구사한다고 해서 좋은 책이 되는 것은 아니다. 자기들이 묘사하고 있는 등장인물보다는 문체에 대해서 더 관심을 쏟고 있는 작가들이 너무 많다.

138. 백인 의사가 도착했다는 말이 퍼지자마자 그는 갖가지 질병으로 고생하는 원주민들에게 둘러싸였다.

139. 나는 그를 잘 알고 있다고 생각하기 일쑤였다. 그런데도 돌이켜 생각해 볼 때에 나는 그에 대하여 아는 것이 지극히 없는 것처럼 생각이 든다. 그런데도 그는 내가 이 세상에서 가장 친했던 두 사람 중의 한 사람이었다는 것을 나는 확신하고 있다.

140. 젊은이가 배워야하는 첫째로 중요한 교훈은 자기가 아무것도 모른다는 것과 자기는 다만 조금의 가치밖에 없다는 것이다. 그가 배워야하는 그 다음의 교훈은, 이 세상은 그를 위해서 조금도 염려해 주지 않으며, 어느 사람도 진정으로 그를 칭찬하거나 존경하는 일은 결코 없다는 것, 간단히 말하자면, 그는 스스로를 돌보아야 한다는 것이다. 젊은이는 자기가 주목할 만하게 되기까지는 주목받지 못할 것이며, 자기가 사회에 값어치가 있다는 것을 입증할 무엇을 하기 까지는 주목할 만한 사람이 되지 못할 것이다.

141. 원시인에 의해서 야만 상태에서 탈피하려는 무의식적인 노력에서 취해졌던 가장 중요한 조치 중의 하나는 바로 수레바퀴의 발견이다. 미끄러져가는 것보다 굴러가는 것이 마찰을 덜 가져온다는 것을 발견하는데는 시간이 오래 걸렸고, 그때조차도 그것과 관련된 기계적 원리는 알지 못했다. 또한 발견자가 사치나 안락 같은 것을 내다보는 견해로 해서 계속해서 (발전시킬 수 있도록) 요청(권고)받은 것도 아니었다.

142. 인생은 대단히 복잡하며 그것을 단순화하는 것은 예술가가 할 일이다. 예술가는 우리 모두에게서 비슷한 공통분모를 발견하고, 그 다음엔 그것에 의존해서 우리들을 결합시킬 뿐만 아니라 분리시키기도 하는 작품을 만들어내야 한다. 비록 그 작품 속에서 우리가 파악하는 밑바닥 사항은 모두 동일하지만 우리 모두는 그 속에서 상이한 그 무엇을 발견할 수 있어야 한다.

143. 사람들은 암이 종종 치명적이기 때문에 두려워한다. 그러나 또한 암이 심한 고통을 일으키기기 때문에 두려워하기도 한다. 종양은 커지면서 민감한 신경과 기관에 압박을 가하며, 암은 전이되면서(넓게 퍼지게 되면서) 신체의 다른 부분의 고통에 민감한 부위에 영향을 준다. 치명적인 암환자의 90%이상이 죽기 전에 고통을 겪는다. 따라서 암전문가들은 오늘날 질병 그 자체의 치료만큼이나 신체적이고 심리적인 고통을 퇴치할 보다 좋은 방법을 찾아 해매고 있다. 고통퇴치의 보다 효과적인 방법은 고통의 신경체계에 대한 보다 나은 이해에서 나왔다.

144. 모든 인간에게는, 그가 아무리 성공한 사람이라 할지라도, 아직도 엄청난 미발견의 가능성들이 있다. 당신에게 가장 중요한 것은 당신이

이미 되어버린 인간이 아니라 당신이 앞으로 될 가능성이 있는 인간이다. 당신이 이 엄청난 자질을 써 보지도 않은 채 무덤으로 가져갈 수는 없다. 이 엄청난 잔여재산, 이 거대한 미 이용의 자산, 발휘해보지도 않은 이 잠재능력을 어째서 끌어내려고 하지 않는가? 당신은 그것이 거기에 있음을 알 것이다. 당신은 본능적으로 그것을 느낄 것이다.

145. 인생의 각 시기는 그 자체로 하나의 완결된 것과 동시에 다음 단계로 넘어갈 준비 단계이다. 유년 시대나 청춘 시대는 너무나도 귀중한 시기이므로 현재 성인들의 편의만을 위하여 또는 장차 성인생활의 필요성에 부응하여 희생되어질 수는 없다. 그러나 반면에 만약 유년이나 청년시대가 그 시대 자체만을 위하여 보내어 진다면 그 후의 인생은 비참할 정도로 빈약하게 될 것이고 쓰라린 후회가 남게 될 것이다. 현재 살고 있는 시기에 부여할 것과 장래의 단계에 부여할 것 사이의 균형을 취하는 일은 결코 용이하지는 않으나 항상 중요한 것이다.

146. 사람들은, 다른 것들은 부족할 뿐만 아니라 그 부족한 것에 대해서는 전혀 백지이면서도, 자기가 어떤 한 가지의 기능에 숙달하다는 근거로써 항상 자기를 교양인이라고 생각하기 쉽다. 어떤 종류의 예술가도, 비록 매우 위대한 예술가일지라도, 그 이유 하나만으로 교양인이라고는 할 수 없다. 예술가들은 자기가 종사하고 있는 예술 이외의 예술에 대해서는 흔히 무감각할 뿐만 아니라, 이따금 예절이 매우 나쁘고 혹은 지적인 재능도 빈약하다. 문화에 공헌하는 사람이 비록 그 공헌이 중요할지라도 반드시 교양인은 아니다.

147. 가정생활에서 나타나는 긴장상태는 부모 쪽이나 자녀 쪽 모두에게 충분히 이해될 수 없다. 부모 자식 모두 자신의 일방적 조건으로 사랑을 구하며 또한 상대에게 지나치게 많거나 너무 적은 애정을 준다. 자식에 대한 독점력이 강한 모친이란 자식에 대해 끊임없이 지나치게 요구하거나 과도하게 꼬치꼬치 따지기 때문에 아마도 자녀에게 외면되어있고 어떤 다른 일에 시선이 집중되어져 있는 어머니보다 자녀에게 더 큰 피해를 입힌다. 그러나 어느 모친의 경우에도 의혹의 씨, 불안의 종자가 자녀의 마음속에 뿌려지고 그리하여 아이는 괴롭고 어려운 시기에 모친에게 달려가 모두 털어놓을 수 없게 되어 딴 곳에서 위안을 찾는다.

148. 어릴 때 원하는 모든 것을 받으며 자라 온 젊은이들의 대다수는 안락한 생활을 당연한 것으로 생각하며 노력 없는 생활을 최고의 행복이라 간주한다. 그들은 즉시 입을 수 있는 기성복과 같은 세계에서 살고 있으며 그리하여 자기가 무엇을 하나 돕거나 관심을 쏟지 않아도 물은 수도꼭지만 틀면 저절로 나오고 집은 저절로 세워지고 도로는 포장되어 저절로 깨끗하게 유지되며 음식은 저절로 식탁에 차려지는 것이라 생각한다. 우리 젊은이들에게 제공된 것은 바로 자신의 생활이 아니고 타인의 생활인 것이다.

149. 사람들이 유명 인사들을 몹시도 만나고 싶어 하는 것을 보고서 나는 언제나 놀랬다. 당신이 친구들에게 유명한 사람들을 많이 알고 있다고 말할 수 있음으로 해서 얻게 되는 명성이란 고작 당신 자신은 하찮은 인물이라는 것을 증명해줄 뿐이다. 유명 인사들은 우연히 만나는 사람들을 다루는 솜씨를 개발한다. 그들은 세상에 가면을 보이는데, 종종 인상적인 가면을 보인다. 그렇지만 자신들의 진짜 자아를 감추도록 주의한다. 그들은 자신들에게서 기대하는(상상되는) 역할을 하며 훈련하여 그 역할을 아주 잘 할 줄 안다. 그렇지만 당신이 그들의 이러한 공공연한 연기(재주)가 숨은 인간성과 부합된다고 생각한다면 당신은 바보다.

150. 우리가 타인들을 비판하게 될 때, 우리가 그들을 비판하는 것은 우리들의 실제 그대로에 의해서가 아니라 우리 자신이 만든 모습(형상)에 의해서다. 그 형상에서 우리는 우리의 자만심을 해치고, 또한 세상 사람들의 눈앞에서 우리의 신용을 떨어뜨릴 온갖 것을 제외시켰다. 사소한 예를 들자면, 어떤 사람이 거짓말하는 것을 간파할 때 우리는 얼마나 비웃는가! 그러나 어느 누구가 단 한마디의 거짓말이 아니라 백 마디의 거짓말을 결코 한 적이 없다고 말할 수 있겠는가?

○ 저자 약력

- ◆ 영문학박사(Ph.D. in English Language & Literature)
- ◆ (현) 칼빈대학교 교수
- ◆ (현) 한국영어영문학회 정회원
- ◆ (현) 한국 T.S. 엘리엇학회 정회원
- ◆ (현) 한국 현대영미시학회 정회원
- ◆ (현) 한국기독교어문학회 정회원
- ◆ (현) 한국 T.S. 엘리엇학회 홍보이사
- ◆ (전) 한국 T.S. 엘리엇학회 총무이사
- ◆ (전) 칼빈대학교 교무처장
- ◆ (전) 칼빈대학교 학생처장
- ◆ (전) 종로 고려외국어학원
- ◆ (전) 김영 대학편입학원, 外

○ 저　서

- ◆ 문법은 문장이다 (2018, 법문북스)
- ◆ 대학영문법 (2015, 법문북스)
- ◆ 21세기 T.S. 엘리엇 (2014, *L.I.E*-Seoul)
- ◆ T.S. 엘리엇: 그의 삶과 작품 (2010, 도서출판 희동)
- ◆ 짬짬이 하는 기초영문법 (2009, 법문출판사)
- ◆ VOCA 놀면서 정복하기 (2006, 법문출판사)
- ◆ 문법, 조금만 알면 독해가 쉽다 (2006, 범일미디어)
- ◆ 영문법과 독해방법론 (2004, 범일미디어)
- ◆ 33문형만 알면 정말로 쉽다 (2000, 범일미디어)
- ◆ 영어 길들이기 (1997, 법문출판사)
- ◆ 홀로서기 영어특강 (1993, 법문출판사)

영어사전 없이
영어 해석하기

정 가
18,000원

2019年 1月　5日 1판 인쇄
2019年 1月 10日 1판 발행

저　자 : 여 인 천
발행인 : 김 현 호
발행처 : 법 문 북 스

서울 구로구 경인로 54길4 636-62
TEL : 2636-2911~2, FAX : 2636-3012
등록 : 1979년 8월 27일 제5-22호
Home page : www.lawb.co.kr

▌ISBN 978-89-7535-701-5 (13740)
▌이 도서의 국립중앙도서관 출판예정도서목록(CIP)은 서지정보유통지원시스템 홈페이지(http://seoji.nl.go.kr)와 국가자료종합목록 시스템(http://www.nl.go.kr/kolisnet)에서 이용하실 수 있습니다. (CIP제어번호 : CIP2018037555)
▌파본은 교환해 드립니다.
▌이 책의 내용을 무단으로 전재 또는 복제할 경우 저작권법 제136조에 의해 5년 이하의 징역 또는 5,000만원 이하의 벌금에 처하거나 이를 병과할 수 있습니다.

법률서적 명리학서적 외국어서적 서예·한방서적 등

최고의 인터넷 서점으로

각종 명품서적만 제공합니다

각종 명품서적과 신간서적도 보시고

정보도 얻으시고

홈페이지 이벤트를 통해서

상품도 받아갈 수 있는

핵심법률서적 종합 사이트

www.lawb.co.kr

(모든 신간서적 특별공급)

대표전화 (02) 2636 - 2911

READING

영어사전 없이
영어 해석하기

1. 지문에 사용된 어구(Words & Phrases)의 품사 및 의미를 각주(Footnote)에 제시
2. 150개의 영어 지문 연습
3. 80가지의 문장 유형(Sentence Patterns)
4. 문장의 확장 및 가지치기 방법
5. 영어사전 사용 방법
6. 특정구문 문법적 분석

Reading Skills

Fast Reading

13740
9 788975 357015
ISBN 978-89-7535-701-5

18,000원